Haftung der Geschäftsleiter insolventer Gesellschaften für die Verletzung der Zahlungsverbote und der Insolvenzantragspflicht

Europäische Hochschulschriften

European University Studies

Publications Universitaires Européennes

Reihe II **Rechtswissenschaft**

Series II Law

Série II Droit

Band/Volume **5964**

Christine Schmid

Haftung der Geschäftsleiter insolventer Gesellschaften für die Verletzung der Zahlungsverbote und der Insolvenzantragspflicht

Eine Untersuchung am Beispiel der GmbH, GmbH & Co. KG, AG und Genossenschaft

PL ACADEMIC RESEARCH

Bibliografische Information der Deutschen Nationalbibliothek
Die Deutsche Nationalbibliothek verzeichnet diese Publikation in der Deutschen Nationalbibliografie; detaillierte bibliografische Daten sind im Internet über http://dnb.d-nb.de abrufbar.

Zugl.: Passau, Univ., Diss, 2017

D 739
ISSN 0531-7312
ISBN 978-3-631-73718-7 (Print)
E-ISBN 978-3-631-73719-4 (E-PDF)
E-ISBN 978-3-631-73720-0 (EPUB)
E-ISBN 978-3-631-73721-7 (MOBI)
DOI 10.3726/b12139

PL Academic Research ist ein Imprint der Peter Lang GmbH.
Peter Lang – Frankfurt am Main · Bern · Bruxelles · New York · Oxford · Warszawa · Wien

Diese Publikation wurde begutachtet.

www.peterlang.com

Inhaltsübersicht

Inhaltsverzeichnis

Abkürzungsverzeichnis

a.E.	am Ende
abl.	ablehnend
Abs.	Absatz
AcP	Archiv für die civilistische Praxis
ADHGB	Allgemeines Deutsches Handelsgesetzbuch
AEUV	Vertrag über die Arbeitsweise der europäischen Union
AG	Aktiengesellschaft
AktG	Aktiengesetz
Anh.	Anhang
Anm.	Anmerkung
AO	Abgabenordnung
Art.	Artikel
art. L.	article de loi
Artt.	Artikel
Aufl.	Auflage
BAG	Bundesarbeitsgericht
BB	Betriebs-Berater
BCC	British Company Law Cases
BCLC	Building and Construction Law Cases
Bd.	Band
BeckRS	Beck-Rechtsprechung
Beilagenbd.	Beilagenband
betr.	betreffend
BFHE	Sammlung der Entscheidungen des Bundesfinanzhofs
BGB	Bürgerliches Gesetzbuch
BGBl.	Bundesgesetzblatt
BGH	Bundesgerichtshof
BGHSt	Entscheidungen des Bundesgerichtshofs in Strafsachen
BGHZ	Entscheidungen des Bundesgerichtshofs in Zivilsachen
Bl.	Blatt
BPIR	Bankruptcy and Personal Insolvency Reports
BT-Drucks.	Deutscher Bundestag – Drucksache
bzw.	beziehungsweise
c.i.c.	culpa in contrahendo
CCZ	Corporate Compliance Zeitschrift
COMI	Centre Of Main Interest
DB	Der Betrieb
ders.	derselbe
dgl.	dergleichen
dies.	dieselben

Diss.	Dissertation
Dr.	Doktor
DrittelbG	Drittelbeteiligungsgesetz
DStR	Deutsches Steuerrecht
DStRE	Deutsches Steuerrecht Entscheidungsdienst
Dt.	Deutsches/Deutscher
DZWiR	Deutsche Zeitschrift für Wirtschafts- und Insolvenzrecht
EGInsO	Einführungsgesetz zur Insolvenzordnung
Erg.-Bd.	Ergänzung-Band
erl.	erläutert
ESUG	Gesetz zur weiteren Erleichterung der Sanierung von Unternehmen
EU	Europäische Union
EuGH	Europäischer Gerichtshof
EuGVVO	Verordnung über die gerichtliche Zuständigkeit und die Anerkennung und Vollstreckung von Entscheidungen in Zivil-und Handelssachen
EuInsVO	Europäische Insolvenzverordnung
EuZW	Europäische Zeitschrift für Wirtschaftsrecht
f.	folgende/folgender
FamFG	Gesetz über das Verfahren in Familiensachen und in den Angelegenheiten der freiwilligen Gerichtsbarkeit
ff.	folgende
FMStG	Gesetz zur Errichtung eines Finanzmarktstabilisierungsfonds
Fn.	Fußnote
FS	Festschrift
Geh.	Geheimer
GenG	Gesetz betreffend die Erwerbs- und Wirtschaftsgenossenschaften
GesR	Gesellschaftsrecht
GmbH	Gesellschaft mit beschränkter Haftung
GmbH & Co.KG	Gesellschaft mit beschränkter Haftung und Compagnie Kommanditgesellschaft
GmbHG	Gesetz betreffend die Gesellschaften mit beschränkter Haftung
GmbHR	GmbHRundschau
GmbH-StB	GmbH-Steuerberater
GroßKomm.	Großkommentar
GWR	Gesellschafts- und Wirtschaftsrecht
Habil.	Habilitation
HGB	Handelsgesetzbuch
Hs.	Halbsatz
i.S.d.	im Sinne der/des
i.S.v.	im Sinne von
i.V.m.	in Verbindung mit

InsO	Insolvenzordnung
IPRax	Praxis des Internationalen Privat- und Verfahrensrechts
J.B.L.	Journal of Business Law
jew.	jeweils
JuS	Juristische Schulung
JW	Juristische Wochenschrift
JZ	JuristenZeitung
KAGB	Kapitalanlagegesetzbuch
KGaA	Kommanditgesellschaft auf Aktien
KO	Konkursordnung
Komm.	Kommentar
krit.	kritisch
KSI	Krisen-, Sanierungs- und Insolvenzberatung
KTS	Zeitschrift für Insolvenzrecht
LAG	Landesarbeitsgericht
LG	Landgericht
LM	Kommentierte Bundesgerichtshof-Rechtsprechung
Ltd.	Limited
m.w.N.	mit weiteren Nachweisen
MDR	Monatsschrift für Deutsches Recht
MitbestG	Gesetz über die Mitbestimmung der Arbeitnehmer
MoMiG	Gesetz zur Modernisierung des GmbH-Rechts und zur Bekämpfung von Missbräuchen
Montan MitbestG	Gesetz über die Mitbestimmung der Arbeitnehmer in den Aufsichtsräten und Vorständen der Unternehmen des Bergbaus und der Eisen und Stahl erzeugenden Industrie
MontanMitbest GErgG	Gesetz zur Ergänzung des Gesetzes über die Mitbestimmung der Arbeitnehmer in den Aufsichtsräten und Vorständen der Unternehmen des Bergbaus und der Eisen und Stahl erzeugenden Industrie
MüKo	Münchener Kommentar
MünchHdb	Münchener Handbuch
NJ	Neue Justiz
NJW	Neue Juristische Wochenschrift
NJW-RR	Neue Juristische Wochenschrift Rechtsprechungs-Report
Nr.	Nummer
NStZ	Neue Zeitschrift für Strafrecht
NZA-RR	Neue Zeitschrift für Arbeitsrecht Rechtsprechungs-Report
NZG	Neue Zeitschrift für Gesellschaftsrecht
NZI	Neue Zeitschrift für Insolvenz- und Sanierungsrecht
OJLS	Oxford Journal of Legal Studies
OLG	Oberlandesgericht
Plc	Public Limited Company
RGBl.	Reichsgesetzblatt

RGZ	Entscheidungen des Reichsgerichts in Zivilsachen
RIW	Recht der internationalen Wirtschaft
Rn.	Randnummer
Rom-II VO	Verordnung Nr. 864/2007 des Europäischen Parlaments und des Rates vom 11. Juli 2007 über das auf außervertragliche Schuldverhältnisse anzuwendende Recht
S.	Seite
sog.	sogenannter/sogenannte
StGB	Strafgesetzbuch
Teilbd.	Teilband
Tz.	Teilziffer
Vgl.	Vergleiche
VGR	Gesellschaftsrechtliche Vereinigung
Vorstands R-HdB	Vorstandsrecht Handbuch
WiB	Wirtschaftsrechtliche Beratung
WiKG	Gesetz zur Bekämpfung der Wirtschaftskriminalität
WM	Zeitschrift für Wirtschafts- und Bankrecht
WuB	Entscheidungssammlung zum Wirtschafts- und Bankrecht
zB	zum Beispiel
ZGR	Zeitschrift für Unternehmens- und Gesellschaftsrecht
ZHR	Zeitschrift für das gesamte Handels- und Wirtschaftsrecht
ZInsO	Zeitschrift für das gesamte Insolvenzrecht
ZIP	Zeitschrift für Wirtschaftsrecht und Insolvenzpraxis
ZPO	Zivilprozessordnung
zugl.	zugleich
zust.	zustimmend
ZWH	Zeitschrift für Wirtschaftsstrafrecht und Haftung im Unternehmen

Kapitel 1 Einleitung und Gang der Untersuchung

§ 1 Einleitung

Seit mehr als 100 Jahren wird diskutiert, wie und auf welcher Grundlage der Geschäftsleiter, der die Unternehmensinsolvenz verschleppt und in der Verschleppungsphase Vermögensminderungen zu Lasten der Gläubiger verursacht, haftet. Bis heute konnten sich Rechtsprechung und Literatur nicht vollends auf ein Haftungskonzept einigen, obwohl die Anzahl der jährlichen Unternehmensinsolvenzen in Deutschland und damit potentieller Haftungsfälle beachtlich ist.[1] Die Menge der Fälle, in denen die Insolvenz tatsächlich verschleppt wird, ist hingegen kaum zu ermitteln, insbesondere weil die Insolvenz wegen des schwer festzulegenden Zeitpunkts der Insolvenzreife häufig gar nicht erkannt wird, wenn es dem Geschäftsleiter gelingt, das Unternehmen letztlich wieder aus der Krise zu führen.

Der Wunsch, das eigene Unternehmen auch jenseits der gesetzlichen Grenzen zu retten, ist nur allzu menschlich, manifestiert sich in der Eröffnung des Insolvenzverfahrens doch das wirtschaftliche Scheitern einer Person, das nicht selten mit dem gesellschaftlichen und persönlichen Abstieg einhergeht.[2] Angesicht der Gefahr, dass der „Todeskampf" einer Gesellschaft zu Lasten der Gläubiger ausgetragen wird, muss der Gesetzgeber jedoch enge Grenzen abstecken und deren Durchsetzung sicherstellen. In welchem Maß dies geschieht, und wie schwerwiegend die Sanktionen für entsprechende Gesetzesübertretungen sein sollten, ist eine politische Frage, die nicht zuletzt durch die Zeichen der Zeit beeinflusst wird. Ein besonders rigoroses und gläubigerfreundliches Insolvenzrecht wird die Wirtschaft eher lähmen, wohingegen ein schuldnerfreundliches Insolvenzrecht Risikobereitschaft und damit wirtschaftliche Tätigkeit fördert. Obwohl derart drakonische Strafen, wie etwa die Freistellung der körperlichen Beeinträchtigung des Insolvenzschuldners durch die Gläubiger nach dem Zwölftafelgesetz (von ca. 450 v. Chr.),[3] lange überwunden sind, dreht sich bis heute die Diskussion darum, wie weitreichend die zivilrechtliche Haftung des insolvenzverschleppenden Geschäftsleiters sein darf. Dieses Problem stellt sich besonders in Bezug auf Geschäftsleiter von Gesellschaften, für deren Verbindlichkeiten keine natürliche Person haftet, insbesondere der

---

1 Allein im Jahr 2015 wurde über das Vermögen von 1.298 GmbH & Co. KGs, 11.444 GmbHs und 176 AGs (bzw. KGaA) ein Insolvenzverfahren eröffnet bzw. dessen Eröffnung mangels Masse abgelehnt (Quelle: Statistisches Bundesamt: https://www-genesis.destatis.de/genesis/online/link/statistiken/524* (zuletzt abgerufen Juli 2016)).

2 Vgl. zur Verarbeitung dieses Themas in der Literatur etwa *Thomas Mann*, „Die Buddenbrooks"; dazu auch *Zipperer,* NJW 2016, 750, 751 ff.

3 Siehe dazu *Flach,* Das Zwölftafelgesetz, S. 74; *Kaser/Hackl,* Das römische Zivilprozeßrecht, S. 144; *Zipperer,* KTS 2007, 21 ff.; *ders.*, NJW 2016, 750 ff.

GmbH, GmbH & Co. KG, AG und der Genossenschaft. Da deren Gläubigern ausschließlich das Vermögen der Gesellschaft als Haftungsmasse zur Verfügung steht und sie deshalb besonders schutzbedürftig sind, scheint eine strenge Haftung der Geschäftsleiter, die das Gesellschaftsvermögen pflichtwidrig verkürzen, angemessen. Nach hier vertretener Ansicht geht die heute vorherrschende Lehre hinsichtlich der Haftungsfolgen dennoch zu weit, weil sie nicht von einer Schadensersatzhaftung ausgeht, sondern zwei Haftungstatbestände nebeneinander anwendet. Dies führt nicht nur zu einer komplexen Rechtslage, sondern kann auch zu einer unangemessenen Belastung des Haftenden führen. Der Wunsch aus der Literatur nach einer gemäßigteren Haftung des Geschäftsleiters auf Ersatz des Schadens, der in der Verschleppungsphase am Vermögen des Insolvenzschuldners entsteht, findet beim obersten Gerichtshof kein Gehör. Zwar nähert sich dieser mit drei aktuellen Entscheidungen den Ergebnissen, zu denen auch eine Schadensersatzhaftung führt, an, er leugnet aber weiterhin einen einheitlichen Haftungstatbestand der Insolvenzverschleppung und beharrt auf seinem zweigleisigen System. In den folgenden Ausführungen werden die Schwächen der herrschenden Meinung in Rechtsprechung und Schrifttum aufgezeigt. Stattdessen wird für eine Schadensersatzhaftung auf Grundlage eines einheitlichen Innenhaftungstatbestands geworben.

§ 2 Gang der Untersuchung

Kapitel 2 soll die Grundlagen der herrschenden Meinung ins Gedächtnis rufen (§ 1), die Relevanz des Themas anhand der Vielzahl der betroffenen Personen darlegen (§ 2) und die Revisionsbedürftigkeit der Insolvenzverschleppungshaftung aus europäischer Sicht deutlich machen (§ 3).

In § 1 werden die Haftung für die Verletzung der Zahlungsverbote, die Haftung für die Verzögerung des Antrags auf Eröffnung des Insolvenzverfahrens und die parallel gegebenen Anfechtungsansprüche erörtert. Diese auf die Grundlagen der Haftungskonzeption der herrschenden Meinung beschränkten Ausführungen dienen nicht nur der Vollständigkeit der Darstellung, sondern ebenfalls als Referenz für die später daran geäußerte Kritik.

§ 2 soll die praktische Relevanz des Themas anhand der Vielzahl der betroffenen Personen demonstrieren. Betroffen sind nämlich nicht nur die Liquidatoren, Geschäftsleiter, faktischen Geschäftsleiter und gegebenenfalls Gesellschafter und Aufsichtsräte deutscher Gesellschaften, sondern seit dem „Kornhaas"-Urteil des EuGH auch die entsprechenden Organvertreter EU-ausländischer Gesellschaften. Ebenfalls behandelt wird die Haftung der Organvertreter Nicht-EU-ausländischer Gesellschaften.

§ 3 widmet sich den bisherigen Bemühungen und Einschätzungen der EU zur Einführung einer europaweit einheitlichen Haftung für Insolvenzverschleppung. Dabei werden sowohl das von der EU als Vorbild favorisierte britische als auch das französische Haftungskonzept erläutert und dem deutschen gegenüber gestellt. Bereits hier soll die Revisionsbedürftigkeit des deutschen Haftungssystems deutlich gemacht werden.

Kapitel 3 widmet sich den Schwächen der herrschenden Meinung hinsichtlich der Haftung für die Verletzung der Zahlungsverbote (§ 1) und der Haftung für die Verschleppung der Insolvenz (§ 2). Kapitel 3 schließt mit einem Fazit (§ 3).

§ 1 beginnt mit der Darstellung der drei neuen Urteile des BGH zur Berücksichtigung von Massezuflüssen innerhalb der Haftung für die Verletzung der Zahlungsverbote, welche jeweils anhand von Fallbeispielen auf ihre Schwachstellen hin untersucht werden (A.). Im Anschluss wird in § 1 auf eine innerhalb der herrschenden Meinung im Vordringen befindliche Literaturmeinung, die Normen des Insolvenzanfechtungsrechts entsprechend auf die Haftung für die Verletzung der Zahlungsverbote anwenden möchte, eingegangen. Auch dieser Ansatz wird im Anschluss kritisch hinterfragt und letztlich abgelehnt (B.).

§ 2 behandelt zunächst die für die Haftung der Geschäftsleiter folgenreiche Entwicklung der herrschenden Meinung zu § 823 II BGB i.V.m. § 15a InsO (A.). Im Anschluss daran werden deren dogmatische Schwächen dargestellt, die selbst dann bestehen, wenn man von der grundsätzlichen Schutzgesetzeigenschaft der Insolvenzantragspflicht ausgeht (B.).

Durch die Zusammenfassung der zuvor gewonnenen Ergebnisse in § 3 soll die Notwendigkeit einer alternativen Haftungskonzeption noch einmal veranschaulicht und so zu Kapitel 4, in dem eine solche erläutert wird, übergeleitet werden.

Kapitel 4 beschäftigt sich damit, wie und auf welcher Grundlage die Haftung für Insolvenzverschleppung konzipiert werden kann (§§ 1 und 2). Diesen Ausführungen folgt ein Gesetzgebungsvorschlag (§ 3).

In § 1 wird zunächst versucht, den Willen des historischen Gesetzgebers zu ermitteln. Nach hier vertretener Ansicht läuft dieser auf einen als Innenhaftung ausgestalteten Schadensersatzanspruch gegen den insolvenzverschleppenden Geschäftsleiter hinaus.

In § 2 werden zwei in der Literatur entwickelte Haftungskonzepte dargestellt, die der Intention des historischen Gesetzgebers gerecht werden (A. und B.). In einer Stellungnahme (C.) werden die Vorzüge einer Innenhaftung auf Grundlage der Zahlungsverbote, gerichtet auf Ersatz des gesamten Verschleppungsschadens, dargestellt. Insbesondere wird aus historischer und rechtsdogmatischer Sicht dargelegt, dass die Insolvenzantragspflicht kein Schutzgesetz ist und sich eine Innenhaftung auf Ersatz des Verschleppungsschadens nicht auf diese Grundlage stützen lässt. Anschließend wird die konkrete Ausgestaltung des favorisierten Alternativkonzepts erläutert.

§ 3 beinhaltet einen entsprechenden Gesetzgebungsvorschlag.

Die Arbeit schließt mit einer zusammenfassenden Aufstellung der gewonnenen Erkenntnisse in Kapitel 5.

Kapitel 2 Aktuelle Rechtslage zur Haftung von Geschäftsleitern insolventer Gesellschaften

§ 1 Überblick über die herrschende Meinung

Nach § 15a InsO sind die Vertretungsorgane oder Liquidatoren einer juristischen Person verpflichtet, spätestens binnen drei Wochen deren Insolvenz anzumelden, wenn die Zahlungsunfähigkeit oder Überschuldung der Gesellschaft eintritt. Versäumen sie die Stellung des Insolvenzantrags, haften sie dafür gegenüber den Gläubigern persönlich mit ihrem Vermögen, weil die herrschende Meinung die Insolvenzantragspflicht als Schutzgesetz i.S.d. § 823 Abs. 2 BGB qualifiziert. Haftungsauslösend sind die Verschleppung der Insolvenz und die damit einhergehende Beeinträchtigung der Befriedigungsaussichten der Gläubiger. Mit der Bezeichnung „Insolvenzverschleppungshaftung" wird im Rahmen des Konzepts der herrschenden Meinung allein Bezug auf die Haftung nach § 823 Abs. 2 BGB i.V.m. § 15a InsO genommen.

Daneben finden sich in § 64 S. 1 GmbHG, § 130a Abs. 2 S. 1 HGB, §§ 92 Abs. 2, 93 Abs. 3 Nr. 6 AktG und §§ 99 S. 1, 34 Abs. 3 Nr. 4 GenG die „Zahlungsverbote" ab Insolvenzreife. Demnach haften die Geschäftsleiter persönlich gegenüber der Gesellschaft auf Ersatz solcher Zahlungen, die sie nach Insolvenzreife der Gesellschaft noch aus deren Vermögen leisten. Da dieser Haftung nicht die unterlassene oder verspätete Stellung des Insolvenzantrags, sondern vielmehr ausschließlich der Eintritt der Insolvenzreife und die Leistung von Zahlungen zu Grunde liegen, lässt sich hierbei, genau betrachtet, nicht von einer Haftung für Insolvenzverschleppung sprechen. Im Folgenden wird daher auf die „Haftung für die Verletzung der Zahlungsverbote" Bezug genommen.

Die herrschende Meinung geht von zwei voneinander getrennten Haftungstatbeständen aus und beruft sich dabei unter anderem auf die durch den MoMiG-Gesetzgeber vorgenommene systematische Trennung der Haftung für verbotene Zahlungen in den gesellschaftsformspezifischen Einzelgesetzen und der Insolvenzantragspflicht in der InsO.[4] Die mit der Verletzung des Zahlungsverbots einhergehende Innenhaftung gegenüber der Gesellschaft soll mithin nicht als Rechtsfolge der Verabsäumung der Insolvenzantragspflicht verstandenen werden.[5] Vielmehr soll

4 Vgl. dazu *Fleischer*, in: Spindler/Stilz, AktG, § 92 Rn. 19; *H.F. Müller*, in: MüKo GmbHG, § 64 Rn. 201; *ders.*, DB 2015, 723; *Habersack/Foerster*, ZGR 2016, 153, 161; *dies.*, ZHR 178 (2014), 387, 389; *Wagner*, in: FS Karsten Schmidt, S. 1665, 1671 f.; *Kruth*, NZI 2014, 981, 983; *von Woedtke*, GmbHR 2016, 280, 283; dagegen allerdings *Karsten Schmidt*, NZG 2015, 129, 130, *Altmeppen*, ZIP 2015, 949, 950, 953; *ders.*, NZG 2016, 521, 526.

5 So aber noch RGZ 73, 30, 35 und das zugehörige Schrifttum: siehe dazu Kapitel 4, § 1 A. mit Nachweisen; dem deutlich widersprechend *Karsten Schmidt*, JZ 1978, 661, 662.

die Verschleppung der Insolvenz eine zusätzliche Außenhaftung des Geschäftsleiters über § 823 Abs. 2 BGB nach sich ziehen.

Neben diesen beiden Haftungsmöglichkeiten besteht die Möglichkeit einer Insolvenzanfechtung nach §§ 129 ff. InsO. Diese regeln die Voraussetzungen, unter denen Zahlungen an einzelne Gläubiger, auch wenn sie vor Insolvenz der Gesellschaft erfolgt sind, vom Insolvenzverwalter zurück verlangt werden können, weil durch sie andere Gläubiger benachteiligt werden; hierdurch soll die Masse wieder angereichert und zur gleichmäßigen Verteilung an alle Gläubiger verfügbar gemacht werden.[6] Die Rückerstattung verbotener Zahlungen kann zur Enthaftung der Geschäftsleiter führen. Ebenso kann sie sich im Rahmen der Verschleppungshaftung auswirken, indem, in Folge der Herausgabepflicht der Zahlungsempfänger, Neugläubiger unter Umständen einen Anspruch gegen den Geschäftsleiter auf Ersatz ihres negativen Interesses erhalten.

Im Folgenden wird zunächst die Haftung für die Verletzung der Zahlungsverbote, wie sie von herrschender Lehre und Rechtsprechung befürwortet wird, nachgezeichnet. Dem schließt sich die Untersuchung der Insolvenzverschleppungshaftung an. Der Überblick schließt mit der Darstellung der Wechselwirkungen mit den Tatbeständen des Insolvenzanfechtungsrechts. Die darzustellende Haftung droht dabei nicht nur den Liquidatoren und Geschäftsführern der GmbH bzw. der Komplementär-GmbH in der GmbH & Co.KG oder den Vorständen in der AG oder Genossenschaft. Betroffen sind auch die faktischen Organvertreter, ebenso wie unter Umständen die Gesellschafter, Aufsichtsratsmitglieder und entsprechende Funktionäre von Auslandsgesellschaften.[7] Zum besseren Verständnis wird im Folgenden von Haftung der „Geschäftsleiter“ gesprochen, wobei sich die Ausführungen auf die Haftung aller genannten Personen beziehen.

A. Herrschende Meinung und Rechtsprechung zur Haftung für die Verletzung der Zahlungsverbote

I. Grundlagen

Die Zahlungsverbote statuieren die Innenhaftung der Geschäftsleiter, wenn sie nach Überschuldung oder Zahlungsunfähigkeit noch Zahlungen aus dem Gesellschaftsvermögen leisten. Dann sind sie grundsätzlich zum ungekürzten Ersatz der Zahlungen in das Gesellschaftsvermögen verpflichtet. Die GmbH-, handels-, aktien- und genossenschaftsrechtlichen Zahlungsverbote sind einheitlich auszulegen.[8]

---

6 *Kirchhof*, in: MüKo InsO, Vor §§ 129–147 Rn. 1 ff.; *Hirte/Ede*, in: Uhlenbruck, InsO, Vor §§ 129–147 Rn. 9; *Ahrendt/Rogge/Leptien*, in: Hamburger Komm. InsO, Vor §§ 129 ff. Rn. 1.

7 Einzelheiten dazu in Kapitel 2, § 2.

8 Gesetzentwurf der Bundesregierung 1. WiKG, BT-Drucks. 7/3441, S. 47; BGH, NZG 2007, 678, 679; BGH, NZG 2007, 462, 463; *Poertzgen*, NZI 2007, 420; *Karsten Schmidt*, ZIP 2008, 1401, 1405; *Kruth*, NZI 2014, 981, 983; *Bayer/J. Schmidt*, WuB II G § 130a

Das führt dazu, dass sich die herrschende Meinung hinsichtlich der Rechtsfolge allein am Wortlaut des § 64 S. 1 GmbHG, der von „Ersatz" der Zahlungen spricht, orientiert. § 130a Abs. 2 S. 1 HGB, § 93 Abs. 2, 3 Nr. 6 AktG und § 34 Abs. 2, 3 Nr. 4 GenG sprechen hingegen abweichend vom „Ersatz des [...] Schadens". Allein die unglückliche Formulierung des § 64 S. 1 GmbHG hält die Rechtsprechung und herrschende Meinung aber dazu an, im Rahmen aller Zahlungsverbote nicht auf den der Gläubigergesamtheit entstandenen Schaden abzustellen, sondern den Geschäftsleiter grundsätzlich auf Erstattung des vollen gezahlten Betrags in Anspruch zu nehmen.[9] Demnach handelt es sich bei dem Anspruch der Gesellschaft nicht um einen Schadensersatzanspruch, sondern um einen „Anspruch eigener Art",[10] so dass die Haftenden jede Zahlung zu ersetzen haben, ohne dass es – abgesehen von unmittelbaren und zu diesem Zeitpunkt werthaltigen Gegenleistungen –[11] darauf ankommt, ob diese Zahlung die Masse auch auf lange Sicht geschmälert hat.

Nach Erstattung der Zahlung in das Gesellschaftsvermögen sind dem haftenden Geschäftsleiter lediglich die Insolvenzquote des befriedigten Gläubigers,[12] ebenso wie Ansprüche der Masse gegen Dritte auf Erstattung der Zahlung, gem. § 255 BGB analog[13] abzutreten.

HGB 1.07; *Geißler*, NZG 2007, 645, 646; *Haas*, in: FS Fischer, S. 209, 221; *Völzmann-Stickelbrock*, KTS 2007, 489, 493.

9 Dazu etwa BGHZ 146, 264 = NJW 2001, 1280 Ls. 3: „Zahlungen, die der Geschäftsführer dem Verbot des § 64 Abs. 2 GmbHG zuwider geleistet hat, sind von ihm ungekürzt zu erstatten".

10 Siehe nur BGHZ 143, 264 = NJW 2001, 1280; *Haas*, in: Baumbach/Hueck, GmbHG, § 64 Rn. 7; *Casper*, in: Ulmer, GmbHG, § 64 Rn. 81; *Fleischer*, in: Spindler/Stilz, AktG, § 92 Rn. 19; *Mertens/Cahn*, in: Kölner Komm. AktG, § 92 Rn. 24; *Habersack/Foerster*, in: GroßKomm. AktG, § 92 Rn. 134; *Haas*, NZG 2004, 737 ff.; zuletzt wieder *H.F. Müller*, NZG 2015, 1021, 1022; *ders.*, DB 2015, 723, jew. m.w.N.

11 BGHZ 203, 218 = ZIP 2015, 71.

12 BGHZ 146, 264 = NJW 2001, 1280, 1283: die Verfolgung des Gegenanspruchs ist dem Geschäftsleiter im Urteil vorzubehalten; BGH, ZIP 2011, 422, 424, *Haas*, in: Baumbach/Hueck, GmbHG, § 64 Rn. 88; *Altmeppen*, in: Roth/Altmeppen, GmbHG, § 64 Rn. 17; *Karsten Schmidt*, in: Scholz, GmbHG, § 64 Rn. 66; *Wicke*, GmbHG, § 64 Rn. 23; andere Ansicht *Mertens/Cahn*, in: Kölner Komm. AktG, § 92 Rn. 33, die den Abzug der Insolvenzquote von dem vom Geschäftsleiter zu erstattenden Betrag befürworten.

13 Siehe nur BGH, NZG 2009, 750, 752; BGH, ZIP 2007, 676, 679; *Spindler*, in: MüKo AktG, § 92 Rn. 81; *Hirte*, in: Uhlenbruck, InsO, § 15a Rn. 42; *Karsten Schmidt*, in: Scholz, GmbHG, § 64 Rn. 66 f.; *Haas*, in: Baumbach/Hueck, GmbHG, § 64 Rn. 86 f.; *Arnold*, in: Henssler/Strohn, GesR GmbHG, § 64 Rn. 35 f.; *Kleindiek*, in: Lutter/Hommelhoff, GmbHG, § 64 Rn. 17, 19; *H.F. Müller*, in: MüKo GmbHG, § 64 Rn. 169; *Schmidt-Leithoff/Baumert*, in: Rowedder/Schmidt-Leithoff, GmbHG, § 64 Rn. 50; *Altmeppen*, in: Roth/Altmeppen, GmbHG, § 64 Rn. 18 f.; *ders.*, ZIP 1997, 1173, 1181; *ders.*, ZIP 2001, 240, 242; *ders.*, ZIP 2001, 2201, 2210; *Karsten Schmidt*, ZHR 168 (2004), 637, 668f.; *Flöther/Korb*, ZIP 2012, 2333, 2336; *G. Müller*, ZIP 1996, 1153 ff.; andere

II. Tatbestandsmerkmal „Zahlungen"

Der Begriff der haftungsauslösenden „Zahlungen" ist nach überwiegender Ansicht weit auszulegen und erfasst daher jede einzeln betrachtet für die Gesellschaft nachteilige Verfügung über das Gesellschaftsvermögen, sei es Geld- oder Sachleistung.[14] Geldleistungen müssen dabei keinesfalls bar erfolgen, ebenfalls als verbotswidrige Zahlung qualifiziert werden Zahlungen per Scheck, Bankeinzug oder -überweisung.[15] Eine verbotene Zahlung ist auch die Einzahlung auf ein debitorisches Konto der Gesellschaft, da der gewährte Kredit getilgt wird und damit ein verbotener Vermögensabfluss von der Gesellschaft an den Kreditgeber vorliegt.[16] Um keine verbotene Zahlung soll es sich allerdings bei der Auszahlung von einem debitorischen Konto der Gesellschaft handeln, denn diese gehe nicht zu Lasten der Gesellschaft, sondern des Kreditgebers.[17]

Die Eingehung neuer Verbindlichkeiten zu Lasten des Gesellschaftsvermögens soll nicht haftungsbegründend sein, weil hierdurch keine unmittelbare Verkürzung der Masse eintrete. Schmälernd wirkten sie sich auf die Konkursquote der Gläubiger nur insoweit aus, als ein weiterer Gläubiger hinzutrete; hiervor schütze das Zahlungsverbot die Gläubiger aber gerade nicht: Die Vorschrift soll allein verhindern, dass sich die Insolvenzhaftungsmasse selbst verringert, nicht hingegen, dass sich der Gläubigerbestand erhöht.[18]

Ansicht *Bangha-Szabo*, KTS 2015, 165, 173 a.E., der anstatt § 255 BGB § 326 Abs. 2 InsO analog anwenden möchte, und so den Geschäftsleiter in die Position des befriedigten Gläubigers eintreten lassen will.

14 Statt vieler BGHZ 143, 184; BGH, NJW 2001, 304 f.; *H.F. Müller*, in: MüKo GmbHG, § 64 Rn. 144; *Karsten Schmidt*, in: Scholz, GmbHG, § 64 Rn. 28 ff.; *Kolmann*, in: Saenger/Inhester, GmbHG, § 64 Rn. 25 f.; *Altmeppen*, in: Roth/Altmeppen, GmbHG, § 64 Rn. 10 ff.; *Habersack/Foerster*, in: GroßKomm. AktG, § 92 Rn. 128; *Spindler*, in: MüKo AktG, § 92 Rn. 26; *Fleischer*, in: Spindler/Stilz, AktG, § 92 Rn. 22 ff.; anders noch RGZ 159, 211, 234 f.; *Fleck*, GmbHR 1974, 224, 230: nur Geldleistungen sollen unter „Zahlungen" fallen.

15 Eingehend dazu *Karsten Schmidt*, in: Scholz, GmbHG, § 64 Rn. 35 ff.; *Bitter*, ZInsO 2010, 1505, 1514.

16 BGHZ 143, 184 = NJW 2000, 668; BGH, NJW 2001, 304; eingehend zu beiden Urteilen *Bitter*, WM 2001, 666; siehe dazu auch *Heidenhain*, LM Nr. 18 zu § 64 GmbHG; ebenso OLG Hamburg, ZIP 1995, 913, mit zust. Anm. *Bähr*, EWiR 1995, 587; nach einer neueren Entscheidung des BGH (NJW 2015, 2806) soll der Einzug zuvor sicherungshalber an die Bank abgetretener Forderungen auf ein debitorisches Konto der Gesellschaft dann keine verbotene Zahlung darstellen, wenn vor Insolvenzreife der Gesellschaft die Sicherungsabtretung vereinbart und die Forderung entstanden und werthaltig war, eingehend dazu in Kapitel 3, § 1, A., II.

17 BGH, ZIP 2007, 1006 Tz. 8; BGH, ZIP 2010, 470, 471; krit. zu dieser Rechtsprechung *Karsten Schmidt*, ZIP 2008, 1401 ff.; *Werres*, ZInsO 2008, 1004 ff.

18 BGHZ 138, 211 = NJW 1998, 2667, 2668; *Haas*, in: Baumbach/Hueck, GmbHG, § 64 Rn. 66; *Karsten Schmidt*, in: Scholz, GmbHG, § 64 Rn. 33; *Arnold*, in: Henssler/Strohn, GesR GmbHG, § 64 Rn. 18; *H.F. Müller*, in: MüKo GmbHG, § 64 Rn. 147; *Bork*, in: Bork/

III. Berücksichtigung von Gegenleistungen

Hinsichtlich der Berücksichtigung von in das Gesellschaftsvermögen gelangten Gegenleistungen für verbotene Zahlungen ist vieles umstritten. Einigkeit besteht mittlerweile allerdings dahingehend, dass eine für die Zahlung in die Masse geflossene Gegenleistung bei der Haftung des Geschäftsleiters berücksichtigt werden muss, um eine zu drastische, am Wortlaut des § 64 S. 1 GmbHG festhaltende Erstattungspflicht in voller Höhe des ausgezahlten Betrags zu vermeiden. Im Vordringen befindlich ist insbesondere eine Ansicht, die Gegenleistungen dann haftungsmildernd berücksichtigen möchte, wenn sie im Rahmen eines Bargeschäfts i.S.d. § 142 InsO erfolgen.[19]

Verschieden beantwortet wird zudem die Frage, an welcher Stelle im Tatbestandsaufbau der Zufluss einer Gegenleistung dogmatisch verortet werden kann.

1. Haftungsausschluss

Die Rechtsprechung nahm lange an, dass die Geschäftsleiter verpflichtet sind, die volle Zahlung zu ersetzen, ohne dass es darauf ankommen sollte, ob eine werthaltige Gegenleistung in die Masse gelangt ist.[20] Selbst wenn ein Dritter Mittel zur Verfügung

---

Schäfer, GmbHG, § 64 Rn. 15; *Kleindiek*, in: Lutter/Hommelhoff, GmbHG, § 64 Rn. 10; *Sandhaus*, in: Gehrlein/Ekkenga/Simon, GmbHG, § 64 Rn. 14; *Kolmann*, in: Saenger/Inhester, GmbHG, § 64 Rn. 33; *Habersack/Foerster*, in: Großkomm. AktG, § 92 Rn. 130; *Koch*, in: Hüffer, AktG, § 92 Rn. 33; *Dauner-Lieb*, in: Henssler/Strohn, GesR AktG, § 92 Rn. 11; *Krieger/Sailer-Coceani*, in: Karsten Schmidt/Lutter, AktG, § 92 Rn. 14; *Fleischer*, in: Spindler/Stilz, AktG, § 92 Rn. 23; *Mertens/Cahn*, in: Kölner Komm. AktG, § 92 Rn. 25; *Spindler*, in: MüKo AktG, § 92 Rn. 26; *Haas*, in: Röhricht/Graf von Westphalen/Haas, HGB, § 130a Rn. 16; *Haas/Kolmann/Pauw*, in: Gottwald, Insolvenzrechts-Handbuch, § 92 Rn. 176; *Goette*, in: FS Kreft, S. 53, 62; *ders.*, ZInsO 2005, 1, 4; *Karollus*, ZIP 1995, 269, 271 f.; *Liebs*, in: FS Rittner, S. 369, 372 ff.; *Schulze-Osterloh*, in: FS Bezzenberger, S. 415, 417 ff.; *Haas*, GmbHR 2010, 1, 5; *Krumm*, WM 2010, 296, 297; *Röhricht*, ZIP 2005, 505, 511; *Poertzgen*, ZInsO 2006, 561, 565; andere Ansicht OLG Hamm, ZIP 1980, 280, 281; *Flume*, ZIP 1994, 337, 341; *Glozbach*, Die Haftung des GmbH-Geschäftsführers nach § 64 Abs. 2 GmbHG für Zahlungen nach Insolvenzreife, S. 91 ff.; *Thole*, Gläubigerschutz durch Insolvenzrecht, S. 706 ff.; *Theiselmann/Redeker*, GmbHR 2008, 961, 966; *Marsch-Barner/Diekmann*, in: MünchHdb GmbH, § 46 Rn. 51; vgl. auch *Wilhelm*, ZIP 1993, 1833, 1835 ff.; *Grigoleit/Tomasic*, in: Grigoleit, AktG, § 92 Rn. 35.

19 *Haas*, in: Baumbach/Hueck, GmbHG, § 64 Rn. 70b; *Kolmann*, in: Saenger/Inhester, GmbHG, § 64 Rn. 35; *Thole*, Gläubigerschutz durch Insolvenzrecht, S. 716 f.; *Habersack/Foerster*, in: GroßKomm. AktG, § 92 Rn. 132; *dies.*, ZHR 178 (2014), 387, 403; *dies.*, ZGR 2016, 153, 180; *Gehrlein*, ZInsO 2015, 477, 482 f.; *Strohn*, DB 2015, 57, 58; *Casper*, ZIP 2016, 793, 795 f.; vgl. auch *Arnold*, in: Henssler/Strohn, GesR GmbHG, § 64 Rn. 20; *Strohn*, NZG 2011, 1161, 1164 f.; *Haas*, NZG 2004, 737, 738 ff.; *Kleindiek*, in: Lutter/Hommelhoff, GmbHG, § 64 Rn. 7; *Karsten Schmidt*, in: Scholz, GmbHG, § 64 Rn. 41; *Bitter*, WuB II C § 64 GmbHG 1.03; eingehend zu dieser abzulehnenden Ansicht in Kapitel 3, § 1, B.

20 Etwa BGH, NJW 2000, 668.

gestellt hatte, mit denen der Geschäftsleiter bestimmte Gläubiger befriedigen sollte, und der Geschäftsleiter dies auch tat, wurde diese Zahlung als vom Zahlungsverbot nach Insolvenzreife erfasst angesehen und der Geschäftsleiter zum vollen Ersatz des Betrags verpflichtet.[21]

In jüngeren Entscheidungen ist eine Abkehr des BGH von dieser Rechtsprechung zu beobachten. Im Jahr 2014 hat er entschieden, dass keine Haftung des Geschäftsleiters für verbotene Zahlungen begründet wird, wenn die Masseschmälerung durch einen Massezufluss, der in unmittelbarem Zusammenhang mit der Zahlung steht, ausgeglichen wird. Der Wert des Massezuflusses muss, entgegen früherer Entscheidungen,[22] auch nicht bei Insolvenzeröffnung voll im Gesellschaftsvermögen erhalten sein, es reiche vielmehr, dass dieser im Zeitpunkt des Ausgleichs werthaltig war.[23]

Der BGH äußert sich nicht dazu, bei welchem Tatbestandsmerkmal der Zufluss einer Gegenleistung in das Gesellschaftsvermögen berücksichtigt werden soll. Vielmehr soll die Haftung schlicht entfallen bzw. sich der Geschäftsleiter durch den Nachweis eines Massezuflusses entlasten können. Unter den Ausnahmetatbestand der sorgfaltsgemäßen Zahlung sollen solche Zahlungen, für die ein Gegenwert in das Gesellschaftsvermögen gelangt ist, in jedem Fall nicht subsumiert werden.[24]

2. *Im Rahmen des Tatbestandsmerkmals der Zahlung*

Während der BGH von einem dogmatisch nicht zugeordneten Ausschluss der Haftung ausgeht, liegt nach einer in der Literatur zu findenden Ansicht bereits keine „Zahlung" vor, wenn der Leistung eine gleich- oder höherwertige Gegenleistung gegenübersteht. Durch solche Zahlungen werde die Masse nicht geschmälert, so dass es nach dem Sinn des Zahlungsverbots als Gläubigerschutzvorschrift, die die Haftungsmasse für die Gläubiger aufrechterhalten soll, schon an einer haftungsbegründenden Auszahlung und mithin am objektiven Tatbestand mangele. Auf

---

21 BGH, NJW 2003, 2316, mit zust. Anm. *Blöse*, EWiR 2003, 635; krit. dagegen *Bitter*, WuB II C § 64 GmbHG 1.03; im Anschluss daran auch BGH, NJW 2008, 2504, wobei nach dieser Entscheidung eine Exkulpation nach § 64 S. 2 GmbHG in Frage kommen soll, wenn sich der Geschäftsleiter bei Nichtweiterleitung der Gelder wegen Untreue strafbar machen würde, dem zust. *Dahl/Schmitz*, NZG 2008, 532 ff.

22 So noch BGH, NZG 2010, 1393; BGH, NJW 2001, 304; BGH, NJW 1088, 1089.

23 BGHZ 203, 218 = ZIP 2015, 71; anknüpfend daran BGH, NJW 2015, 2806; eingehend zum Umschwung der Rechtsprechung *Altmeppen*, ZIP 2015, 949 ff., *ders.*, ZIP 2016, 366 ff.

24 BGH, NJW 1974, 1088, 1089: „Jedoch kann sich der Geschäftsführer, abgesehen von dem Sorgfaltsbeweis nach § 64 Abs. 3 [sic!] Satz 2 GmbHG, auch durch den Nachweis entlasten, daß ein Gegenwert in das Gesellschaftsvermögen gelangt und dort voll erhalten geblieben ist"; siehe auch BGHZ 203, 218 = ZIP 2015, 71: „Die Ersatzpflicht des Organs für Zahlungen nach Insolvenzreife nach § 130a Abs. 1 HGB i. V. m. § 177a Satz 1 HGB entfällt, soweit die durch die Zahlung verursachte Schmälerung der Masse in einem unmittelbaren Zusammenhang mit ihr ausgeglichen wird".

einen Haftungsausschluss durch die Qualifizierung der Zahlung als sorgfaltsgemäß soll es gar nicht mehr ankommen.[25]

3. *Im Rahmen der Sorgfaltsausnahme*

Ebenfalls wird vertreten, eine Zahlung, für die eine Gegenleistung in das Gesellschaftsvermögen fließt, sei sorgfaltsgemäß und würde mithin unter die Ausnahmetatbestände der § 64 S. 2 GmbHG, § 130a Abs. 1 S. 2 HGB, § 92 Abs. 2 S. 2 AktG und § 99 S. 2 GenG fallen.[26]

IV. Exkulpation nach § 64 S. 2 GmbHG, § 130a Abs. 1 S. 2 HGB, § 92 Abs. 2 S. 2 AktG und § 99 S. 2 GenG

Dem Geschäftsleiter, der nach Insolvenzreife noch Zahlungen aus den Gesellschaftsvermögen leistet, droht keine Haftung, wenn die Zahlung mit der Sorgfalt eines ordentlichen Geschäftsmannes vereinbar war.[27] Hierbei handelt es sich um eine im Namen des Gläubigerschutzes eng auszulegende Einschränkung des objektiven

---

25 Zum Ganzen BGH, NJW 1974, 1088, 1089; *Kleindiek*, in: Lutter/Hommelhoff, GmbHG, § 64 Rn. 7; *Casper*, in: Ulmer, GmbHG, Erg.-Bd. MoMiG, § 64 Rn. 89, 93; *Haas*, in: Baumbach/Hueck, GmbHG, § 64 Rn. 70a, 72; *H.F. Müller*, in: MüKo GmbHG, Rn. 149; *Arnold*, in: Henssler/Strohn, GesR GmbHG, § 64 Rn. 20; *Bork*, in: Bork/Schäfer, GmbHG, § 64 Rn. 15; *Kolmann*, in: Saenger/Inhester, GmbHG, § 64 Rn. 34 f.; *H.F. Müller*, DB 2015, 723, 724; *Bitter*, WM 2001, 666 ff.; *Kleindiek*, in: FS U.H. Schneider, S. 617, 621; *Geißler*, GmbHR 2011, 907, 908; *Casper*, ZIP 2016 793, 796; *Geißler*, NZG 2007, 645, 648.

26 BGH, NJW 2007, 2118, 2119 f.; BGH, NJW 2008, 2504, 2505; OLG Schleswig, ZInsO 2007, 948, 950; OLG Oldenburg, GmbHR 2004, 1340, 1342; *Koch*, in: Hüffer, AktG, § 92 Rn. 34; *Krieger/Sailer-Coceani*, in: Schmidt/Lutter, AktG, § 92 Rn. 16; *Mertens/Cahn*, in: Kölner Komm. AktG, § 92 Rn. 28; *Habersack*, in: GroßKomm. AktG, 4. Aufl., 2008, § 92 Rn. 95; *Wiesner*, in: MünchHdb AG, § 25 Rn. 120; *Fleischer*, in: Spindler/Stilz, AktG, § 92 Rn. 31; *Habersack/Foerster*, in: GroßKomm. AktG, § 92 Rn. 132; *Lieb*, in: Henssler/Strohn, GesR AktG, § 92 Rn. 13; *Nerlich*, in: Michalski, GmbHG, § 64 Rn. 46; *Ulmer*, in: Hachenburg, GmbHG, § 64 Rn. 42; *Glozbach*, Die Haftung des GmbH-Geschäftsführers nach § 64 Abs. 2 GmbHG für Zahlungen nach Insolvenzreife, S. 81; *Poertzgen*, ZInsO 2011, 305, 307; *Schulze-Osterloh*, in: FS Bezzenberger, S. 415, 424; *Habersack/Foerster*, ZHR 178 (2014), 387, 397 ff.; *dies.*, ZGR 2016, 153, 180; *Haneke*, NZI 2015, 499, 502 a.E.; *Bitter*, ZInsO 2010, 1505, 1516; *Krumm*, WM 2010, 296, 298 f.; *Werres*, ZInsO 2008, 1001, 1002; vgl. auch *Spindler*, in: MüKo AktG, § 92 Rn. 30; *Schmidt-Leithoff/Baumert*, in: Rowedder/Schmidt-Leithoff, GmbHG, § 64 Rn. 38: „sofern Zahlungen, für die zeitnah eine vollwertige Gegenleistung zugeflossen ist, nicht bereits im Rahmen der wirtschaftlichen Betrachtungsweise des Zahlungsbegriffs als unverboten ausgeschieden werden müssen, entsprechen sie zumindest kaufmännischer Sorgfalt".

27 Eingehend zum Privilegierungstatbestand *Gundlach/Frenzel/Strandmann*, DZWiR 2009, 450 ff.

Tatbestands,[28] für deren Vorliegen der Geschäftsleiter beweispflichtig ist. Die Beweislastverteilung auf den Haftenden ergibt sich dabei bereits aus dem Gesetzeswortlaut.[29]

1. *Zahlungen zur Aufrechterhaltung des Betriebs*

Unabhängig vom Vorliegen einer äquivalenten Gegenleistung sollen solche Zahlungen unter die haftungsausschließenden Ausnahmetatbestände fallen, die größere Nachteile für die Insolvenzmasse abwenden, nicht zu einer Schmälerung derselben führen und deren Erhaltung dienen.[30] Hierunter fallen Zahlungen, die den Geschäftsbetrieb an sich aufrechterhalten und die erfolgreiche Durchführung eines Insolvenzverfahrens fördern, also etwa die Begleichung der Kosten für Strom, Wasser und Heizung oder Gas.[31] So soll zum einen der Zusammenbruch der Gesellschaft verhindert werden und zum anderen eine nach § 15a InsO erwünschte Sanierung des Unternehmens innerhalb der Dreiwochenfrist zur Insolvenzantragsstellung ermöglicht werden. Daraus ergibt sich zugleich, dass auch diese Zahlungen dann nicht mehr privilegiert sein können, wenn die dreiwöchige Sanierungsfrist abgelaufen ist und sich die Verschleppungsphase über einen längeren Zeitraum hinzieht.[32] Entscheidend soll der Charakter und Zweck der Zahlung im Einzelfall sein.[33]

---

28 Siehe nur *Koch*, in: Hüffer, AktG, § 92 Rn. 34; *Karsten Schmidt*, in: Scholz, GmbHG, § 64 Rn. 49; *Arnold*, in: Henssler/Strohn, GesR GmbHG, § 64 Rn. 26.

29 § 64 S. 2 GmbHG, § 130a Abs. 1 S. 2 HGB, § 92 Abs. 2 S. 2 AktG und § 99 S. 2 GenG beginnen jew. mit der negativen Formulierung: „Dies gilt nicht von Zahlungen...“; siehe dazu statt vieler *Karsten Schmidt*, in: Scholz, GmbHG, § 64 Rn. 49.

30 Siehe dazu nur BGH, NJW 2001, 1280, 1282; *Ulmer*, in: Hachenburg, GmbHG, § 64 Rn. 42; *Dauner-Lieb*, in: Henssler/Strohn, GesR AktG, § 92 Rn. 13; *Mertens/Cahn*, in: Kölner Komm. AktG, § 92 Rn. 28; *Bitter*, ZInsO 2010, 1505, 1517, jew. m.w.N.

31 Für viele BGH, ZIP 2008, 72 Tz. 6; OLG Celle, GmbHR 2008, 101, 102; OLG Schleswig, ZInsO 2007, 948, 950; OLG Düsseldorf, NZG 1999, 1066, 1068; LAG Hamm, NZA-RR 2005, 483, 484; ebenso etwa *Karsten Schmidt*, in: Scholz, GmbHG, § 64 Rn. 52; *Haas*, in: Baumbach/Hueck, GmbHG, § 64 Rn. 73; *Hillmann*, in: Ebenroth/Boujong/Joost/Strohn, HGB, § 130a Rn. 22; krit. zur pauschalen Subsumtion der Wasser-, Strom- und Heizkosten unter den Privilegierungstatbestand *Bitter/Schumacher*, WuB II C § 64 GmbHG 2.08.

32 *Bitter*, ZInsO 2010, 1505, 1517; vgl. auch *Haas*, in: Baumbach/Hueck, GmbHG, § 64 Rn. 73: Privilegierung nur für einen kurzfristigen Zeitraum.

33 BGHZ 146, 264 = NJW 2001, 1280; BGH, NZG 2007, 678 Tz. 4, wobei auf die Sachdienlichkeit, Erforderlichkeit und Angemessenheit der Zahlung abgestellt werden soll; vgl. auch BGH, NZG 2009, 913 Tz. 13; krit. dazu und für eine Gesamtbetrachtung plädierend *Bitter//Schumacher*, WuB II C § 64 GmbHG 2.08; *Bitter*, ZIP 2016, Beilage zu Heft 22, 6, 7; *ders.*, ZInsO 2010, 1505, 1517.

2. *Zahlungen bei drohender Pflichtenkollision*

Ebenfalls erachtete der BGH eine Zahlung als sorgfaltsgemäß, die darin bestand, dass der Geschäftsleiter Gelder Dritter weisungsgemäß an einzelne Gläubiger der Gesellschaft weiterleitete, weil er sich anderenfalls wegen Veruntreuung der Gelder nach § 266 StGB strafbar gemacht hätte.[34] Auch die Abführung fälliger Arbeitnehmeranteile an die Sozialversicherung wurde mit der Begründung als sorgfältig eingestuft, dass den Geschäftsleitern bei Nichtabführung Strafbarkeit nach § 266a StGB drohe.[35] Nicht mit der Sorgfalt eines ordentlichen Geschäftsmannes vereinbar ist nach dem BGH hingegen die Nichtabführung von Arbeitgeberanteilen an die Sozialversicherung, da hier Strafbarkeit nach § 266a StGB ausgeschlossen sei.[36] Die Zahlung fälliger Umsatz- und Lohnsteuerschulden entspricht der Sorgfalt eines ordentlichen Geschäftsmannes, denn auch hier setze sich der Geschäftsleiter bei Verweigerung der Zahlung persönlicher, wenn auch nur zivilrechtlicher Haftung nach §§ 34, 69 AO aus.[37]

Wie sich die Lage innerhalb der dreiwöchigen Insolvenzantragspflicht darstellt, ist nicht einheitlich geklärt. Der 5. Strafsenat des BGH verneint in diesem Zeitraum die Strafbarkeit nach § 266a StGB; die Massesicherungspflicht des Geschäftsleiters in dieser Zeit soll die Nichtabführung der Beiträge rechtfertigen.[38] Der BFH hingegen bejaht eine Haftung nach §§ 34, 69 AO für die Nichtzahlung der fälligen Steuern innerhalb der Dreiwochenfrist.[39] Konsequenterweise müsste der BGH dann eine Haftung aus § 64 S. 1 GmbHG, § 130a Abs. 2 S. 1 HGB, § 93 Abs. 2 Nr. 6 AktG bzw. § 34 Abs. 3 Nr. 4 GenG verneinen, wenn der Geschäftsleiter innerhalb der dreiwöchigen Insolvenzantragfrist fällige Steuerschulden aus dem Gesellschaftsvermögen begleicht.[40]

---

34 BGH, NJW 2008, 2504, 2505.

35 BGH, NJW 2007, 2118, 2119 f., mit zust. Anm. *Altmeppen;* zust. etwa auch *Theiselmann/Redeker*, GmbHR 2008, 961, 965; krit. zur Auflösung der Pflichtenkollision zu Gunsten der Abführung der öffentlichen Abgaben etwa *Schneider/Brouwer*, ZIP 2007, 1033 ff.; *Wilhelm*, ZIP 2007, 1781 ff.; *Rönnau*, JZ 2008, 46 ff.; *Schuhmann*, GmbHR 2008, 418 ff.; *Blank*, ZInsO 2013, 461 ff.; *Goette*, DStR 2007, 1176 f., der eine Bevorzugung bestimmter Gesellschaftsgläubiger durch „die Hintertür" befürchtet; ähnlich auch *Liebscher*, ZInsO 2009, 1386 ff.; anders noch BGHZ 146, 264 = NJW 2001, 1280, 1282 und BGH, NJW 2005, 2546, 2548: keine Exkulpation nach § 64 S. 2 GmbHG, also Ersatzpflicht für die verbotene Zahlung aus dem Gesellschaftsvermögen. Dafür sei aber das deliktische Verschulden bei der Haftung nach § 823 Abs. 2 BGB i.V.m. § 266a StGB entfallen, bzw. die Erfüllung des Tatbestands des § 266a StGB als gerechtfertigt anzusehen.

36 BGH, NZI 2009, 568, mit zust. Anm. *Gundlach/Frenzel*.

37 BGH, NZG 2011, 303; zust. etwa *Giedinghagen/Göb*, EWiR 2011, 257.

38 BGH, NJW 2003, 3787, 3788; BGH, NJW 2005, 3650, 3652; der II. Zivilsenat (BGH, NZG 2011, 303) will den Geschäftsführer rückwirkend strafrechtlich haften lassen, wenn er dann die Insolvenzantragspflicht verletzt.

39 BFHE 222, 228 = DStRE 2009, 310, betr. die Abführung einbehaltener Lohnsteuer.

40 *Spindler*, in: MüKo AktG, § 92 Rn. 33; *Nentwig*, GmbHR 2011, 346 ff.; *Brand*, WM 2010, 1783, 1784; vgl. dazu auch *ders.*, GmbHR 2010, 237, 238; *Ransiek/Hüls*, ZGR

3. *Zahlungen, die auch ein vorläufiger Insolvenzverwalter getätigt hätte*

Im Schrifttum wird zudem vertreten, dem Geschäftsleiter sei auch die Leistung solcher Zahlungen erlaubt, die ein (vorläufiger) Insolvenzverwalter nach § 22 InsO bzw. § 60 InsO vornehmen dürfte.[41] Diese wären nämlich im Insolvenzverfahren gem. § 53 i.V.m. § 55 Abs. 1, 2 InsO vorweg aus der Insolvenzmasse zu leisten.[42] Einschränkend wird allerdings vorgebracht, die Geschäftsleiter dürften sich keinesfalls zum Insolvenzverwalter aufschwingen und dessen Kompetenzen an sich reißen; welche Zahlungen ein besonnener Insolvenzverwalter vorgenommen bzw. welchen er zugestimmt hätte, könne vielmehr nur als Indiz für die Bewertung einer Zahlung als sorgfaltsgemäß im Einzelfall dienen.[43]

V. Zahlungsunfähigkeit oder Überschuldung

Das Zahlungsverbot greift ab dem Zeitpunkt, in dem die Zahlungsunfähigkeit der Gesellschaft „eingetreten" ist oder ihre Überschuldung „festgestellt" wurde, und nicht erst nach Ablauf der dreiwöchigen Insolvenzantragsfrist.[44] Demnach sind von der Haftung für verbotene Zahlungen auch solche Zahlungen erfasst, die innerhalb der Dreiwochenfrist des § 15a InsO erfolgen.[45]

2009, 157, 172 ff.; *Beck,* ZInsO 2007, 1233, 1236; eingehend zur gesamten Thematik auch *Rossbrey,* Abgabenzahlungspflicht und Zahlungsverbot bei Insolvenzreife der AG und GmbH, S. 37 ff.

41 *Karsten Schmidt,* in: Scholz, GmbHG, § 64 Rn. 53; *Altmeppen,* in: Roth/Altmeppen, GmbHG, § 64 Rn. 28; *H.F. Müller,* in: MüKo GmbHG, § 64 Rn. 154; *Glozbach,* Die Haftung des GmbH-Geschäftsführers nach § 64 Abs. 2 GmbHG für Zahlungen nach Insolvenzreife, S. 25; *Strohn,* NZG 2011, 1161, 1166; *Beck,* ZInsO 2007, 1233, 1235; *Knittel/Schwall,* NZI 2013, 782, 784; *Karsten Schmidt,* ZHR 168 (2004), 637, 668.

42 Vgl. *Karsten Schmidt,* in: Scholz, GmbHG, § 64 Rn. 53.

43 Vgl. *Haas,* in: Baumbach/Hueck, GmbHG, § 64 Rn. 73a; *Karsten Schmidt,* in: Scholz, GmbHG, § 64 Rn. 53; *Habersack/Foerster,* in: GroßKomm. AktG, § 92 Rn. 132; *dies.,* ZHR 178 (2014), 387, 402.

44 Siehe bereits den Wortlaut der Zahlungsverbote und etwa BGH, NZG 2009, 550; *Fleischer,* in: Spindler/Stilz, AktG, § 92 Rn. 27; *Habersack/Foerster,* in: GroßKomm. AktG, § 92 Rn. 126; *Spindler,* in: MüKo AktG, § 92 Rn. 27; *Haas,* in: Baumbach/Hueck, GmbHG, § 64 Rn. 32; *Poertzgen,* Organhaftung wegen Insolvenzverschleppung, S. 219; *Bork,* NZG 2009, 775, 776; *Kiem/Giershausen,* EWiR 2009, 493, 494; *Lappe/Hartmann,* BB 2009, 1209; für Einsetzen des Zahlungsverbots erst nach Ablauf der Insolvenzantragsfrist OLG Dresden, BeckRS 2008, 15615; *Mertens/Cahn,* in: Kölner Komm. AktG, § 92 Rn. 27, die das Zahlungsverbot erst mit Eintritt der Insolvenzantragspflicht einsetzen lassen wollen, um den Zweck der Dreiwochenfrist nicht zu gefährden.

45 Siehe nur BGHZ 143, 184 = NJW 2000, 668, 669; BGH, NJW 2009, 2454 Tz. 12; BGHZ 163, 134 = NJW 2005, 3062 f.; *Nerlich,* in: Michalski, GmbHG, § 64 Rn. 45; *Haas,* in: Baumbach/Hueck, GmbHG, § 64 Rn. 32; *Spindler,* in: MüKo AktG, § 92 Rn. 27; *Habersack/Foerster,* ZHR 178 (2014), 387, 394; *Strohn,* NZG 2011, 1161, 1163; *Poertzgen,* ZInsO 2008, 944, 950; krit. *Karsten Schmidt,* NZG 2015, 129, 131; eingehend zum

1. *Zahlungsunfähigkeit*

Ist die Gesellschaft nicht in der Lage, ihre fälligen Verbindlichkeiten zu erfüllen, ist sie gem. § 17 Abs. 2 InsO zahlungsunfähig. Nicht um Zahlungsunfähigkeit, sondern eine bloße Zahlungsstockung handelt es sich hingegen, wenn die Gesellschaft ihren finanziellen Engpass innerhalb von drei Wochen beseitigen kann.[46] Ist das nicht der Fall, wird immer noch (widerleglich) vermutet, dass keine Zahlungsunfähigkeit vorliegt, wenn die Gesellschaft den Liquiditätsengpass voraussichtlich überwinden wird; davon geht der BGH grundsätzlich dann aus, wenn die Gesellschaft höchstens 10 % der Gesamtsumme ihrer Verbindlichkeiten nicht mehr erfüllen kann.[47]

Um von „Zahlungsunfähigkeit" sprechen zu können, muss die Gesellschaft dauerhaft außerstande sein, ihre fälligen Verbindlichkeiten zu erfüllen. Fällig ist eine Forderung gem. § 271 BGB im Zweifel sofort. Zusätzlich zur Fälligkeit verlangt der BGH im Rahmen des § 17 Abs. 2 InsO aber ein „ernsthaftes Einfordern" der Leistung durch den Gläubiger.[48] Diese weitere Voraussetzung soll sicherstellen, dass Zahlungsunfähigkeit bei bloßer Fälligkeit nach § 271 BGB nicht vorschnell angenommen wird, wenn der Gläubiger doch einverstanden ist, vorerst auf die Erfüllung seiner Forderung zu verzichten; solche Forderungen bleiben im Rahmen der Ermittlung der Zahlungsunfähigkeit unberücksichtigt.[49] Ein „ernsthaftes Einfordern" liegt bereits in der einmaligen Kundgabe des Gläubigers, vom Schuldner Erfüllung zu verlangen, zum Beispiel durch Übersenden einer Rechnung.[50] Bei Forderungen aus gesetzlichen Schuldverhältnissen und Forderungen, die erst in Zukunft fällig werden, ist kein „ernsthaftes Einfordern" durch den Gläubiger nötig. Hinsichtlich dieser Ansprüche wird vermutet, dass sie ohnehin geltend gemacht

---

zeitlichen Anwendungsbereich der Zahlungsverbote *Schmidt/Poertzgen*, NZI 2013, 369, 371 ff.

46 BGH, NJW 2005, 3062; zur Unterscheidung einer bloßen Zahlungsstockung von Zahlungsunfähigkeit *Blöse*, GmbHR 2005, 1122 ff.; *Neumaier*, NJW 2005, 3041 ff.; krit. zu den vom BGH angelegten Kriterien *Bitter/Redeker*, WuB VI A § 17 InsO 1.05.

47 BGH, NJW 2005, 3062, 3065 f., wobei der BGH betont, dass dies keine starre Grenze ist, sondern angesichts der Komplexität der wirtschaftlichen Beurteilung des Einzelfalls die Vermutung jederzeit widerlegbar ist; eingehend dazu *Eilenberger*, in: MüKo InsO, § 17 Rn. 18a ff.; vorsichtiger *Altmeppen*, in: Roth/Altmeppen, GmbHG, Vor § 64 Rn. 19; *Bitter*, in: Scholz, GmbHG, Vor § 64 Rn. 16.

48 BGHZ 173, 286 = ZIP 2007, 1666 Tz. 15 ff.; *Mock*, in: Uhlenbruck, InsO, § 17 Rn. 117 ff.; *Eilenberger*, in: MüKo InsO, § 17 Rn. 7a; anderer Ansicht ist allerdings der 1. Strafsenat des BGH (NStZ 2007, 643, 644).

49 BGHZ 173, 286 = ZIP 2007, 1666 Tz. 18; *Bitter*, in: Scholz, GmbHG, Vor § 64 Rn. 10.

50 BGHZ 173, 286 = ZIP 2007, 1666 Tz. 19; *Bitter*, in: Scholz, GmbHG, Vor § 64 Rn. 11; *Kolmann*, in: Saenger/Inhester, GmbHG, Vor § 64 Rn. 83; *Altmeppen*, in: Roth/Altmeppen, GmbHG, Vor § 64 Rn. 16.

werden, weshalb sie grundsätzlich als Verbindlichkeiten im Rahmen der Bestimmung der Zahlungsunfähigkeit zu berücksichtigen sind.[51]

Das Vorliegen von Zahlungsunfähigkeit wird gem. § 17 Abs. 2 S. 2 InsO vermutet, sobald der Schuldner seine Zahlungen einstellt. Von einer Zahlungseinstellung muss immer dann ausgegangen werden, wenn der Schuldner zu verstehen gibt, nicht in der Lage zu sein, seine Verbindlichkeiten zu erfüllen.[52] Dies kann durch ausdrückliche Erklärung erfolgen,[53] aber etwa auch durch das Ausstellen ungedeckter Schecks, Schließung des Geschäftsbetriebs oder Nichtzahlung fälliger Verbindlichkeiten.[54]

2. *Überschuldung*

Ebenso besteht die Pflicht zur Stellung eines Antrags auf Eröffnung des Insolvenzverfahrens, sobald die Gesellschaft rechnerisch und rechtlich überschuldet ist. Das ist gem. § 19 Abs. 2 InsO dann der Fall, wenn ihr Vermögen ihre Schulden nicht mehr deckt (rechnerische Überschuldung) und eine Fortführung des Unternehmens nicht überwiegend wahrscheinlich ist (rechtliche Überschuldung).

Gem. § 19 Abs. 1 InsO kommt bei juristischen Personen, also sowohl der GmbH (§ 13 Abs. 1 GmbHG), AG (§ 1 Abs. 1 AktG) als auch der Genossenschaft (§ 17 Abs. 1 GenG), der Insolvenzgrund der Überschuldung in Betracht. § 19 Abs. 3 InsO führt die Überschuldung als Insolvenzgrund für die GmbH & Co. KG ein. Hintergrund dieser Regelung ist die fehlende Haftung einer natürlichen Person für die Schulden der Gesellschaft. Um den Gläubigern das Gesellschaftsvermögen als Haftungsfonds zumindest weitestgehend zu erhalten, verpflichtet bereits[55] Überschuldung der Gesellschaft die Geschäftsleiter zur Stellung des Insolvenzantrags.[56]

Der sog. modifizierte zweigliedrige Überschuldungsbegriff[57] macht die Überschuldung davon abhängig, dass die Gesellschaft nicht nur rechnerisch überschuldet

---

51 *Bitter*, in: Scholz, GmbHG, Vor § 64 Rn. 11; *Kolmann*, in: Saenger/Inhester, GmbHG, Vor § 64 Rn. 89; *Haas*, in: Baumbach/Hueck, GmbHG, § 64 Rn. 35.

52 BGH, NJW 1995, 2103, 2104; BGHZ 149, 178 = NJW 2002, 515, 517; *Pape*, in: Kübler/Prütting/Bork, InsO, § 17 Rn. 18; *Mock*, in: Uhlenbruck, InsO, § 17 Rn. 146 ff.

53 BGH, ZIP 2006, 2222.

54 Eingehend dazu *Bitter*, in: Scholz, GmbHG, Vor § 64 Rn. 17 m.w.N.

55 Überschuldung tritt in der Regel bereits vor Zahlungsunfähigkeit ein: *Haas*, in: Baumbach/Hueck, GmbHG, § 64 Rn. 42c; *Mock*, in: Uhlenbruck, InsO, § 19 Rn. 7.

56 Vgl. *Mock*, in: Uhlenbruck, InsO, § 19 Rn. 2; *Kleindiek*, in: Lutter/Hommelhoff, GmbHG, Anh. § 64 Rn. 16.

57 Der zweigliedrige Überschuldungsbegriff wurde mit dem Finanzmarktstabilisierungsgesetz vom 17.10.2008 eingeführt. Ursprünglich sollte er der deutschen Wirtschaft über die Finanzkrise hinweghelfen und deshalb nur befristet, zunächst bis 31.12.2010, dann bis zum 31.12.2013, gelten. Durch das Gesetz zur Einführung einer Rechtsbehelfsbelehrung im Zivilprozess (BGBl. I 2418) wurde die Befristung ganz fallen gelassen, so dass der neue Überschuldungsbegriff auch heute gilt; zur Kritik an diesem Überschuldungsbegriff, insbesondere der Maßgeblichkeit der unsicheren Fortführungsprognose und einer damit drohenden Gläubigerbenachteiligung siehe

ist, sondern auch eine Fortführung des Unternehmens nach den Umständen nicht wahrscheinlich ist; ist eine Fortführung des Unternehmens überwiegend wahrscheinlich, liegt auch bei rechnerischer Überschuldung keine insolvenzbegründende bzw. rechtliche Überschuldung i.S.d. § 19 Abs. 2 InsO vor.[58] Dabei sind angesichts dessen, dass allein die Fortführungsprognose ausschlaggebend für eine Überschuldung sein kann, an diese hohe Anforderungen zu stellen.[59] Für eine positive führungsprognose muss nicht nur ein entsprechender Fortführungswille, sondern auch ein detailliertes und erfolgversprechendes Geschäfts- bzw. Sanierungskonzept vorliegen; abzuschätzen sind die voraussichtlichen Zukunftsbedingungen, unter denen sich das Unternehmen bewähren muss. Zudem muss eine Überlebenswahrscheinlichkeit von mehr als 50 % vorliegen.[60]

Die Aufstellung eines Überschuldungsstatus ist nicht obsolet, wenn die Prognose positiv ausfällt, denn diese muss anhand objektiver Kriterien ermittelt werden, sich also auch am Überschuldungsstatus orientieren.[61] Bei der Überschuldungsbilanz gelten nicht die üblichen Bewertungsmaßstäbe für Handelsbilanzen (§§ 252 ff. HGB), sondern eigene, auf die Insolvenzeröffnung zugeschnittene, welche möglichst den wahren Wert des Unternehmens wiedergeben sollen.[62]

VI. Verschulden

Die Geschäftsleiter haften auch für Zahlungen, die sie selbst nicht veranlasst haben und/oder von denen sie keine Kenntnis hatten, es sei denn, für sie bestand keine Möglichkeit diese Zahlung zu verhindern, etwa weil sie im Rahmen der einer Zwangsvollstreckungsmaßnahme eingefordert wurde.[63]

---

nur Beschlußempfehlung und Bericht des Rechtsausschusses zum Entwurf der InsO, BT-Drucks. 12/7302, S. 157; *Kleindiek*, in: Lutter/Hommelhoff, GmbHG, Anh. § 64 Rn. 24; *Haas*, in: Baumbach/Hueck, GmbHG, § 64 Rn. 43e; *Bitter*, in: Scholz, GmbHG, Vor § 64 Rn. 29 f.

58 Eingehend *Mock*, in: Uhlenbruck, InsO, § 19 Rn. 38 ff.; *Dahl/Schmitz*, NZG 2009, 567, 567 f., jew. m.w.N.

59 *Kolmann*, in: Saenger/Inhester, GmbHG, Vor § 64 Rn. 34; andere Ansicht *Kleindiek*, in: Lutter/Hommelhoff, GmbHG, Anh. § 64 Rn. 23; *Dahl*, NZI 2008, 719, 720.

60 Zum Ganzen *Kolmann*, in: Saenger/Inhester, GmbHG, Vor § 64 Rn. 35 ff.; *Haas*, in: Baumbach/Hueck, GmbHG, § 64 Rn. 44b ff.; *Bitter*, in: Scholz, GmbHG, Vor § 64 Rn. 39 ff.

61 *Mock*, in: Uhlenbruck, InsO, § 19 Rn. 12; *Kolmann*, in: Saenger/Inhester, GmbHG, Vor § 64 Rn. 31; *Altmeppen*, in: Roth/Altmeppen, GmbHG, Vor § 64 Rn. 31; anders *Bitter*, in: Scholz, GmbHG, Vor § 64 Rn. 31.

62 BGHZ 125, 14 = NJW 1994, 1477, 1478; eingehend zu den Bewertungsgrundsätzen bei Ermittlung der rechnerischen Überschuldung *Mock*, in: Uhlenbruck, InsO, § 19 Rn. 57 ff.

63 BGH, NJW 2009, 1598, 1599; *Karsten Schmidt*, in: Scholz, GmbHG, § 64 Rn. 54; *Bitter*, ZInsO 2010, 1505, 1514.

Die Geschäftsleiter müssen hinsichtlich aller Tatbestandsvoraussetzungen schuldhaft handeln, das heißt zumindest fahrlässig; bloße Erkennbarkeit der Zahlungsunfähigkeit oder Überschuldung der Gesellschaft ist ausreichend, positive Kenntnis der Geschäftsleiter hingegen ist nicht erforderlich.[64] Gegebenenfalls muss der Geschäftsleiter sachkundigen Rat von außen einholen, um nicht schuldhaft die Insolvenzreife seiner GmbH zu verkennen.[65] Selbst die Meinung eines Sachverständigen muss der Geschäftsleiter allerdings einer Plausibilitätskontrolle unterziehen.[66]

Das Verschulden des Geschäftsleiters wird grundsätzlich vermutet. Im Prozess muss er beweisen, dass ihn hinsichtlich der Schmälerung der Masse kein Verschulden trifft, etwa weil die Insolvenzreife für ihn nicht erkennbar war oder die haftungsbegründende Zahlung der Sorgfalt eines ordentlichen Geschäftsmannes entsprach.[67]

VII. Anspruchsentstehung

Umstritten ist, wann der Anspruch der Gesellschaft aus § 64 S. 1 GmbHG entsteht. Zum einen wird vertreten, er entstehe erst mit Eröffnung des Insolvenzverfahrens, so dass auch eine Geltendmachung des Erstattungsanspruchs erst nach diesem Zeitpunkt in Frage kommt.[68] Zum anderen wird angenommen, er entstehe bereits bei Leistung der verbotenen Zahlung aus dem Gesellschaftsvermögen[69] und könne dementsprechend bereits vor Abschluss des Insolvenzverfahrens geltend gemacht werden.

---

64 Für viele BGH, NJW 2000, 668, 668; *Karsten Schmidt*, in: Scholz, GmbHG, § 64 Rn. 58; *Haas*, in: Baumbach/Hueck, GmbHG, § 64 Rn. 84; *H.F. Müller*, in: MüKo GmbHG, § 64 Rn. 158; *Kleindiek*, in: Lutter/Hommelhoff, GmbHG, § 64 Rn. 14; *Koch*, in: Hüffer, AktG, § 92 Rn. 14; *Hillmann*, in: Ebenroth/Boujong/Joost/Strohn, HGB, § 130a Rn. 30; andere Ansicht *Schulze-Osterloh*, in: FS Bezzenberger, S. 415, 425; *ders.*, AG 1984, 141, 143 ff.; *Liebs*, in: FS Rittner, S. 369, 374.

65 Eingehend dazu *H.F. Müller*, in: MüKo GmbHG, § 64 Rn.160 ff.; *ders.*, NZG 2012, 981 ff. m.w.N.; siehe zum Erfordernis einer Beratung und zu den Anforderungen an den Berater *Strohn*, ZHR 176 (2012), 137 ff.; *ders.*, CCZ 2013, 177, 179 ff.

66 BGH, BB 2007, 1801, 1803; *Arnold*, in: Henssler/Strohn, GesR GmbHG, § 64 Rn. 32; *Kolmann*, in: Saenger/Inhester, GmbHG, § 64 Rn. 47; *Haas*, in: Baumbach/Hueck, GmbHG, § 64 Rn. 84.

67 Siehe nur BGHZ 143, 184 = ZIP 2000, 184; *Bitter*, ZInsO 2010, 1505, 1517.

68 BGH, GmbHR 2000, 1149, 1150; *Haas*, in: Baumbach/Hueck, GmbHG, § 64 Rn. 12; *H.F. Müller*, in: MüKo GmbHG, § 64 Rn. 173; *Mertens/Cahn*, in: Kölner Komm. AktG, § 92 Rn. 33; *Fleck*, GmbHR 1974, 224, 230; *Kleindiek*, in: Lutter/Hommelhoff, GmbHG, § 64 Rn. 16; *Ulmer*, in: Hachenburg, GmbHG, § 64 Rn. 38; *Nerlich*, in: Michalski, GmbHG, § 64 Rn. 47.

69 BGH, NZI 2011, 73 Tz. 13 ff.; BGH, NJW 2009, 1598, 1599 f.; *Hillmann*, in: Ebenroth/Boujong/Joost/Strohn, HGB, § 130a Rn. 32.

VIII. Geltendmachung des Anspruchs

Der Anspruch ist auf Rückerstattung der Zahlung in das Gesellschaftsvermögen gerichtet und steht, dem Wortlaut des § 64 S. 1 GmbHG entsprechend, der Gesellschaft zu. Er ist für diese auch im Rahmen des Insolvenzverfahrens durchsetzbar und dann durch den Insolvenzverwalter geltend zu machen (§ 80 Abs. 1 InsO).[70] Wird der Insolvenzantrag mangels Masse nach § 26 Abs. 1 InsO abgewiesen, ist die GmbH gem. § 60 Nr. 5 GmbHG aufzulösen und der Anspruch nicht länger dem Gesellschaftsvermögen zugeordnet; er kann dann von jedem Gläubiger im Wege der Zwangsvollstreckung gem. § 829 i.V.m. § 835 Abs. 1 Alt. 1 ZPO gepfändet und eingezogen werden.[71] Den Gläubigern einer AG und Genossenschaft steht bei masseloser Insolvenz der Gesellschaft gem. § 93 Abs. 5 S. 1 AktG bzw. § 34 Abs. 5 S. 1 GenG ein Gläubigerverfolgungsrecht zu, das ihnen die eigenhändige Geltendmachung des Anspruchs der Gesellschaft ermöglicht. Einer Literaturansicht zufolge ist das Gläubigerverfolgungsrecht im Recht der GmbH und GmbH & Co. KG analog anzuwenden.[72]

B. Herrschende Meinung und Rechtsprechung zur Haftung für die Verschleppung der Insolvenz

I. Insolvenzantragspflicht als Schutzgesetz

Wie bereits erwähnt, qualifiziert die herrschende Meinung die Insolvenzantragspflicht als Schutzgesetz i.S.d. § 823 Abs. 2 BGB zu Gunsten der Gläubiger der Gesellschaft, die vor der Schmälerung der Haftungsmasse geschützt werden sollen.[73] Dies

---

70 *Kleindiek*, in: Lutter/Hommelhoff, GmbHG, § 64 Rn. 17; *Haas*, in: Baumbach/Hueck, GmbHG, § 64 Rn. 11; *Casper*, in: Ulmer, GmbHG, Erg.-Bd. MoMiG, § 64 Rn. 103.

71 Siehe nur BGH, NJW 2001, 304, 305; vgl. auch *Fleck*, GmbHR 1974, 224 230; *Kleindiek*, in: Lutter/Hommelhoff, GmbHG, § 64 Rn. 17; *Haas*, in: Baumbach/Hueck, GmbHG, § 64 Rn. 11a.

72 Bejahend *Altmeppen*, in: Roth/Altmeppen, GmbHG, § 64 Rn. 9; *Kolmann*, in: Saenger/Inhester, GmbHG, § 64 Rn. 53; *Haas*, in: Baumbach/Hueck, GmbHG, § 64 Rn. 11b; *ders.*, GmbHR 2006, 505, 506 f.; siehe auch *Haas/Ziemons*, in: Michalski, GmbHG, § 43 Rn. 300 ff., die allerdings nur bei im Handelsregister gelöschter GmbH ein Gläubigerverfolgungsrecht annehmen; verneinend *Koppensteiner/Gruber*, in: Rowedder/Schmidt-Leithoff, GmbHG, § 43 Rn. 50; eingehend dazu *Stobbe*, Die Durchsetzung gesellschaftsrechtlicher Ansprüche der GmbH in Insolvenz und masseloser Liquidation, S. 456 ff.

73 Statt vieler BGHZ 29, 100 = NJW 1959, 623, 624; BGHZ 75, 96, 106 = NJW 1979, 1823; BGHZ 128, 181 = NJW 1994, 2220, 2222; BGHZ 138, 211 = NJW 1998, 2667, 2668; *Karsten Schmidt*, in: Scholz, GmbHG, § 64 Rn. 191; *ders.*, in: MüKo HGB, § 130a Rn. 16; *Kindler*, in: Koller/Kindler/Roth/Morck, HGB, § 130a Rn. 4; *Casper*, in: Ulmer, GmbHG, § 64 Rn. 118; *Nerlich*, in: Michalski, GmbHG, § 64 Rn. 55; *Haas*, in: Baumbach/Hueck, GmbHG, § 64 Rn. 109; *Kleindiek*, in: Lutter/Hommelhoff, GmbHG, Anh.

begründet die Außenhaftung der Geschäftsleiter gegenüber den Gläubigern, die durch eine etwaige Schmälerung der Haftungsmasse oder den Kontakt mit der maroden Gesellschaft geschädigt werden. Dabei sind allerdings nicht alle Gläubiger in gleicher Weise und gleichem Umfang geschützt, sondern zwischen ihnen wird danach unterschieden, ob sie vor oder nach Insolvenzreife Gläubiger der Gesellschaft wurden. So gibt es Ansprüche sogenannter Alt- und Neugläubiger, die in ihrer Höhe wesentlich voneinander abweichen.

II. Anspruchsinhalt und -berechtigte

1. Anspruchsinhalt nach dem Urteil des BGH vom 6. September 1994

In seiner Grundsatzentscheidung vom 6.6.1994[74] hat der BGH festgelegt, dass Neugläubiger der Gesellschaft einen Anspruch auf Ersatz ihres vollen Kontrahierungsschadens haben. Altgläubiger hingegen bleiben auf Ersatz ihres Quotenverminderungsschadens, also der Differenz zwischen der Quote, die sie bei pflichtgemäßer Antragsstellung erhalten hätten, und dem Betrag, den sie nach erfolgter Insolvenzverschleppung tatsächlich erhalten, verwiesen. Der Schaden der Neugläubiger liege im Vertragsschluss mit der insolventen Gesellschaft, der kausal auf dem Verstoß gegen die Insolvenzantragspflicht beruht. Altgläubiger auf der anderen Seite wären auch bei rechtzeitiger Insolvenzantragsstellung mit ihrer Forderung teilweise ausgefallen, so dass es an der Kausalität zwischen dem Unterlassen der Antragsstellung und deren Forderungsausfallschaden fehlt. Der BGH definierte in diesem Grundsatzurteil den objektiven Schutzzweck der Insolvenzantragspflicht neu. Während diese im Urteil von 1958 nur dazu dienen sollte, die Haftungsmasse zu Gunsten der Insolvenzgläubiger zu erhalten,[75] sollen durch

§ 64 Rn. 64; *Arnold,* in: Henssler/Strohn, GesR GmbHG, § 64 Rn. 70; *Bork,* in: Bork/Schäfer, GmbHG, § 64 Rn. 71; *Habersack/Foerster,* in: GroßKomm. AktG, § 92 Rn. 100; *Koch,* in: Hüffer, AktG, § 92 Rn. 26; *Spindler,* in: MüKo AktG, § 92 Rn. 75; *Fleischer,* in: Spindler/Stilz, AktG, § 92 Rn. 73; *Mertens/Cahn,* in: Kölner Komm. AktG, Anh. § 92 Rn. 36; *Habersack/Foerster,* in: GroßKomm. AktG, § 92 Rn. 100; *Krieger/Sailer-Coceani,* in: Karsten Schmidt/Lutter, AktG, Anh. § 92 Rn. 12; *Hirte,* in: Uhlenbruck, InsO, § 15a Rn. 39; *Klöhn,* in: MüKo InsO, § 15a Rn. 140; *Karsten Schmidt,* NJW 1993, 2934; *Bauder,* BB 1993, 2469, 2472 f.; *G. Müller,* ZIP 1993, 1531, 1535 f.; *Ulmer,* ZIP 1993, 769, 771; *Uhlenbruck,* DStR 1991, 351, 355; *Roth,* GmbHR 1985, 137, 141; *Medicus,* GmbHR 1993, 533, 540; *Fleck,* GmbHR 1974, 224, 234; *Wagner,* in: FS Karsten Schmidt, S. 1665, 1672; andere Ansicht *Altmeppen/Wilhelm,* NJW 1999, 673, 676; *Altmeppen,* in: Roth/Altmeppen, GmbHG, Vor § 64 Rn. 121; *Grigoleit/Tomasic,* in: Grigoleit, AktG, § 92 Rn. 46; *Grigoleit,* Gesellschafterhaftung für interne Einflussnahme im Recht der GmbH, S. 129 ff.; *Rossbrey,* Abgabenzahlungspflicht und Zahlungsverbot bei Insolvenzreife der AG und GmbH, S. 306 ff.; *Wübbelsmann,* GmbHR 2008, 1303; eingehend zur Gegenansicht in Kapitel 4, § 2, C., II., 2.

74 BGHZ 126, 181=NJW 1994, 2220.

75 BGHZ 29, 100 = NJW 1959, 623, 624 f.

sie nunmehr insolvenzreife Gesellschaften aus dem Verkehr gezogen und so die Gefährdung von Gläubigerinteressen verhindert werden.[76] Der individuelle Vertrauensschaden eines Neugläubigers sei dabei von diesem selbst geltend zu machen, wohingegen der Ersatz des Quotenverminderungsschadens einheitlich durch den Insolvenzverwalter gem. § 92 InsO einzutreiben ist.

Mit einem weiteren Urteil vom 30.3.1998 wurde den Neugläubigern die Teilnahme am Ausgleich des Quotenverminderungsschadens als Schaden der Gläubigergesamtheit i.S.d. § 92 InsO abgesprochen.[77] Ihnen bleibt seitdem allein die Geltendmachung ihres Individualschadens.

2. *Unterscheidung zwischen Alt- und Neugläubigern als Anspruchsberechtigten*

Altgläubiger sind solche Gläubiger der Gesellschaft, die mit dieser vor Eintritt der Insolvenzreife und damit dem Einsetzen der Pflicht zur Insolvenzantragsstellung kontrahiert haben. Als Neugläubiger werden hingegen diejenigen bezeichnet, die erst nach diesem Zeitpunkt Gläubiger geworden sind.[78] Entscheidend soll dabei nach der Rechtsprechung der Entstehungszeitpunkt der Forderungen, mithin der Vertragsschluss, sein.[79] Teilweise wird hingegen angenommen, dass es für die Unterscheidung der Gläubigergruppen auf den Eintritt des schädigenden Ereignisses, also zum Beispiel die Vorleistung an die insolvente Gesellschaft, ankommen soll.[80]

---

76 Zum Ganzen BGHZ 126, 181 = NJW 1994, 2220, 2223 ff., mit Bezug zu § 64 Abs. 1 GmbHG a.F., wobei die Ausführungen gleichermaßen für alle Gesellschaften mit beschränktem Haftungsfonds gelten: BGH, NJW 1993, 2931, 2932.

77 BGHZ 138, 211 = NJW 1998, 2667, 2668, zust. etwa *Vogel*, WuB II C § 64 GmbHG 1.98; *zu Hohenlohe-Oehringen*, NZG 1998, 426 f.; *Roth*, in: Baumbach/Hopt, HGB, § 130a Rn. 8.

78 Eingehend BGHZ 126, 181 = NJW 1994, 2200, 2222; *Karsten Schmidt*, in: Scholz, GmbHG, § 64 Rn. 176; *H.F. Müller*, in: MüKo GmbHG, § 64 Rn. 179; *Klöhn*, in: MüKo InsO, § 15a Rn. 160, jew. m.w.N.; dazu, dass die Unterscheidung zwischen Neu- und Altgläubigern oftmals zu Schwierigkeiten führt *Luttermann*, NZG 2000, 583, 584.

79 BGHZ 29, 100 = NJW 1959, 623, 624; BGH, NJW 2007, 3130 Tz. 16; BGHZ 175, 58 = NZI 2008, 242 Tz. 10; OLG Hamburg, NZG 2000, 606; OLG Hamburg, ZIP 2007, 2318; ebenso etwa *Fleischer*, in: Spindler/Stilz, AktG, § 92 Rn. 77 ff.; *Spindler*, in: MüKo AktG, § 92 Rn. 78 f.; *Koch*, in: Hüffer, AktG, § 92 Rn. 27 f.; *Casper*, in: Ulmer, GmbHG, Erg.-Bd. MoMiG, § 64 Rn. 131; *Karsten Schmidt*, in: MüKo HGB, § 130a Rn. 17; *Schmidt-Leithoff/Baumert*, in: Rowedder/Schmidt-Leithoff, GmbHG, § 64 Rn. 78; *Geißler*, DZWiR 2011, 309, 315.

80 OLG Celle, NZG 2002, 730; OLG Oldenburg, BeckRS 2010, 02819; *Altmeppen*, in: Roth/Altmeppen, GmbHG, Vor § 64 Rn. 122; *Haas*, in: Baumbach/Hueck, GmbHG, § 64 Rn. 131; *ders.*, in: Röhricht/Graf von Westphalen/Haas, HGB, § 130a Rn. 43; *Arnold*, in: Henssler/Strohn, GesR GmbHG, § 64 Rn. 74, 79; *Wagner*, in: FS Karsten Schmidt, S. 1665, 1677; *Bitter*, ZInsO 2010, 1561, 1575; *Heitsch*, ZInsO 2006, 568, 571; *Haas/Reiche*, EWiR 2007, 305, 306.

Die Unterscheidung bezieht sich dabei nicht auf die Person des Gläubigers, sondern auf seine Forderung(en) und deren Eigenschaften. Ein Gläubiger kann demnach sowohl Inhaber einer Altgläubiger- als auch einer Neugläubigerforderung und damit gleichzeitig Alt- und Neugläubiger sein.[81]

a) Gläubiger aus Dauerschuldverhältnissen

Gläubiger aus Dauerschuldverhältnissen, wie etwa Mietverträgen, sind grundsätzlich Altgläubiger, sollen allerdings dann wie Neugläubiger zu behandeln sein, wenn nach Insolvenzreife der Gesellschaft Verlängerungs- oder Erweiterungsverträge geschlossen werden.[82] Für Ansprüche von Arbeitnehmern aus dem Arbeitsverhältnis, die erst nach Insolvenzreife entstehen, hat das OLG Hamburg – entgegen der einschlägigen landesgerichtlichen Rechtsprechung –[83] entschieden, dass es sich um Altgläubigerforderungen handeln soll.[84]

b) Gesetzliche Neugläubiger

Ob auch gesetzliche Neugläubiger, insbesondere solche, die ihre Ansprüche aus Delikt ableiten, wie vertragliche Neugläubiger zu behandeln sind und damit Ersatz ihres vollen negativen Interesses vom Geschäftsleiter verlangen können, ist umstritten. Alternativ wären sie wie Altgläubiger zu behandeln und auf den Ersatz ihres Quotenverminderungsschadens beschränkt.

Die unterlassene Insolvenzantragsstellung ist dabei zwar grundsätzlich kausal für deren Gläubigerstellung.[85] Dennoch sehen der BGH und ein beachtlicher Teil des Schrifttums vor allem Deliktsgläubiger als nicht vom Schutzzweck der Insolvenzantragspflicht erfasst. Diese habe nämlich „nicht den Zweck, potenzielle Deliktsgläubiger davor zu bewahren, nach Insolvenzreife noch Opfer eines Delikts zu werden".[86] Der Geschäftsleiter hafte für das Delikt an sich, nicht aber

---

81 *Karsten Schmidt,* in: Scholz, GmbHG, § 64 Rn. 176; *Haas,* in: Baumbach/Hueck, GmbHG, § 64 Rn. 131; *Casper,* in: Ulmer, GmbHG, Erg.-Bd. MoMiG, § 64 Rn. 131; tendenziell anders OLG Hamburg, ZIP 2007, 2318.

82 BGHZ 171, 46 = NZG 2007, 347, 349; *Altmeppen,* in: Roth/Altmeppen, GmbHG, Vor § 64 Rn. 122.

83 LAG Köln, NZG 2007, 199; LAG Frankfurt, MDR 2001, 350.

84 OLG Hamburg, ZIP 2007, 2318.

85 Eingehend dazu, dass es für die Kausalität keines Beweises der Nichtfortführung des Betriebs bei rechtzeitiger Insolvenzantragsstellung, weder durch den vertraglichen noch den gesetzlichen Neugläubiger, bedarf *Reiff/Arnold,* ZIP 1998, 1893, 1896.

86 Zum Ganzen BGHZ 164, 50 = NJW 2005, 3137, 3141; zust. *Haas,* in: Baumbach/Hueck, GmbHG, § 64 Rn. 129; *Schmidt-Leithoff/Baumert* in: Rowedder/Schmidt-Leithoff, GmbHG, § 64 Rn. 85; *Casper,* in: Ulmer, GmbHG, Erg.-Bd. MoMiG, § 64 Rn. 145; *Altmeppen,* in: Roth/Altmeppen, GmbHG, Vor § 64 Rn. 134; *Krieger/Sailer-Coceani,* in: Karsten Schmidt/Lutter, AktG, Anh. § 92 Rn. 12; *Biehl,* Geschäftsführer- und Gesellschafterhaftung wegen Insolvenzverschleppung bei der GmbH, S. 104 ff.; *Altmeppen,* ZIP 1997, 1173, 1179; *Haas,* DStR 2003, 423, 429 f.; *Bayer/Lieder,* WM 2006, 1, 6 ff.

über die Haftung für Insolvenzverschleppung, selbst wenn ohne diese das Delikt ausgeblieben wäre, etwa weil das Unternehmen zum Zeitpunkt des Delikts bereits geschlossen gewesen wäre. Schutzzweck der Insolvenzantragspflicht sei, insolvente Kapitalgesellschaften vom Geschäftsverkehr fernzuhalten, um Vertrauen in die Solvenz der unternehmerisch tätigen Gesellschaften zu gewährleisten. Jemand, der Opfer eines Delikts wird, vertraue allerdings gerade nicht auf die Solvenz seines Schädigers und sei demnach nicht vom Schutzzweck der Insolvenzantragspflicht erfasst.[87] Zum anderen würde der Geschäftsleiter, wenn die Gesellschaft nach § 31 BGB für Delikte anderer einzustehen hat, für zufällig begangene Delikte Dritter persönlich haften, was keinesfalls Sinn und Zweck der Insolvenzantragspflicht sei.[88]

In der Literatur wird gehäuft eine Einbeziehung der gesetzlichen Gläubiger, insbesondere der Deliktgläubiger, in die Insolvenzverschleppungshaftung gefordert.[89] Demnach seien sie besonders schützenswert, weil sie, im Gegensatz zu vertraglichen Gläubigern, gerade unfreiwillig Gläubiger der Gesellschaft werden und keinen Anlass hätten, sich etwa zuvor über die finanzielle Situation ihrer künftigen Schuldnerin zu informieren.[90]

---

87 OLG Jena, ZIP 2002, 631, 632; *Schmidt-Leithoff/Baumert*, in: Rowedder/Schmidt-Leithoff, GmbHG, § 64 Rn. 85; *Haas*, NZG 1999, 373, 376 f.; *Haas*, DStR 2003, 423, 430; *Wagner*, in: FS Gerhardt, 1043, 1062 ff.; *Kübler*, ZGR 1995, 481, 496; *Bayer/Lieder*, WM 2006, 1, 6 f.; siehe auch *Reiff/Arnold*, ZIP 1998, 1893, 1897, die aufgrund der intendierten Entfernung der insolventen Gesellschaft vom Markt den Schutzzweck auf jede Person ausweiten wollen, die in den Kontaktbereich der Gesellschaft kommt, dem zust. *Nerlich*, in: Michalski, GmbHG, § 64 Rn. 76.

88 Vgl. BGHZ 164, 50 = NJW 2005, 3137, 3141; *Biehl*, Geschäftsführer- und Gesellschafterhaftung wegen Insolvenzverschleppung bei der GmbH, S. 105 f.; andere Ansicht *Wagner*, in: FS Karsten Schmidt, S. 1665, 1680, der argumentiert eine Haftung für Zufallsschäden sei dadurch ausgeschlossen, dass für eine Inanspruchnahme des Geschäftsleiters immer eine schuldhafte Unterlassung des Insolvenzantrags vorliegen müsse. Das ändert allerdings nichts daran, dass die Haftung für nicht vom Geschäftsleiter verschuldete Delikte uferlos und für ihn zufällig werden kann, allein weil er die Insolvenzantragspflicht schuldhaft verletzt.

89 *Kleindiek*, in: Lutter/Hommelhoff, GmbHG, Anh. § 64 Rn. 76; *Arnold*, in: Henssler/Strohn, GesR GmbHG, § 64 Rn. 78; *Nerlich*, in: Michalski, GmbHG, § 64 Rn. 75 f.; *Spindler*, in: MüKo AktG, § 92 Rn. 84; *Mertens/Cahn*, in: Kölner Komm. AktG, Anh. § 92 Rn. 42; *Habersack/Foerster*, in: GroßKomm. AktG, § 92 Rn. 111; *Glozbach*, Die Haftung des GmbH-Geschäftsführers nach § 64 Abs. 2 GmbHG für Zahlungen nach Insolvenzreife, S. 88 ff.; *Eckhoff*, Die Haftung der Geschäftsleiter gegenüber den Gläubigern der Gesellschaft wegen Insolenzverschleppung, S. 169 ff.; *Reiff/Arnold*, ZIP 1998, 1893, 1896 ff.; *Wagner*, in: FS Gerhardt, S. 1043, 1062 ff.; *ders.*, in: FS Karsten Schmidt, S. 1665, 1678 ff.; *Bitter*, ZInsO 2010, 1561, 1575 f.; *Gehrlein*, DB 2005, 2395, 2396; *Wagner/Bronny*, ZInsO 2009, 622, 623; *Poertzgen*, ZInsO 2007, 285, 289 ff.; krit. zum Ausschluss der gesetzlichen Gläubiger auch *Koch*, in: Hüffer, AktG, § 92 Rn. 29.

90 *Wagner*, in: FS Karsten Schmidt, S. 1665, 1679; vgl. auch *Kleindiek*, in: Lutter/Hommelhoff, GmbHG, Anh. § 64 Rn. 76.

3. *Nicht geschützte Personen*

a) Inhaber nach Antragsstellung erworbener Ansprüche

Nicht anspruchsberechtigt sollen diejenigen Gesellschaftsgläubiger sein, der erst nach Insolvenzantragsstellung oder mit Insolvenzeröffnung Ansprüche gegen die Gesellschaft erwerben.[91] Ein Anspruch aus § 823 Abs. 2 BGB i.V.m. § 15a InsO soll nämlich ausgeschlossen sein, sobald der Geschäftsleiter den Insolvenzantrag gestellt und damit seinen Gesetzesverstoß beendet hat;[92] denkbar bleibt eine Haftung für Verschulden beim Vertragsschluss.

Keinen Anspruch aus § 823 Abs. 2 BGB i.V.m. § 15a InsO erlangen kann demnach beispielsweise die Bundesagentur für Arbeit und der Pensionssicherungsverein.[93] Ansprüche der Bundesagentur für Arbeit auf Rückerstattung des gezahlten Insolvenzgelds durch die Gesellschaft gehen im Rahmen der cessio legis gem. § 169 SGB III erst mit Insolvenzeröffnung vom Arbeitnehmer auf diese über; ähnlich verhält es sich beim Pensionssicherungsverein, dessen Ansprüche gegen die Gesellschaft gem. § 9 Abs. 2 BetrAVG erst mit Eröffnung des Insolvenzverfahrens vom Versorgungsberechtigten auf ihn übergehen.[94] Nicht geschützt sind zudem die Massegläubiger nach § 53 InsO, weil deren Ansprüche gleichermaßen ein eröffnetes Insolvenzverfahren voraussetzen.[95]

---

91 BGHZ 108, 134, 136 f. = NJW 1989, 3277; *Casper*, in: Ulmer, GmbHG, Erg.-Bd. MoMiG, § 64 Rn. 131; *H.F. Müller*, in: MüKo GmbHG, § 64 Rn. 202; *Karsten Schmidt*, in: Scholz, GmbHG, § 64 Rn. 177, *Mertens/Cahn*, Kölner Komm. AktG, Anh. § 92 Rn. 38; *Habersack/Foerster*, in: GroßKomm. AktG, § 92 Rn. 103; *Schmidt-Leithoff/Baumert*, in: Rowedder/Schmidt-Leithoff, GmbHG, § 64 Rn. 80; *Gehrlein*, in: Gehrlein/Ekkenga/Simon, GmbHG, Vor § 64 Rn. 116.

92 *Karsten Schmidt*, in: Scholz, GmbHG, § 64 Rn. 177; vgl. auch *Wagner/Bronny*, ZInsO 2009, 622, 623; andere Ansicht *Klöhn*, in: MüKo InsO, § 15a Rn. 218 ff., der dann eine Einbeziehung in den Schutzbereich bejaht, wenn die Forderung zwar nach Insolvenzantragsstellung erworben wurde, aber ein „hinreichender Zurechnungszusammenhang" zwischen der Antragsverschleppung und des dem Gläubiger entstandenen Schadens vorliegt.

93 BGHZ 108, 134 = NJW 1989, 3277, 3278 f.; *Casper*, in: Ulmer, GmbHG, Erg.-Bd. MoMiG, § 64 Rn. 131; *Karsten Schmidt*, in: Scholz, GmbHG, § 64 Rn. 177; *Kleindiek*, in: Lutter/Hommelhoff, GmbHG, Anh. § 64 Rn. 65; *Gehrlein*, in: Gehrlein/Ekkenga/Simon, GmbHG, Vor § 64 Rn. 116; *Klöhn*, in: MüKo InsO, § 15a Rn. 245; *Haas*, in: Baumbach/Hueck, GmbHG, § 64 Rn. 111; *Wagner/Bronny*, ZInsO 2009, 622, 623 ff.; andere Ansicht *Altmeppen*, in: Roth/Altmeppen, GmbHG, Vor § 64 Rn. 127; *Piekenbrock*, ZIP 2010, 2421, 2428. Die Bundagentur für Arbeit soll gegen den insolvenzverschleppenden Geschäftsleiter nach der Rechtsprechung nur unter den Voraussetzungen des § 826 BGB einen Anspruch haben: BGH, NZI 2010, 74; BGHZ 175, 58 = NZI 2008, 242, 243 Tz. 14.

94 *Kleindiek*, in: Lutter/Hommelhoff, GmbHG, Anh. § 64 Rn. 65; *H.F. Müller*, in: MüKo GmbHG, § 64 Rn. 202; *Schmidt-Leithoff/Baumert*, in: Rowedder/Schmidt-Leithoff, GmbHG, § 64 Rn. 80.

95 *Karsten Schmidt*, in: Scholz, GmbHG, § 64 Rn. 177; *H.F. Müller*, in: MüKo GmbHG, § 64 Rn. 202.

b) Gesellschaft und Gesellschafter

Ebenso wenig vom Schutz der Insolvenzantragspflicht erfasst sind die Gesellschaft selbst sowie ihre Gesellschafter.[96] Letztere sind ausgeschlossen, weil ihnen ein Schaden durch Insolvenzverschleppung nur an ihrer Kapitalbeteiligung entstehen kann und die Schmälerung des Kapitals durch die allgemeine Innenhaftung der Geschäftsleiter für Pflichtverletzungen wieder ausgeglichen wird.[97] Freilich kann auch ein Gesellschafter einen Anspruch aus § 823 Abs. 2 BGB i.V.m. § 15a InsO erlangen, wenn er der Gesellschaft nicht als solcher, sondern als Gläubiger gegenüber steht.[98]

III. Verschleppung der Insolvenz

Die Antragsverpflichteten verletzen die Insolvenzantragspflicht, wenn sie nach Ablauf der Dreiwochenfrist keinen ordnungsgemäßen Insolvenzantrag stellen oder die Dreiwochenfrist ausschöpfen, obwohl keinerlei Sanierungsaussichten bestehen.[99] Die Pflicht zur Antragsstellung beginnt bei Eintritt der Zahlungsunfähigkeit oder Überschuldung der Gesellschaft.

1. Dreiwochenfrist

Gem. § 15a Abs. 1 InsO haben die Antragsverpflichteten „ohne schuldhaftes Zögern, spätestens aber drei Wochen nach Eintritt der Zahlungsunfähigkeit oder Überschuldung, einen Eröffnungsantrag zu stellen“. Eine vermutete Masselosigkeit i.S.d. § 26 InsO hindert die Insolvenzantragspflicht nicht, weil eine solche nur vom Insolvenzgericht festgestellt werden kann.[100] Die Insolvenzantragsfrist beginnt dann zu laufen, wenn Zahlungsunfähigkeit oder Überschuldung eintreten, und zwar unabhängig davon, ob die Antragspflichtigen darum wissen[101] oder dies hätten

---

96 *Haas*, in: Baumbach/Hueck, GmbHG, § 64 Rn. 111; *Karsten Schmidt*, in: Scholz, GmbHG, § 64 Rn. 178; *H.F. Müller*, in: MüKo GmbHG, § 64 Rn. 202; *Kleindiek*, in: Lutter/Hommelhoff, GmbHG, Anh. § 64 Rn. 66; *Gehrlein*, in: Gehrlein/Ekkenga/Simon, GmbHG, Vor § 64 Rn. 116; *Nerlich*, in: Michalski, GmbHG, § 64 Rn. 56; *Wagner*, in: FS Schmidt, S. 1665, 1680 f.

97 *Bayer/Lieder*, WM 2006, 1, 5; eingehend zum Ausschluss von (Neu-)Gesellschaftern aus dem Schutzbereich der Insolvenzantragspflicht *Wagner*, in: FS Karsten Schmidt, S. 1665, 1680 ff.; andere Ansicht hinsichtlich nach bzw. in der Verschleppungsphase neu hinzukommender Anteilseigner: *Ekkenga*, in: FS Hadding, S. 343, 351 ff.

98 *Karsten Schmidt*, in: Scholz, GmbHG, § 64 Rn. 178; *Kleindiek*, in: Lutter/Hommelhoff, GmbHG, Anh. § 64 Rn. 66.

99 Vgl. *Karsten Schmidt*, in: Scholz, GmbHG, § 64 Rn. 160; *Bitter*, ZInsO 2010, 1561, 1572.

100 *Habersack/Foerster*, in: GroßKomm. AktG, § 92 Rn. 85; *Fleischer*, in: Spindler/Stilz, AktG, § 92 Rn. 67.

101 Dennoch auf Kenntnis abstellend BGHSt 15, 306 = NJW 1961, 740; BGHZ 75, 96 = NJW 1979, 1823, 1827; BGHSt 48, 307 = NZG 2004, 42; *Altmeppen*, in: Roth/Altmeppen, GmbHG, Vor § 64 Rn. 69; *Mertens/Cahn*, in: Kölner Komm. AktG, Anh.

erkennen[102] können. Kenntnis oder Erkennbarkeit der Insolvenzreife spielen nur für die Beantwortung der Frage eine Rolle, ob die Antragspflicht im Einzelfall schuldhaft verletzt wurde bzw. ab wann der Antragspflichtige dafür haftet.[103] Dies entspricht dem Wortlaut des seit 1.11.2008 geltenden § 15a InsO. Er stellt auf den objektiven Eintritt der Zahlungsunfähigkeit oder Überschuldung sowohl für das Einsetzen der Insolvenzantragspflicht als auch den Beginn des Laufs der Dreiwochenfrist ab.[104] Um dem Willen des Gesetzgebers Rechnung zu tragen, ist für den Beginn der dreiwöchigen Sanierungsfrist auf das objektive Vorliegen der Insolvenzgründe abzustellen.[105]

---

§ 92 Rn. 21; *Wicke*, GmbHG, § 64 Rn. 8; *Schulze-Osterloh*, in: Baumbach/Hueck, 18. Aufl., 2006, § 64 Rn. 50; *ders.*, AG 1984, 141, 142 f.; *Ulmer*, KTS 1981, 469, 482 f.; böswillige Unkenntnis soll Kenntnis gleichstehen: OLG Frankfurt am Main, NZG 2004, 1157, 1159; OLG Koblenz, NZG 2005, 79, 81; *Habersack/Foerster*, in: GroßKomm. AktG, § 92 Rn. 86.

102 Zumindest hinsichtlich der Überschuldung auf Erkennbarkeit abstellend BGHZ 143, 184 = NJW 2000, 668; BGHZ 171, 46 = ZIP 2007, 676 Tz. 8; *Fleischer* in: Spindler/Stilz, AktG, § 92 Rn. 68; *Koch*, in: Hüffer, AktG, § 92 Rn. 23; *Habersack/Foerster*, in: GroßKomm. AktG, § 92 Rn. 87; *Spindler*, in: MüKo AktG, § 92 Rn. 67; *Eckert*, in: Wachter, AktG, § 92 Rn. 12; *Grigoleit/Tomasic*, in: Grigoleit, AktG, § 92 Rn. 26; *Krieger/Sailer-Coceani*, in: Karsten Schmidt/Lutter, AktG, Anh. § 92 Rn. 10; *Wiesner*, in: MünchHdb AG, § 25 Rn. 110; *Kleindiek*, in: Lutter/Hommelhoff, GmbHG, Anh. § 64 Rn. 51; *Schmidt-Leithoff/Baumert*, in: Rowedder/Schmidt-Leithoff, GmbHG, Vor § 64 Rn. 75; *Poertzgen*, ZInsO 2008, 944, 947 f.; eingehend auch *Bayer/J. Schmidt*, AG 2005, 644, 648 ff.

103 Vgl. BGHZ 75, 96 = NJW 1979, 1823, 1827; *Casper*, in: Ulmer, GmbHG, § 64 Rn. 119; *Karsten Schmidt*, in: Scholz, GmbHG, § 64 Rn. 161; *Preuß*, in: Kübler/Prütting/Bork, InsO, § 15a Rn. 52; *Habersack/Foerster*, in: GroßKomm. AktG, § 92 Rn. 86; *Mertens/Cahn*, in: Kölner Komm. AktG, Anh. § 92 Rn. 21; *Kleindiek*, in: Lutter/Hommelhoff, GmbHG, Anh. § 64 Rn. 52; *Kolmann*, in: Saenger/Inhester, GmbHG, Vor § 64 Rn. 141, 148 ff.

104 § 15a InsO spricht – anders als die Zahlungsverbote – nicht davon, dass sich die Überschuldung aus einer Bilanz „ergeben" muss (bzw. „festgestellt" werden muss), sondern vielmehr von dem Zeitpunkt, in dem die Gesellschaft zahlungsunfähig oder überschuldet wird, siehe hierzu *Karsten Schmidt*, in: Scholz, GmbHG, § 64 Rn. 164, der darin eine offenkundig gewollte, rechtspolitisch vertretbare, haftungsverschärfende Lösung sieht; ebenso *Kolmann*, in, Saenger/Inhester, GmbHG, Vor § 64 Rn. 149; ähnlich auch *Geißler*, GmbHR 2011, 907, 910 f.; keinen Grund zur Änderung dieses Lösungsansatzes (Fristbeginn ab Erkennbarkeit der Insolvenzreife) sehen hingegen *Kleindiek*, in: Lutter/Hommelhoff, GmbHG, Anh. § 64 Rn. 51 und *Poertzgen*, ZInsO 2008, 944, 948.

105 *Karsten Schmidt*, in: Scholz, GmbHG, § 64 Rn. 164; *Karsten Schmidt/Herrchen*, in: Karsten Schmidt, InsO, § 15a Rn. 32; *Klöhn*, in: MüKo InsO, § 15a Rn. 119; vgl. auch *Hirte*, in: Uhlenbruck, InsO, § 15a Rn. 14; *Habersack/Foerster*, in: GroßKomm. AktG, § 92 Rn. 86 f., allerdings nur bezogen auf die Zahlungsunfähigkeit.

Die dreiwöchige Frist zur Insolvenzantragsstellung ist eine Höchstfrist und darf nur dann ausgeschöpft werden, wenn und solange eine Sanierung aussichtsreich ist („ohne schuldhaftes Zögern").[106] Ist mit einer Sanierung nicht zu rechnen, muss sofort Insolvenzantrag gestellt werden.[107]

2. Einreichung des Insolvenzantrags

Streitig ist, ob der Geschäftsleiter einen zulässigen Antrag stellen muss, um der Insolvenzantragsflicht zu genügen.[108]

Die Eröffnung des Insolvenzverfahrens findet gem. § 13 Abs. 1 InsO ausschließlich auf Antrag statt. Dieser muss beim örtlich zuständigen Amtsgericht als Insolvenzgericht (§§ 2 Abs. 1, 3 Abs. 1 InsO) eingereicht werden. Örtlich zuständig ist das Insolvenzgericht, in dessen Bezirk der Insolvenzschuldner seinen allgemeinen Gerichtsstand gem. § 4 InsO i.V.m. §§ 12 ff. ZPO hat, es sei denn, der Mittelpunkt seiner selbständigen wirtschaftlichen Tätigkeit liegt an einem anderen Ort. In diesem Fall ist das Insolvenzgericht zuständig, in dessen Bezirk dieser Ort liegt. Der allgemeine Gerichtsstand der GmbH, GmbH & Co. KG, AG und Genossenschaft richtet gem. § 17 Abs. 1 ZPO grundsätzlich nach deren Verwaltungssitz. Dasselbe gilt für Auslandsgesellschaften mit Verwaltungssitz im Inland.[109]

IV. Verschulden

In subjektiver Hinsicht setzt die deliktische Haftung nach § 823 Abs. 2 BGB i.V.m. § 15a InsO schuldhaftes Handeln des Geschäftsleiters voraus. Die überwiegende Ansicht lässt dabei Fahrlässigkeit bezüglich der Versäumung des Insolvenzantrags

106 BGHZ 75, 96 = NJW 1979, 1823, 1826; BGHSt 48, 307 = NJW 2003, 3787, 3788; *Casper*, in: Ulmer, GmbHG, § 64 Rn. 65; *Haas*, in: Baumbach/Hueck, GmbHG, § 64 Rn. 123; *Altmeppen*, in: Roth/Altmeppen, GmbHG, Vor § 64 Rn. 78; *Kleindiek*, in: Lutter/Hommelhoff, GmbHG, Anh. § 64 Rn. 69; *Krieger/Sailer-Coceani*, in: Karsten Schmidt/Lutter, AktG, Anh. § 92 Rn. 10; *Habersack/Foerster*, in: GroßKomm. AktG, § 92 Rn. 93; *Mertens/Cahn*, in: Kölner Komm. AktG, Anh. § 92 Rn. 23 f.; *Haas*, DStR 2003, 423, 426; *Pape*, ZInsO 2001, 397, 400; *Poertzgen*, ZInsO 2008, 944, 946; eingehend *Klöhn*, in: MüKo InsO, § 15a Rn. 120 ff.; *Hirte*, in: Uhlenbruck, InsO, § 15a Rn. 15 f. Für eine maßvolle Verlängerung der Frist unter besonderen Umständen OLG Hamburg, NZG 2010, 1225, 1226, dies zu Recht abl. etwa *Geißler*, ZInsO 2013, 167, 168 ff.

107 Dazu, dass dies in der Regel der Fall sein wird *Drescher*, Die Haftung des GmbH-Geschäftsführers, Rn. 1120; *Bitter*, ZInsO 2010, 1561, 1573.

108 Eingehend zum Streitstand *Karsten Schmidt*, in: Scholz, GmbHG, § 64 Rn. 166 und *Haas*, in: Baumbach/Hueck, GmbHG, § 64 Rn. 119 ff., jew. m.w.N.

109 Siehe zur Zuständigkeit deutscher Gerichte für Insolvenzanträge betr. das Vermögen ausländischer Gesellschaften Kapitel 2, § 2, E., II.

ausreichen,[110] so dass die Erfüllung des subjektiven Tatbestands bloße Erkennbarkeit eines Insolvenzgrunds fordert. Bei objektiv vorliegender Insolvenzreife wird ein Verschulden des Geschäftsleiters grundsätzlich vermutet, ihm obliegt der Beweis des Gegenteils.[111]

V. Geltendmachung des Anspruchs

Im Insolvenzverfahren wird der Quotenverminderungsschaden der Altgläubiger durch den Insolvenzverwalter für die Gläubigergesamtheit einheitlich geltend gemacht (§ 92 InsO).[112] Außerhalb des Insolvenzverfahrens steht den Altgläubigern die selbstständige Geltendmachung ihrer Ansprüche frei. Individualschäden der Neugläubiger sind nach herrschender Meinung von diesen inner- und außerhalb des Insolvenzverfahrens selbst geltend zu machen.[113]

VI. Strafbarkeit

Gem. § 15a Abs. 4, 5 InsO machen sich die Antragspflichten strafbar, wenn sie es fahrlässig oder vorsätzlich unterlassen, rechtzeitig Insolvenzantrag zu stellen, oder diesen nicht richtig stellen.[114]

---

110 BGHZ 75, 96, 111 = NJW 1979, 1823, 1827; BGH, GmbHR 1994, 539, 545; OLG Saarbrücken, GmbHR 2008, 1036, 1037; OLG Celle, NZG 2002, 730, 732; OLG Stuttgart, NZG 1998, 232; *Kleindiek*, in: Lutter/Hommelhoff, GmbHG, Anh. § 64 Rn. 69; *Habersack/Foerster*, in: GroßKomm. AktG, § 92 Rn. 105; *Casper*, in: Ulmer, GmbHG, § 64 Rn. 120; *Karsten Schmidt*, in: Scholz, GmbHG, § 64 Rn. 179; *Haas*, in: Baumbach/Hueck, GmbHG, § 64 Rn. 126; *ders.*, DStR 2003, 423, 426f.; *Bitter*, ZInsO 2010, 1561, 1573; andere Ansicht *Schulze-Osterloh*, in: Baumbach/Hueck, GmbHG, 18. Aufl., 2006, § 64 Rn. 97; *ders.*, in: FS Lutter, S. 707, 718 f., der Vorsatz hinsichtlich des Vorliegens der Insolvenzgründe fordert; *Schmidt-Leithoff/Baumert*, in: Rowedder/Schmidt-Leithoff, GmbHG, § 64 Rn. 46; *Goette*, ZInsO 2001, 529 ff.; krit. auch *Canaris*, JZ 1993, 649, 651 f.

111 BGH, NJW 1994, 2149; BGHZ 143, 184 f. = NJW 2000, 668; BGHZ 171, 46 =ZIP 2007, 676 Tz. 8; *Casper*, in: Ulmer, GmbHG, § 64 Rn. 139; *Karsten Schmidt*, in: Scholz, GmbHG, § 64 Rn. 206; *Bitter*, ZInsO 2010, 1561, 1573; *Kleindiek*, in: Lutter/Hommelhoff, GmbHG, Anh. § 64 Rn. 70; *Haas*, in: Baumbach/Hueck, GmbHG, § 64 Rn. 143; *Goette*, DStR 1994, 1048, 1053; *Altmeppen*, ZIP 1997, 1173, 1177.

112 Siehe nur BGHZ 138, 211 = NJW 1998, 2667, 2668.

113 BGHZ 126, 181 = NJW 1994, 2220, 2224; BGHZ 138, 211 = NJW 1998, 2667 f.; BGH, NJW 1995, 398; eingehend dazu *Eyber*, NJW 1994, 1622, 1623 f.; für Einziehungsbefugnis des Insolvenzverwalters auch hinsichtlich der Neugläubigerschäden hingegen *Uhlenbruck*, ZIP 1994, 1153, 1155 f.; *Dauner-Lieb*, ZGR 1998, 617, 629.

114 Siehe zur Strafbarkeit *Brettner*, Die Strafbarkeit wegen Insolvenzverschleppung gemäß § 15a InsO, S. 1 ff.; zur Strafbarkeit wegen „nicht richtigem" Insolvenzantrag, insbesondere nach dem ESUG, ausführlich *Rönnau/Wegener*, ZInsO 2014, 1025 ff.; *Weyand*, ZInsO 2010, 359 ff.; *Römermann*, ZInsO 2010, 353 ff.

C. Verhältnis der Haftung für die Verletzung der Zahlungsverbote und die Verschleppung der Insolvenz zum Insolvenzanfechtungsrecht

Unter den Voraussetzungen der §§ 129 ff. InsO kann der Insolvenzverwalter Zahlungen aus dem Gesellschaftsvermögen, selbst wenn sie Monate oder gar Jahre (vgl. § 133 InsO) vor der Insolvenz der Gesellschaft geleistet wurden, zurückholen. Ziel der Anfechtung ist die (Wieder-)Anreicherung der Masse mit der Folge einer Vorverlagerung des insolvenzrechtlichen Schutzes der Gläubigergesamtheit.[115] Grenzen werden dieser Möglichkeit des Verwalters durch die berechtigten Interessen des gutgläubigen vorab befriedigten Gläubigers (Zahlungsempfänger) gesetzt, der gegebenenfalls in seinem Vertrauen auf den Erhalt und den Verbleib der Zahlung in seinem Eigentum zu schützen ist.[116]

Ist die Leistung der Zahlung an einen Gesellschaftsgläubiger nach §§ 129ff. InsO anfechtbar und kann der Betrag durch den Insolvenzverwalter zurückverlangt werden, hat dies auf den Anspruch gegen den Geschäftsleiter wegen der Leistung verbotener Zahlungen grundsätzlich keinen Einfluss. Er kann hieraus insbesondere kein Leistungsverweigerungsrecht ableiten. Der Insolvenzverwalter hat vielmehr ein Wahlrecht hinsichtlich der Inanspruchnahme des Geschäftsleiters oder des Zahlungsempfängers.[117] Entscheidet er sich für die Inanspruchnahme des Geschäftsleiters, muss dieser die Zahlung zunächst ungekürzt in die Masse erstatten, wobei ihm der Rückzahlungsanspruch der Masse gegen den Zahlungsempfänger Zug um Zug und analog § 255 BGB abzutreten ist.[118] Entscheidet sich der Insolvenzverwalter für eine Anfechtung und erstattet der Zahlungsempfänger daraufhin die

115 Vgl. *Ahrendt/Rogge/Leptien*, in: Hamburger Komm. InsO, Vor §§ 129 ff. Rn. 1.

116 *Kirchhof*, in: MüKo InsO, Vor §§ 129–147 Rn. 4.

117 Siehe nur OLG Oldenburg, GmbHR 2004, 1014; *Karsten Schmidt*, in: Scholz, GmbHG, § 64 Rn. 66; *Haas*, in: Baumbach/Hueck, GmbHG, § 64 Rn. 86; *Kleindiek*, in: Lutter/Hommelhoff, GmbHG, § 64 Rn. 17; *Fleischer*, in: Spindler/Stilz, AktG, § 92 Rn. 34; *Pape*, ZInsO 2001, 397, 402; *Kreuzberg*, NZG 2016, 371, 374 f.; andere Ansicht *Proske*, DB 2015, 2195, 2196; *Mertens/Cahn*, in: Kölner Komm. AktG, § 92 Rn. 33 f., die ein Leistungsverweigerungsrecht des Geschäftsleiters annehmen, solange die Zahlung anfechtbar ist.

118 Zum Ganzen BGHZ 131, 325 = NJW 1996, 850; eingehend dazu *Haas*, in: Baumbach/Hueck, GmbHG, § 64 Rn. 86; *Kleindiek*, in: Lutter/Hommelhoff, GmbHG, § 64 Rn. 17; *Altmeppen*, in: Roth/Altmeppen, GmbHG, § 64 Rn. 19; *Arnold*, in: Henssler/Strohn, GesR GmbHG, § 64 Rn. 35 f.; *Karsten Schmidt*, in: Scholz, GmbHG, § 64 Rn. 66, 67; *G. Müller*, ZIP 1996, 1153 ff.; *Pape*, WiB 1996, 383; *Flöther/Korb*, ZIP 2012, 2333, 2336. Umgekehrt kann auch der Zahlungsempfänger den Verwalter nicht auf die Haftung des Geschäftsleiters verweisen: LG Frankfurt an der Oder, ZInsO 2003, 906, mit zust. Anm. *Biehl*, ZInsO 2003, 932 ff.

Zahlung in das Gesellschaftsvermögen, entfällt eine Haftung des Geschäftsleiters in Höhe der Rückerstattung, da die Masse insoweit nicht mehr geschmälert ist.[119]

Ebenfalls relevant werden kann eine Zahlungsanfechtung im Rahmen der Haftung nach § 823 Abs. 2 BGB i.V.m. § 15a InsO. Rechtsprechung und herrschende Meinung nehmen an, dass der verschleppende Geschäftsleiter einem vertraglichen Neugläubiger dessen volles negatives Interesse ersetzen muss. Dieser hat aber dann gar keinen Schaden, wenn er von der Gesellschaft in voller Höhe befriedigt wird, indem er etwa die Kaufpreiszahlung oder Warenlieferung aus dem Gesellschaftsvermögen erhält. Erst wenn diese durch den Insolvenzverwalter erfolgreich angefochten wird und der Neugläubiger sie zurückgewähren muss, entsteht ihm ein Schaden, und nur dann haftet der Geschäftsleiter auf dessen Ersatz.

Betrachtet man die Situation des Geschäftsleiters ganzheitlich, ergeben sich folgende Szenarien:

I. Bei unterbleibender Anfechtung der Zahlung

Wird die Zahlung nicht angefochten und verbleibt beim Neugläubiger, haftet der Geschäftsleiter gegenüber dem Neugläubiger mangels Schaden nicht nach § 823 Abs. 2 BGB i.V.m. § 15a InsO. Nach § 64 S. 1, § 130a Abs. 2 S. 1 HGB, § 93 Abs. 3 Nr. 6 AktG und § 34 Abs. 3 Nr. 4 GenG ist der Geschäftsleiter allerdings zum Ersatz der Zahlung in das Gesellschaftsvermögen verpflichtet. Im Rahmen dieser Haftung sind etwaige Gegenleistungen, die für die Zahlung in das Gesellschaftsvermögen gelangt sind, anzurechnen,[120] so dass gegebenenfalls eine Haftungsminderung eintritt.

II. Bei Anfechtung der Zahlung

Ficht der Insolvenzverwalter die Zahlung an den Neugläubiger hingegen erfolgreich an und erstattet dieser den Betrag, hat er nun einen Schaden vorzuweisen und kann vom verschleppenden Geschäftsleiter auf Grundlage der § 823 Abs. 2 BGB i.V.m. § 15a InsO verlangen, so gestellt zu werden, als wäre der Vertrag nie zustande gekommen. Einen Schaden wird der Neugläubiger trotz seines Gegenanspruchs aus § 144 Abs. 1 InsO auf Rückgewähr seiner bereits erbrachten Gegenleistung oft haben. Diesem setzt § 144 Abs. 2 InsO nämlich enge Grenzen. Demnach ist die Gegenleistung nur zurück zu gewähren, soweit sie im Gesellschaftsvermögen noch unterscheidbar vorhanden ist oder die Masse um ihren Wert bereichert ist. Anderenfalls kann der Anspruch auf Rückgewähr der Gegenleistung nur als Insolvenzgläubiger geltend gemacht werden. Ist die Gegenleistung im Gesellschaftsvermögen also nicht mehr unterscheidbar vorhanden oder etwa vollständig untergegangen, was in der Insolvenz der Gesellschaft freilich nicht selten der Fall sein wird, kann

119 BGHZ 203, 218 = ZIP 2015, 71 Tz. 9; BGH, ZIP 2014, 1523; BGHZ 131, 325 = NJW 1996, 850 f.

120 BGHZ 203, 218 = ZIP 2015, 71; BGH, ZInsO 2016, 338 Tz. 24: „in Höhe des Wertes der Warenlieferung [ist] eine Masseschmälerung […] zu verneinen".

der Neugläubiger den Geschäftsleiter in Höhe seines Ausfallschadens persönlich in Anspruch nehmen. Handelt es sich hingegen um einen Altgläubiger der Gesellschaft, droht dem Geschäftsleiter keine Haftung auf den vollen Ausfallschaden, sondern nur die Haftung im Rahmen des Quotenverminderungsschadensausgleichs.

Nach § 64 S. 1, § 130a Abs. 2 S. 1 HGB, § 93 Abs. 3 Nr. 6 AktG und § 34 Abs. 3 Nr. 4 GenG haftet der Geschäftsleiter bei erfolgreicher Anfechtung der Leistung aus dem Gesellschaftsvermögen mangels Masseschmälerung gar nicht.

III. Fazit

Der Geschäftsleiter haftet, je nachdem, wie sich der Insolvenzverwalter hinsichtlich einer möglichen Insolvenzanfechtung entscheidet, auf unterschiedlicher Grundlage. Eine Haftung über die Zahlungsverbote kann dabei – angesichts neuerdings anzurechnender Gegenleistungen – die vorteilhaftere sein. Häufig wird der Geschäftsleiter mithin hoffen müssen, dass eine Anfechtung gegenüber einem befriedigten Neugläubiger unterbleibt, haftet er diesem doch sonst unter Umständen auf dessen vollen Forderungsausfallschaden. Das Schicksal des Geschäftsleiters liegt damit gewissermaßen in den Händen des Insolvenzverwalters.

§ 2 Wer gerät in die Haftung für die Verletzung der Zahlungsverbote und die Verschleppung der Insolvenz?

Die Haftung für die Verletzung der Zahlungsverbote und Insolvenzverschleppung droht einer Vielzahl von Personen. Dies ergibt sich zum einen aus der hohen Zahl der Insolvenzen in Deutschland. Allein 2015 ist über das Vermögen von 1.298 GmbH & Co.KGs, 11.444 GmbHs und 176 AGs das Insolvenzverfahren eröffnet bzw. dessen Eröffnung mangels Masse abgelehnt worden.[121] Das bedeutet zwar nicht, dass in jedem dieser Fälle eine Haftung der Geschäftsleiter zu bejahen ist, allerdings besteht bei jeder Gesellschaftsinsolvenz zumindest die entsprechende Gefahr, weil die Insolvenzreife der Gesellschaft, insbesondere deren Überschuldung, häufig nicht erkannt wird. Nicht nur die hohe Zahl der Insolvenzen unterstreicht die Relevanz des hiesigen Themas, sondern auch die Tatsache, dass nicht nur Geschäftsführer oder Vorstände in die Haftung in der Gesellschaftsinsolvenz geraten können, sondern ebenso deren Vertreter, Liquidatoren, faktische Vertretungsorgane, Gesellschafter, Aufsichtsräte und Teilnehmer. Der Adressatenkreis der Pflichten in der Insolvenz wird zudem dadurch vergrößert, dass die Haftungstatbestände auch auf Auslandsgesellschaften und deren Geschäftsleiter anwendbar sind. 2015 ist etwa allein für 148 Private Companies Limited by Shares („britische Limited") in Deutschland die Eröffnung des Insolvenzverfahrens beantragt worden.[122] Im Folgenden soll

121 Siehe zu diesen Zahlen bereits Fn. 1.

122 Quelle: Statistisches Bundesamt, https://www-genesis.destatis.de/genesis/online/link/ statistiken/524* (zuletzt abgerufen Juli 2016).

die Größe des Adressatenkreises der Haftung für die Verletzung der Zahlungsverbote und Insolvenzverschleppung dargelegt werden, und so das potentielle Ausmaß der Wertungen der herrschenden Meinung und damit die Relevanz ihrer Richtigkeit verdeutlicht werden.

A. Mitglieder des Vertretungsorgans

Mitgliedern des Vertretungsorgans droht sowohl die Haftung auf Ersatz verbotener Zahlungen als auch die Haftung nach § 823 Abs. 2 BGB i.V.m. § 15a InsO.

I. Haftung für die Verletzung der Zahlungsverbote

§ 64 S. 1 GmbHG verpflichtet die Geschäftsführer der GmbH und deren Stellvertreter (§ 44 GmbHG) zum Ersatz von nach Insolvenzreife der Gesellschaft geleisteten Zahlungen. Nach § 71 Abs. 4 GmbHG sind ihnen die Liquidatoren der Gesellschaft gleichgestellt.

§ 93 Abs. 3 Nr. 6 AktG ordnet die Haftung der Vorstandsmitglieder für die Verletzung der Zahlungsverbote an, wobei diese deren Vertreter (§ 94 AktG) und die Abwickler der Gesellschaft gem. § 268 Abs. 2 AktG ebenso treffen kann.

§ 130a HGB regelt die Ersatzhaftung der organschaftlichen Vertreter der GmbH & Co. KG, der zur Vertretung der Gesellschaft ermächtigten Gesellschafter und der Liquidatoren.

In der Genossenschaft treffen die Zahlungsverbote gem. § 34 Abs. 3 Nr. 4 GenG die Vorstände, deren Stellvertreter (§ 35 GenG) und gem. § 89 GenG gleichermaßen die Liquidatoren.

Ist die Haftung auf Erstattung der verbotenen Zahlung einmal eingetreten, können sich die Haftungsadressaten davon nicht mehr durch wirksame Amtsniederlegung befreien.[123]

II. Haftung für die Verschleppung der Insolvenz

§ 15a InsO verpflichtet die Mitglieder des Vertretungsorgans der Gesellschaft bzw. die Abwickler der in der Liquidation befindlichen Gesellschaft zur Stellung eines Insolvenzantrags, wenn Insolvenzreife der Gesellschaft vorliegt. Zur Stellung des Insolvenzantrags verpflichtet sind mithin die Vorstandsmitglieder der AG (§ 78 AktG), deren Stellvertreter (§ 94 AktG), die Geschäftsführer der GmbH (§ 35 GmbHG) und deren Stellvertreter (§ 44 GmbHG). In der Genossenschaft trifft die Pflicht die Vorstände (§ 25 Abs. 1 GenG) bzw. deren Stellvertreter (§ 35 GenG). Bei der GmbH & Co. KG sind die Geschäftsführer der Komplementär-GmbH als mittelbare Organvertreter

123 Siehe statt vieler *Haas*, in: Baumbach Hueck, GmbHG, § 64 Rn. 8 m.w.N.

zur Stellung des Antrags verpflichtet (§ 15a Abs. 2 InsO). Dies gilt gem. § 15a Abs. 2 InsO auch bei mehrstöckigen Konstellationen bei der GmbH & Co. KG.[124]

Eine Insolvenzantragspflicht der Abwickler der Gesellschaft ist denkbar, wenn die Gesellschaft aufgelöst wird (§ 60 GmbHG, §§ 131, 161 Abs. 2 HGB, § 262 AktG, § 81a GenG), zunächst noch lebensfähig ist und im Liquidationsstadium Insolvenzreife eintritt.[125] Handelt es sich bei dem Abwickler um eine juristische Person (etwa gem. § 265 Abs. 2 S. 3 AktG), sind nach § 15a Abs. 1 S. 2 InsO analog deren organschaftliche Vertreter zur Stellung des Insolvenzantrags verpflichtet.[126]

Antragspflichtig sind dabei alle wirksam bestellten Organmitglieder. Die Insolvenzantragspflicht trifft jedes einzelne Organmitglied.[127] Irrelevant ist zudem, ob sie ausschließlich gemeinsam zur Vertretung der Gesellschaft[128] oder zur Geschäftsführung[129] berechtigt sind. Ebenso wenig kann die Pflicht durch Gesellschaftsvertrag, Gesellschafterbeschluss, Aufsichtsratsbeschluss[130] oder die Zustimmung der Gläubiger abbedungen werden.[131] Die Insolvenzantragspflicht ist weder delegierbar[132] noch können sich die Haftungsadressaten durch den Einwand entlasten, innerhalb des Vertretungsorgans nach der Ressortaufteilung nicht für die Stellung des Antrags zuständig gewesen zu sein.[133] Auch die Bestellung eines Organmitglieds, das lediglich als Strohmann fungieren soll, führt zu dessen Verpflichtung zur rechtzeitigen Insolvenzantragsstellung.[134]

---

124 Eingehend dazu *Klöhn*, in: MüKo InsO, § 15a Rn. 66 f.; *Karsten Schmidt*, in: MüKo HGB, § 130a Rn. 28; *ders.*, in: Scholz, GmbHG, § 64 Rn. 151 f.

125 BGH, NJW 2009, 157 Tz. 28 ff.; *Altmeppen*, in: Roth/Altmeppen, GmbHG, Vor § 64 Rn. 54.

126 *Klöhn*, in: MüKo InsO, § 15a Rn. 81.

127 *Klöhn*, in: MüKo InsO, § 15a Rn. 70; *Hirte*, in: Uhlenbruck, InsO, § 15a Rn. 7; *Preuß*, in: Kübler/Prütting/Bork, InsO, § 15a Rn. 22; *Kleindiek*, in: Lutter/Hommelhoff, GmbHG, Anh. § 64 Rn. 45; *Rodewald*, GmbHR 2009, 1301, 1303; *Wagner*, in: FS Karsten Schmidt, S. 1665, 1688.

128 *Preuß*, in: Kübler/Prütting/Bork, InsO, § 15a Rn. 22; *Kleindiek*, in: Lutter/Hommelhoff, GmbHG, Anh. § 64 Rn. 41.

129 *Haas*, in: Baumbach/Hueck, GmbHG, § 64 Rn. 114; *H.F. Müller*, in: MüKo GmbHG, § 64 Rn. 60.

130 *Hirte*, in: Uhlenbruck, InsO, § 15a Rn. 12; *Bitter*, ZInsO 2010, 1561, 1572.

131 *Klöhn*, in: MüKo InsO, § 15a Rn. 139; *Hirte*, in: Uhlenbruck, InsO, § 15a Rn. 12; *Fleischer*, in: Spindler/Stilz, AktG, § 92 Rn. 59; *Mertens/Cahn*, in: Kölner Komm. AktG, Anh. § 92 Rn. 25; *H.F. Müller*, in: MüKo GmbHG, § 64 Rn. 70.

132 BGH, NJW 1994, 2149, 2150; *Preuß*, in: Kübler/Prütting/Bork, InsO, § 15a Rn. 22; *Klöhn*, in: MüKo InsO, § 15a Rn. 70.

133 *Preuß*, in: Kübler/Prütting/Bork, InsO, § 15a Rn. 22; *Hirte*, in: Uhlenbruck, InsO, § 15a Rn. 7; *Bitter*, ZInsO 2010, 1561, 1572; *Peters*, GmbHR 2008, 682, 683.

134 *Preuß*, in: Kübler/Prütting/Bork, InsO, § 15a Rn. 22; *Kleindiek*, in: Lutter/Hommelhoff, GmbHG, Anh. § 64 Rn. 45.

Die Stellung des Insolvenzantrags durch einen von mehreren Geschäftsleiter suspendiert die Antragspflicht aller anderen Geschäftsleiter; wird der Antrag zurückgenommen, lebt die Antragspflicht ex nunc wieder auf.[135] Der Insolvenzantrag, der durch einen Gläubiger der Gesellschaft gestellt wird (§ 13 Abs. 1 S. 2 InsO), entbindet die Geschäftsleiter bis zur Entscheidung des Gerichts über die Verfahrenseröffnung hingegen nicht von ihrer Antragspflicht.[136]

Die Pflicht endet dann, wenn das Organmitglied aus seinem Amt ausscheidet, insbesondere durch Abberufung oder einvernehmliches Ausscheiden.[137] Einigkeit besteht dahingehend, dass sich ein Organmitglied durch eine Amtsniederlegung nicht von der Haftung für eine bereits eingetretene Verletzung der Antragspflicht befreien kann. Deren Folgen oder ihre Vertiefung, die in der Zeit entstehen, in der das Organmitglied bereits wirksam aus dem Amt geschieden ist, muss es sich zurechnen lassen.[138]

B. Faktische Organmitglieder

Nach herrschender Auffassung können auch faktische Mitglieder der Vertretungsorgane, insbesondere bloß faktische Geschäftsleiter, in die Haftung für die Verletzung der Zahlungsverbote und Insolvenzverschleppung geraten.[139]

---

135 Statt vieler BGHZ 75, 96 = NJW 1979, 1823, 1826; *Karsten Schmidt*, in: Scholz, GmbHG, § 64 Rn. 166; andere Ansicht *Haas*; in: Baumbach/Hueck, GmbHG, § 64 Rn. 121: Wiederaufleben ex tunc.

136 BGHSt 53, 24 = NZG 2009, 33, 34 f.; BGH, NJW 2009, 157 Tz. 25; *Kleindiek*, in: Lutter/Hommelhoff, GmbHG, Anh. § 64 Rn. 91; *Karsten Schmidt, in:* Scholz, GmbHG, § 64 Rn. 166; *Bork*, in: Bork/Schäfer, GmbHG, § 64 Rn. 68; *Casper*, in: Ulmer, GmbHG, § 64 Rn. 67; *Klöhn*, in: MüKo InsO, § 15a Rn. 137, jew. m.w.N.

137 *Klöhn*, in: MüKo InsO, § 15a Rn. 72; *Preuß*, in: Kübler/Prütting/Bork, InsO, § 15a Rn. 25; *Hirte*, in: Uhlenbruck, InsO, § 15a Rn. 12; *Krieger/Sailer-Coceani*, in: Karsten Schmidt/Lutter, AktG, Anh. § 92 Rn. 4; *Spindler*, in: MüKo AktG, § 92 Rn. 73; *Mertens/Cahn*, in: Kölner Komm. AktG, Anh. § 92 Rn. 26.

138 BGHSt 2, 53 = NJW 1952, 554; *Leithaus*, in: Andres/Leithaus, InsO, § 15a Rn. 4; *Klöhn*, in: MüKo InsO, § 15a Rn. 72; *Habersack/Foerster*, in: GroßKomm. AktG, § 92 Rn. 38; *Haas*, in: Baumbach/Hueck, GmbHG, § 64 Rn. 115; *Hirte*, in: Uhlenbruck, InsO, § 15a Rn. 12; *Trölitzsch*, GmbHR 1995, 857, 860; *Kleindiek*, in: Lutter/Hommelhoff, GmbHG, Anh. § 64 Rn. 83; *Fichtelmann*, GmbHR 2008, 76, 79; *Fleck*, GmbHR 1974, 224, 229; Rechtsmissbräuchlichkeit einer solchen Amtsniederlegung nimmt hingegen *Uhlenbruck*, BB 1985, 1277, 1283 an.

139 Zum Streitstand etwa *Preuß*, in: Kübler/Prütting/Bork, InsO, § 15a Rn. 28; *Habersack*, in: Staub, HGB, § 130a Rn. 11; *Karsten Schmidt*, in: Scholz, GmbHG, § 64 Rn. 153; *ders.*, in: MüKo HGB, § 130a Rn. 13; *Altmeppen*, in: Roth/Altmeppen, GmbHG, Vor § 64 Rn. 55 f.; *H.F. Müller*, in: MüKo GmbHG, § 64 Rn. 61; *Habersack/Foerster*, in: GroßKomm. AktG, § 92 Rn. 40 f.; *Klöhn*, in: MüKo InsO, § 15a Rn. 75; *Spindler*, in: MüKo AktG, § 92 Rn. 73; *Fleischer*, in: Spindler/Stilz, AktG, § 92 Rn. 62 f.; *Koch*, in: Hüffer, AktG, § 92 Rn. 22; *Hillmann*, in: Ebenroth/Boujong/Joost/Strohn, HGB, § 130a Rn. 11; *Hartmann*, Die Insolvenzantragspflicht des faktischen

C. Gesellschafter/Aufsichtsräte

I. *Haftung für die Verletzung der Zahlungsverbote*

1. *Keine Haftung der Gesellschafter*

Eine Haftung der Gesellschafter für die Verletzung der Zahlungsverbote kommt, ausweislich des Wortlauts der § 64 S. 1 GmbHG, § 130 a Abs. 2 HGB, § 93 Abs. 3 Nr. 6 AktG und § 34 Abs. 3 Nr. 4 GenG, nicht in Betracht. Erreichbar wäre eine solche allenfalls durch die analoge Anwendung der Ausfallhaftung der Gesellschafter der GmbH bzw. der Aufsichtsräte bei der AG und Genossenschaft bei Führungslosigkeit der Gesellschaft nach § 15a Abs. 3 InsO. Dies kann angesichts der gesetzgeberischen Entscheidung, im Zuge des MoMiGs eine solche Ausfallhaftung im Rahmen der Zahlungsverbote nicht einzuführen, allerdings nicht befürwortet werden.[140]

2. *Haftung der Aufsichtsratsmitglieder – „Doberlug"-Rechtsprechung*

Durchaus denkbar ist hingegen eine Haftung der Aufsichtsratsmitglieder[141] für die Verletzung der Zahlungsverbote. Diese treffen nur Überwachungspflichten hinsichtlich der Geschäftsleitung, nehmen aber nicht selbst deren Aufgaben wahr, so dass sie mangels von ihnen veranlasster Zahlungen nicht direkt in die Haftung für verbotene Zahlungen einbezogen sind.[142] Dennoch muss der Aufsichtsrat, insbesondere in Krisensituationen, die wirtschaftliche Lage des Unternehmens überwachen und gegebenenfalls darauf hinwirken, dass keine weiteren Zahlungen aus dem Gesellschaftsvermögen erfolgen und ein Insolvenzantrag gestellt wird. Gegebenenfalls muss er dabei auf die Abberufung von zuwider handelnden Mitgliedern der

---

Organs, S. 29 ff.; *Karsten Schmidt*, in: FS Rebmann, S. 419, 423; *Fleischer*, AG 2004, 517 f.; *ders.*, GmbHR 2011, 337 ff.; *Strohn*, DB 2011, 158 ff.; *Weimar*, GmbHR 1997, 473, 477; *Blöse*, GmbHR 2012, 1361 f.; andere Ansicht *Mertens/Cahn*, in: Kölner Komm. AktG, Anh. § 92 Rn. 34.

140 *Casper*, in: Ulmer, GmbHG, Erg.-Bd. MoMiG, § 64 Rn. 80; *Kleindiek*, in: Lutter/Hommelhoff, GmbHG, § 64 Rn. 6a; vgl. auch *Poertzgen/Meyer*, ZInsO 2012, 249, 251; andere Ansicht *Kolmann*, in: Saenger/Inhester, GmbHG, § 64 Rn. 20; *Arnold*, in: Henssler/Strohn, GesR GmbHG, § 64 Rn. 8; *Haas*, in: Baumbach/Hueck, GmbHG, § 64 Rn. 8, der sich darauf beruft, dass sowohl Insolvenzantragspflicht als auch die Ersatzhaftung nach § 64 S. 1 GmbHG der Masseerhaltung dienen, wechselseitig Haftungslücken geschlossen werden sollen und daher eine analoge Anwendung des § 15a Abs. 3 InsO angebracht scheint; *Hölzle*, GmbHR 2007, 729, 731.

141 Ein Aufsichtsrat ist bei der AG zwingend vorgeschrieben (§ 30 AktG), ebenso in der Genossenschaft (§ 36 GenG). Auch in größeren GmbHs ist idR ein Aufsichtsrat vorhanden, zum Teil sogar gesetzlich vorgeschrieben (§ 1 Abs. 1 Nr. 3 DrittelbG und § 18 Abs. 2 S. 1 KAGB). In der GmbH & Co. KG ist eine solcher unter den Voraussetzungen des § 1 Abs. 1 Nr. 3 DrittelbG zu bestellen.

142 BGH, DStR 2009, 1157, 1158; BGHZ 187, 60 = NZG 2010, 1186 Tz. 13.

Geschäftsleitung hinwirken.[143] Für eine Verletzung dieser Sorgfaltspflicht kann er über die allgemeine Haftung in Anspruch genommen werden (§ 52 GmbHG, §§ 116, 93 AktG, §§ 41, 34 GenG). Im Doberlug-Urteil[144] hat der BGH ausgeführt, dass die Mitglieder des Aufsichtsrat in der AG gem. §§ 116 i.V.m. 93 Abs. 3 Nr. 6 AktG der Gesellschaft gegenüber haften, wenn diese durch die Leistung einer verbotenen Zahlung durch den Vorstand und eine entsprechende Überwachungspflichtverletzung des Aufsichtsrats einen Schaden erleidet.[145] Dies sei beim bloß fakultativen Aufsichtsrat in der GmbH allerdings anders. Für diesen verweise § 52 GmbHG nur auf § 93 Abs. 1, 2 AktG und gerade nicht auf dessen Abs. 3. Durch eine verbotene Zahlung entstehe der Gesellschaft häufig kein Schaden i.S.d. § 93 Abs. 2 AktG, denn die Zahlungen dienen in der Regel der Erfüllung von Verbindlichkeiten der Gesellschaft, verkürzen daher zwar gegebenenfalls die Bilanzsumme, führen aber nicht zu einem Vermögensschaden der Gesellschaft i.S.d. §§ 249 ff. BGB. Allenfalls die Insolvenzgläubiger erlitten durch die Schmälerung der Insolvenzmasse einen Schaden, den § 93 Abs. 3 Nr. 6 AktG, nicht aber § 93 Abs. 2 AktG, einem Schaden der Gesellschaft gleichstelle. Deshalb sei der fakultative Aufsichtsrat in der GmbH mangels eines Schadens der Gesellschaft durch die verbotene Zahlung nicht zu dessen Ersatz verpflichtet. Wohl sei dies aber der obligatorische Aufsichtsrat in der GmbH, denn für diesen verweisen § 1 Abs. 1 Nr. 3 DrittelbG, § 25 Abs. 1 Nr. 2 MitbestG, § 3 Abs. 2 MontanMitbestG (i.V.m. § 3 Abs. 1 S. 2 MontanMitbestGErgG) und § 18 Abs. 2 S. 1 KAGB auf § 116 AktG und dieser wiederum auch auf § 93 Abs. 3 Nr. 6 AktG. Demnach sind die obligatorischen Aufsichtsräte sowohl in der AG und Genossenschaft als auch in der GmbH bzw. GmbH & Co.KG, die unter Verletzung ihrer Sorgfaltspflichten eine verbotene Zahlung nach Insolvenzreife nicht verhindern, der Gesellschaft zum „Ersatz der verbotswidrig geleisteten Zahlungen verpflichtet".[146] Die Mitglieder des fakultativen Aufsichtsrats in der GmbH sind nur dann ersatzpflichtig, wenn der Gesellschaft durch die Zahlung ausnahmsweise ein eigener Schaden entstanden ist.[147]

---

143 Zum Ganzen BGH, DStR 2009, 1157, 1158; BGHZ 187, 60 = NZG 2010, 1186 Tz. 13.

144 BGHZ 187, 60 = NZG 2010, 1186.

145 Dasselbe muss dann für den Aufsichtsrat in der Genossenschaft gelten: § 41 GenG verweist uneingeschränkt auf § 34 GenG.

146 BGHZ 187, 60 = NZG 2010, 1186 Tz. 15.

147 Zum Ganzen BGHZ 187, 60 = NZG 2010, 1186 Tz. 13 ff., 20 f.; zust. *H.F. Müller*, in: MüKo GmbHG, § 64 Rn. 142; *Arnold*, in: Henssler/Strohn, GesR GmbHG, § 64 Rn. 9; *Bork*, in: Bork/Schäfer, GmbHG, § 64 Rn. 5; *Kleindiek*, in: Lutter/Hommelhoff, GmbHG, § 64 Rn. 6b; *Kolmann*, in: Saenger/Inhester, GmbHG, § 64 Rn. 20; *Thiessen*, ZGR 2011, 275 ff.; *Noack*, in: FS Goette, S. 345, 346 ff.; *Kiefner/Langen*, NJW 2011, 192 ff.; krit. *Schürnbrand*, NZG 2010, 1207, 1209 ff., der eine Haftung auch der Mitglieder des fakultativen Aufsichtsrats annimmt; krit., auch allgemein zum Haftungskonzept der herrschenden Meinung *Karsten Schmidt*, in: Scholz, GmbHG, § 64 Rn. 56; *ders.*, GmbHR 2010, 1319 ff.; *Poertzgen*, NZI 2010, 915 ff.; *Altmeppen*, ZIP 2010, 1973, 1976 ff., der den fakultativen Aufsichtsrat in der GmbH ebenfalls

II. Haftung für die Verschleppung der Insolvenz

Grundsätzlich fallen Gesellschafter und Aufsichtsräte nicht in den Anwendungsbereich der Antragspflicht nach § 15a InsO. Aufsichtsräten droht aber eine zivilrechtliche Haftung gegenüber der Gesellschaft nach § 52 GmbHG, §§ 116, 93 AktG und §§ 42, 34 GenG, wenn sie ihre Überwachungsaufgaben hinsichtlich der Vorstandstätigkeit verletzen und damit deren Verstoß gegen die Insolvenzantragspflicht dulden oder gar fördern.[148]

Eine direkte Haftung der Gesellschafter für die Verletzung der Insolvenzantragspflicht kommt nur in Frage, wenn die Gesellschaft führungslos ist.[149] Gem. § 15a Abs. 3 InsO sind die Gesellschafter der GmbH dann zur Stellung des Insolvenzantrags verpflichtet,[150] wobei gleiches für die Aufsichtsräte in der vorstandslosen AG und Genossenschaft gilt.[151] Ist bei der GmbH & Co. KG der antragsverpflichtete Komplementär-Gesellschafter[152] ebenfalls eine führungslose Gesellschaft, sind deren Gesellschafter zur Antragsstellung verpflichtet.[153]

Angesichts der Antragspflicht der Gesellschafter bzw. Aufsichtsräte bei Führungslosigkeit der Gesellschaft droht ihnen ebenso die Haftung nach § 823 Abs. 2 BGB i.V.m. § 15a InsO.[154] Bei Unterlassung der Antragsstellung machen sie sich zudem gem. § 15a Abs. 4, 5 InsO strafbar.

---

für verbotene Zahlungen haften lassen will, wenn die Befriedigungsaussichten der Gläubiger dadurch verschlechtert wurden.

148 Vgl. BGH, NJW 2009, 2454; BGHZ 187, 60 = NZG 2010, 1186 („Doberlug").

149 Zum Begriff der „Führungslosigkeit" siehe § 35 Abs. 1 S. 2 GmbHG, § 78 Abs. 1 S. 2 AktG; eingehend auch *Passarge*, GmbHR 2010, 295 ff.

150 Krit. hinsichtlich der Formulierung des § 15a Abs. 3 InsO i.V.m. dem Antragsrecht nach § 15 InsO *Schmahl*, NZI 2008, 6, 8.

151 Nicht zur Antragsstellung verpflichtet sind ausweislich des Gesetzeswortlauts Aufsichtsräte in der führungslosen GmbH: *Altmeppen*, in: Roth/Altmeppen, GmbHG, Vor § 64 Rn. 62; *Berger*, ZInsO 2009, 1977, 1982; *Poertzgen*, GmbHR 2007, 1258, 1260, allerdings nur mit Bezug zu den Mitgliedern eines fakultativen Aufsichtsrats; andere Ansicht *Haas*, in: Baumbach/Hueck, GmbHG, § 64 Rn. 169, der eine Haftung der Aufsichtsratsmitglieder in der GmbH annimmt, wenn diese und nicht die Gesellschaft die Geschäftsführer bestellen.

152 Für die Kommanditisten in der GmbH & Co. KG gilt § 15a Abs. 3 InsO nicht: *Karsten Schmidt*, in: Scholz, GmbHG, § 64 Rn. 158; *Löser*, ZInsO 2010, 799, 801 f.

153 LG München, ZInsO 2014, 1166; *Altmeppen*, in: Roth/Altmeppen, GmbHG, Vor § 64 Rn. 60; *Wicke*, GmbHG, § 64 Rn. 7.

154 *Wicke*, GmbHG, § 64 Rn. 12, *H.F. Müller*, in: MüKo GmbHG, § 64 Rn. 216; *Wälzholz*, DStR 2007, 1914, 1915; vgl. auch *Haas*, in: Baumbach/Hueck, GmbHG, § 64 Rn. 167a; *Bitter*, ZInsO 2010, 1561, 1572.

D. Teilnehmerhaftung

I. Haftung für die Verletzung der Zahlungsverbote

Mangels deliktrechtlichem Charakter der Haftung für die Verletzung der Zahlungsverbote kommt eine Teilnehmerhaftung von vornherein nicht in Betracht.[155]

II. Haftung für die Verschleppung der Insolvenz

Haben Gesellschafter, Aufsichtsräte oder Dritte das Unterbleiben des Insolvenzantrags gefördert, etwa durch Abstimmung gegen die Antragsstellung oder persönliches Abraten davon, kommt deren Teilnehmerhaftung nach §§ 830 Abs. 2, 823 Abs. 2 BGB i.V.m. § 15a InsO in Betracht. Die Teilnehmerhaftung erstreckt sich allerdings nicht auf Neugläubigerschäden[156] und Schäden, die im Verschleppungsstadium durch kriminelle Machenschaften des Geschäftsleiters verursacht wurden, und von denen der Teilnehmer keine Kenntnis hat; das gilt selbst dann, wenn diese bei rechtzeitiger Insolvenzantragsstellung nicht mehr entstanden wären und der Gesellschafter bzw. Aufsichtsrat für die Verabsäumung der Antragsstellung gem. § 830 Abs. 2 BGB mitverantwortlich ist (sog. „Haupttäterexzess").[157]

E. Organvertreter ausländischer Gesellschaften

Lange umstritten war, ob auch die Geschäftsleiter ausländischer Gesellschaften, deren Satzungs- und Verwaltungssitz auseinander fallen, in die Haftung für die Verletzung der Zahlungsverbote und Insolvenzverschleppung geraten können. Betroffen sind davon nicht nur die bestellten Organvertreter ausländischer Gesellschaften,

---

155 BGH, GmbHR 2008, 702, 703; *Karsten Schmidt*, in: Scholz, GmbHG § 64 Rn. 55; *Bork*, in: Bork/Schäfer, GmbHG, § 64 Rn. 5; *Kleindiek*, in: Lutter/Hommelhoff, GmbHG, § 64 Rn. 6a; anders die herrschende Meinung zum Zahlungsverbot im Aktienrecht, die auch das Zahlungsverbot als Schutzgesetz iSd § 823 Abs. 2 BGB interpretiert: *Spindler*, in: MüKo AktG, § 92 Rn. 37; *Mertens/Cahn*, in: Kölner Komm. AktG, § 92 Rn. 37; *Dauner-Lieb*, in: Henssler/Strohn, GesR AktG, § 92 Rn. 15.

156 Vgl. dazu *Froehner*, ZInsO 2011, 1617 ff.

157 Zum Ganzen BGHZ 164, 50 = NZI 2006, 58, 60, mit insofern zust. Anm. *Haas*; *Altmeppen*, in: Roth/Altmeppen, GmbHG, Vor § 64 Rn. 141; *Karsten Schmidt*, in: Scholz, GmbHG, § 64 Rn. 211; *Fleischer*, in: Spindler/Stilz, AktG, § 92 Rn. 82; *Ehricke*, ZGR 2000, 351, 356ff.; zur Haftung von Dritten, etwa Steuerberatern, Anwälten, Sanierungsberatern und Banken, (auch) wegen positiver Vertragsverletzung aufgrund der Nichtaufklärung der Antragspflichtigen über die Insolvenzreife BGH, GmbHR 2013, 543 ff.; *Vuia*, Die Verantwortlichkeit von Banken in der Krise von Unternehmen, S. 1 ff.; *Römermann*, GmbHR 2013, 513 ff.; *Schaaf/Mushardt*, DB 2013, 1890 ff.; *H.F. Müller*, ZInsO 2013, 2181 ff.; *Gehrlein*, NZG 2013, 961 ff.; *Wagner*, ZInsO 2009, 449 ff.; *Zugehör*, NZI 2008, 652 ff.; *Wagner/Zabel*, NZI 2008, 660 ff.

sondern auch deren faktische Vertretungsorgane.[158] Entsprechendes gilt hinsichtlich der Verschleppungshaftung nach § 823 Abs. 2 BGB i.V.m. § 15a Abs. 1, 3 InsO für die Gesellschafter und Aufsichtsräte ausländischer Gesellschaften, wenn die Gesellschaft führungslos ist.[159]

I. Grundlagen der Anwendbarkeit deutschen Insolvenzrechts

Eine Haftung kann den Geschäftsleitern von Auslandsgesellschaften nur drohen, wenn die entsprechenden Normen auf eine nach ausländischem Recht gegründete Gesellschaft anwendbar sind. Für die Anwendbarkeit des deutschen Rechts auf EU-ausländische Gesellschaften kommt es zusätzlich darauf an, ob dies mit der europäischen Niederlassungsfreiheit vereinbar ist. Die Haftung für Insolvenzverschleppung und verbotene Zahlungen kann die Geschäftsleiter sowohl von EU- als auch Nicht-EU-ausländischen Gesellschaften zudem nur dann treffen, wenn in Deutschland das Hauptinsolvenzverfahren über das Vermögen der Gesellschaft eröffnet wird (dies ergibt sich für EU-Auslandsgesellschaften aus Artt. 3 Abs. 1, 4 Abs. 1 EuInsVO, für sonstige Auslandsgesellschaften aus § 335 InsO).[160]

Über die Zuständigkeit deutscher Gerichte für die Eröffnung des Insolvenzverfahrens über das Vermögen einer ausländischen Gesellschaft entscheidet für EU-Auslandsgesellschaften Art. 3 Abs. 1 EuInsVO, für sonstige Auslandsgesellschaften § 3 Abs. 1 S. 2 InsO. Ist das Insolvenzverfahren demnach von einem deutschen Gericht zu eröffnen, richtet sich das anwendbare Recht nach Art. 4 Abs. 1 EuInsVO bzw. § 335 InsO. Demzufolge ist das „Insolvenzrecht“ des Staates anzuwenden, in dem das Insolvenzverfahren über das Vermögen der Gesellschaft eröffnet wurde. Ist die Haftung für die Verletzung der Zahlungsverbote und Insolvenzverschleppung mithin insolvenzrechtlich zu qualifizieren, können auch Vertreter ausländischer

---

158 Vgl. zur Übertragbarkeit der Ausführungen auf die nur faktischen Vertretungsorganmitglieder, Gesellschafter und Aufsichtsräte: *Klöhn*, in: MüKo InsO, § 15a Rn. 59.

159 Vgl. *Casper*, in: Ulmer, GmbHG, Erg.-Bd. MoMiG, § 64 Rn. 175; *Altmeppen*, in: Roth/Altmeppen, GmbHG, Vor § 64 Rn. 63; *Knof/Mock*, GmbHR 2007, 852, 854: „Anderenfalls wäre die innere Systematik von § 15 a RegE-InsO wenig konsistent“; es ist nicht ersichtlich warum § 15a Abs. 3 InsO nicht auch auf sie angewendet werden sollte, wenn man eine Anwendbarkeit der Insolvenzantragspflicht auf ausländische Vertretungsorgane nach § 15a InsO bejaht.

160 Sollte, aus welchem gegebenenfalls rechtsfehlerhaften Grund auch immer, das Hauptinsolvenzverfahren über das ausländische Gesellschaftsvermögen nicht vor einem deutschen Gericht eröffnet sein, sondern vor dem Gericht eines anderen Staats, findet auch das deutsche „Insolvenzrecht“ keine Anwendung; Nebeninsolvenzverfahren bzw. Partikularinsolvenzverfahren nach Art. 3 Abs. 2, 3, 4 EuInsVO in anderen Staaten sind hingegen unschädlich, solange das Hauptinsolvenzverfahren in Deutschland eröffnet wurde: deutlich *Huber*, in: Lutter, Europäische Auslandsgesellschaften in Deutschland, S. 307, 323 m.w.N.

Gesellschaften in die Haftung geraten; ist hingegen eine gesellschaftsrechtliche Qualifizierung anzunehmen, scheidet eine Anwendbarkeit auf Auslandsgesellschaften aus.

Im Folgenden wird zunächst die Zuständigkeit deutscher Gerichte für die Eröffnung des Insolvenzverfahrens über das Vermögen einer Auslandsgesellschaft erörtert, denn nur wenn eine solche Zuständigkeit zu bejahen ist, kommt es überhaupt auf die grundsätzliche Anwendbarkeit der in Frage stehenden Normen an. Im Anschluss daran wird die Anwendbarkeit der deutschen Haftung für die Verletzung der Zahlungsverbote und Insolvenzverschleppung auf Geschäftsleiter EU- und Nicht-EU-ausländischer Gesellschaften untersucht.

II. Zuständigkeit deutscher Gerichte für die Insolvenzverfahrenseröffnung über das Vermögen ausländischer Gesellschaften als Voraussetzung der Anwendbarkeit

Die Zuständigkeit deutscher Gerichte für die Insolvenzverfahrenseröffnung ist grundlegende Voraussetzung für die Anwendbarkeit deutschen „Insolvenzrechts" und damit gegebenenfalls der Haftung Verletzung der Zahlungsverbote und Insolvenzverschleppung.

Für EU-Auslandsgesellschaften ergibt sich die Zuständigkeit für die Verfahrenseröffnung aus Art. 3 Abs. 1 EuInsVO. Demnach richtet sich der Gerichtsstand der Verfahrenseröffnung nach dem „Mittelpunkt der hauptsächlichen Interessen" (sog. „COMI")[161] der Gesellschaft.[162] Der COMI i.S.d. § 3 Abs. 1 S. 2 EuInsVO wird grundsätzlich (widerleglich) dort vermutet, wo die Gesellschaft ihren satzungsmäßigen Sitz hat. Hat sie aber ihren Verwaltungssitz im Inland, ist eine Gesamtbetrachtung[163] anzustellen, innerhalb derer anhand objektiver, nach außen hin erkennbarer und feststellbarer Kriterien die Bestimmung des Tätigkeits- und damit Interessenmittelpunkts erfolgen soll.[164] Entscheidend soll hierfür sein, an welchem Ort die Geschäftsführungsaufgaben wahrgenommen und die strategischen Leitentscheidungen für das Unternehmen getroffen werden.[165]

§ 335 InsO enthält hingegen keine Regelung hinsichtlich der Zuständigkeit für die Verfahrenseröffnung über das Vermögen sonstiger ausländischer Gesellschaften, weshalb auf die allgemeine Vorschriften über die örtliche Zuständigkeit (hier: § 3 InsO) zurückzugreifen ist (Grundsatz der Doppelfunktionalität der Vorschriften über

---

161 Centre Of Main Interest.

162 OLG Frankfurt am Main, ZInsO 2013, 787; AG Essen, ZInsO 2009, 2207; *Kindler*, in: MüKo BGB, IntInsR, Vor §§ 335 ff. Rn. 9; *Lüer*, in: Uhlenbruck, InsO, § 335 Rn. 4; *Bornemann/Sabel/Schlegel*, in: Graf-Schlicker, InsO, Vor §§ 335–338 Rn. 11; *Liersch*, NZI 2003, 302, 304.

163 EuGH, ZIP 2011, 918, 923.

164 EuGH, ZIP 2006, 907 Tz. 37 („Eurofood").

165 Eingehend zur Bestimmung des COMI *Mock/Schildt*, in: Hirte/Bücker, Grenzüberschreitende Gesellschaften, § 17 Rn. 24 ff.; *Pannen*, in: Pannen, EuInsVO, Art. 3 Rn. 34 ff.; *Paulus*, EuInsVO, Art. 3 Rn. 19 ff.; *Poertzgen/Adam*, ZInsO 2006, 505 ff.

die örtliche Zuständigkeit, vgl. § 105 FamFG).[166] Für die Eröffnung des Insolvenzverfahrens gegen Auslandsgesellschaften ist gem. § 3 Abs. 1 S. 2 InsO (analog) das Gericht zuständig, in dessen Bezirk die Gesellschaft den „Mittelpunkt einer selbständigen wirtschaftlichen Tätigkeit" hat. Dieser liegt an dem Ort, an dem unmittelbar Geschäfte (vgl. § 21 Abs. 1 ZPO) im Namen der Gesellschaft abgeschlossen werden, also dort, wo die Willensbildung durch die Organvertreter der Gesellschaft stattfindet und die maßgebenden Geschäftsleitungsentscheidungen getroffen und umgesetzt werden.[167]

Der Schwerpunkt der Geschäftstätigkeit i.S.d. Art. 3 Abs. 1 S. 2 EuInsVO und i.S.d. § 3 Abs. 1 S. 2 InsO werden in der Regel zusammenfallen.[168] Insgesamt lässt sich festhalten, dass deutsche Gerichte für Eröffnung des Insolvenzverfahrens über das Vermögen einer Auslandsgesellschaft zuständig sind, wenn diese ihren Schwerpunkt der Geschäftstätigkeit im Inland hat. Ist die Zuständigkeit eines deutschen Gerichts für die Verfahrenseröffnung zu bejahen, bleibt zu klären, ob die Insolvenzverschleppungshaftung und Zahlungsverbote überhaupt auf Auslandsgesellschaften anwendbar sind. Zu unterscheiden ist dabei zwischen EU- und Nicht-EU-ausländischen Gesellschaften.

III. Anwendbarkeit auf EU-ausländische Gesellschaften – Urteil des EuGH vom 10. Dezember 2015 „Kornhaas"

Es ist keineswegs selbstverständlich, dass Auslandsgesellschaften mit Sitz im Inland einer Haftung nach deutschem Recht unterliegen, weil diese Gesellschaften nach ausländischem Recht gegründet wurden. Eine ausschließliche Anwendung der ausländischen Rechtsordnung auf sie erscheint deshalb denkbar und die Anwendung deutschen Haftungsrechts bedarf in jedem Fall einer gesetzlichen Legitimation. Eine solche findet sich in Art. 4 EuInsVO, der die Anwendbarkeit des deutschen „Insolvenzrechts" bestimmt, wenn in Deutschland das Hauptinsolvenzverfahren über das Gesellschaftsvermögen eröffnet ist. Zu klären ist demnach, ob die in Frage stehende Haftung des Geschäftsleiters „Insolvenzrecht" i.S.d. Vorschrift ist. In einem zweiten Schritt ist ein Verstoß gegen die Niederlassungsfreiheit auszuschließen, denn dieser würde die Anwendbarkeit auf EU-Auslandsgesellschaften wiederum hindern.

---

166 *Kindler*, in: MüKo BGB IntInsR, Vor §§ 335 ff. Rn. 9, § 335 Rn. 2; *Bornemann/Sabel/Schlegel*, in: Graf-Schlicker, InsO, Vor §§ 335–338 Rn. 11.

167 Ausführlich zum Ganzen *Pape*, in: Uhlenbruck, InsO, § 3 Rn. 4; *Ganter/Lohmann*, in: MüKo InsO, § 3 Rn. 10 f.; *Rüther*, in: Hamburger Komm. InsO, § 3 Rn. 8 ff.; *Kexel*, in: Graf-Schlicker, InsO, § 3 Rn. 7.

168 Vgl. auch zur Übertragbarkeit der Auslegung der EuInsVO auf das Internationale Insolvenzrecht der InsO: *Bornemann/Sabel/Schlegel*, in: Graf-Schlicker, InsO, Vor §§ 335–338 Rn. 7 ff.

Vor dem Urteil des EuGH vom 10.12.2015 war im deutschen Schrifttum umstritten, ob die Zahlungsverbote in den gesellschaftsformspezifischen Gesetzen insolvenz-[169] oder gesellschaftsrechtlich[170] zu qualifizieren sind. Die gleiche Diskussion betraf die Insolvenzantragspflicht und die Insolvenzverschleppungshaftung.[171] Hinsichtlich der Haftung nach § 823 II BGB i.V.m. § 15a InsO wurde zum Teil sogar eine deliktsrechtliche Einordnung angenommen.[172] Mit dem „Kornhaas"-Urteil vom 10.12.2015 ist dieser Streit, zumindest aus europarechtlicher Sicht, nunmehr endgültig gelöst.

---

169 *Haas*, in: Baumbach/Hueck, GmbHG, § 64 Rn. 21 f.; *Thole*, Gläubigerschutz durch Insolvenzrecht, S. 870 ff.; *Kindler*, in: MüKo BGB, IntGesR Rn. 631 und IntInsR, Art. 4 EuInsVO Rn. 58, 87; *Kindler*, EuZW 2015, 143; *Haas*, ZIP 2013, 2381, 2386; *Goette*, DStR 2005, 197, 200; *H.F. Müller*, NZG 2003, 414, 416 f.; *Paulus*, ZIP 2002, 729, 734; *Riedemann*, GmbHR 2004, 345, 348 f.; *Borges*, ZIP 2004, 733, 737 ff.; *Kuntz*, NZI 2005, 424, 426 ff.; *Vallender/Fuchs*, ZIP 2004, 829, 830 mit Fn. 16; *Eidenmüller*, NJW 2005, 1618, 1620 f.; *Lieder*, DZWiR 2005, 399, 405 f.; vgl. auch *Goette*, in: FS Kreft, S. 53, 58 f.

170 OLG Karlsruhe, ZIP 2010, 2123 f.; *Ringe/Willemer*, NZG 2010, 56 ff.; *Altmeppen*, in: Gesellschaftsrecht in der Diskussion 2006, S. 93, 110; *Poertzgen*, NZI 2008, 9, 11 mit Fn. 18; *Mock/Schildt*, ZInsO 2003, 396, 399 f.; siehe auch *Ulmer*, NJW 2004, 1201, 1208.

171 Für eine insolvenzrechtliche Qualifikation statt vieler BGH, NZG 2015, 101 Tz. 8 ff.; LG Kiel, GmbHR 2006, 710; *Haas*, in: Baumbach/Hueck, GmbHG, § 64 Rn. 148; *Kindler*, in: MüKo BGB, IntGesR Rn. 635, 661 ff.; *Servatius*, in: Henssler/Strohn, GesR, IntGesR Rn. 177; *Paulus*, EuInsVO, Art. 4 Rn. 10; *Heil*, Insolvenzantragspflicht und Insolvenzverschleppungshaftung bei der Scheinauslandsgesellschaft in Deutschland, S. 54 ff., 86; *Trunk*, Internationales Insolvenzrecht, S. 103; vgl. dazu auch EuGH, NJW 1979, 1771 Ls., der sich für eine insolvenzrechtliche Einordnung der französischen Insolvenzverschleppungshaftung „Action en responsabilité pour insuffisance d'actif" ausspricht. Für eine gesellschaftsrechtliche Qualifikation hingegen statt vieler *Hirte*, in: Gesellschaftsrecht in der Diskussion 2006, S. 147, 183 ff.; *ders.*, in: FS Lüer, S. 387, 388 ff.; *Altmeppen/Wilhelm*, DB 2004, 1083, 1088; *Paefgen*, ZIP 2004, 2253, 2260 f.; *Karsten Schmidt*, ZHR 168 (2004), 493, 497 f.; *Ulmer*, NJW 2004, 1201, 1208, 1210; *Vallender/Fuchs*, ZIP 2004, 829, 830; vgl. auch *Klöhn*, in: MüKo InsO, § 15a Rn. 57, der allerdings bereits im Vorfeld einen Verstoß gegen Artt. 49, 54 AEUV bejaht.

172 *Pannen/Riedemann*, NZI 2005, 413, 414; *dies.*, MDR 2005, 496, 498; *Riedemann*, GmbHR 2004, 345, 349; *Schanze/Jüttner*, AG 2003, 661, 670; gegen eine deliktsrechtliche Qualifikation *Huber*, in: Lutter, Europäische Auslandsgesellschaften in Deutschland, S. 307, 319 f.; *Kindler*, in: MüKo BGB, IntInsR, Art. 4 EuInsVO Rn. 70; eingehend zum Streit um die Qualifikation der Insolvenzverschleppungshaftung *Barthel*, Deutsche Insolvenzantragspflicht und Insolvenzverschleppungshaftung in Scheinauslandsgesellschaften nach dem MoMiG, S. 74 ff.

1. *Haftung für die Verletzung der Zahlungsverbote*

Mit Urteil vom 10.12.2015 hat der EuGH entschieden, dass die deutsche Haftung für verbotene Zahlungen unter Art. 4 EuInsVO fällt.[173] In diese Richtung urteilte der EuGH bereits zuvor betreffs der internationalen Zuständigkeit für eine Klage auf Ersatz verbotener Zahlungen. Am 4.12.2014 entschied er, dass diese unter Art. 3 Abs. 1 EuInsVO fällt, und deshalb die Gerichte des Staates für sie zuständig sind, in dem das Insolvenzverfahren eröffnet wurde. Die Klage setze die Insolvenzreife der Gesellschaft voraus, gehe „unmittelbar aus einem Insolvenzverfahren" hervor und stehe „in engem Zusammenhang" mit diesem.[174] Konsequent hat der EuGH nun auch mit Blick auf Art. 4 EuInsVO eine materiell-rechtlich insolvenzrechtliche Qualifikation der Zahlungsverbote und damit deren Anwendbarkeit auf EU-Auslandsgesellschaften bejaht.[175] Seinen Entschluss hat der EuGH in der „Kornhaas"-Entscheidung mit weiteren Argumenten abgesichert. Mit den Zahlungsverboten werde „der Sache nach ein Verstoß gegen die Pflicht zur Beantragung der Eröffnung eines Insolvenzverfahrens geahndet", was dazu führe, dass sie unter die lex fori concursus des Art. 4 Abs. 2 EuInsVO fallen. Zudem diene die Haftung für verbotene Zahlungen dazu, Masseverkürzungen vor Insolvenzeröffnung zu verhindern, mithin auch der Gläubigergleichbehandlung und damit einem explizit insolvenzrechtlichen Schutzziel.[176] Sie sei daher auch auf EU-ausländische Gesellschaften mit Verwaltungssitz in Deutschland anwendbar.

2. *Haftung für die Verschleppung der Insolvenz*

Gewissermaßen in einem obiter dictum hat der EuGH mitentschieden, dass auch die „Bestimmung der zur Stellung des Antrags auf Eröffnung dieses Verfahrens verpflichteten Personen und [...] die Folgen eines Verstoßes gegen diese Verpflichtung" unter das „Insolvenzrecht" i.S.d. Art. 4 Abs. 2 EuInsVO fallen.[177] Damit ist nunmehr geklärt,

---

173 EuGH, ZIP 2015, 2468 Tz. 17 („Kornhaas"); in diese Richtung tendierend bereits EuGH, ZIP 2015, 196, wonach die Klage eines Insolvenzverwalters auf Ersatz verbotener Zahlungen unter Art. 3 Abs. 1 EuInsVO fällt.

174 EuGH, ZIP 2015, 196 Tz. 14 ff. (Vorlagefrage des LG Darmstadt, NZI 2013, 712); siehe zu dieser Entscheidung *Kindler*, EuZW 2015, 143 f.; *Mankowski*, EWiR 2015, 93 f.; *H.F. Müller*, EWiR 2015, 99 f.; *Czaplinski/Knodel*, GWR 2015, 16; *Wedemann*, IPRax 2015, 505 ff.; *Jenal/Jörg*, KSI 2015, 38 ff.; *Schulz*, NZG 2015, 146 ff.; *Poertzgen*, NZI 2015, 91 f.; zuvor hatte der EuGH bereits entschieden, dass Insolvenzanfechtungsklagen von Art. 3 Abs. 1 AEUV erfasst sind: EuGH, NJW 2009, 2189 („Deko Marty Belgium") und NZG 2012, 1316 („F-Tex SIA").

175 Dies entschied er auf die Frage des BGH hin, der ebenso eine insolvenzrechtliche Qualifikation der Haftung für verbotene Zahlungen favorisierte BGH, NZG 2015, 101, 103.

176 Zum Ganzen EuGH, ZIP 2015, 2486 Tz. 18 ff.

177 EuGH, ZIP 2015, 2486 Tz. 19; vgl. dazu auch *Altmeppen*, NZG 2016, 521, 527: für die deliktsrechtliche Insolvenzverschleppungshaftung gelte ohnehin das Tatortprinzip nach Art. 4 Rom II-VO, womit es auf die Einordnung unter Art. 4 Abs. 2

dass auch die Insolvenzantragspflicht, ebenso wie die Haftung nach § 823 Abs. 2 BGB i.V.m. § 15a InsO für deren Verletzung, auf EU-Auslandsgesellschaften anwendbar ist.

3. *Kein Verstoß gegen die Niederlassungsfreiheit durch die Anwendung der Zahlungsverbote auf EU-Auslandsgesellschaften*

Zugleich verneinte der EuGH einen Verstoß gegen die Niederlassungsfreiheit aus Artt. 49, 54 AEUV durch die Anwendung der Haftung für verbotene Zahlungen auf EU-Auslandsgesellschaften mit Verwaltungssitz in Deutschland. Gegen die Niederlassungsfreiheit verstoße zwar gegebenenfalls eine Regelung, die die Anerkennung der Rechtsfähigkeit einer EU-Auslandsgesellschaft mit Verwaltungssitz im Inland verhindert.[178] Ebenso mit der Niederlassungsfreiheit unvereinbar kann eine Regelung sein, die Sanktionen an die Nichterfüllung der Verpflichtung, für ein bestimmtes Mindestkapital zu sorgen, knüpft, wenn bereits die Bestimmung hinsichtlich des Mindestkapitals mit der Niederlassungsfreiheit unvereinbar ist.[179] Die Haftung für verbotene Zahlungen betreffe aber weder die Anerkennung der Rechtsfähigkeit einer EU-Auslandsgesellschaft noch die persönliche Haftung von Geschäftsleitern, wenn das Kapital der Gesellschaft nicht den nationalen Mindestanforderungen genügt.[180] Von der Haftung für verbotene Zahlungen unberührt sei auch die Gründung einer Gesellschaft in einem Mitgliedstaat und deren anschließende Niederlassung in einem anderen Mitgliedstaat; sie setze vielmehr erst zu einem deutlich späteren Zeitpunkt ein, nämlich dann, wenn die Gesellschaft nach deutschem Recht überschuldet oder zahlungsunfähig ist.[181] Die Niederlassungsfreiheit stehe daher einer Anwendung der Haftung für verbotene Zahlungen auf die Geschäftsleiter einer im EU-Ausland gegründeten Gesellschaft, über deren Vermögen in Deutschland das Insolvenzverfahren eröffnet wurde, nicht entgegen.[182]

4. *Kein Verstoß gegen die Niederlassungsfreiheit durch die Anwendung der Insolvenzantragspflicht und Haftung für die Verschleppung der Insolvenz auf EU-Auslandsgesellschaften*

Nicht geäußert hat sich der EuGH in seinem Urteil vom 10.12.2015 oder anderswo zur Vereinbarkeit der Anwendung der Insolvenzantragspflicht und der entsprechenden Haftung nach § 823 Abs. 2 BGB i.V.m. § 15a InsO mit der europäischen

---

EuInsVO gar nicht mehr ankommt. Die Anwendbarkeit der c.i.c.-Haftung auf EU-Auslandsgesellschaften ergebe sich aus Art. 12 Rom II-VO.

178 EuGH, ZIP 2002, 2037 Tz. 82 („Überseering").

179 EuGH, ZIP 2003, 1885 Tz. 141 („Inspire Art").

180 EuGH, ZIP 2015, 2468 Tz. 25 („Kornhaas").

181 EuGH, ZIP 2015, 2468 Tz. 28 („Kornhaas").

182 Zum Ganzen EuGH, ZIP 2015, 2468 Tz. 23 ff. („Kornhaas"); die fehlende Auseinandersetzung mit der bestehenden Literatur kritisierend, im Ergebnis allerdings zust. *Schall*, ZIP 2016, 289, 291 f.

Niederlassungsfreiheit. Müsste ein Verstoß gegen Artt. 48, 56 AEUV bejaht werden, würde eine Anwendung auf EU-Auslandsgesellschaften scheitern, insolvenzrechtliche Qualifizierung i.S.d. Art. 4 EuInsVO hin oder her.

a) Deutsches Schrifttum

Ein Verstoß gegen die Niederlassungsfreiheit wurde im deutschen Schrifttum zum Teil unter der Prämisse abgelehnt, die Insolvenzantragspflicht sei Insolvenzrecht und ihre Anwendbarkeit durch Art. 4 EuInsVO und damit durch EU-Sekundärrecht angeordnet.[183] Davon, dass der europäische Gesetzgeber im Rahmen des Sekundärrechts die Anwendung jeglicher insolvenzrechtlicher Normen, unabhängig von deren gegebenenfalls europarechtswidrigem Inhalt, regeln wollte, kann allerdings kaum ausgegangen werden.[184]

Andere deutsche Literaturstimmen lehnen eine Anwendbarkeit der Insolvenzantragspflicht auf EU-Auslandsgesellschaften von vornherein wegen Verstoßes gegen die europäische Niederlassungsfreiheit ab. Zum einen betreffe die Verpflichtung zur Stellung des Insolvenzantrags elementare Pflichten der Gesellschaftsorgane und damit die „Identität“ der Gesellschaft. Die drohende Haftung nach § 823 Abs. 2 BGB erschwere die Suche nach geeigneten Geschäftsleitern, weshalb ausländische Gesellschaften von der Wirkung der Haftung nicht nur nach Insolvenzreife, sondern bereits in der Zeit zuvor betroffen seien. Insbesondere vor dem Hintergrund, dass dem Gläubigerschutzziel auch durch die Rechtsnormen des Sitzstaats Rechnung getragen wird, sei ein solcher Eingriff in die Niederlassungsfreiheit nicht gerechtfertigt und schließe eine Anwendung der Insolvenzantragspflicht auf EU-ausländische Gesellschaften aus.[185]

Dagegen wird argumentiert, die Anwendung der Insolvenzantragspflicht auf Auslandsgesellschaften mit Interessenmittelpunkt in Deutschland verstoße keinesfalls gegen die Niederlassungsfreiheit. Dies ergebe sich aus der Rechtsprechung des EuGH, die insbesondere das Aufstellen von Marktzugangsschranken verbietet, die EU-Auslandsgesellschaften im Vergleich zu inländischen Unternehmen benachteiligen. Dies bewirke die Insolvenzantragspflicht allerdings gerade nicht, weil sie nicht den Marktzutritt, sondern den Marktaustritt regele. Zudem sei sie ausschließlich tätigkeits- und standortbezogen und damit nicht diskriminierend. Im Übrigen ist

---

183 Siehe dazu BGH, ZIP 2011, 1775 Tz. 39; *Servatius,* DB 2015, 1087, 1088; *Ulmer,* NJW 2004, 1201, 1207; *ders.,* KTS 2004, 291, 295 f.; vgl. auch *Lieder,* DZWiR 2005, 399, 404 f.; .andere Ansicht *Schall,* NJW 2011, 3745, 3747.

184 Siehe nur die Urteile „Überseering“ und „Inspire Art“, in denen ein Verstoß der in Frage stehenden Regelungen gegen die Niederlassungsfreiheit bejaht wurde. Auch wenn diese Regelungen „Insolvenzrecht“ i.S.d. Art. 4 EuInsVO gewesen wären, hätte der EuGH eine Anwendung mit Sicherheit abgelehnt.

185 Zum Ganzen *Klöhn,* in: MüKo InsO, § 15a Rn. 56 ff.; *Berner/Klöhn,* ZIP 2007, 106, 111 ff.; *Knof/Mock,* GmbHR 2007, 852, 853 f.; *Spindler/Berner,* RIW 2004, 7, 12; *Stöber,* ZHR 176 (2012), 326, 331; *Schall,* ZIP 2005, 965, 974 f.; siehe auch *Hirte,* ZInsO 2008, 146, 147.

ihre Anwendung auch auf EU-Auslandsgesellschaften für das zwingende Allgemeininteresse des Gläubigerschutzes und des Schutzes des Rechtsverkehrs erforderlich, geeignet und angemessen und damit auch nach der „Gebhard“-Formel des EuGH zu rechtfertigen.[186]

b) Übertragung der „Kornhaas“-Rechtsprechung

Wendet man die Grundsätze, die der EuGH hinsichtlich der Vereinbarkeit der Zahlungsverbote mit der Niederlassungsfreiheit in seiner „Kornhaas“-Entscheidung aufstellt,[187] auf die Insolvenzantragspflicht und die Verschleppungshaftung an, ist ein Verstoß derselben gegen die Niederlassungsfreiheit zu verneinen.

Weder die Insolvenzantragspflicht noch die Haftung nach § 823 Abs. 2 BGB i.V.m. § 15a InsO betreffen die Anerkennung der Rechtsfähigkeit einer EU-Auslandsgesellschaft. Ebenso wenig stellen sie Sanktionen hinsichtlich der Nichterfüllung von Mindestkapitalerfordernissen auf. Die Insolvenzantragspflicht und die Haftung für ihre Verletzung betreffen zudem weder die Gründung der Gesellschaft in einem Mitgliedstaat noch ihre spätere Niederlassung in einem anderen Mitgliedstaat. Wie auch das Zahlungsverbot setzen sie vielmehr erst zu einem deutlich späteren Zeitpunkt, nämlich der Überschuldung oder Zahlungsunfähigkeit der Gesellschaft, ein. Mithin ist davon auszugehen, dass auch die Anwendung der Insolvenzantragspflicht und der Haftung nach § 823 Abs. 2 BGB i.V.m. § 15a InsO mit der europäischen Niederlassungsfreiheit im Einklang steht.

IV. Anwendbarkeit auf Nicht-EU-Auslandsgesellschaften

Zu klären ist weiterhin die Anwendbarkeit der deutschen Insolvenzverschleppungshaftung und der Zahlungsverbote auf Gesellschaften, die ihren Satzungssitz in Drittstaaten (also nicht EU-Mitgliedstaaten), ihren Verwaltungssitz aber in Deutschland haben. Zu denken ist hier etwa an die amerikanische Corporation oder Limited Liability Partnership. Diese sind nicht von Anwendungsbereich der EuInsVO erfasst, sondern unterfallen dem autonomen internationalen Insolvenzrecht nach §§ 335 ff. InsO.[188]

Gem. § 335 InsO unterliegt „das Insolvenzverfahren und seine Wirkungen [...], soweit nichts anderes bestimmt ist, dem Recht des Staats, in dem das Verfahren eröffnet worden ist“. Entscheidend ist mithin auch für die Anwendbarkeit der Insolvenzverschleppungshaftung und der Zahlungsverbote auf Nicht-EU-Auslandsgesellschaften deren insolvenz- und gerade nicht gesellschaftsrechtliche Qualifikation.

---

186 Zum Ganzen eingehend *Heil*, Insolvenzantragspflicht und Insolvenzverschleppungshaftung bei der Scheinauslandsgesellschaft in Deutschland, S. 88 ff., 124 m.w.N.

187 EuGH, ZIP 2015, 2468 Tz. 23 ff. („Kornhaas“).

188 Vgl. *Undritz*, in: Hamburger Komm. InsO, Vor §§ 335 ff. Rn. 14.

Die Abgrenzung von insolvenz- und gesellschaftsrechtlichen Normen nach § 335 InsO ähnelt zwar der Diskussion um dieselbe im Rahmen des Art. 4 EuInsVO,[189] die pauschale Übertragung der Ergebnisse des EuGH auf die Auslegung des § 335 InsO ist allerdings nicht zulässig. § 335 InsO spricht davon, dass „das Insolvenzverfahren und seine Wirkungen" sich nach deutschem Recht richten, wenn in Deutschland das Insolvenzverfahren über das Vermögen der Gesellschaft eröffnet wurde. Dies entspricht zwar dem Wortlaut der EuInsVO in der englischen und französischen Fassung: Die englische Fassung erklärt „law applicable to insolvency proceedings and their effects", die französische Fassung „la loi applicable à la procédure d'insolvabilité et à ses effets" für anwendbar.[190] Der identische Wortlaut des § 335 InsO und der britischen und französischen EuInsVO rechtfertigt allein aber noch keine bedingungslose Übertragung der EuGH-Rechtsprechung auf § 335 InsO. Vielmehr legt der EuGH Rechtsbegriffe europarechtlich autonom aus.[191] Allerdings soll nach dem Willen des Gesetzgebers insbesondere die Aufzählung in Art. 4 Abs. 2 EuInsVO als Interpretationshilfe für § 335 ff. InsO dienen.[192] Die „Kornhaas"-Entscheidung des EuGH ist damit immerhin ein starkes Argument für die insolvenzrechtliche Qualifizierung der Insolvenzverschleppungshaftung und Zahlungsverbote i.S.d. § 335 InsO und deren Anwendbarkeit auf Auslandsgesellschaften.

Auch der BGH und das deutsche überwiegende Schrifttum qualifizieren sowohl die Insolvenzverschleppungshaftung als auch die Zahlungsverbote insolvenzrechtlich.[193] Hierfür hat sich auch der deutsche Gesetzgeber hinsichtlich der Insolvenzantragspflicht und damit der Haftung für ihre Verletzung ausgesprochen. Insbesondere um eine insolvenzrechtliche Qualifizierung und damit die Anwendbarkeit auf Auslandsgesellschaften zu sichern, hat er die Insolvenzantragspflicht 2008 im Rahmen des MoMiG von den gesellschaftsformspezifischen Einzelgesetzen in die InsO verlagert. Weiterer Grund für die Verlagerung war der Vergleich mit der Rechtslage in England und Frankreich: Deren der deutschen Insolvenzverschleppungshaftung entsprechenden Rechtsnormen werden auch dem Insolvenzstatut zugeordnet.[194]

---

189 *Reinhart,* in: MüKo InsO, § 335 Rn. 8.

190 Nur die deutsche Fassung ist etwas unglücklich formuliert und spricht abweichend davon, dass das „Insolvenzrecht" des Staates der Verfahrenseröffnung anwendbar sei; vgl. dazu *Haas,* in: Baumbach/Hueck, GmbHG, § 64 Rn. 19.

191 Vgl. nur *Kindler,* in: MüKo BGB, IntGesR Rn. 665; *Vallender,* ZGR 2006, 425, 455; *Bittmann/Gruber,* GmbHR 2008, 867, 869.

192 Gesetzentwurf der Bundesregierung, Entwurf eines Gesetzes zur Neuregelung des Internationalen Insolvenzrechts, BT-Drucks. 15/16, S. 18; siehe auch *Kindler,* in: MüKo BGB IntInsR, § 335 InsO Rn. 6; *Undirtz,* in: Hamburger Komm. InsO, § 335 Rn. 3; *Bornemann/Sabel/Schlegel,* in: Graf-Schlicker, InsO, Vor §§ 335–338 Rn. 15, § 335 Rn. 1.

193 Ausführliche Nachweise in Fn. 169, 171, allerdings mit Bezug zu Art. 4 EuIns-VO; andere Ansicht pauschal *Reinhart,* in: MüKo InsO, 2. Aufl., 2008, Vor. 335 ff. Rn. 102 ff.

194 Zum Ganzen RegE MoMiG, BT-Drucks. 16/6140, S. 55.

Auch die Zahlungsverbote sind als insolvenzrechtlich i.S.d. § 335 InsO zu qualifizieren. Zwar sind diese dem Insolvenzverfahren grundsätzlich vorgelagert, allerdings knüpfen auch sie an das Vorliegen der Insolvenzauslösungstatbestände an, welchen durch die drohende Haftung für verbotene Zahlungen besonderer Nachdruck verliehen werden soll. Sind aber die Insolvenzauslösungstatbestände insolvenzrechtlich zu qualifizieren, muss dies auch für das Zahlungsverbot gelten, das deren Durchsetzung fördert.[195] Zudem dienen sie der Masseerhaltung, damit der möglichst hohen Befriedigung der Gläubiger und sind materiell insolvenzrechtliche Verhaltenspflichten.[196]

Mithin sind sowohl die Insolvenzverschleppungshaftung als auch die Zahlungsverbote „Insolvenzrecht" i.S.d. § 335 InsO und auf Auslandsgesellschaft mit Verwaltungssitz in Deutschland anwendbar, sobald ein deutsches Gericht für die Insolvenzverfahrenseröffnung über das Gesellschaftsvermögen zuständig ist.

V. Fazit

Sowohl die Insolvenzantragspflicht, die Haftung für deren Verletzung nach § 823 Abs. 2 BGB i.V.m. § 15a InsO als auch die Zahlungsverbote und die Haftung für ihre Verletzung sind auf EU- und Nicht-EU-Auslandsgesellschaften anwendbar, wenn über deren Vermögen in Deutschland das Insolvenzverfahren eröffnet wird. Die Zuständigkeit deutscher Gerichte für die Verfahrenseröffnung für EU- und Nicht-EU-Auslandsgesellschaften ist dann zu bejahen, wenn der Schwerpunkt ihrer Geschäftstätigkeit im Inland liegt.

§ 3 Rechtsvergleich mit Großbritannien und Frankreich

Die Einzigartigkeit des zweispurigen deutschen Systems zeigt sich bei einem Vergleich der deutschen Rechtslage mit der in Großbritannien und Frankreich. Allein dieser Umstand kann zum Anlass genommen werden, die Ausgestaltung der deutschen Regelung zu überdenken. Sowohl das britische als auch das französische Recht kennen einen einzelnen Innenhaftungstatbestand für insolvenzverursachende oder -vertiefende Eingriffe und sind damit deutlich praxisfreundlicher gestaltet. Die EG-Kommission hatte bereits am 21.5.2003 einen Aktionsplan zur Modernisierung des Gesellschaftsrechts und Verbesserung der Corporate Governance in der Europäischen Union[197] aufgestellt, der eine europaweit einheitliche Regelung der Insolvenzverschleppungshaftung ins Auge fasst. Der Aktionsplan wurde auf

---

195 *Haas,* in: Baumbach/Hueck, GmbHG, § 64 Rn. 21.

196 *Casper,* in: Ulmer, GmbHG, § 64 Rn. 34.

197 Mitteilung der Kommission an den Rat und das Europäische Parlament, Aktionsplan zur Modernisierung des Gesellschaftsrechts und Verbesserung der Corporate Governance in der Europäischen Union, S. 19, 29, abrufbar unter http://ec.europa.eu/internal_market/company/docs/modern/consult_de.pdf (zuletzt abgerufen Juli 2016), abgedruckt in NZG 2003, Sonderbeilage zu Heft 13.

Grundlage eines Konsultationspapiers der „Hochrangigen Expertengruppe auf dem Gebiet des Gesellschaftsrechts" abgefasst. Die „Hochrangige Expertengruppe" stellte dort fest, dass eine europäische Rahmenbestimmung über die Insolvenzverschleppungshaftung die Funktionsweise von Unternehmen erheblich verbessern könnte, indem das Vertrauen insbesondere in EU-ausländische Unternehmen und damit die Bereitschaft, mit diesen zusammen zu arbeiten, gestärkt wird. Auch die Schaffung eines gleichen Maßes an Gläubigerschutz in der EU sei wünschenswert und derart zu erreichen. Dabei favorisiert die „hochrangige Expertengruppe" das britische Konzept des „wrongful trading" als Grundlage, gegebenenfalls auch die französische „action en comblement du passif", wohl aber nicht die deutsche Insolvenzverschleppungshaftung. Vorteil der britischen Regelung des „wrongful trading" sei, dass sie erst zu einem sehr späten Zeitpunkt, nämlich der Zahlungsunfähigkeit der Gesellschaft, in die laufenden Geschäftsentscheidungen der Geschäftsleiter eingreift. Selbst im Zeitpunkt der Zahlungsunfähigkeit bleibt es bei der – wenn auch nunmehr mit Haftungsrisiken verbundenen – Entscheidungshoheit der Unternehmensleiter, ob diese die Eröffnung des Insolvenzverfahrens über das Gesellschaftsvermögen betreiben wollen oder Aussicht auf eine Sanierung des Unternehmens besteht.[198] Die EG-Kommission griff diesen Vorschlag in ihrem Aktionsplan auf und erklärte die Stärkung der Verantwortung der Mitglieder des Geschäftsleitungsorgans im Rahmen der Insolvenzverschleppungshaftung zum mittelfristigen Ziel.[199]

Zuvor hatte bereits das „Forum Europaeum Konzernrecht" angeraten, die persönliche Haftung von Geschäftsleitern in der Insolvenz zu verstärken, wobei auch hier als Grundlage einer einheitlichen Haftung das britische Konzept des „wrongful trading" bevorzugt wird.[200] Das „Forum Europaeum Konzernrecht" führt dabei an, dass das Konzept des „wrongful trading" eher eine „stille Sanierung" der Gesellschaft

---

198 Zum Ganzen siehe Moderne gesellschaftsrechtliche Rahmenbedingungen in Europa: Ein Konsultationspapier der Hochrangigen Expertengruppe auf dem Gebiet des Gesellschaftsrechts, S. 15, 18 f., abrufbar unter http://ec.europa.eu/internal_market/company/docs/modern/consult_de.pdf (zuletzt abgerufen Juni 2016).

199 Mitteilung der Kommission an den Rat und das Europäische Parlament, Aktionsplan zur Modernisierung des Gesellschaftsrechts und Verbesserung der Corporate Governance in der Europäischen Union, S. 19, 29, abrufbar unter http://ec.europa.eu/internal_market/company/docs/modern/consult_de.pdf (zuletzt abgerufen Juli 2016), abgedruckt in NZG 2003, Sonderbeilage zu Heft 13, S. 9, 14.

200 Steering Committee des Forums Europaeum Konzernrecht, ZGR 1998, 672, 752 ff.; ähnlich auch der Bericht über „Moderne gesellschaftsrechtliche Rahmenbedingungen für Europa: Ein Konsultationspapier der Hochrangigen Expertengruppe auf dem Gebiet des Gesellschaftsrechts" vom 25. 4. 2002, S. 73 ff., abrufbar unter http://ec.europa.eu/internal_market/company/docs/modern/report_de.pdf (zuletzt abgerufen Juli 2016); krit. zu einer europaweiten Harmonisierung der Insolvenzverschleppungshaftung nach britischem Vorbild *Wiesner*, ZIP 2003, 977, 980; *ders.*, BB 2003, 213, 215; dazu, wie eine solches Vorhaben in Deutschland umgesetzt werden könnte siehe *Wachendorf*, „Wrongful Trading" als ein mögliches europäisches Haftungsmodell gegen die Insolvenzverschleppung, S. 131 ff.

ermögliche, da sie eine unternehmensinterne Sanierungspflicht statuiere, ohne die Geschäftsleiter letztlich zu einem öffentlichen Insolvenzantrag zu zwingen.[201]

Nicht nur die Überlegungen der EG-Kommission und des „Forum Europaeum Konzernrecht", sondern auch der folgende Vergleich der deutschen Rechtslage mit derjenigen in Großbritannien und Frankreich und die dogmatische wie praktische Überlegenheit der Letzteren sprechen für eine Revision des deutschen Rechts. Im Folgenden wird zunächst die Rechtlage in Großbritannien isoliert erörtert (A.) und deren Unterschiede, Vorteile und Nachteile im Vergleich zur Rechtslage in Deutschland dargestellt (B.). Im Anschluss daran folgt eine Untersuchung der französischen Insolvenzverschleppungshaftung (C.) und deren Vergleich mit ihrer deutschen Entsprechung (D.). Der Abschnitt schließt mit einem Fazit (E.).

A. Rechtlage in Großbritannien – „wrongful trading"

Das britische Recht kennt keine der deutschen Insolvenzverschleppungshaftung vergleichbare Regelung, sondern in erster Linie das Verbot des „wrongful trading", welches in sec. 214 Insolvency Act 1986 normiert ist:

> *„in relation to a person who is or has been a director of the company, the court, on the application of the liquidator, may declare that that person is to be liable to make such contribution (if any) to the company's assets as the court thinks proper [...] if [...]*
>
> *(a) the company has gone into insolvent liquidation,*
>
> *(b) at some time before the commencement of the winding up of the company, that person knew or ought to have concluded that there was no reasonable prospect that the company would avoid going into insolvent liquidation, and*
>
> *(c) that person was a director of the company at that time.*
>
> *The court shall not make a declaration under this section [...] if [...] that person took every step with a view to minimising the potential loss to the company's creditors as (assuming him to have known that there was no reasonable prospect that the company would avoid going into insolvent liquidation) he ought to have taken."*

I. Tatbestand

Nach sec. 214 Insolvency Act 1986 steht es grundsätzlich im Ermessen des Gerichts, den Geschäftsleiter zur Erstattung eines durch das Gericht festzusetzenden Betrags in das Gesellschaftsvermögen zu verpflichten, wenn die Gesellschaft im Liquidationsverfahren insolvent war und er sie zuvor weitergeführt hat, obwohl er wusste bzw. hätte wissen müssen, dass keinerlei Aussichten auf eine Sanierung der Gesellschaft bestanden. Haftungsbewehrt ist mithin die Fortführung der Gesellschaft,

201 Steering Committee des Forum Europaeum Konzernrecht, ZGR 1998, 672, 755; abl. *Redeker*, Die Haftung für wrongful trading im englischen Recht, S. 223.

obwohl absehbar war, dass ein insolvenzbedingtes Liquidationsverfahren nicht mehr abzuwenden ist. Durch die Fortführung muss diese Insolvenz der Gesellschaft entweder erst herbeigeführt oder, wenn sie bereits vorlag, vertieft worden sein. Die Fortführung einer insolventen Gesellschaft ist nicht haftungsbegründend, solange der Geschäftsleiter annehmen durfte, dass deren Sanierung gelingen wird.[202]

1. *Insolvenzbedingte Liquidation der Gesellschaft*

Die Haftung des Geschäftsleiters kann nur dann eintreten, wenn das Insolvenzverfahren über das Gesellschaftsvermögen zum einen eröffnet ist, und zum anderen das dann vorhandene Vermögen die Forderungen der Insolvenzgläubiger und die Kosten des Verfahrens nicht deckt, die Gesellschaft also überschuldet ist; Hintergrund ist, dass die Haftung nur in solchen Fällen eintreten soll, in denen die Abwicklung der Gesellschaft nicht zur vollen Befriedigung der Gläubiger führen wird und diese mithin tatsächlich einen Schaden erleiden.[203] Das bedeutet auch, dass der Geschäftsleiter, der zwar eine Gesellschaft ohne Sanierungsaussichten weiterführt, die Sanierung aber durch glückliche Umstände doch gelingt und letztlich kein Insolvenzverfahren eröffnet wird, gar nicht haftet.

2. *Erkennbarkeit der mangelnden Sanierungsaussichten als haftungsauslösender Zeitpunkt*

In subjektiver Hinsicht verlangt die Haftung die Fortführung der Geschäftstätigkeit trotz Insolvenzreife der Gesellschaft, obwohl der Geschäftsleiter hätte erkennen müssen, dass eine Sanierung der Gesellschaft aufsichtlos ist.

Hinsichtlich der Erkennbarkeit der Aussichtslosigkeit einer Sanierung ist nach sec. 214 (4) Insolvency Act 1986 darauf abzustellen, welche Fähigkeiten von einer Person in der entsprechenden Position vernünftigerweise erwartet werden können, wobei besondere Kenntnisse und Fähigkeiten des einzelnen Geschäftsleiters berücksichtigt werden. Die Rechtsprechung differenziert zudem beim anzuwendenden Erkennbarkeitsmaßstab nach der Größe des Unternehmens. An die Fähigkeiten des Geschäftsleiters eines großen Unternehmens werden höhere Anforderungen gestellt

---

202 Deutlich *Redeker*, Die Haftung für wrongful trading im englischen Recht, S. 251; *Pernice*, Die Insolvenzverschleppung durch das Geschäftsführungsorgan der kleinen Kapitalgesellschaft im deutschen, französischen und englischen Recht, S. 196. Verboten ist im englischen Recht nur die Fortführung einer Gesellschaft, deren Sanierung nicht mehr zu erwarten ist, wobei dafür nicht zwingend Insolvenzreife vorliegen muss (näher sogleich). Deshalb vermag auch die von *Karsten Schmidt* (in: Scholz, GmbHG, § 64 Rn. 132) befürwortete Vergleichbarkeit des „Wrongful Trading" und der Insolvenzantragspflicht in Deutschland nicht so recht zu überzeugen.

203 *Sorensen*, Directors' Liability in Case of Insolvency, S. 192; *Benndorf*, Insolvenzverschleppungshaftung im deutschen und englischen Recht, S. 77; *Christ*, Englische Private Limited und französische Société à Responsabilité Limitée, S. 166; *Habersack/Verse*, ZHR 168 (2004), 174, 182 f.

als an die des Geschäftsleiters eines kleineren Unternehmens.[204] Auch der Zeitpunkt des Einsetzens des Verbots des „wrongful trading", also der Moment, in dem eine Sanierung der Gesellschaft aussichtlos wird, ist im Nachhinein durch die Gerichte nur schwer festzulegen.[205] Die Rechtsprechung urteilt, nicht zuletzt aus diesem Grund, hinsichtlich dieses Zeitpunkts eher zurückhaltend. Die Gerichte billigen dem Geschäftsleiter zu, zunächst auf eine Sanierung zu hoffen, mag diese auch unsicher sein.[206] Der Beginn der Haftung wird daher erst zu einem sehr späten Zeitpunkt angenommen, in der Regel erst bei Zahlungsunfähigkeit oder gar noch später.[207]

3. *Exkulpation*

Weiterhin bietet sec. 214 Insolvency Act 1986 dem Geschäftsleiter eine Exkulpationsmöglichkeit. Die Haftung soll vom Gericht dann nicht angeordnet werden, wenn er alles ihm Mögliche unternommen hat, um einen Schaden der Gesellschaftsgläubiger zu minimieren. Hierfür kann es bereits ausreichen, fachkundigen Rat einzuholen[208] oder die Gläubiger über die schlechte wirtschaftliche Verfassung des Unternehmens in Kenntnis zu setzen und weitere (Sanierungs-)Maßnahmen mit ihnen abzustimmen.[209]

Diese Exkulpationsmöglichkeit ist letztlich aber nicht zu überschätzen. Zum einen obliegt dem Geschäftsleiter die Beweislast für seine Exkulpation und zum anderen entbindet selbst die Stilllegung des Betriebs und die Stellung eines Insolvenzantrags nicht automatisch von der Haftung für „wrongful trading". Eröffnen sich nämlich Gewinnchancen für das Unternehmen, die eine Sanierung bewirken könnten, ist gerade die Fortführung und Wahrnehmung dieser Gewinnchancen die zum Gläubigerschutz erforderliche und von der Haftung für „wrongful trading" befreiende Maßnahme.[210] In aller Regel ist aber die Fortführung einer Gesellschaft,

---

204 *Goode,* Principles of Corporate Insolvency Law, S. 470 f.; *Habersack/Verse,* ZHR 168 (2004), 174, 184.

205 Siehe hierzu *Redeker,* Die Haftung für wrongful trading im englischen Recht, S. 98 ff. mit ausführlichen Fallbeispielen zur Festlegung des fraglichen Zeitpunkts; *Fleischer,* ZGR 2004, 437, 457.

206 Siehe nur *Cooke/Hicks,* J.B.L. 1993, 338, 341; *Kaey,* J.B.L. 2002, 379, 388; eingehend auch *Fleischer,* ZGR 2004, 437, 457 f.

207 Vgl. *Re DKG Contractors Ltd.,* BCC 1990, 903, 912; *Re Purpoint Ltd.,* BCLC 1991, 491, 498; ausführlich *Redeker,* Die Haftung für wrongful trading im englischen Recht, S. 118; *Habersack/Verse,* ZHR 168 (2004), 174, 184 ff.; *Wachendorf,* „Wrongful Trading" als ein mögliches europäisches Haftungsmodell gegen die Insolvenzverschleppung, S. 69 f.

208 *Christ,* Englische Private Limited und französische Société à Responsabilité Limitée, S. 167; *Habersack/Verse,* ZHR 168 (2004), 174, 194 m.w.N.

209 *Benndorf,* Insolvenzverschleppungshaftung im deutschen und englischen Recht, S. 79; *Habersack/Verse,* ZHR 168 (2004), 174, 194 m.w.N.

210 *Otte,* Das Kapitalschutzsystem der englischen private limited company im Vergleich zur deutschen GmbH, S. 214; *Hicks,* Advising on wrongful trading, Part

die eine Sanierung nicht erwarten lässt, unter angemessener Berücksichtigung der Gläubigerinteressen, ohnehin nicht möglich, so dass eine Exkulpation des Geschäftsleiters häufig scheitern wird.[211]

II. Rechtsfolgen

1. Haftungsumfang

Die Höhe der zivilrechtlichen Haftung für die Verletzung des Verbots des „wrongful trading" liegt im Ermessen des Gerichts. Der gerichtlichen Praxis ist allerdings die Tendenz zu entnehmen, dass die Geschäftsleiter für einen geringeren Betrag als den von den Richtern wohlwollend geschätzten Schaden aufkommen müssen. Die Ersatzhaftung wird keinesfalls als verkappte Vermögensstrafe verhängt, indem den Geschäftsleitern die Erstattung eines Betrags auferlegt wird, der den Verlust der Gläubiger übersteigt.[212] Im Fall „Re Purpoint" wurde etwa ausdrücklich abgelehnt, den Geschäftsleiter zum Ersatz von Forderungen zu verpflichten, die Gläubiger zu einer Zeit erlangt hatten, in der das Insolvenzverfahren über das Vermögen der Gesellschaft bereits hätte eröffnet werden müssen (im deutschen Recht wären das die Neugläubigerforderungen). Es gebe dabei keine verschiedenen Gläubigergruppen, die nach dem Zeitpunkt unterschieden werden müssten, in dem sie Gläubiger der Gesellschaft wurden; vielmehr haben alle Gläubiger einen gleichartigen Schaden erlitten und niemandem ist eine höhere Schadensersatzforderung zuzugestehen.[213] Absolute Obergrenze der Ersatzhaftung ist der Schaden, der durch die verspätete Insolvenzverfahrenseröffnung und Fortführung des Unternehmens entstanden ist, eine darüber hinausgehende Schadensersatzhaftung ist nach der Rechtsprechung ausgeschlossen.[214] Letztlich bedeutet dies, dass den Gläubigern

---

II, S. 55; *Goode,* Principles of corporate insolvency, S. 465; vgl. auch *Redeker,* Die Haftung für wrongful trading im englischen Recht, S. 153.

211 *Pentrice,* Creditors's interests and director's duties, in OJLS 1990, S. 265, 268; *Otte,* Das Kapitalschutzsystem der englischen private limited company im Vergleich zur deutschen GmbH, S. 214; eingehend auch *Wachendorf,* „Wrongful Trading" als ein mögliches europäisches Haftungsmodell gegen die Insolvenzverschleppung, S. 87 ff.

212 Zum Ganzen *Habersack/Verse,* ZHR 168 (2004), 174, 197; *Benndorf,* Insolvenzverschleppungshaftung im deutschen und englischen Recht, S. 81, 83,; vgl. auch *Pernice,* Die Insolvenzverschleppung durch das Geschäftsführungsorgan der kleinen Kapitalgesellschaft im deutschen, französischen und englischen Recht, S. 209.

213 *Re Purpoint Ltd.,* BCLC 1991, 491, 498 f.

214 *Re Continental Assurance plc.,* BPIR 2001, 733, 821; *Davies,* Gower´s and Davie´s Principles of Modern Company Law, S. 198; *Redeker,* Die Haftung für wrongful trading im englischen Recht, S. 156; *Habersack/Verse,* ZHR 168 (2004), 174, 197; *Christ,* Englische Private Limited und französische Société à Responsabilité Limitée, S. 170; in vielen Fällen bleibt der Haftungsbetrag sogar hinter dem entstandenen Schaden zurück: *Otte,* Das Kapitalschutzsystem der englischen private limited company im Vergleich zur deutschen GmbH, S. 216.

allenfalls ihr Quotenverminderungsschaden mittelbar durch die Erstattung in das Gesellschaftsvermögen ersetzt wird. Diesen können sie weder selbst geltend machen noch wird ein etwaiger Vertrauensschaden derjenigen Gläubiger, die ihre Gläubigerstellung erst nach Insolvenzreife der Gesellschaft erworben haben, im Rahmen der Insolvenzverschleppungshaftung ersetzt.[215]

2. Keine Außenhaftung gegenüber den Gesellschaftsgläubigern

Das britische Recht kennt nur die Haftung des Geschäftsleiters auf Erstattung des Betrags in das Gesellschaftsvermögen, welche durch den Insolvenzverwalter geltend zu machen ist.[216] Gegenüber den Gesellschaftsgläubigern haftet er nach britischem Recht im Rahmen der Insolvenzverschleppung gar nicht.[217] Im Übrigen kennt das britische Recht auch bei einer betrugsähnlichen Schädigung der Gläubiger keine Außenhaftung. Gem. sec. 213 Insolvency Act 1986 haftet er auch hier nur auf Erstattung eines durch das Gericht festzusetzenden Betrags in das Gesellschaftsvermögen.[218]

Allenfalls kennt das britische Recht eine deliktische Außenhaftung des Geschäftsleiters, wenn er besonderes und auf seine Person bezogenes Vertrauen des Vertragspartners der Gesellschaft in Anspruch genommen hat und eine persönliche Haftung deshalb angemessen erscheint.[219] Dieser Anspruch, der der deutschen c.i.c.-Haftung ähnelt, kommt aber nur in absoluten Ausnahmefällen zur Anwendung und hat sich in der höchstrichterlichen Rechtsprechung, anders als in der Instanzgerichtsbarkeit, nicht flächengreifend durchgesetzt. Begründet wird die Ablehnung damit, dass der Geschäftsleiter, der sich als solcher zu erkennen gibt, ausschließlich als Gesellschaftsorgan und damit für seine Gesellschaft handele, unabhängig davon, ob er bei den Vertragsverhandlungen auch persönliches Vertrauen begründe.[220] Wird der Anspruch dennoch ausnahmsweise wegen der herausragenden Stellung der Person des

---

215 *Otte,* Das Kapitalschutzsystem der englischen private limited company im Vergleich zur deutschen GmbH, S. 129; *Habersack/Verse,* ZHR 168 (2004), 174, 197; *Fleischer,* ZGR 2004, 437, 460 f.; andere Ansicht *Schumann,* DB 2004, 743, 747; *Bloß,* Die Unternehmensgruppe im englischen und deutschen Recht der Kapitalgesellschaften, S. 93.

216 Sec. 215 Insolvency Act 1986.

217 Deutlich *Habersack/Verse,* ZHR 168 (2004), 174, 195; *Pernice,* Die Insolvenzverschleppung durch das Geschäftsführungsorgan der kleinen Kapitalgesellschaft im deutschen, französischen und englischen Recht, S. 215, 218 f.; *Meyer-Löwy/ Poertzgen/de Vries,* ZInsO 2005, 293, 297.

218 Dies war nach früherer Gesetzeslage noch anders, siehe dazu *Otte,* Das Kapitalschutzsystem der englischen private limited company im Vergleich zur deutschen GmbH, S. 218.

219 Siehe eingehend dazu *Christ,* Englische Private Limited und französische Société à Responsabilité Limitée, S. 173 ff.

220 *Otte,* Das Kapitalschutzsystem der englischen private limited company im Vergleich zur deutschen GmbH, S. 220.

Geschäftsleiters bei den Vertragsverhandlungen und des maßgebenden Einflusses dieses Umstands auf den Vertragsschluss mit der notleidenden Gesellschaft bejaht, ist dies ein deliktischer Anspruch des Vertragspartners gegen den Geschäftsleiter, der mit der Insolvenzverschleppungshaftung an sich nichts zu tun hat.

III. Keine Antragspflicht

Der Vorwurf an den Geschäftsleiter beschränkt sich darauf, dass er das Unternehmen weiterführt und am Markt teilnehmen lässt, obwohl er weiß, dass die Eröffnung des Insolvenzverfahrens über das Gesellschaftsvermögen nicht mehr abgewendet werden kann. Mangels Insolvenzantragspflicht gibt es im britischen Recht keine Haftung für die Verzögerung der Antragsstellung an sich. Allein die Verursachung von Gläubigerschäden durch die Schmälerung der Insolvenzmasse kann zu einer Haftung gegenüber der Gesellschaft führen.[221]

Britischen Geschäftsleitern droht zudem keine Strafbarkeit bei Unterlassen der Stellung eines Insolvenzantrags. Eine Strafbarkeit in der Gesellschaftsinsolvenz kann sich in erster Linie aus sec. 206 Insolvency Act 1986 ergeben, der dem deutschen Bankrottstraftatbestand gleicht und sich gerade nicht auf die Geschäftstätigkeiten bezieht, die dem Verbot des „wrongful trading" unterworfen sind.[222]

B. Vergleich der britischen und deutschen Rechtslage

I. Späteres Einsetzen der Haftung nach britischem Recht

Die Haftung für „wrongful trading" setzt deutlich später ein als die Insolvenzverschleppungshaftung nach deutschem Recht und gewährt den Geschäftsleitern damit größere Freiheiten und Einschätzungsspielräume hinsichtlich der Fortführung der Gesellschaft bzw. Eröffnung des Insolvenzverfahrens über das Gesellschaftsvermögen.

Haftungsbewehrt ist nach britischem Recht die Fortführung einer Gesellschaft, obwohl für deren Sanierung keine Aussicht mehr bestand. Nicht haftungsbewehrt ist hingegen die Fortführung einer „bloß" insolvenzreifen Gesellschaft. Die Haftung wird durch die Gerichte als eine Schadensersatzhaftung ausgestaltet und kann folglich nur dann eintreten, wenn zu Lasten der Gesellschaftsgläubiger in der Fortführungsphase eine Schmälerung des Gesellschaftsvermögens eintritt. Ein Schaden

221 Zum Ganzen *Benndorf*, Insolvenzverschleppungshaftung im deutschen und englischen Recht, S. 77 f.

222 Siehe dazu *Benndorf*, Insolvenzverschleppungshaftung im deutschen und englischen Recht, S. 121 ff.; dem Geschäftsleiter, der sich des „Wrongful Trading" schuldig macht, kann zudem ein Ausschluss aus dem Amt für 15 Jahre nach dem Company Directors Disqualification Act 1986 drohen, siehe allgemein zur „disqualification" und deren Voraussetzungen *Otte*, Das Kapitalschutzsystem der englischen private limited company im Vergleich zur deutschen GmbH, S. 131 ff.

am Gesellschaftsvermögen durch die verbotene Fortführung der Gesellschaft entsteht dann, wenn Zahlungen aus dem Vermögen der Gesellschaft geleistet werden, denen keine gleichwertigen Gegenleistungen gegenüber stehen, oder die Masse anderweitig geschmälert wird.[223] Damit ähnelt das britische „wrongful trading"-Verbot dem deutschen Zahlungsverbot. Die Haftung nach deutschem und britischem Recht unterscheidet sich in erster Linie nach dem Zeitpunkt, in dem diese Haftung eintritt. Die britische Haftung setzt nicht schon dann ein, wenn Zahlungen nach Insolvenzreife der Gesellschaft geleistet werden, sondern erst ab dem Zeitpunkt, in dem eine Sanierung nicht mehr in Aussicht scheint. Dieser Zeitpunkt wird in der Regel nach dem der Insolvenzreife liegen. Natürlich ist auch denkbar, dass eine Sanierung bereits vor Eintritt der Insolvenzreife der Gesellschaft ausgeschlossen ist und die Haftung für „wrongful trading" damit vor Überschuldung oder Zahlungsunfähigkeit der Gesellschaft einsetzt.[224] Ein solcher Fall ist allerdings, soweit ersichtlich, in der Rechtsprechungsgeschichte noch nicht vorgekommen.[225] Auch die Tendenz der Gerichte, die Haftung erst zu einem sehr späten Zeitpunkt einsetzen zu lassen, spricht dafür, dass die Erfüllung des „wrongful trading"-Tatbestands in aller Regel erst nach Insolvenzreife der Gesellschaft erfolgen wird. Das heißt, das „Zahlungsverbot nach dem britischen Recht" ist angesichts seines Einsetzens zu einem deutlich späteren Zeitpunkt[226] und des damit kürzeren Haftungszeitraums, in dem am Gesellschaftsvermögen entstandene Schäden zu ersetzen sind, deutlich milder als das deutsche Recht der Insolvenzverschleppungshaftung.

II. Keine Außenhaftung nach britischem Recht

Nach britischem Recht setzt eine Haftung des Geschäftsleiters nicht nur zu einem späteren Zeitpunkt ein, sondern auch der Haftungsumfang ist ein geringerer als nach deutschem Recht. Zu bedenken ist nämlich, dass das deutsche Recht, sozusagen auf zweiter Schiene, den Geschäftsleiter für die Quotenverminderungsschäden der

---

223 Freilich kann das Gesellschaftsvermögen in der Fortführungsphase auch anderweitig, etwa durch Aktienkursverluste oder Delikte Dritter gegen die Gesellschaft geschmälert werden. Ob diese Schäden allerdings von Schutzzweck und damit der Haftung des „Wrongful Trading" erfasst sind, ist höchst fraglich. Zweck des Verbots der Fortführung der insolventen Gesellschaft ohne Sanierungsaussicht ist nicht der Schutz der Gesellschaftsgläubiger vor Delikten gegen die Gesellschaft oder einem zufälligen Kursverlust, sondern der Schutz vor der masseschmälernden Fortführung durch den Geschäftsleiter, der ohnehin nicht mehr in der Lage ist, die Gesellschaft zu retten.

224 *Otte,* Das Kapitalschutzsystem der englischen private limited company im Vergleich zur deutschen GmbH, S. 127; *Habersack/Verse,* ZHR 168 (2004), 174, 188; *Maul,* DB 2003, 27, 29; vgl. auch *Re Purpoint Ltd.*, BCLC 1991, 491, 498.

225 Vgl. dazu auch *Otte,* Das Kapitalschutzsystem der englischen private limited company im Vergleich zur deutschen GmbH, S. 127; *Fleischer,* ZGR 2004, 437, 457; *ders.,* DStR 2000, 1015, 1019.

226 Vgl. *Fleischer,* ZGR 2004, 437, 457; *Habersack/Verse,* ZHR 168 (2004), 174, 187.

Altgläubiger und die Forderungsausfallschäden der Neugläubiger nach außen haften lässt, wenn er es versäumt, rechtzeitig und ordnungsgemäß Insolvenzantrag zu stellen. Diese „zweite Schiene“, die eine zusätzliche Haftung zur Innenhaftung des Geschäftsleiters begründet, kennt das britische Haftungssystem mangels Insolvenzantragspflicht nicht. Deshalb droht dem Geschäftsleiter im britischen Recht auch nicht per se eine gegebenenfalls existenzvernichtend hohe Ersatzhaftung hinsichtlich des vollen negativen Interesses eines Gläubigers, der nach Insolvenzreife bzw. dem Zeitpunkt, in dem eine Sanierung der Gesellschaft aussichtslos wurde, mit der Gesellschaft kontrahiert hat. Die Innenhaftung des britischen Geschäftsleiters wird in der gerichtlichen Praxis als Schadensersatzhaftung eingesetzt, die zum Ersatz des Schadens der Gläubigergesamtheit in das Gesellschaftsvermögen führt. Ersatzfähig ist allein der Quotenverminderungsschaden der Gläubiger, darüber hinausgehende Individualschäden sind im Rahmen des „wrongful trading“-Tatbestands nicht zu ersetzen. Über den Ersatz des Quotenverminderungsschadens sind allerdings Masseschmälerungen aller Art, sei es durch Zahlungen, (Aktien)Kursschwankungen, Delikte Dritter, Zwangsvollstreckungsmaßnahmen oder etwa durch den Verlust von Vermögensgegenständen durch Verarbeitung, erfasst. Das deutsche Recht hingegen braucht für dieses Ergebnis zwei Haftungstatbestände: Zum einen das Zahlungsverbot, über welches Masseverkürzungen durch Zahlungen kompensiert werden, zum anderen § 823 Abs. 2 BGB i.V.m. § 15a InsO, wohl für den Ersatz sonstiger Masseschmälerungen. Unklar ist im deutschen Recht der Schadensersatzcharakter der Haftung für verbotene Zahlungen[227] und das Zusammenspiel beider Haftungstatbestände. Im deutschen Recht ist zudem der Ersatz von Individualschäden über die Verschleppungshaftung, ohne die Zuhilfenahme allgemeiner schuldrechtlicher Haftungstatbestände, möglich. Nicht nur durch den pauschalen Ersatz der vollen Kontrahierungsschäden der Neugläubiger über die Verschleppungshaftung, sondern auch die teilweise Überkompensation der Gläubigerschäden durch die Ersatzhaftung für verbotene Zahlungen, ist der Haftungsumfang nach dem deutschen Haftungssystem deutlich größer als im britischen Recht. Gegen die Annahme ließe sich allenfalls noch einwenden, auch im britischen Recht könne das Gericht (theoretisch) einen zu ersetzenden Betrag festlegen, der über den entstandenen Schaden hinausgeht. Damit, so könnte man argumentieren, sei auch im britischen Recht eine verschärfte Haftung angelegt und unter Umständen gewollt. Dem ist allerdings entgegen zu halten, dass dieser Umstand dem britischen Common-Law-System geschuldet ist und nicht darauf schließen lässt, der britische Gesetzgeber habe eine solche sanktionierende Haftung intendiert oder den Gerichten freistellen wollen. Das britische Rechtssystem wird – anders als das deutsche – gerade nicht durch Gesetze bestimmt, sondern beruht in erster Linie auf Richterrecht, das sich durch Entscheidungen in vorangegangen Fällen legitimiert. Die in Großbritannien zu

227 Dieser wird von der herrschenden Lehre und Rechtsprechung bis heute verleugnet, inhaltlich wird er allerdings mit der zunehmenden haftungsmildernden Berücksichtigung von Gegenleistungen immer mehr umgesetzt.

beobachtende restriktive Auslegung des Gesetzes, die durch Verurteilungen zu nur geringem Schadensersatz zum Ausdruck kommt, ist demnach für die nachfolgenden Gericht durchaus bindend, auch wenn nach dem Gesetzwortlaut die Festlegung eines höheren zu ersetzenden Betrags möglich wäre. Eine von bereits ergangenen Entscheidungen deutlich abweichende Schadensersatzfestsetzung wäre mithin angreifbar.[228]

Das britische Recht ist nicht nur hinsichtlich des Haftungsumfangs milder als das deutsche Recht, sondern meidet zudem die Probleme, die eine Haftungsverdoppelung im deutschen Recht durch die Qualifizierung der Insolvenzantragspflicht als Schutzgesetz mit sich bringt.

III. Weitergehende Funktion des britischen „wrongful trading"

Das „wrongful trading" soll im Vergleich zur deutschen Insolvenzverschleppungshaftung eine weitreichendere Funktion erfüllen. Es vermag bereits vor Insolvenzreife der Gesellschaft eine Durchgriffshaftung zu begründen und kann, zumindest seinem Wortlaut nach, als allgemeine Kapitalerhaltungsvorschrift qualifiziert werden.[229] Zum Teil wird sogar vorgebracht, der Tatbestand des „wrongful trading" regele auch die Durchgriffshaftung im Fall der materiellen Unterkapitalisierung[230] bzw. stelle die britische Version des deutschen Eigenkapitalersatzrechts dar.[231] Zwar mag der Wortlaut der sec. 214 Insolvency Act 1986 eine allgemeine Kapitalersatzhaftung im Vorfeld der Unternehmensinsolvenz erfassen. Angesichts der fehlenden Spruchpraxis der Gerichte, das „wrongful trading" als allgemeine Haftungsgrundlage für Fehlverhalten vor der Insolvenz der Gesellschaft zu verwenden, liegt eine solche Interpretation des „wrongful trading"-Tatbestands eher fern; dafür spricht im Übrigen auch die zurückhaltende und sich stets am unteren Rahmen bewegende Rechtsprechung zur Schadensfestsetzung.[232]

Auffällig ist allerdings die unterschiedliche Zielsetzung der britischen und der deutschen Regelung. Das britische „wrongful trading" zwingt letztlich gerade nicht zur Stellung eines Insolvenzantrags. Vielmehr bleibt es den Geschäftsleitern überlassen, sich um eine Sanierung der Gesellschaft zu bemühen. Erst wenn deren finanzielle Sanierung nicht mehr in Aussicht steht, ist eine Fortführung untersagt.

---

228 Siehe eingehend zu den Berufungs- und Revisionsmöglichkeiten bei bindenden Präzedenzfällen im britischen Recht *Bailey/Ching/Taylor,* in: Smith, Bailey and Gunn on the modern English legal system, S. 474 ff.

229 Vgl. dazu *Fleischer,* AG 1999, 350, 359 ff.; *Habersack/Verse,* ZHR 168 (2004), 174, 209, die in der Regelung des „wrongful Trading" einen allgemeinen Konzernhaftungstatbestand erblicken.

230 *Höfling,* Das englische internationale Gesellschaftsrecht, S. 227; *Borges,* ZIP 2004, 733, 735.

231 *Kallmeyer,* DB 2004, 636, 639; *Schall,* ZIP 2005, 965, 970.

232 Vgl. *Otte,* Das Kapitalschutzsystem der englischen private limited company im Vergleich zur deutschen GmbH, S. 127.

Daher liegt die Annahme nahe, die „wrongful trading"-Regelung im britischen Recht verfolge in erster Linie nicht einen möglichst frühen Eintritt in das Insolvenzverfahren und somit die Sicherung der Insolvenzmasse zu Gunsten der Gläubiger. Sie soll die Geschäftsleiter vorrangig dazu bewegen, die Unternehmensführung mit erhöhter Sorgfalt anzugehen, wobei der Gläubigerschutz primär mit der abschreckenden Wirkung der Haftung für „wrongful trading" verwirklicht werden soll.[233] Sinn und Zweck der Insolvenzantragspflicht ist es hingegen, möglichst früh (bereits bei Überschuldung) einen Insolvenzantrag zu erzwingen. Insbesondere die dreiwöchige Antragsfrist scheint für eine ernsthafte Sanierung des Unternehmens viel zu kurz. In dieser Hinsicht setzt die britische Rechtsordnung deutlich mehr Vertrauen in die Sanierungsgeschicke der Geschäftsleiter, wohingegen die deutsche Rechtsordnung möglichst radikal den Gläubigerschutz, freilich auf Kosten der Geschäftsleiter, durchsetzen möchte.

C. Rechtslage in Frankreich – „Action en responsabilité pour insuffisance d'actif"

I. Tatbestand

Das französische Recht statuiert die Pflicht der Geschäftsleiter zur Stellung eines Insolvenzantrags, wenn die Gesellschaft insolvenzreif ist. Haftungsgrundlage für deren Verletzung ist allerdings nicht die Antragspflicht selbst oder allgemeines Deliktsrecht, sondern ein Haftungstatbestand der allgemeinen Unterdeckungshaftung in der Insolvenz der Gesellschaft (früher sog. „Action en comblement du passif"; heute „Action en responsabilité pour insuffisance d'actif").[234] Gem. art. L. 651–2 Code de Commerce ist der Geschäftsleiter einer Gesellschaft, über deren Vermögen das Insolvenzverfahren eröffnet wurde, zum Ausgleich der Unterdeckung der Masse verpflichtet, wenn die Gesellschaftsinsolvenz durch einen Fehler der Geschäftsführung zumindest mitverursacht wurde.[235] Ein solcher haftungsbegründender „Fehler der Geschäftsleitung" kann die Verletzung der Insolvenzantragspflicht aus art. L. 640–4 Code de Commerce und damit die Fortführung des Unternehmens trotz

---

233 *Redeker,* Die Haftung für wrongful trading im englischen Recht, S. 252.

234 Zu Deutsch: „Die Klage gegen den Geschäftsleiter einer insolventen Gesellschaft auf Übernahme des ungedeckten Verlusts". Seit 2006 trägt das Haftungsinstitut im Gesetz den Namen „Action en responsabilité pour insuffisance d'actif"; eingehend zum französischen Insolvenz- und Haftungsrecht etwa *Zahn,* Geschäftsleiterhaftung und Gläubigerschutz bei Kapitalgesellschaften in Frankreich, S. 85 ff. und *Marquardt/Hau,* RIW 1998, 441 ff.

235 *Christ,* Englische Private Limited und französische Société à Responsabilité Limitée, S. 189 f.; siehe auch zum Ganzen *Urbain-Parleani,* Das Kapital der Aktiengesellschaft in Frankreich, in: ZGR, Das Kapital der Aktiengesellschaft in Europa, S. 575, 598 ff.

dessen Insolvenzreife (genauer: Zahlungsunfähigkeit)[236] sein.[237] Die französische Insolvenzantragspflicht greift bei nach französischem Recht vergleichsweise früh zu bejahender Zahlungsunfähigkeit ein und verpflichtet die Geschäftsleiter zur Antragsstellung spätestens innerhalb von 45 Tagen. Die Fortführung einer bloß überschuldeten Gesellschaft begründet nach französischem Recht also noch keine Haftung. Eine Ausnahme gilt allerdings dann, wenn die Gesellschaft auch im Zeitraum vor der Zahlungsunfähigkeit eindeutig nicht mehr saniert werden kann; die Fortführung einer solchen Gesellschaft kann eine „Action en responsabilité pour insuffisance d'actif" begründen.[238]

Die „Action en responsabilité pour insuffisance d'actif" greift nur dann ein, wenn das Insolvenzverfahren über das Vermögen der Gesellschaft letztlich auch tatsächlich eröffnet wird und im Zeitpunkt, in dem über die Haftung des Geschäftsleiters entschieden wird, das Gesellschaftsvermögen für die Befriedigung der Gesellschaftsgläubiger nicht mehr ausreicht.[239]

II. Rechtsfolgen

1. Innenhaftung für den verursachten Schaden am Gesellschaftsvermögen

Auch die „Action en responsabilité pour insuffisance d'actif" führt zu einer reinen Innenhaftung des Geschäftsleiters.[240] Der Geschäftsleiter hat den Betrag, auf den er haftet, gem. Art. L. 651–2 Code de Commerce in das Gesellschaftsvermögen zu leisten. Die Höhe der Haftung wird durch das Gericht und nach dessen Ermessen festgelegt, wobei in der Praxis in der Regel der Schadensersatz auf den Betrag beziffert wird, um den sich das Gesellschaftsvermögen verringert hat. Obergrenze des Haftungsumfangs stellt aber die Überschuldung dar, also der Differenzbetrag

236 Das französische Recht unterscheidet dabei nicht exakt zwischen Überschuldung und Zahlungsunfähigkeit, wie etwa das deutsche Recht. Nach Art. 631–1 Code de Commerce soll Zahlungsunfähigkeit dann vorliegen, wenn die fälligen Gesellschaftsschulden nicht vom liquiden Aktivvermögen der Gesellschaft gedeckt werden. Siehe zum Begriff der Zahlungsunfähigkeit nach französischem Recht *Pernice,* Die Insolvenzverschleppung durch das Geschäftsführungsorgan der kleinen Kapitalgesellschaft im deutschen, französischen und englischen Recht, S. 153 ff.

237 *Christ,* Englische Private Limited und französische Société à Responsabilité Limitée, S. 190; *Habersack/Verse,* ZHR 168 (2004), 174, 203; *Ulrich/Poertzgen/Pröm,* ZInsO 2006, 64, 68.

238 Zum Ganzen *Habersack/Verse,* ZHR 168 (2004), 174, 203 m.w.N.

239 *Pernice,* Die Insolvenzverschleppung durch das Geschäftsführungsorgan der kleinen Kapitalgesellschaft im deutschen, französischen und englischen Recht, S. 158 f.

240 *Christ,* Englische Private Limited und französische Société à Responsabilité Limitée, S. 192; *Pernice,* Die Insolvenzverschleppung durch das Geschäftsführungsorgan der kleinen Kapitalgesellschaft im deutschen, französischen und englischen Recht, S. 162; *Habersack/Verse,* ZHR 168 (2004), 174, 205.

zwischen den Passiva und den Aktiva der Gesellschaft. Häufig bleiben die Haftungsbeträge, die durch das Gericht festgesetzt werden, hinter dem vollen Schaden, also dem Überschuldungsbetrag, zurück.[241]

2. Deliktische Außenhaftung für Neugläubigerschäden

Die „Action en responsabilité pour insuffisance d'actif" sperrt grundsätzlich alle deliktischen Anspruchsgrundlagen.[242] Eine deliktische Außenhaftung der Geschäftsleiter gegenüber Gesellschaftsgläubigern kommt nur ausnahmsweise und unter zusätzlichen Voraussetzungen in Frage, wenn diese Individualschäden erlitten haben. Denkbar ist eine deliktische Haftung also insbesondere gegenüber den Gläubigern, die nach Insolvenzreife mit der Gesellschaft kontrahiert haben. Die Geltendmachung dieses Anspruchs bleibt dabei nicht dem Insolvenzverwalter vorbehalten, sondern obliegt jedem (Neu)Gläubiger selbst.[243]

3. Keine Strafbarkeit bei Verletzung der Insolvenzantragspflicht

Für die Verletzung der Insolvenzantragspflicht sieht das französische Recht keine Strafbarkeit vor. Es kennt ausschließlich eine allgemeine Bankrottstrafbarkeit (Art. L. 654–1 bis 7 Code de Commerce), die besonders schwere Verhaltensfehler der Geschäftsleiter in der Gesellschaftskrise unter Strafe stellt, wozu allerdings nicht die unterlassene Insolvenzantragsstellung an sich gehört.[244]

D. Vergleich der französischen und deutschen Rechtslage

I. Milderer Haftungsumfang des französischen Rechts

Der Haftungsumfang des französischen Rechts ist milder als der nach deutschem Recht. Das französische Recht kennt, anders als das deutsche Recht, ausschließlich eine Innenhaftung des Geschäftsleiters für die Versäumung der Insolvenzantragspflicht. Diese ist begrenzt auf den Betrag der Überschuldung der Gesellschaft, also den Betrag, um den das Gesellschaftsvermögen in der Verschleppungsphase

---

241 Zum Ganzen *Christ*, Englische Private Limited und französische Société à Responsabilité Limitée, S. 192; *Habersack/Verse*, ZHR 168 (2004), 174, 205; *Ulrich/Poertzgen/Pröm*, ZInsO 2006, 64, 68.

242 *Pernice*, Die Insolvenzverschleppung durch das Geschäftsführungsorgan der kleinen Kapitalgesellschaft im deutschen, französischen und englischen Recht, S. 149 m.w.N.

243 Vgl. Zum Ganzen *Roth*, Unternehmerisches Ermessen und Haftung des Vorstands, S. 209; *Christ*, Englische Private Limited und französische Société à Responsabilité Limitée, S. 195; *Habersack/Verse*, ZHR 168 (2004), 174, 206.

244 Ausführlich dazu und zur Strafbarkeit in der Krise der Gesellschaft im französischen Recht allgemein *Pernice*, Die Insolvenzverschleppung durch das Geschäftsführungsorgan der kleinen Kapitalgesellschaft im deutschen, französischen und englischen Recht, S. 174 ff.

verkürzt wurde. Dies entspricht, wenn es auch auf anderer dogmatischer Grundlage fußt, dem englischen „wrongful trading"-Tatbestand. Im Ergebnis nähert sich dem auch die deutsche Haftung für verbotene Zahlungen, die sich durch die vermehrte Berücksichtigung von Gegenleistungen langsam an eine Schadensersatzhaftung angleicht.[245] Anders als das französische Recht, verpflichtet allerdings das deutsche Recht den Geschäftsleiter zudem gem. § 823 Abs. 2 BGB i.V.m. § 15a InsO zum Ersatz gegenüber den Gesellschaftsgläubigern, wenn er neben der Leistung von Zahlungen auch noch die Insolvenzantragspflicht verletzt. Diese zweite Schiene kennt das französische Recht gerade nicht. Für den Vertrauensschaden eines Neugläubigers haftet der Geschäftsleiter nicht pauschal auf Grundlage der Verschleppungshaftung, sondern allenfalls nach allgemeinem Deliktrecht, welches nicht nur zusätzliche Voraussetzungen aufstellt, sondern mit der eigentlichen Insolvenzverschleppungshaftung nichts zu tun hat. Die auf den Ersatz des am Gesellschaftsvermögen entstandenen Schadens begrenzte Haftung nach französischem Recht ist damit deutlich milder als die nach deutschem Recht.

II. Unterschiedliche Bedeutung der Insolvenzantragspflicht

Zwar kennt das französische Recht eine Insolvenzantragspflicht, deren Verletzung ist aber, anders als im deutschen Recht, nicht zentraler Anknüpfungspunkt für die Insolvenzverschleppungshaftung. Dem Unrecht, das in der Fortführung einer insolventen Gesellschaft liegt, wird nicht in gesonderter Weise Rechnung getragen.[246] Haftungsrechtlich relevant wird die Verletzung der Insolvenzantragspflicht erst im Rahmen einer allgemein ausgestalteten Haftung für Geschäftsleiterfehler in der Krise der Gesellschaft. Bekämpft wird nach französischem Recht also weniger die Verzögerung der Insolvenzantragsstellung an sich, sondern allgemein Verhaltensweisen des Geschäftsleiters, die die Gesellschaftsgläubiger schädigen; eine zentrale Stellung nimmt die Insolvenzverschleppungshaftung in diesem System nicht ein.[247]

E. Fazit

Separate Haftungstatbestände, zum einen für die Leistung von Zahlungen aus dem Gesellschaftsvermögen nach Insolvenzreife der Gesellschaft, zum anderen für die Verletzung der Insolvenzantragspflicht, kennt weder das britische noch das französische Rechtssystem. Die Zweispurigkeit des Haftungssystems ist eine Eigenheit des deutschen Rechts.

---

245 Eingehend dazu unten.

246 *Pernice,* Die Insolvenzverschleppung durch das Geschäftsführungsorgan der kleinen Kapitalgesellschaft im deutschen, französischen und englischen Recht, S. 186 f.; vgl. auch *Zahn,* Geschäftsleiterhaftung und Gläubigerschutz bei Kapitalgesellschaften in Frankreich, S. 60 f., allerdings mit Bezug zur Rechtslage von 1985.

247 *Pernice,* Die Insolvenzverschleppung durch das Geschäftsführungsorgan der kleinen Kapitalgesellschaft im deutschen, französischen und englischen Recht, S. 187.

Das französische wie das britische Recht beschränken die Haftung des Geschäftsleiters für die Hinauszögerung der Insolvenz der Gesellschaft auf eine Innenhaftung, die wiederum auf den am Gesellschaftsvermögen entstandenen Schaden der Gläubigergesamtheit begrenzt ist. Besonderheit beider Rechtssysteme ist das weite Ermessen des Richters hinsichtlich der Schadensersatzbemessung, welches häufig dazu genutzt wird, die Haftung des Geschäftsleiters sogar hinter dem tatsächlich entstandenen Schaden zurück bleiben zu lassen. Eine Außenhaftung ist im Rahmen der Insolvenzverschleppungshaftung weder nach britischem noch französischem Recht vorgesehen. Sie ist nur nach allgemeinem Deliktsrecht und unter zusätzlichen Voraussetzungen denkbar. Im deutschen Recht gerät der Geschäftsleiter, der die Insolvenzantragsstellung verzögert, in die Haftung nach § 823 Abs. 2 BGB i.V.m. § 15a InsO gegenüber den Gesellschaftsgläubigern. Besondere Voraussetzungen müssen hierfür nicht vorliegen. Im Rahmen dieser Außenhaftung haftet der Geschäftsleiter den Neugläubigern ohne Weiteres in voller Höhe ihres Ausfallsschadens. Die deutsche Regelung der Insolvenzverschleppungshaftung ist hinsichtlich ihres Haftungsumfangs mithin mit Abstand die umfangreichste und vielschichtigste.

Hinzu kommt, dass die deutsche Haftung auf Ersatz der verbotenen Zahlungen, ebenso wie die Insolvenzantragspflicht, bereits bei Überschuldung der Gesellschaft einsetzt. Insbesondere das britische „wrongful trading“-Verbot, das erst ab dem Zeitpunkt eingreift, in dem ersichtlich wird, dass eine insolvenzbedingte Abwicklung der Gesellschaft nicht mehr zu verhindern ist, setzt zu einem deutlich späteren Zeitpunkt ein. Auch in dieser Hinsicht ist die deutsche Rechtslage strenger.

Vermutlich in erster Linie wegen ihrer Komplexität kam die deutsche Regelung der Insolvenzverschleppungshaftung weder für die EG-Kommission noch das Forum Europaeum Konzernrecht als Grundlage für eine europaweite Lösung in Frage. Favorisiert wurde dabei das britische „wrongful trading“-Verbot, welches die Fortführung eines nicht sanierungsfähigen Unternehmens verbietet, dabei allerdings erst zu einem späten Zeitpunkt einsetzt und im Rahmen einer ausschließlichen Innenhaftung keine besonders drastischen, über einen entstandenen Schaden hinausgehenden Haftungsfolgen vorsieht. Die französische Haftung für Insolvenzverschleppung ähnelt der britischen zwar nicht in ihrer Dogmatik, wohl aber in ihren Rechtsfolgen. Auch sie kennt nur einen einheitlichen Tatbestand und ist auf den Ersatz des am Gesellschaftsvermögen entstandenen Schadens der Gläubigergesamtheit gerichtet. Allein die deutsche Rechtslage kennt zweierlei Haftungstatbestände, die jeweils die Schmälerung der Haftungsmasse durch Zahlungen und solche Schmälerungen, die auf anderen Ursachen beruhen, mit Haftung bedrohen und dabei unterschiedliche Rechtsfolgen anordnen.[248] Mit den damit einhergehenden Problemen, etwa der Abgrenzung beider Haftungen, deren unterschiedliche

248 Die Haftung für die Verschleppung der Insolvenz ist unstreitig auf Schadensersatz gerichtet, wohingegen die Haftung für die Verletzung der Zahlungsverbote gerade von den Vorgaben der §§ 249 ff. BGB losgelöst ist und einen „Anspruch eigener Art“ gewähren soll.

Geltendmachung und die pauschale Ungleichbehandlung zweier Gläubigergruppen, sieht sich allein die deutsche Rechtspraxis konfrontiert. Da in naher Zukunft keine europäische Regelung der Insolvenzverschleppungshaftung zu erwarten ist, sollten nicht nur die Einschätzungen der EG-Kommission und des Forum Europaeum Konzernrecht, sondern auch die Vorteile der englischen und französischen Regelungen dem deutschen Gesetzgeber Anlass zur Revision der Gesetzeslage geben.

Kapitel 3 Schwächen des Konzepts der herrschenden Meinung

In diesem Kapitel soll die herrschende Meinung sowohl zur Haftung für die Verletzung der Zahlungsverbote als auch für die Verschleppung der Insolvenz eingehender beleuchtet werden und auf etwaige Schwachstellen eingegangen werden. Dabei wird sich zeigen, dass die deutsche Rechtslage, wie sie im Moment durch die herrschende Meinung und den BGH bestimmt wird, in komplexen und zum Teil unüberschaubaren Folgen resultiert und, dass sie dogmatisch angreifbar ist. So soll die Notwendigkeit einer von der herrschenden Meinung abweichenden einheitlichen Regelung der Haftung der Geschäftsleiter in der Insolvenz der Gesellschaft nachgewiesen werden.

Im Rahmen der Untersuchung der Zahlungsverbote werden dabei insbesondere die aktuellen Entwicklungen in Lehre und Rechtsprechung in den Fokus gestellt. Die Haftung für die verbotenen Zahlungen befindet sich gerade im Umbruch und wird besonders durch jüngere Entscheidungen des BGH stark beeinflusst, so dass es besonders sinnvoll erscheint, auf diese einschneidenden Neuerungen einzugehen (§ 1). Die Insolvenzverschleppungshaftung hingegen fußt auf einer bewegten Vergangenheit, wurde sie doch durch richterrechtliche Rechtsfortbildung[249] erst ins Leben gerufen. In der aktuellen Fachdiskussion spielt sie zwar eine tragende Rolle, der Schwerpunkt ihrer Weiterentwicklung liegt allerdings im 20. Jahrhundert. Die Untersuchung der Verschleppungshaftung konzentriert sich daher auf diese deutlich zurückliegende Entwicklung (§ 2).

§ 1 Kritik an Rechtsprechung und herrschender Meinung zur Haftung für die Verletzung der Zahlungsverbote

Zunächst soll die aktuelle Rechtsprechung des BGH zu den Zahlungsverboten untersucht werden. Drei Urteile werden jeweils analysiert und im Anschluss daran wird der Versuch unternommen, diese kritisch zu würdigen (A.).

Zudem erfolgt eine Auseinandersetzung mit einer aktuellen, im Vordringen befindlichen Literaturmeinung, die eine Übertragung insolvenzanfechtungsrechtlicher Wertungen, insbesondere der des Bargeschäftsprivilegs nach § 142 InsO, auf die Zahlungsverbote befürwortet. Unter B. werden zunächst deren Grundlagen erläutert und anschließend dazu Stellung bezogen. Auch hier wird sich zeigen, dass diese Ansicht nicht zu überzeugenden Ergebnissen zu gelangen vermag.

---

249 So auch *Rowedder*, in: FS Semler, S. 311, 317 f.

A. Beschränkung der Haftung für die Verletzung der Zahlungsverbote durch die neue Rechtsprechung des BGH

Lange Zeit wurde die Rechtsprechung des BGH und die ihr folgende Ansicht im Schrifttum dafür kritisiert, mit der Haftung für die Leistung verbotener Zahlungen eine viel zu drastische Haftungssanktion zu statuieren, die mit einer angemessenen zivilrechtlichen Reaktion auf fehlerhaftes Geschäftsleiterverhalten nichts mehr zu tun hat.[250] Hintergrund dieses Vorwurfs war die Annahme, der Geschäftsleiter müsse jegliche Zahlung, die er nach Insolvenzreife noch aus dem Gesellschaftsvermögen leistet, erstatten, und zwar unter weitgehender Ausblendung einer etwaigen Gegenleistung, die im Gegenzug in das Gesellschaftsvermögen gelangt ist.[251]

Der BGH hat sich in jüngster Zeit immer mehr dazu bereit gezeigt, die Haftung der Geschäftsleiter für verbotene Zahlungen einzuschränken. Zum einen können seit der Entscheidung des BGH vom 18.11.2014[252] in das Vermögen der Gesellschaft gelangte Gegenleistungen in größerem Umfang berücksichtigt werden. Zum

---

250 Siehe statt vieler nur *Karsten Schmidt*, ZHR 175 (2011), 433, 442: „Der „Schadensersatzanspruch eigener Art" aber bezieht seine vermeintliche Berechtigung allein aus seiner drakonischen Härte. Er ist unverhältnismäßig, rechtstechnisch unplausibel und in den Rechtsfolgen nicht beherrschbar"; vgl. auch *Theiselmann/Redeker*, GmbHR 2008, 961, 968; für Angemessenheit der Haftung hingegen ausdrücklich *Goette*, ZInsO 2005, 1, 4 und *Kruth*, NZI 2014, 981, 986, die darauf verweisen, dass der Geschäftsleiter seine Haftung einfach durch ordnungsgemäße Insolvenzantragsstellung verhindern könnte.

251 Siehe nur BGHZ 146, 264 = NJW 2001, 1280 Ls. 3: „Zahlungen, die der Geschäftsführer dem Verbot des § 64 Abs. 2 GmbHG zuwider geleistet hat, sind von ihm ungekürzt zu erstatten". Lediglich eine Bereicherung der Masse sei zu verhindern, dem Geschäftsleiter mithin der Anspruch auf die fiktive Insolvenzquote des befriedigten Gesellschaftsgläubigers und Ansprüche der Masse gegen Dritte auf Rückerstattung der Zahlung abzutreten; vgl. zur Härte der Zahlungsverbote auch BGH, NJW 2003, 2316, wonach auch dann eine haftungsbegründende Zahlung vorliegt, wenn der Geschäftsleiter Mittel, die er von einem Dritten zur Befriedigung eines Gläubigers erhält, bestimmungsgemäß an diesen Gläubiger weiterleitet. Demnach löst sogar ein für die Gläubiger neutraler Vorgang die Haftung auf Erstattung der vollen Zahlung aus; OLG München, ZIP 2008, 2169: Wird ein Betrag durch mehrere Konzerngesellschaften durchgeleitet haftet derjenige, der Geschäftsleiter aller dieser Gesellschaften ist, gleich mehrfach für die Durchleitung ein und desselben Betrags.

252 BGHZ 203, 218 = ZIP 2015, 71; zur tendenziell positiven Aufnahme des Urteils in der Literatur siehe *Karsten Schmidt*, NZG 2015, 129 ff.; *Altmeppen*, ZIP 2015, 949 ff.; *Gehrlein*, ZInsO 2015, 477 ff.; *Strohn*, DB 2015, 57 f.; *Spliedt*, EWiR 2015, 69 f.; *H.F. Müller*, WuB II G § 130a HGB 1.15; *Theiselmann/Verhoeven*, DB 2015, 671 f.; *Kruth*, NZI 2015, 135; *Tischler/Loszynski*, GWR 2015, 17; *Fölsing*, KSI 2015, 70 ff.; *Jenal/Jörg*, KSI 2015, 85 ff.; *Cadmus*, KTS 2015, 143 ff.; *Jacobi*, NJ 2015, 127 f.; *Haneke*, NZI 2015, 499 ff.; *Heitsch*, ZInsO 2015, 1375 ff.; *Wenzler*, ZWH 2015, 162 f.

anderen kommt zwei jüngeren Entscheidungen des BGH vom 23.6.2015[253] und vom 8.12.2015[254] maßgebende Bedeutung zu, weil durch sie die Haftung für den Einzug von Forderungen auf debitorische Konten der Gesellschaft deutlich eingeschränkt wird, und so ebenfalls ein wesentlicher Beitrag zur Eindämmung der Haftung für verbotene Zahlungen bewirkt wird. Alle drei Urteile sollen im Folgenden analysiert werden und verbleibende Schwächen aufgezeigt werden.

I. Urteil des BGH vom 18. November 2014

1. Urteil

Der Geschäftsführer der Komplementär-GmbH einer insolventen GmbH & Co. KG tilgte eine Darlehensschuld der Muttergesellschaft. Sieben Tage später erhielt die Tochtergesellschaft die Darlehensvaluta aufgrund einer „Darlehensvertrag-Rahmenvereinbarung" allerdings noch einmal. Der Insolvenzverwalter über das Vermögen der GmbH & Co. KG verlangte vom Geschäftsleiter Erstattung der Zahlung, die der Geschäftsleiter zur Darlehenstilgung an die Bank geleistet hatte.

Der BGH verneinte die Haftung des Beklagten, weil dessen Zahlung durch die spätere Überweisung des gleichen Betrags auf das Konto der GmbH & Co.KG ausgeglichen wurde. Die Ersatzpflicht im Rahmen der Zahlungsverbote solle, im Sinne der Gleichbehandlung aller Gläubiger, Masseschmälerungen nach Insolvenzreife der Gesellschaft verhindern. Die Haftung des Geschäftsleiters müsse deshalb entfallen, wenn die Masseverkürzung anderweitig ausgeglichen wird. Eine Haftung sei demnach zu verneinen, wenn es dem Insolvenzverwalter gelingt, die Zahlung rückgängig zu machen, oder ein Gegenwert in das Gesellschaftsvermögen gelangt, und damit lediglich ein Aktiventausch vorliegt.[255] Ein „Schaden" liege aber bereits im Abfluss von Mitteln aus dem Gesellschaftsvermögen, so dass nicht jeder beliebige Massezufluss als Ausgleich haftungsmildernd zu berücksichtigen sei. Vielmehr müsse dieser nach wirtschaftlicher Betrachtungsweise in unmittelbarem Zusammenhang mit der Zahlung stehen. Für eine Enthaftung nicht (mehr) nötig sei hingegen der Verbleib des Vermögenswerts im Gesellschaftsvermögen bis zur Eröffnung des Insolvenzverfahrens, maßgebend für die Bewertung der Gegenleistung sei vielmehr der Zeitpunkt, in dem der Ausgleich in die Masse fließt.[256] Die Haftung für verbotene Zahlungen bezwecke nämlich keine Haftung des Geschäftsführers für eine zufällige Verschlechterung der Gegenleistung im Gesellschaftsvermögen bis zur Eröffnung des Insolvenzverfahrens.

---

253 BGHZ 206, 52 = ZIP 2015, 1480, welches ebenso auf ein überwiegend positives Echo in der Literatur stieß *Casper*, ZIP 2016, 793 ff.; *H.F. Müller*, NZG 2015, 1021 ff.; *Kleindiek*, EWiR 2015, 565 f.; *Römermann*, BB 2015, 2132 ff.; *Glaser*, ZInsO 2015, 2416 ff.; *Poertzgen*, GmbHR 2015, 929 ff.; *Zeising*, NJ 2015, 521 ff.; *Haneke*, NZI 2015, 820 f.; *Böttcher*, ZWH 2015, 321 f.; *Proske*, DB 2015, 2195 f.

254 BGH, ZInsO 2016, 338; zust. *Clemens*, GmbHR 2016, 215, 216; krit. *Altmeppen*, ZIP 2016, 366 ff.

255 BGHZ 203, 218 = ZIP 2015, 71 Tz. 9.

256 BGHZ 203, 218 = ZIP 2015, 71 Tz. 10 f.

Eine solche falle nicht unter den Schutzzweck der Zahlungsverbote, da sie nicht vom Geschäftsleiter veranlasst sei. Insolvenzverschleppungsschäden, die nicht durch eine Masseverkürzung in Form von Zahlungen entstehen (also zum Beispiel die zufällige Verschlechterung der Gegenleistung im Gesellschaftsvermögen), seien nur nach § 823 Abs. 2 BGB i.V.m. § 15a InsO ersatzfähig.[257]

2. Folgen und Wirkungen

Unter engen Voraussetzungen hatte sich der BGH schon früher für eine haftungsmildernde Berücksichtigung von in die Masse gelangten Gegenleistungen ausgesprochen. Dies erkannte er vornehmlich in dem Fall an, in dem lediglich ein Aktiventausch vorlag, also ein in unmittelbarem Zusammenhang mit der Zahlung stehender Gegenwert in das Gesellschaftsvermögen gelangt und dort bis zur Insolvenzverfahrenseröffnung voll erhalten geblieben ist.[258] Diese Rechtsprechung hat der BGH mit Urteil vom 18.11.2014 ausdrücklich aufgegeben.[259] Für die Verschlechterung des sich im Gesellschaftsvermögen befindlichen Gegenstands hafte der Geschäftsleiter allenfalls noch nach § 823 Abs. 2 BGB i.V.m. § 15a InsO, eine Haftung für verbotene Zahlungen entfalle hingegen schon dann, wenn der Gegenwert einmal ins Gesellschaftsvermögen gelangt ist.[260]

Hierin liegt bereits eine deutliche Ausweitung der grundsätzlichen Berücksichtigung von Gegenleistungen im Rahmen der Zahlungsverbote. Auch die Bezeichnung der Ansprüche aus § 64 S. 1 GmbHG, § 130a Abs. 2 S. 1 HGB, § 93 Abs. 2 Nr. 6 AktG und § 34 Abs. 3 Nr. 4 GenG als „Ersatzansprüche eigener Art" findet sich, im Gegensatz zu sehr vielen früheren Entscheidungen des BGH,[261] in keinem der drei

---

257 BGHZ 203, 218 = ZIP 2015, 71 Tz. 12 f.; vgl. dazu auch RGZ 159, 211, 230 zum Schutz der Altgläubiger, ebenso *Habersack/Foerster*, ZHR 178 (2014), 387, 405.

258 BGH, ZIP 2003, 1005, 1006; BGH, ZIP 2010, 2400 Tz. 21; BGH, ZIP 2000, 1896, 1897; BGH, NJW 1974, 1088, 1089; vgl. bereits schon das Reichsgericht RGZ 159, 211, 230.

259 BGHZ 203, 218 = ZIP 2015, 71 Tz. 11.

260 Krit. dazu *Bitter*, ZIP 2016, Beilage zu Heft 22, 6, 10, der den Geschäftsleiter unberechtigt privilegiert sieht, wenn dieser nicht für den „insolvenzbedingten Verlust" der Gegenleistung haften soll; siehe auch *Casper*, ZIP 2016, 793, 797, der auf ungeklärte Schwierigkeiten hinsichtlich der Bewertung hinweist, also ob etwa die bilanzrechtlichen Vorschriften der §§ 252 ff. HGB ausschlaggebend sein sollen oder Abschläge vorgenommen werden müssen, wenn eine Veräußerung in der Insolvenz nur mit deutlichen Verlusten zu erwarten ist.

261 Siehe nur BGH, NJW 1974, 1088, 1089; BGHZ 146, 264 = GmbHR 2001, 190, 194; BGH, ZIP 2008, 1026; BGHZ 187, 60, 64 = ZIP 2010, 1988, 1989; BGH, NJW 2011, 2427, 2428; ebenso etwa *Schmidt-Leithoff/Baumert*, in: Rowedder/Schmidt-Leithoff, GmbHG, § 64 Rn. 18; *Kleindiek*, in: Lutter/Hommelhoff, GmbHG, § 64 Rn. 5; *Wicke*, GmbHG, § 64 Rn. 19; *Koch*, in: Hüffer, AktG, § 92 Rn. 42; *Fleischer*, in: Spindler/Stilz, AktG, § 92 Rn. 19; *Spindler*, in: MüKo AktG, § 92 Rn. 23; *Haas*, in: FS Fischer, S. 209 f.; *Röhricht*, ZIP 2005, 505, 509; *Strohn*, NZG 2011, 1161, 1164 f.; *Gehrlein*, ZInsO 2015,

neuen Urteile. Von einer Anerkennung des Schadensersatzcharakters der Haftung für verbotene Zahlungen durch den BGH ist allerdings nicht auszugehen. Vielmehr betont er in seiner Entscheidung abermals, es müsse auf einen unmittelbaren Zusammenhang zwischen der Leistung und der Gegenleistung unbedingt ankommen, weil der Ersatzanspruch gerade nicht auf die Erstattung des Quotenverminderungsschadens gerichtet ist.[262] Dabei beruft sich der BGH auf eine seiner früheren Entscheidungen, in der es heißt: „Soweit in § 130a Abs. 3 Satz 1 HGB sowie in § 93 Abs. 2 Satz 1 i.V.m. Abs. 3 Nr. 6 AktG (anders als in § 64 Abs. 2 GmbHG) von einem durch die Zahlungen entstehenden „Schaden" die Rede ist, handelt es sich – wenn überhaupt – um einen speziellen und nicht um den üblichen Schadensbegriff im Sinne der Differenzhypothese".[263]

Nicht festlegen möchte der BGH auch, im Rahmen welchen Tatbestandsmerkmals der Haftung für verbotene Zahlungen eine Gegenleistung Berücksichtigung finden soll.[264] Nicht ansetzen möchte er freilich beim „Schaden", denn dieser liege „bereits in dem Abfluss von Mitteln aus der [...] zu erhaltenden Vermögensmasse".[265] Unklar bleibt, ob bei gleichwertiger und in unmittelbarem Zusammenhang stehender Gegenleistung bereits eine verbotene Zahlung entfällt oder diese etwa sorgfaltsgemäß sein soll. Auch nicht deutlich wurde, ob eine Gegenleistung nur dann berücksichtigt werden kann, wenn sie gleichwertig[266] ist oder, ob im Fall einer geringerwertigen Gegenleistung diese zumindest ihrem Wert nach angerechnet werden kann. Für Letzteres spricht allerdings die Formulierung im letzten der drei BGH-Urteile, wonach „in Höhe des Wertes der Warenlieferung eine Masseschmälerung [...] zu verneinen" sei.[267]

Explizit offen gelassen hat der BGH auch, ob und falls ja, unter welchen Umständen durch die bloße Begründung einer Forderung der Gesellschaft gegen den Zahlungsempfänger ein ausgleichender Wert in das Gesellschaftsvermögen gelangen und die Haftung des Geschäftsleiters für die Zahlung ausgeschlossen bzw. zumindest

---

477; *Habersack/Foerster*, ZHR 178 (2014), 387, 395 ff.; *dies.*, ZGR 2016, 153, 161; siehe dazu auch eingehend *Steffek*, Gläubigerschutz in der Kapitalgesellschaft, S. 448 f.; *Schürnbrand*, NZG 2010, 1207, 1209; begründet wurde der Begriff des „Erstattungsanspruchs eigener Art" durch das Reichsgericht RGZ 159, 211, 228 ff.

262 BGHZ 203, 218 = ZIP 2015, 71 Tz. 10.

263 BGH, ZIP 2007, 1006 Tz. 7, hierauf verweist BGHZ 203, 218 = ZIP 2015, 71 Tz. 10.

264 *Spliedt*, EWiR 2015, 69, 70 geht davon aus, dass der BGH Gegenleistungen bereits im Rahmen des objektiven Tatbestands berücksichtigen möchte; *Heitsch*, ZInsO 2015, 1375, 1376 nimmt hingegen an, der BGH subsumiere Zahlungen, für die unmittelbar einen Gegenleistung in das Gesellschaftsvermögen gelangt, unter die Sorgfaltsausnahmen in § 64 S. 2 GmbHG, § 130a Abs. 1 S. 2 HGB, § 92 Abs. 2 S. 2 AktG und § 99 S. 2 GenG.

265 BGHZ 203, 218 = ZIP 2015, 71 Tz. 10.

266 Unklar ist auch, wie genau der Wert der Sache zu ermitteln ist; für ein Abstellen auf den marktüblichen Einkaufswert *Baumert*, NZG 2016, 379, 380.

267 BGH, ZInsO 2016, 338 Tz. 24.

gemildert werden kann. Fest steht nur, dass die bloße Möglichkeit der Wiederausschöpfung des Kredits durch die Darlehens-Rahmenvereinbarung im Ausgangfall hierfür nicht reichen soll.[268] Denkbar ist eine Enthaftung durch eine bloße Forderungsbegründung jedenfalls nur dann, wenn die Forderung vollwertig und insbesondere durchsetzbar ist.[269] Waren, die unter erweitertem Eigentumsvorbehalt in das Gesellschaftsvermögen gelangen, sollen wohl erst dann als Ausgleich berücksichtigt werden, wenn an ihnen tatsächlich Eigentum erworben wird, also im Rahmen des erweiterten Vorbehalts keine weiteren Forderungen gesichert werden.[270]

Ebenfalls ungeklärt bleibt, wie der Gegenwert, der als Ausgleich in das Gesellschaftsvermögen gelangt, gestaltet sein muss. Die Haftung des Geschäftsleiters soll nach dem BGH im „Interesse einer Gleichbehandlung der Gläubiger eine Schmälerung der Masse nach Eintritt der Insolvenzreife ausgleichen" und demnach nur dann entfallen, „wenn die Massekürzung anderweitig ausgeglichen und der Zweck der Ersatzpflicht erreicht ist".[271] Dies legt den Schluss nahe, dass lediglich ein gegenständlicher Wert, der in das Gesellschaftsvermögen fließt, die Haftung ausschließen soll. Nur ein solcher vermag nämlich die eigentliche Masseschmälerung auszugleichen und den Gläubigern tatsächlich zur Befriedigung zur Verfügung zu stehen. Dies würde allerdings bedeuten, dass die Inanspruchnahme von Dienstleistungen in der Regel haftungsbegründend wäre, weil diese an sich nicht das den Gläubigern zur Verfügung stehende Vermögen der Gesellschaft erhöhen. Allenfalls kann durch sie im Nachhinein eine Erhöhung der Aktiva erfolgen.[272] Ob der BGH einen solchen Ausgleich, der erst in einem zweiten Schritt und häufig erst in zeitlichem Abstand zum eigentlichen vertraglichen Leistungsaustausch erfolgt, haftungsmildernd anerkennen will, bleibt offen. Insbesondere könnte es dann am geforderten „unmittelbaren Zusammenhang" fehlen, zumal sich oft nur schwer feststellen lassen wird, inwiefern eine Masseerhöhung auf eine bestimmte Dienstleistung, etwa eine Beratungstätigkeit, zurückzuführen ist.[273]

---

268 BGHZ 203, 218 = ZIP 2015, 71 Tz. 16; gegen die Berücksichtigung der Begründung von Forderungen als haftungsmildernde Gegenleistungen *Habersack/Foerster*, ZGR 2016, 153, 182; *dies.*, ZHR 178 (2014), 387, 415; *Arnold*, in: Henssler/Strohn, GesR GmbHG, § 64 Rn. 20; *Haas*, in: Baumbach/Hueck, GmbHG, § 64 Rn. 65; tendenziell auch *Casper*, ZIP 2016, 793, 797; dafür hingegen *Karsten Schmidt*, NZG 2015, 129, 133.

269 *Kruth*, NZI 2015, 135.

270 *H.F. Müller*, NZG 2015, 1021, 1022; *Haneke*, NZI 2015, 499, 502; *Casper*, ZIP 2016, 793, 798.

271 BGHZ 203, 218 = ZIP 2015, 71 Tz. 9.

272 Vgl. *H.F. Müller*, DB 2015, 723, 725, der Dienstleistungen aber dann haftungsmildernd berücksichtigt, wenn sie zu einer unmittelbaren und konkreten Verbesserung der Befriedigungsaussichten der Gläubiger geführt haben; *Haneke*, NZI 2015, 499, 502, der für eine Enthaftung auf eine Erhöhung des verwertbaren Vermögens des späteren Insolvenzschuldners abstellt.

273 Anders *Baumert*, NZG 2016, 379, 380, demnach sei es inkonsequent bei Gegenleistung in Form einer Dienstleistung, die dem Marktwert entspricht, von

3. *Anwendung der BGH-Rechtsprechung auf verschiedene Fallkonstellationen*

Wenn auch einige Fragen weiterhin ungeklärt bleiben, haben die BGH-Entscheidungen durchgreifende Neuerungen gebracht. Um diese genauer zu untersuchen, sollen mit Hilfe verschiedener Fallkonstellationen deren Rechtsfolgen und Wirkungen dargestellt werden. Dabei wird die Lösung der Beispielsfälle anhand der Kriterien des BGH aufgezeigt. An diesen orientiert sich auch das überwiegende Schrifttum, wenn auch die Verortung der Berücksichtigung im Tatbestandsaufbau zum Teil abweichend bestimmt wird. Hierdurch ändert sich aber am Ergebnis nichts. Dieses stimmt vielmehr mit dem des BGH überein, so dass die Falllösung gemeinsam erfolgen kann. Zu abweichenden Ergebnissen führt aber die Anwendung der Kriterien einer im Vordringen befindlichen Literaturmeinung, die sich für die Berücksichtigung von Gegenleistungen vollends auf die Wertungen des Bargeschäftsprivilegs zurückzieht. Der Lösung des BGH wird deshalb die Falllösung auf Basis dieser Literaturmeinung gegenüber gestellt. Ziel der Untersuchung ist darzulegen, dass auf beiden Wegen nur schwer zu wünschenswerten Ergebnissen zu gelangen ist.[274]

Grundlage hinsichtlich der Beantwortung dabei aufkommender Fragen ist die Rechtsprechung des BGH. Die Eigenschaft als Altgläubiger wird demnach dann angenommen, wenn der Vertragsschluss vor Insolvenzreife erfolgt, um einen Neugläubiger handelt es sich hingegen, wenn der Zeitpunkt des Vertragsschlusses nach Insolvenzreife liegt.[275]

a) Erster Fall: Vertragsschluss vor Insolvenzreife

Die Gesellschaft schließt mit ihrem Vertragspartner vor Insolvenzreife einen Kaufvertrag. Zu klären ist nun, wie und in welcher Höhe der Geschäftsleiter für die Verletzung des Zahlungsverbots haftet, insbesondere, ob die Leistung an den Altgläubiger eine haftungsbegründende verbotene Zahlung darstellt und, ob und unter welchen Umständen eine Gegenleistung des Altgläubigers eine Enthaftung des Geschäftsleiters bewirkt.

Für das Konzept des BGH ist unerheblich, ob der Altgläubiger oder die Gesellschaft vorgeleistet haben[276] bzw., ob dies im Falle der Vorleistung durch den Altgläubiger

---

Masseneutralität auszugehen, insbesondere weil die neue Rechtsprechung auf den Zeitpunkt des Leistungsaustauschs abstellt. Die mangelnde Aktivierbarkeit von Dienstleistungen nach § 266 Abs. 2 HGB sei dabei nicht entscheidend, sondern es sei allein auf den Zufluss der Gegenleistung abzustellen. Offen gelassen von *Altmeppen,* NZG 2016, 521, 522.

274 Siehe dazu bereits *Altmeppen,* ZIP 2016, 366 ff.; *ders.,* NZG 2016, 521, 522 ff.

275 Nachweise dazu in Fn. 79.

276 Ebenso *Altmeppen,* NZG 2016, 521, 522 a.E.; *Baumert,* NZG 2016, 379, 380 f.; anders *Haneke,* NZI 2015, 499, 500 f., der am Wortlaut der BGH-Entscheidung festmachen möchte, dass eine ausgleichende Gegenleistung nur dann enthaftend wirken kann, wenn diese zeitlich nach der haftungsbegründenden Zahlung in das Gesellschaftsvermögen gelangt.

vor oder nach Insolvenzreife der Gesellschaft geschieht. Leistet die Gesellschaft vor Insolvenzreife vor, liegt freilich keine verbotene Zahlung des Geschäftsleiters vor. Eine verbotene Zahlung könnte aber dann bejaht werden, wenn die Leistung der Gesellschaft nach Insolvenzreife erfolgt. Gelangt allerdings eine Gegenleistung in das Vermögen der Gesellschaft, die in einem unmittelbaren Zusammenhang mit der verbotenen Zahlung steht, soll die Haftung des Geschäftsleiters nach dem neuen Urteil des BGH entfallen. Wie genau dieser „unmittelbare Zusammenhang" zu bestimmen ist, hat der BGH offengelassen.[277] Die Formulierung erinnert allerdings stark an § 142 InsO,[278] der bestimmt, dass eine Leistung des insolventen Schuldners, „für die unmittelbar eine gleichwertige Gegenleistung in sein Vermögen gelangt", vom Insolvenzverwalter grundsätzlich nicht anfechtbar ist.[279] Dabei bestimmt sich die Unmittelbarkeit zwischen Leistung und Gegenleistung nach objektiv-wirtschaftlichen Maßstäben und meint einen engen zeitlichen Zusammenhang; der „unmittelbare Zusammenhang" muss dabei nicht nur zwischen den Ansprüchen auf die jeweiligen Leistungen, sondern zwischen Leistung und Gegenleistung selbst bestehen.[280] An der Unmittelbarkeit zwischen Leistung und Gegenleistung fehlen soll es, wenn diese mehr als 30 Tage auseinander liegen.[281] Innerhalb dieser 30 Tage ist allerdings unerheblich, ob zwischen dem Zeitpunkt der Leistung des Insolvenzschuldners und der Gegenleistung Insolvenzreife eingetreten ist oder Insolvenzantrag gestellt wird.[282] Kein „Bargeschäft" i.S.d. § 142 InsO liegt dann vor, wenn es sich um ein Kreditgeschäft handelt.[283] Die Ansicht, nach welcher solche Gegenleistungen, die im Rahmen eines Bargeschäfts erfolgen, bei der Haftung für verbotene Zahlungen zu berücksichtigen sind, findet sich bereits gehäuft in der Literatur.[284]

277 Eine Präzisierung des Begriffs des „unmittelbaren Zusammenhangs" wünscht sich auch *Strohn,* DB 2015, 57 f.

278 Siehe dazu *Karsten Schmidt,* NZG 2015, 129, 132, der die Übernahme des im Bargeschäfts angelegten Zusammenhangs zwischen Leistung und Gegenleistung „durchaus auch im Sinne des neuen Urteils" sieht; vgl. auch *Kruth,* NZI 2015, 135.

279 Vgl. dazu *Habersack/Foerster,* ZGR 2016, 153, 174; eingehend zur Übertragbarkeit des Insolvenzanfechtungsrechts *Haas,* NZG 2004, 737, 741 ff.; *ders.,* in: FS Fischer, S. 209, 212 ff.; *Thole,* Gläubigerschutz durch Insolvenzrecht, S. 693 ff., 716 ff.; *Strohn,* NZG 2011, 1161, 1164 ff.

280 BGH, ZIP 2010, 682, Tz. 34; *Kirchhof,* in: MüKo InsO, § 142 Rn. 15; anders noch *Karsten Schmidt,* WM 1983, 490, 494, der auf einen engen zeitlichen Zusammenhang gerade verzichten möchte.

281 Siehe dazu nur BGH, NZI 2008, 173; *Kirchhof,* in: MüKo InsO, § 142 Rn. 15 ff.; *Hirte,* in: Uhlenbruck, InsO, § 142 Rn. 29 ff.

282 LG Bad Kreuznach, NZI 2006, 45 f.

283 Siehe nur BGH, NJW 2007, 436, 437; *Kirchhof,* in: MüKo InsO, § 142 Rn. 15; *Ehricke,* in: Kübler/Prütting/Bork, InsO, § 142 Rn. 13; *Hirte, in: Uhlenbruck, InsO,* § 142 Rn. 27.

284 Vgl. nur *Haas,* in: Baumbach/Hueck, GmbHG, § 64 Rn. 70b; *Thole,* Gläubigerschutz durch Insolvenzrecht, S. 717; *Schmidt-Leithoff/Baumert,* in: Rowedder/Schmidt-Leithoff, GmbHG, § 64 Rn. 36; *Arnold,* in: Henssler/Strohn, GesR GmbHG, § 64

Die Annahme, dass sich der BGH mit dem Erfordernis eines „unmittelbaren Zusammenhangs", der nach „wirtschaftlicher Betrachtungsweise" ermittelt werden soll,[285] an den Fall des Bargeschäftsprivilegs anlehnen möchte, hat sich bisher allerdings (noch) nicht ausdrücklich bestätigt. Ob es für eine Anrechnung entscheidend ist, dass die Gegenleistung gleichwertig ist oder, ob wertmäßig hinter der Zahlung zurück bleibende Gegenleistungen ihrer Höhe nach angerechnet werden, hat der BGH offengelassen. Kann mithin wirtschaftlich eine hereinkommende Gegenleistung unmittelbar der Leistung der Gesellschaft zugeordnet werden, entfällt nach jetzigem Stand der Rechtsprechung des BGH die Haftung des Geschäftsleiters für die Verletzung der Zahlungsverbote.

Die Vertreter der Ansicht, die eine Berücksichtigung der Gegenleistung nur dann vornehmen möchten, wenn diese im Rahmen eines Bargeschäfts i.S.d. § 142 InsO erfolgt,[286] kommen hingegen zu anderen Ergebnissen. Haftungsmildernd kann sich der Zufluss der Gegenleistung nur dann auswirken, wenn zum einen die Gegenleistung in ihrem Wert der Leistung äquivalent bzw. die Gegenleistung höherwertig ist,[287] und zum anderen innerhalb von 30 Tagen vor oder nach der Zahlung in das Gesellschaftsvermögen fließt. Anderenfalls scheidet eine Berücksichtigung der Gegenleistung aus und der Geschäftsleiter haftet auf Erstattung der Zahlung in voller Höhe.

Ist die Berücksichtigung der Gegenleistung ausgeschlossen, kann der Geschäftsleiter von seiner Haftung nach allen Ansichten allerdings noch befreit werden, indem der Insolvenzverwalter die Leistung aus dem Gesellschaftsvermögen erfolgreich anficht und diese zurückholt.[288] Hierzu ist der Insolvenzverwalter allerdings nicht verpflichtet, vielmehr hat er ein Wahlrecht hinsichtlich der Inanspruchnahme des Geschäftsleiters auf Erstattung oder der Insolvenzanfechtung.[289]

Zu beachten ist dabei auch, dass der Geschäftsleiter neben der Haftung für verbotene Zahlungen in die Haftung für die Verschleppung der Insolvenz nach § 823 Abs. 2 BGB i.V.m. § 15a InsO geraten kann, wenn er nicht innerhalb von spätestens drei Wochen ab Insolvenzreife der Gesellschaft einen Antrag auf Eröffnung des Insolvenzverfahrens stellt. Im obigen Fall müsste er, zusätzlich zur Erstattung der verbotenen Zahlungen, den Quotenverminderungsschaden des Altgläubigers

Rn. 20; *Habersack/Foerster*, in: GroßKomm. AktG, § 92 Rn. 132; *dies.*, ZHR 178 (2014), 387, 403; *dies.*, ZGR 2016, 153, 183; *Haas*, NZG 2004, 737, 741; *Strohn*, NZG 2011, 1161, 1164 f.; im Ergebnis auch *Geißler*, GmbHR 2011, 907, 909 f.

285 BGHZ 203, 218 = ZIP 2015, 71 Tz. 10.

286 Kürzlich wieder *Habersack/Foerster*, ZGR 2016, 153, 183; *dies.*, ZHR 178 (2014), 387, 403; *dies.*, in: GroßKomm. AktG, § 92 Rn. 132; ausführliche Nachweise in Fn. 19.

287 Siehe nur *Kirchhof*, in: MüKo InsO, § 142 Rn. 9; *Hirte*, in: Uhlenbruck InsO, § 142 Rn. 6; *Ehricke*, in: Kübler/Prütting/Bork, InsO, § 142 Rn. 4 ff.

288 Vgl. BGHZ 131, 325 = NJW 1996, 850; BGH, NZG 2014, 1069, 1070.

289 Vgl. dazu bereits Fn. 117.

ersetzen. Neben der Masseverkürzung durch die Leistung der Zahlung, haftet der Geschäftsleiter dann auch für solche Masseschmälerungen, die zufällig und ohne sein Zutun in der Verschleppungsphase eintreten.[290]

b) Zweiter Fall: Vertragsschluss nach Insolvenzreife

Die Gesellschaft schließt nach Insolvenzreife einen Kaufvertrag. Sowohl die Leistung der Zahlung als auch der Gegenleistung erfolgen mithin nach Insolvenzreife.

Da die Leistung an einen Neugläubiger, also nach Insolvenzreife, erfolgt, stellt diese eine verbotene Zahlung dar. Die Gegenleistung des Neugläubigers kann, wie im vorherigen Fall des Altgläubigers, nach dem BGH haftungsmildernd zu berücksichtigen sein, soweit ein „unmittelbarer Zusammenhang" zur Zahlung besteht.

Die Vertreter, die eine Anwendung des Bargeschäftsprivilegs befürworten, fragen wiederum danach, ob Leistung und Gegenleistung innerhalb des 30-Tage-Zeitraums erfolgen und zudem wertäquivalent sind. Fehlt es an einer der beiden Voraussetzungen, haftet der Geschäftsleiter in voller Höhe auf Erstattung der Zahlung.

4. Stellungnahme

a) Zu unangemessenen Haftungsfolgen

Je nachdem, wie der BGH den unmittelbaren Zusammenhang zwischen der Leistung und der Gegenleistung definiert[291] und, ob er auch Gegenleistungen ihrer Höhe nach auf die Haftung des Geschäftsleiters anrechnet, kann man in diesem Fall noch zu gerechten Haftungsergebnissen gelangen. Würden nämlich nur solche Zahlung mit Haftung sanktioniert, die die Haftungsmasse zu Lasten der Gläubigergesamtheit schmälern, und zwar nur in der Höhe, in der durch die konkrete Zahlung ein Schaden am Gesellschaftsvermögen entstanden ist, wäre eine unangemessen hohe Haftung des Geschäftsleiters ausgeschlossen. Legt der BGH allerdings den geforderten „unmittelbaren Zusammenhang", den Wertungen des § 142 InsO entsprechend, eng aus und verlangt Gleichwertigkeit der Zahlung und der Gegenleistung, führt dies dazu, dass der Geschäftsleiter bei nur marginal geringerer Gegenleistung auf volle Erstattung der geleisteten Zahlung haftet. Gegen eine derart drastische Haftung im Falle der Nichtberücksichtigung der Gegenleistung ließe sich auch nicht einwenden, dass der Geschäftsleiter Zug um Zug gegen die Erstattung der verbotenen Zahlung einen etwaigen Anfechtungsanspruch gegen den Zahlungsempfänger gem. § 255 BGB analog abgetreten bekommt und diesen selbst geltend machen kann.[292] Zum

---

290 Vgl. BGHZ 203, 218 = ZIP 2015, 71 Tz. 12 a.E.

291 Insbesondere auf einen engen zeitlichen Zusammenhang, ähnlich den Wertungen zum Bargeschäft, abstellen will *H.F. Müller*, DB 2015, 723, 726 f.; *ders.*, WuB II G § 130a HGB 1.15.

292 Nachweise dazu in Fn. 13.

einen muss der Geschäftsleiter zunächst den zu erstattenden Betrag aufbringen, zum anderen ist die anschließende Anfechtung weder gesichert noch risikofrei.[293]

Zu kritisieren ist hier nicht nur, dass die BGH-Urteile potentiell diese unerwünschte Richtung einschlagen, also den „unmittelbaren Zusammenhang" eng auslegen und Wertäquivalenz von Leistung und Gegenleistung verlangen, können. Selbst wenn der BGH diesen Weg nicht geht, besteht im Moment gänzliche Rechtsunsicherheit, welche Geschäfte der Geschäftsleiter einer insolventen Gesellschaft vornehmen darf und welche gerade nicht. Selbst von gewinnträchtigen Geschäften kann ihm angesichts der schwammigen BGH-Rechtsprechung nur abgeraten werden, weil niemand weiß, wie der BGH den „unmittelbaren Zusammenhang" auslegen wird. Ein solcher Zustand ist nicht nur in persönlicher Hinsicht für die potentiell haftbaren Geschäftsleiter untragbar, sondern ebenso geeignet, die Sanierung rettbarer Unternehmen zu verhindern. Der BGH hat sich mit seiner vagen, wenn auch gut gemeinten Rechtsprechung in eine höchst angreifbare Situation gebracht.

Die Vertreter der Ansicht, die die Maßstäbe des Bargeschäftsprivilegs entsprechend auf die Berücksichtigung der Gegenleistung bei verbotenen Zahlungen anwenden wollen, gelangen in vielen Fällen zu nicht wünschenswerten Ergebnissen. So würde etwa eine Gegenleistung, die wertäquivalent zur Leistung ist und innerhalb von 30 Tagen nach oder vor Leistung erbracht wird, die Haftung des Geschäftsleiters ausschließen. Eine Gegenleistung, die hingegen 1 € weniger wert ist als die Leistung aus dem Gesellschaftsvermögen oder etwa 31 Tage vor oder nach der Leistung erfolgt, dürfte bei der Haftung des Geschäftsleiters überhaupt nicht berücksichtigt werden. Der Geschäftsleiter müsste die Zahlung in voller Höhe ersetzen. Seine Haftung kann allenfalls noch entfallen, wenn dem Insolvenzverwalter die Anfechtung und Rückholung der Zahlung gelingt. Zudem würde die entsprechende Anwendung des § 142 InsO ebenso Geschäfte erlauben, die mit dem Sinn und Zweck der Zahlungsverbote, nämlich Sicherung und Erhaltung der Insolvenzmasse, kaum zu vereinbaren sind, etwa, wie *Spliedt* treffend feststellt, den Kauf eines Ferraris für die Fahrt des Geschäftsleiters zum Insolvenzgericht.[294]

b) Zu unkoordinierten Wechselwirkungen mit der Möglichkeit der Insolvenzanfechtung

Bei der Betrachtung nicht außer Acht bleiben kann der Umstand, dass der Geschäftsleiter nach herrschender Meinung ebenfalls gem. § 823 Abs. 2 BGB i.V.m. § 15a InsO haftet, wenn er nicht innerhalb von höchstens drei Wochen Insolvenzantrag stellt. Handelt es sich bei dem Vertragspartner um einen Neugläubiger, hat dieser unter Umständen[295] einen Anspruch gegen den Geschäftsleiter auf Ersatz seines

293 Vgl. *Karsten Schmidt*, ZHR 175 (2011), 433, 436.

294 *Spliedt*, EWiR 2015, 69, 70; dem zust. *Altmeppen*, ZIP 2015, 949, 953.

295 Dies ist dann der Fall, wenn der Neugläubiger gar keine Gegenleistung empfangen hat oder die Rückgewähr der Gegenleistung an den Neugläubiger aus dem Gesellschaftsvermögen an § 144 Abs. 2 InsO scheitert.

vollen negativen Interesses, wenn der Insolvenzverwalter die Zahlung aus dem Gesellschaftsvermögen gem. §§ 129 ff. InsO anficht. Dann entfällt die Erstattungshaftung des Geschäftsleiters wegen der Verletzung der Zahlungsverbote. Unterlässt der Insolvenzverwalter eine Anfechtung, etwa weil die Zahlung im Rahmen eines Bargeschäfts i.S.d. § 142 InsO erfolgte, entsteht dem Neugläubiger kein Schaden und eine Haftung des Geschäftsleiters nach § 823 Abs. 2 BGB i.V.m. § 15a InsO scheidet aus. Dann bleibt allerdings die Haftung wegen der Verletzung der Zahlungsverbote, wobei hier nach der (neuen) Rechtsprechung des BGH eine Gegenleistung unter Umständen anerkannt und die Haftung auf diesem Wege gemildert werden kann.[296]

Der Geschäftsleiter wird darauf hoffen müssen, dass eine Anfechtung unterbleibt, weil der Neugläubiger, der die Leistung behalten darf, dann keinen Schaden, mithin keinen Anspruch aus § 823 Abs. 2 BGB i.V.m. § 15a InsO auf Ersatz seines negativen Interesses hat. Bestehen bleibt dann zwar die Haftung des Geschäftsleiters gegenüber der Gesellschaft auf Erstattung der verbotenen Zahlung. Diese wird aber oft die mildere sein, weil eine Gegenleistung auf sie angerechnet wird, wohingegen die Ausfallhaftung gegenüber dem Gläubiger grundsätzlich ungekürzt besteht.[297] Das Ausmaß der Haftung des Geschäftsleiters liegt mithin in der Hand des Insolvenzverwalters, der über die Insolvenzanfechtung weitgehend frei entscheiden kann. Ein derart weites Ermessen des Insolvenzverwalters kann aber kaum wünschenswert sein: Er soll das Vermögen der Gesellschaft zu Gunsten der Gläubiger sichern und verwalten,[298] nicht aber, ähnlich einem Zivilgericht, über die persönliche, gegebenenfalls existenzvernichtend hohe Haftung des ehemaligen Geschäftsleiters entscheiden. Demnach müsste dem Haftenden entweder ein Anspruch auf Unterlassung der Anfechtung[299] oder die Möglichkeit zugestanden werden, durch Erfüllung des Anspruchs aus der Verletzung der Zahlungsverbote die Anfechtungsmöglichkeit des Insolvenzverwalters zum Erlöschen zu bringen.

5. *Zwischenergebnis*

Anhand der Beispielfälle und ihrer Lösung nach der Rechtsprechung des BGH und des im Schrifttum vertretenen Lösungsansatzes über die entsprechende Anwendung des § 142 InsO zeigt sich, dass keine der beiden Lösungen zu schlüssigen Resultaten gelangt. Die dargestellten Ansätze führen zu willkürlichen Ergebnissen, weil der Geschäftsleiter einmal auf Erstattung der kompletten geleisteten Zahlung haftet, ein

---

296 Dies kritisierend *Altmeppen*, NZG 2016, 521, 523.

297 Die Abtretung des Anfechtungsanspruchs an den Geschäftsleiter spendet dabei nur wenig Trost, denn der Haftungsbetrag ist zunächst einmal aufzubringen und der Regress risikobelastet.

298 Siehe dazu nur *Delhaes*, in: Nerlich/Römermann, InsO, Vor §§ 56–79 Rn. 3 ff.; *Andres*, in: Leithaus/Andres, InsO, § 56 Rn. 19.

299 Dazu, dass er nach der Rechtsprechung des BGH zumindest keinen Anspruch auf Ausübung des Anfechtungsrechts hat, siehe nur BGHZ 131, 325 = DStR 1996, 1175 mit Anm. *Goette*; vgl. auch *Hirte*, in: Uhlenbruck, InsO, § 15a Rn. 23.

anderes Mal hingegen wegen des anerkannten Zuflusses einer Gegenleistung gar nicht. Dies soll jeweils vom außergesetzlich und frei festgelegten, zeitlichen und/oder wirtschaftlichen Zusammenhang zwischen der Leistung der Zahlung und der Gegenleistung abhängen. Ebenso soll deren Gleichwertigkeit eine Rolle spielen. Zu den Details dieses „unmittelbaren Zusammenhangs" schweigt der BGH. Eine nach hier vertretener Ansicht fatale und unhaltbare Entscheidung, weil gerade dieser in vielen Fällen über „Alles oder Nichts" für den Geschäftsleiter entscheiden wird.

Zu in der Praxis kaum umsetzbaren Rechtsfolgen kommt es zudem im Zusammenspiel mit der Insolvenzverschleppungshaftung und den insolvenzrechtlichen Anfechtungsregeln. Dem Geschäftsleiter droht nämlich entweder eine Haftung für die verbotene Zahlung, bei der eine Gegenleistung unter (vom BGH nicht näher bestimmten) Umständen haftungsmildernd wirken kann, oder aber die Ersatzpflicht im Rahmen der Insolvenzverschleppungshaftung, gegebenenfalls auf das volle negative Interesse eines Neugläubigers. Auf welcher Grundlage und in welcher Höhe der Geschäftsleiter letztlich haftet, hängt von der Entscheidung des Insolvenzverwalters für oder gegen eine Anfechtung ab.

II. Urteile des BGH vom 23. Juni 2015 und 8. Dezember 2015

Weitere entscheidende Schritte in Richtung Entschärfung der Zahlungsverbote brachten die Urteile des BGH vom 23.6.2015 und 8.12.2015.

1. Urteil des BGH vom 23. Juni 2015

Die Entscheidung des BGH befasst sich mit der Haftung des Geschäftsleiters für den Einzug sicherungsabgetretener Forderungen auf ein debitorisch geführtes Konto der Gesellschaft. Die Geschäftsführerin einer insolventen GmbH hatte Forderungen, die zuvor sicherungshalber an die kreditgebende Bank abgetreten wurden, auf das im Soll geführte Kontokorrentkonto eingezogen. Einen Teil der Zahlungseingänge hatte die Bank nach insolvenzrechtlicher Anfechtung bereits zurückgezahlt, hinsichtlich des Rests verlangte der Insolvenzverwalter Erstattung durch die Geschäftsführerin.

Der BGH lehnte die Haftung der Beklagten mangels masseschmälernder Zahlung i.S.d. § 64 S. 1 GmbHG ab. Grundsätzlich sei der Einzug einer Forderung auf ein debitorisches Konto der Gesellschaft zwar eine verbotene Zahlung, weil hierdurch das Aktivvermögen der Gesellschaft gemindert werde und im Ergebnis die Bank als Gesellschaftsgläubigerin bevorzugt vorab befriedigt wird.[300] Keine verbotene Zahlung soll aber dann vorliegen, wenn die eingezogene Forderung der Bank vor Eintritt der Insolvenzreife sicherungshalber abgetreten wurde und die Forderung vor diesem Zeitpunkt entstanden und werthaltig geworden ist. Eine Schmälerung der Haftungsmasse zu Lasten der Gesellschaftsgläubiger liege dann gerade nicht vor, weil die eingezogene und abgetretene Forderung den Gläubigern wegen des

300 BGHZ 206, 52 = ZIP 2015, 1480 Tz. 11 mit Verweis auf BGH, ZIP 2014, 1523 Tz. 16; BGH, ZIP 2007, 1006; BGHZ 143, 184 = NJW 2000, 668.

Absonderungsrechts der Bank (§ 51 Nr. 1 InsO) ohnehin nicht zur Verwertung zur Verfügung gestanden hätte.[301] Eine verbotene Zahlung soll aber vorliegen, wenn die sicherungsabgetretene und eingezogene Forderung erst nach Insolvenzreife entstanden oder zwar vor diesem Zeitpunkt entstanden, aber erst danach werthaltig geworden ist und der Geschäftsführer dies hätte verhindern können.[302] Der Rechtsübergang der Forderung auf den Zessionar erfolge erst mit der Entstehung der Forderung, so dass, wenn die Forderung zwar vor Insolvenzreife abgetreten wurde, ihre Entstehung aber erst nach Insolvenzreife erfolgt, eine masseschmälernde Zahlung nach Insolvenzreife vorliege, für die der Geschäftsleiter einer GmbH nach § 64 S. 1 GmbHG hafte, wenn die Forderung später zu Gunsten der Bank eingezogen wird.[303] Gleiches gelte in dem Fall, in dem die Forderung zwar vor Insolvenzreife abgetreten wurde und entstanden ist, aber erst nach diesem Zeitpunkt werthaltig gemacht wird (etwa indem die Gesellschaft die vertraglich zugesagte Leistung erbringt); die Wertschöpfung gehe dann zu Lasten der Masse, mithin der Gesellschaftsgläubiger.[304] Die Haftung entfalle auch nicht dadurch, dass die Zahlung auf das debitorische Konto der Gesellschaft die Möglichkeit eröffnet, Abhebungen von dem debitorischen Konto zu tätigen und an einen Gläubiger der Gesellschaft zu leisten. Dies stelle lediglich einen Gläubigertausch und gerade keinen Massezufluss dar. Ausgeglichen werden könne die vorherige Masseschmälerung allerdings, wenn die Abhebung von dem debitorischen Konto der Gesellschaftsmasse zufließe oder zur Leistung an einen (Neu)Gläubiger verwendet wird, der dann wiederum eine in unmittelbarem Zusammenhang mit der Zahlung stehende, werthaltige Gegenleistung dem Gesellschaftsvermögen zuführe.[305]

Denkbar sei eine Enthaftung zudem, wenn durch die Zahlung auf das Debetkonto weitere sicherungshalber abgetretene Forderungen zu Gunsten des Gesellschaftsvermögens frei werden. Wird eine Zahlung an einen absonderungsberechtigten und durch eine Gesellschaftssicherheit gesicherten Gläubiger geleistet, liege ein bloßer Aktiventausch vor, soweit durch die Zahlung sicherungshalber abgetretene, werthaltige Forderungen der Gesellschaft frei werden und so den Gesellschaftsgläubigern zur Verwertung zur Verfügung stehen. Durch die Zahlung werde die Masse nicht geschmälert, so dass eine Haftung des Geschäftsleiters ausscheide.[306] Besteht die Sicherheit in Form der Abtretung von Forderungen, bewirkt die Zahlung an den Zessionar ebenfalls einen solchen Aktiventausch, wenn infolge dessen sicherungsabgetretene und werthaltige Forderungen frei werden und in das Gesellschaftsvermögen gelangen.[307]

---

301 BGHZ 206, 52 = ZIP 2015, 1480 Tz. 14 f.
302 BGHZ 206, 52 = ZIP 2015, 1480 Tz. 19.
303 BGHZ 206, 52 = ZIP 2015, 1480 Tz. 22.
304 BGHZ 206, 52 = ZIP 2015, 1480 Tz. 23.
305 BGHZ 206, 52 = ZIP 2015, 1480 Tz. 31 ff.
306 BGHZ 206, 52 = ZIP 2015, 1480 Tz. 26 mit Verweis auf BGH, ZIP 2015, 71 Tz. 9.
307 BGHZ 206, 52 = ZIP 2015, 1480 Tz. 26.

2. *Urteil des BGH vom 8. Dezember 2015*

Das Urteil des BGH vom 8.12.2015[308] knüpft an das Urteil vom 23.6.2015 an. Demnach könne beim Einzug einer sicherungshalber an die Bank abgetretenen Forderung auf das debitorische Konto der Gesellschaft eine haftungsbegründende verbotene Zahlung verneint werden, wenn die Gegenleistung, die an den Forderungsschuldner geleistet wird, im Sicherungseigentum der vom Einzug auf das debitorische Konto profitierenden Bank steht. Dann läge in Höhe des Wertes der Warenlieferung an den Forderungsschuldner keine Masseschmälerung vor, und zwar selbst dann nicht, wenn die eingezogene Forderung erst nach Insolvenzreife entstanden oder werthaltig geworden ist.[309] Hierin liegt eine Fortführung der Rechtsprechung des BGH vom 23.6.2015, wonach der Einzug einer sicherungshalber abgetretenen Forderung, die erst nach Insolvenzreife entsteht oder werthaltig wird, grundsätzlich eine masseschmälernde Zahlung ist.[310] Wenn die erbrachte Leistung an den Forderungsschuldner allerdings in einer ebenso an die Bank abgetretenen Sicherheit besteht, fehle „es an einer durch die Entstehung bzw. Werthaltigmachung dieser Forderung bewirkten Masseschmälerung", weil die Leistung der Gesellschaft dann nur einen für die Masse neutralen Sicherheitentausch bewirkt.[311] Der Erwerb der Ware, die dann an den Forderungsschuldner als Gegenleistung geliefert wird, kann aber unter Umständen eine „verbotene Zahlung" darstellen, nämlich wenn diese im Anschluss an den Erwerb der Bank zur Sicherheit übereignet werde, mithin ihr Wert nicht dem Gesellschaftsvermögen, sondern der Bank zustünde; eine verbotene Zahlung soll aber zu verneinen sein, wenn die Zahlung des Kaufpreises wiederum von einem debitorischen Konto bewirkt wurde.[312]

3. *Folgen und Wirkungen*

In beiden Urteilen des BGH geht es nicht um die Berücksichtigung von in das Gesellschaftsvermögen gelangten Gegenleistungen im engeren Sinne, sondern darum, zu ermitteln, ob die Transaktion auf ein debitorisches Konto der Gesellschaft, aus welchem Grund auch immer, neutral war. Der BGH bemüht sich sichtbar, die Haftung für verbotene Zahlungen nur noch sehr restriktiv anzuwenden.[313] So erfreulich diese Bestrebungen auch sind, so komplex ist ihre Durchführung.

Bereits der Einzug einer Gesellschaftsforderung auf ein im Debet geführtes Konto der Gesellschaft ist grundsätzlich eine verbotene Zahlung, führt sie doch dazu, dass die Leistung nicht der Gesellschaft, sondern allein der Bank zu Gute kommt, die

308 BGH, ZInsO 2016, 338.
309 BGH, ZInsO 2016, 338 Tz. 24.
310 BGHZ 206, 52 = ZIP 2015, 1480 Tz. 19 ff.
311 BGH, ZInsO 2016, 338 Tz. 25 mit Verweis auf BGHZ 189, 1 = NJW 2011, 1506.
312 BGH, ZInsO 2016, 338 Tz. 26.
313 Dies entspricht auch seiner Intention in BGHZ 203, 218 = ZIP 2015, 71. Dieses Urteil gewährleistet eine umfassendere Berücksichtigung von Gegenleistungen im Rahmen von Austauschgeschäften, eingehend dazu oben in Kap. 3, § 1, A., I.

vor allen anderen Gesellschaftsgläubigern befriedigt wird.[314] Eine Haftung des Geschäftsleiters, der die Zahlung veranlasst hat, ist mithin grundsätzlich zu bejahen. Nach der neuen Rechtsprechung des BGH soll in vier Konstellationen diese Haftung allerdings wieder entfallen:

1. Die Bank wäre als Insolvenzgläubigerin ohnehin absonderungsberechtigt gewesen, weil ihr die eingezogene Forderung vor Insolvenzreife der Gesellschaft wirksam abgetreten wurde und die Forderung vor Insolvenzreife entstanden und werthaltig geworden ist.[315]
2. Der Bank wurde die eingezogene Forderung zwar sicherungshalber abgetreten, allerdings entstand die Forderung erst nach Insolvenzreife oder wurde erst nach diesem Zeitpunkt werthaltig.[316] Dann liegt grundsätzlich eine haftungsbegründende Zahlung vor, die aber in drei Fällen wieder entfallen kann:

a) Werden der Bank im Gegenzug andere Sicherheiten genommen, etwa indem an den Forderungsschuldner als Gegenleistung für seine Überweisung auf das debitorische Konto eine Sache geleistet wird, die wiederum im Sicherungseigentum der Bank stand, liegt ein nicht haftungsbegründender Sicherheitentausch vor.[317]
b) Durch den Einzug der sicherungshalber an die Bank abgetretenen Forderung auf das debitorische Konto werden andere sicherungsabgetretene werthaltige Forderungen[318] frei und gelangen in das Gesellschaftsvermögen. Dann soll ein nicht haftungsbegründender Aktiventausch vorliegen.[319]
c) Durch die Zahlung auf das debitorische Konto eröffnen sich neue Kreditschöpfungsmöglichkeiten, die der Geschäftsleiter auch nutzt, indem er die neuen Mittel dem Gesellschaftsvermögen zuführt. Befriedigt der Geschäftsleiter allerdings mit diesen Kreditmitteln andere Gesellschaftsgläubiger, liegt nur ein nicht enthaftender Gläubigertausch vor, es sei denn, der befriedigte Gläubiger leistet eine

---

314 BGHZ 206, 52 = ZIP 2015, 1480 Tz. 11 mit Verweis auf BGH, ZIP 2014, 1523 Tz. 16; BGH, ZIP 2007, 1006; BGHZ 143, 184 = NJW 2000, 668.

315 BGHZ 206, 52 = ZIP 2015, 1480 Tz. 14 f., zust. *Habersack/Foerster,* ZGR 2016, 153, 166 f.

316 Eine Haftung abl., wenn die Forderung erst nach Insolvenzreife werthaltig wird *Haneke,* NZI 2015, 820, 821; *Casper,* ZIP 2016, 793, 800 f.: Dies sei angesichts der vagen Voraussetzungen und damit Beweisschwierigkeiten in der Praxis kaum umsetzbar; *Kreuzberg,* NZG 2016, 371, 372 f.: so würde dem Geschäftsleiter die Möglichkeit genommen den Geschäftsbetrieb zum Zwecke der Sanierung fortzuführen.

317 BGH, ZInsO 2016, 338 Tz. 25.

318 Unklar ist dabei, ob die freiwerdenden Forderungen selbst auch bereits vor Insolvenzreife abgetreten und werthaltig geworden sein müssen, bejahend *H.F. Müller,* NZG 2015, 1021, 1023; verneinend *Casper,* ZIP 2016, 793, 802.

319 BGHZ 206, 52 = ZIP 2015, 1480 Tz. 26; zust. *Habersack/Foerster,* ZGR 2016, 153, 169; *Casper,* ZIP 2016, 793, 802, der aber zu Recht darauf hinweist, dass ungeklärt bleibt, ob eine dingliche Freigabe vorliegen muss oder bereits ein schuldrechtlicher Freigabeanspruch die Haftung hindert.

werthaltige Gegenleistung in das Gesellschaftsvermögen und dieser Mittelzufluss steht noch in unmittelbarem Zusammenhang mit dem Zahlungseingang auf dem debitorischen Konto.[320]

Die Haftung für den Forderungseinzug auf das debitorische Konto soll freilich nicht entfallen, wenn nur die daraufhin erfolgte Abhebung vom debitorischen Konto erfolgreich angefochten und damit rückgängig gemacht werden konnte.[321] Dies ist aus Sicht des BGH konsequent, haftet der Geschäftsführer doch allein für die Einzahlung auf das debitorische Konto, die allenfalls mit Abhebung vom Debetkonto, keinesfalls aber mit Anfechtung dieser Abhebung ausgeglichen werden kann.[322]

4. *Kritik aus dem Schrifttum*

Die Rechtsprechung des BGH stieß im Schrifttum zum Teil auf Kritik. Ihr wurde vorgeworfen, dass zum einen die Beweislastverteilung nicht konsequent sei. Nach der neuen Rechtsprechung obliegt die Darlegungslast, dass eine Forderung vor Insolvenzreife abgetreten, entstanden und werthaltig geworden ist, dem Geschäftsführer.[323] Dies sei nur dann konsequent, wenn man davon ausginge, dass der Forderungseinzug bei entsprechender Sicherungsabtretung an die Bank sorgfältig i.S.d. § 64 S. 2 GmbHG, § 130a Abs. 1 S. 2 HGB, § 92 Abs. 2 S. 2 AktG und § 99 S. 2 GenG ist. Der BGH allerdings verneine bereits eine Zahlung, deren Vorliegen als Voraussetzungen für die Haftung für verbotene Zahlungen gerade der Insolvenzverwalter beweisen muss, so dass es konsequent wäre, ihm die Darlegungslast hinsichtlich des Vorliegens einer Masseschmälerung auch beim Forderungseinzug auf debitorische Konten zuzuweisen.[324]

Zum anderen wurde kritisiert, der BGH stelle unpassender Weise auch im Rahmen der Haftung für den Forderungseinzug auf debitorische Gesellschaftskonten auf das „Unmittelbarkeitserfordernis" ab. Wie bereits im Urteil vom 18.11.2014,[325] das nur Austauschgeschäfte betraf, versuche der BGH, nun auch die Haftung des Geschäftsleiters für Einzahlungen auf ein Debetkonto der Gesellschaft einzugrenzen. Auf das Erfordernis eines unmittelbaren Zusammenhangs zwischen Leistung und Gegenleistung verzichtet er in seinen neuen Urteilen auch für die Zahlung

---

320 BGHZ 206, 52 = BGH, ZIP 2015, 1480 Tz. 31 ff.; so bereits zuvor *Cadmus*, KTS 2015, 143, 147, 152; *Werres*, ZInsO 2008, 1001, 1003 f.

321 BGH, NZG 2014, 1069 Tz. 14 f., siehe dazu ausführlich und letztlich zust. *Cadmus* KTS 2015, 143, 152 ff.

322 Dazu, dass dies – selbst wenn man dem Grundkonzept des BGH folgt – wegen der gebotenen Berücksichtigung der Kreditgewährung als Gegenleistung für die verbotene Zahlung auf das Debetkonto nicht überzeugt, siehe in Kapitel 3, § 1, A., II., 6., b).

323 BGHZ 206, 52 = BGH, ZIP 2015, 1480 Tz. 34; BGH, ZInsO 2016, 338 Tz. 27, zust. *Clemens*, GmbHR 2016, 215, 216 f. und *Haneke*, NZI 2015, 499, 503.

324 Zur Kritik *Habersack/Foerster*, ZGR 2016, 153, 168.

325 BGHZ 203, 218 = ZIP 2015, 71.

auf debitorische Konten nicht. So soll die Eröffnung einer neuen Kreditlinie und deren Verwendung zur Befriedigung eines Neugläubigers, durch die wiederum eine werthaltige Gegenleistung in die Masse gelange, die verbotene Zahlung auf das debitorische Konto nur dann ausgleichen, wenn „ein solcher Massezufluss mit dem Zahlungseingang auf dem debitorischen Konto noch in unmittelbarem wirtschaftlichen Zusammenhang steht".[326] Laut den Kritikern soll dieses „Unmittelbarkeitserfordernis" bei den Zahlungen auf debitorische Konten keine Geltung haben, sondern nur bei Austauschgeschäften, insbesondere Bargeschäften, zum Tragen kommen. Bei der Haftung für die Leistung auf ein debitorisches Konto im Zusammenspiel mit der Leistung von einem debitorischen Konto sei es hingegen nicht geeignet, den Besonderheiten des Falls Rechnung zu tragen.[327] Wurde die auf das Debetkonto eingezogene Forderung bereits zuvor sicherungshalber an die Bank abgetreten, scheide im Einklang mit dem BGH von vornherein eine verbotene Zahlung aus, weil das Gesellschaftsvermögen nicht geschmälert wurde.[328] Die haftungsbegründende Einzahlung auf das Debetkonto werde schon dadurch ausgeglichen, dass nachträglich wieder Kredit von diesem Konto in Anspruch genommen werden kann.[329] Allein durch die Kreditgewährung als „Gegenleistung" der Bank im Deckungsverhältnis sei die Haftung des Geschäftsleiters ausgeschlossen, und zwar unabhängig davon, wofür er den neuen Kredit nutzt. Befriedige der Geschäftsleiter mit den Kreditmitteln einen Altgläubiger der Gesellschaft sei dies selbstverständlich verboten und begründe deshalb eine weitere verbotene Zahlung, für die der Geschäftsleiter wiederum hafte; dies ändere aber nichts am zuvor erfolgten Ausgleich der verbotenen Zahlung auf das Debetkonto der Gesellschaft.[330] Sähe man das mit dem BGH anders, würde es in bestimmten Fällen zu einer Haftungsverdoppelung und damit Bereicherung der Masse kommen: Befriedigt der Geschäftsleiter mit der wieder aufgelebten Kreditlinie etwa einen Neugläubiger, bestehe die Möglichkeit, dass dieser das Erhaltene nach erfolgter Anfechtung wieder in die Masse erstattet. Ebenso hafte aber der Geschäftsleiter auf Erstattung der verbotenen Zahlung in das Gesellschaftsvermögen, weil der im Deckungsverhältnis erfolgte Ausgleich der verbotenen

326 BGHZ 206, 52 = ZIP 2015, 1480 Tz. 33 mit Verweis auf BGHZ 203, 218 = ZIP 2015, 71 Tz. 9.

327 *Habersack/Foerster*, ZGR 2016, 153, 174.

328 *Habersack/Foerster*, ZGR 2016, 153, 177.

329 Vgl. dazu bereits *Kleindiek*, in: Lutter/Hommelhoff, GmbHG, § 64 Rn. 8a; *Altmeppen*, in: Roth/Altmeppen, GmbHG, § 64 Rn. 11; *Thole*, Gläubigerschutz durch Insolvenzrecht, S. 717; *Karsten Schmidt*, ZIP 2008, 1401, 1408; *Kleindiek*, in: FS U. H. Schneider, S. 617, 621 f.; *Geißler*, NZG 2007, 645, 648; *Bitter*, ZIP 2016, Beilage zu Heft 22, 6, 9; eingehend *Werres*, ZInsO 2008, 1001, 1003, 1007; *Karsten Schmidt*, NZG 2015, 129, 133; mit Bezug zum Anfechtungsrecht, genauer § 142 InsO, ebenso bereits BGH, NZI 2002, 311, 313; *Kirchhof*, in: MüKo InsO, § 142 Rn. 13; *Fischer*, NZI 2003, 281, 287 f.; OLG Celle, NZG 1999, 77, 78; ausdrücklich anders etwa BGH, ZIP 2000, 184, 185; *Utsch/Utsch*, ZInsO 2009, 2271, 2273; *Bangha-Szabo*, KTS 2015, 165, 167 f.

330 *Habersack/Foerster*, ZGR 2016, 153, 176.

Zahlung in Form der erneuten Kreditgewährung nicht berücksichtigt werde. Zudem hafte der Geschäftsführer gegenüber dem Neugläubiger auf Erstattung dessen vollen Vertrauensschadens aus § 823 Abs. 2 BGB i.V.m. § 15a InsO. Mithin werde die Haftungsmasse bereichert, und zwar auf Kosten des doppelt haftenden Geschäftsleiters.[331] Nach Ansicht der Kritiker erlischt die Haftung für die verbotene Zahlung auf das Debetkonto also bereits dann, wenn durch die Zahlung eine neue Kreditlinie eröffnet wird. Zudem seien der Empfänger einer anfechtbaren Leistung, sei es die Bank oder ein anderer befriedigter Gläubiger, und der haftende Geschäftsleiter Gesamtschuldner nach § 421 BGB, so dass die Erstattung der verbotenen Zahlung durch den Anfechtungsschuldner zur Erfüllung auch des Ersatzanspruchs gegen den Geschäftsleiter nach § 422 Abs. 1 BGB führe.[332]

5. *Anwendung der BGH Rechtsprechung auf verschiedene Fallkonstellationen*

Die vom BGH aufgestellten Kategorien, in denen eine Haftung für die Einzahlung auf dem debitorischen Konto entfällt, sollen auf folgende Beispielsfällen angewendet und auf ihre Plausibilität und Praxistauglichkeit hin überprüft werden. Die Literaturansicht, die eine analoge Anwendung des § 142 InsO favorisiert, bleibt auf Austauschgeschäfte beschränkt und führt bei Zahlungen auf ein debitorisches Gesellschaftskonto nicht zu anderen Ergebnissen als eine Lösung anhand der Kriterien des BGH, so dass sich die Falllösungen auf dessen Vorgaben beschränken.

a) Erster Fall: Vorleistung eines Altgläubigers

Der beispielhafte Kaufvertrag zwischen der Gesellschaft und ihrem Kontrahenten soll bereits vor Insolvenzreife geschlossen worden sein. Zu unterscheiden ist dabei zwischen dem Fall, in dem die Vorleistung des Altgläubigers vor Insolvenzreife erfolgt, und demjenigen, in dem dessen Vorleistung nach Insolvenzreife erfolgt.

aa) Vorleistung eines Altgläubigers vor Insolvenzreife

Leistet der Altgläubiger vor Insolvenzreife in Form der Überweisung auf das debitorische Konto vor, begründet dies keine Haftung des Geschäftsleiters. Eine verbotene Zahlung kann allerdings in der Erbringung der Gegenleistung an den Altgläubiger liegen, soweit diese nach Insolvenzreife erfolgt. Einen enthaftenden Ausgleich könnte allenfalls die Überweisung auf das Debetkonto der Gesellschaft darstellen. Zwar stellt diese keine eigenständige verbotene Zahlung dar, weil sie vor Insolvenzreife erfolgte, dennoch mehrt sie nicht das Gesellschaftsvermögen zu Gunsten der Gläubiger, sondern führt nur zur Tilgung der Verbindlichkeit gegenüber der Bank und kann damit aus Sicht des BGH nicht als Ausgleich für die verbotene Zahlung an den Altgläubiger qualifiziert werden.

---

331 *Habersack/Foerster*, ZGR 2016, 153, 175 f.
332 *Habersack/Foerster*, ZGR 2016, 153, 174 f., 178.

bb) Vorleistung eines Altgläubigers nach Insolvenzreife

Leistet der Altgläubiger hingegen nach Insolvenzreife vor, indem er den Kaufpreis auf das debitorische Konto der Gesellschaft überweist, stellt dies die erste haftungsbegründende Zahlung dar. Die Lieferung der Kaufsache durch die Gesellschaft im Anschluss ist eine weitere verbotene Zahlung, wenn kein ausgleichender Wert i.S.v. BGHZ 203, 218 in das Gesellschaftsvermögen gelangt. Dafür kommt allenfalls die (Vor)Leistung des Kaufpreises an die Gesellschaft in Frage, welche allerdings durch Überweisung auf das debitorische Konto der Gesellschaft erfolgt und mithin grundsätzlich eine eigenständige verbotene Zahlung darstellt.[333]

Nach der neuen Rechtsprechung könnte die Haftung des Geschäftsleiters für den Forderungseinzug auf das Debetkonto als zweite verbotene Zahlung allerdings entfallen, wenn die derart beglichene Forderung sicherungshalber an die Bank abgetreten war. Entscheidend ist nach der Rechtsprechung des BGH dabei, dass die Forderung bereits vor Insolvenzreife entstanden und werthaltig geworden ist.[334] Erbringt die Gesellschaft die Gegenleistung an den Forderungsschuldner (also den Altgläubiger) aber nach Insolvenzreife, wurde die Forderung auch erst nach Insolvenzreife werthaltig, denn solange die Gegenleistung nicht erfolgt, ist die Forderung einredebehaftet. Mangels Werthaltigkeit der an die Bank abgetretenen und eingezogenen Forderung bei Insolvenzreife liegt eine masseschmälernde und damit haftungsbegründende Zahlung vor.

Eine Enthaftung des Geschäftsleiters ist dann noch denkbar, wenn andere Sicherheiten der Bank durch den Einzug der Forderung auf das Debetkonto frei werden.

Denkbar ist auch, dass der Gesellschaft durch die Einzahlung auf dem debitorischen Konto neue Kreditschöpfungsmöglichkeiten eröffnet werden. Nutzt der Geschäftsleiter diese und führt die Mittel dem Gesellschaftsvermögen zu, hat dies seine Enthaftung hinsichtlich der ersten Zahlung (Einzug der Forderung auf das Debetkonto) zur Folge, nicht aber die Enthaftung hinsichtlich der zweiten Zahlung (Leistung an den Gläubiger nach Insolvenzreife). Die Begründung einer neuen Verbindlichkeit gegenüber der Bank soll dabei nicht haftungsbegründend sein,[335] auch dann nicht, wenn durch die erneute Abhebung vom debitorischen Konto Zinsschulden der Gesellschaft entstehen.[336]

Ebenso kann nach der Rechtsprechung des BGH eine Haftung des Geschäftsleiters für den Einzug der Forderung auf das Debetkonto der Gesellschaft entfallen, wenn die Kaufsache, die an den Altgläubiger geliefert wurde, wie die eingezogene Forderung im Sicherungseigentum der Bank stand. Dann liege ein bloßer Sicherheitentausch vor, der keine Haftung des Geschäftsleiters nach sich zieht. Wäre das der

---

333 BGHZ 206, 52 = ZIP 2015, 1480 Tz. 11 mit Verweis auf BGH, ZIP 2014, 1523 Tz. 16; BGH, ZIP 2007, 1006; BGHZ 143, 184 = NJW 2000, 668.

334 BGHZ 206, 52 = BGH, ZIP 2015, 1480 Tz. 14 f., 19; BGH, ZInsO 2016, 338 Tz. 24; zust. *Habersack/Foerster*, ZGR 2016, 153, 166 f.

335 BGHZ 203, 218, = ZIP 2015, 71 Tz. 17.

336 BGHZ 143, 184 = NJW 2000, 668, 668 f.; BGH, NZG 2010, 346, 347.

Fall, würde zudem auch die Haftung für die zweite verbotene Zahlung (Lieferung der Kaufsache aus dem Gesellschaftsvermögen) entfallen, weil das Gesellschaftsvermögen durch die Weggabe der im Sicherungseigentum der Bank stehenden Ware nicht geschmälert wird. An dieser wäre die Bank im Insolvenzverfahren absonderungsberechtigt gewesen und sie wäre den Gesellschaftsgläubigern ohnehin nicht zur Verfügung gestanden. Dies ist der einzig denkbare Fall, in dem der Geschäftsleiter weder für die eine noch die andere verbotene Zahlung haften würde. Vorausgesetzt der Sicherungsgeber ist nicht zur Weiterveräußerung des sicherungshalber abgetretenen Gegenstands ermächtigt, ist dessen Übereignung an den Altgläubiger zwar pflichtwidrig bzw. zivilrechtlich unwirksam[337] oder haftungsbegründend,[338] aber im Fall der Wirksamkeit der Übereignung im Rahmen der Haftung für die Verletzung der Zahlungsverbote haftungsbefreiend.

Neben der Haftung für verbotene Zahlungen kommt eine Haftung des Geschäftsleiters auf Ersatz des Quotenverminderungsschadens des Altgläubigers nach § 823 Abs. 2 BGB i.V.m. § 15a InsO in Betracht, wenn das Gesellschaftsvermögen anderweitig als durch Zahlungen in der Verschleppungsphase verkürzt wurde.

b) Zweiter Fall: Vorleistung der Gesellschaft an einen Altgläubiger

Der Kaufvertrag zwischen der Gesellschaft und ihrem Kontrahenten soll vor Insolvenzreife geschlossen worden sein. Die Gesellschaft leistet die Kaufsache vor. Die Zahlung des Altgläubigers auf das debitorische Konto der Bank als entsprechende Gegenleistung erfolgt im Nachhinein. Auch im Rahmen dieses Falles ist zu unterscheiden, ob die Vorleistung durch die Gesellschaft vor oder nach Insolvenzreife vorgenommen wird.

aa) Vorleistung der Gesellschaft vor Insolvenzreife

Leistet die Gesellschaft vor Insolvenzreife an den Gläubiger vor, stellt dies keine verbotene Zahlung dar. Erbringt auch der Gläubiger seine Leistung vor Insolvenzreife auf das Debetkonto, scheidet auch hier mangels Insolvenzreife eine verbotene Zahlung aus.

Geschieht der Einzug der Forderung gegen den Gläubiger allerdings nach Insolvenzreife, liegt darin eine verbotene Zahlung des Geschäftsleiters, der den Einzug der Forderung auf das debitorische Konto veranlasst bzw. geduldet hat. Eine

337 Ist der Erwerber der fremden Sache nicht in gutem Glauben i.S.d. § 932 Abs. 2 BGB, scheitert die Übereignung der Sache durch den Geschäftsleiter als nicht zur Veräußerung berechtigtem Besitzer der Sache.

338 Eine Haftung des Geschäftsleiters kommt bei wirksamen Erwerb der Sache durch den Altgläubiger, etwa weil dieser gutgläubig ist, nach § 823 Abs. 1 BGB in Betracht. Eine Haftung der Gesellschaft gegenüber der Bank kommt zudem aus § 816 Abs. 1 BGB, §§ 678, 687 Abs. 2 BGB und gegebenenfalls wegen positiver Vertragsverletzung aus § 280 Abs. 1 BGB i.V.m. dem Sicherungsvertrag in Frage. Eingehend dazu sogleich in der Stellungnahme (Kapitel 3, § 1, A., II., 6., a).

Enthaftung des Geschäftsleiters ist aber dann anzuerkennen, wenn die Forderung zuvor sicherungshalber an die Bank abgetreten wurde. Die Forderung war zudem mit Vertragsschluss bereits vor Insolvenzreife entstanden und durch die Vorleistung der Gesellschaft vor Insolvenzreife auch vor diesem Zeitpunkt werthaltig geworden. Eine Haftung des Geschäftsleiters wäre in diesem Fall mithin zu verneinen.

Denkbar ist allerdings eine Haftung des Geschäftsleiters nach § 823 Abs. 2 BGB i.V.m. § 15a InsO auf Ersatz etwaiger Quotenverminderungsschäden.

bb) Vorleistung der Gesellschaft nach Insolvenzreife

Erfolgt die Vorleistung an den Gläubiger nach Insolvenzreife der Gesellschaft, ist sie grundsätzlich eine verbotene und damit haftungsbegründende Zahlung. Überweist der Gläubiger den Kaufpreis nach Insolvenzreife auf das debitorische Konto, liegt darin wiederum eine eigene haftungsbegründende Zahlung.[339] Die Leistung des Kaufpreises durch den Altgläubiger ist mithin keinesfalls dazu geeignet, die erste verbotene Zahlung (Lieferung der Kaufsache an den Altgläubiger nach Insolvenzreife) auszugleichen. Die zweite verbotene Zahlung (Einzug der Kaufpreisforderung auf das Debetkonto) kann nach der neuen Rechtsprechung des BGH in verschiedenen Konstellationen wieder entfallen. Da es nach der BGH Rechtsprechung nicht darauf ankommt, ob der Gläubiger oder die Gesellschaft vorleistet, gleicht die weitere Lösung der des ersten Falls in zweiter Variation.[340]

c) Dritter Fall: Leistungsaustausch mit einem Neugläubiger

In diesem Fall soll der Kaufvertrag zwischen der Gesellschaft und ihrem Kontrahenten nach Insolvenzreife der Gesellschaft geschlossen worden sein. Nicht entscheidend ist hier, ob die Gesellschaft oder der Neugläubiger vorleisten, denn sowohl Leistung als auch Gegenleistung erfolgen im Fall eines Neugläubigers naturgemäß nach Insolvenzreife.

Die Warenlieferung an den Neugläubiger stellt eine verbotene Zahlung dar. Im Einzug der Forderung gegen den Neugläubiger auf das Debetkonto der Gesellschaft liegt eine zusätzliche verbotene Zahlung. Diese kann nach der neuen Rechtsprechung des BGH allerdings unter Umständen von der Haftung im Rahmen der Zahlungsverbote ausgenommen sein. Sowohl die Entstehung (durch den Vertragsschluss mit dem Neugläubiger) als auch die Werthaltigmachung der Forderung (durch die Leistung der Gesellschaft an den Neugläubiger) erfolgten allerdings nach Insolvenzreife, so dass eine Sicherungsabtretung der Forderung an die Bank allein die Haftung nicht hindern kann. Die Enthaftungsmöglichkeiten des Geschäftsleiters liegen dabei ebenso wie im ersten und zweiten Fall, jeweils zweite Variation.[341]

---

339 BGH, ZIP 2007, 1006 Ls. 3; BGHZ 206, 52 = ZIP 2015, 1480 Ls. 1; BGH, ZInsO 2016, 338 Ls.

340 In Kapitel 3, § 1, A., II., 5., a), bb).

341 In Kapitel 3, § 1, A., II., 5., a), bb) und b), bb).

Zu bedenken ist im hiesigen Fall allerdings, dass der Geschäftsleiter dem Neugläubiger im Rahmen der Haftung nach § 823 Abs. 2 BGB i.V.m. § 15a InsO bei Anfechtung der Leistung zudem gegebenenfalls nicht auf bloßen Ersatz eines Quotenverminderungsschadens, sondern auf Ersatz dessen vollen Kontrahierungsschadens haftet.

6. *Stellungnahme*

a) Zur Enthaftung des Geschäftsleiters bei Begründung der Haftung der Gesellschaft

In allen drei Beispielsfällen ergibt sich eine Konstellation, in der der Geschäftsleiter trotz zweier grundsätzlich verbotener Zahlungen gar nicht haftet. Diese liegt dann vor, wenn sowohl die Leistung an den Gläubiger als auch der Einzug der Kaufpreisforderung auf das Debetkonto nach Insolvenzreife erfolgen, die an den Gläubiger geleistete Kaufsache aber im Eigentum der kreditgebenden Bank stand. Dann entfällt die Haftung für den Einzug der Forderung auf das debitorische Konto, weil nach der Rechtsprechung des BGH ein bloßer nicht haftungsbegründender Sicherheitentausch vorliegt. Ebenfalls nicht haftungsbegründend kann die Weggabe der in fremdem Eigentum stehenden Kaufsache sein, weil hierdurch das Gesellschaftsvermögen nicht berührt wird. Was der BGH vermutlich nicht bedacht hat ist, dass die Übereignung einer in fremdem Sicherungseigentum stehenden Sache eine zivilrechtliche Haftung sowohl des Geschäftsleiters als auch der Gesellschaft nach sich zieht, wenn die Gesellschaft von der Bank nicht zur Weiterveräußerung ermächtigt war.[342] Es ist nämlich nicht davon auszugehen, dass durch die Überweisung auf das Debetkonto automatisch eine konkrete Gesellschaftssicherheit frei wird, wenn dies nicht ausdrücklich vereinbart ist. Gelingt die Übereignung des Sicherungsguts, haftet der Geschäftsleiter, der das Sicherungseigentum der Bank verletzt, dieser aus § 823 Abs. 1 BGB und §§ 678, 687 Abs. 2 BGB auf Schadensersatz. Die gleiche Haftung trifft daneben die Gesellschaft, der das Verhalten des Geschäftsleiters nach § 31 BGB analog[343] zugerechnet wird. Eine Haftung der Gesellschaft gegenüber der Bank kann sich zudem aus § 816 Abs. 2 BGB und aus positiver Vertragsverletzung, wenn der Sicherungsvertrag ein Veräußerungsverbot hinsichtlich des Sicherungsguts vorsieht, ergeben (§ 280 Abs. 1 BGB i.V.m. dem Sicherungsvertrag). Allein die Überweisung auf das Debetkonto hindert eine Haftung der Gesellschaft gegenüber der Bank nicht, weil denkbar ist, dass der überwiesene Betrag hinter dem wahren Wert der Sache zurück bleibt oder die Bank die Sache hätte gewinnbringend weiterverkaufen können (§ 252 BGB). Der von der Bank erlangte Betrag kann aber auf die Haftung angerechnet werden. Weiß der Gläubiger um die

342 Wenn auch die Weiterveräußerungsbefugnis im Sicherungsvertrag grundsätzlich stillschweigend vereinbart ist, ist ein Fall, in dem eine solche versagt wird, durchaus denkbar, siehe dazu *Oechsler*, in: MüKo BGB, Anh. §§ 929–936 Rn. 37 ff.

343 Statt aller *Arnold*, in: MüKo BGB, § 31 Rn. 11.

Eigentümerstellung der Bank, scheidet eine Übereignung der Sache an ihn aus. Ob der Gläubiger Eigentum an der Sache erlangt, ist für die Enthaftung des Geschäftsleiters aber ohnehin unerheblich, weil maßgebend nur sein soll, dass die Kaufsache nicht aus dem Vermögen der Gesellschaft stammt. Ausreichend für eine Enthaftung ist nach dem Wortlaut des BGH-Urteils bereits die „Lieferung" einer im Sicherungseigentum der Bank stehenden Sache an den Gläubiger.[344]

Die Annahme des BGH, der Geschäftsleiter könne sich durch die unter Umständen pflichtwidrige Übereignung einer fremden Sache aus der Haftung für eine verbotene Zahlung befreien, scheint befremdlich. Damit entlastet sich der Geschäftsleiter auf Kosten der Gesellschaft, die für die Pflichtverletzung haftet. Freilich begründet dies nur eine Verbindlichkeit der Gesellschaft, die bei der Haftung für verbotene Zahlungen nach der herrschenden Meinung ohnehin außer Betracht zu bleiben hat.[345] Schlüssig oder sinnvoll ist die vom BGH aufgestellte Enthaftungsmöglichkeit des Geschäftsleiters indes nicht.

b) Zum Unmittelbarkeitserfordernis

Den Kritikern ist darin Recht zu geben, dass das „Unmittelbarkeitserfordernis" angesichts des Ziels des BGH, die Haftung für verbotene Zahlungen einzugrenzen, bei Einzahlungen auf debitorische Konten fehl am Platz wirkt. Es kann nur dann Geltung haben, wenn ein in das Gesellschaftsvermögen geflossener „echter" Gegenwert in Form einer vertraglichen Gegenleistung die Haftung mildern soll. Von einer „Gegenleistung" im weiteren Sinn für die Zahlung auf das Debetkonto ließe sich allenfalls dann sprechen, wenn die Bank der Gesellschaft im Gegenzug weitere Kreditschöpfungsmöglichkeiten einräumt. Allerdings ist auch hier der unmittelbare Zusammenhang als Kriterium ungeeignet. Folgt man der BGH-Rechtsprechung, kommt es zu einer Enthaftung erst, wenn die neuen Kreditmittel dem Gesellschaftsvermögen zugeführt werden.[346]

Auf einen unmittelbaren Zusammenhang soll es zudem in dem Fall ankommen, in dem die neu eröffnete Kreditlinie für die Beschaffung neuer Ware verwendet wird. Der Warenerwerb solle nur dann haftungsmildernd hinsichtlich der Einzahlung auf das Debetkonto wirken, wenn er in unmittelbarem Zusammenhang dazu steht.[347] Auch hier ist das Erfordernis eines „unmittelbaren Zusammenhangs" fragwürdig, weil unklar ist, wie ein solcher zwischen der Einzahlung auf das Debetkonto und der Gegenleistung, die im Rahmen einer völlig anderen Transaktion erfolgt, festgestellt

344 BGH, ZInsO 2016, 338 Tz. 25.

345 Krit. dazu sogleich in der Stellungnahme (Kapitel 3, § 1, A., II., 6., c).

346 Dazu, dass dem nicht zu folgen ist, sogleich in der Stellungnahme (Kapitel 3, § 1, A., II., 6., a).

347 BGHZ 206, 52 = ZIP 2015, 1480 Tz. 33; zust. *Haneke*, NZI 2015, 820, 821; vgl. auch *H.F. Müller*, NZG 2015, 1021, 1023; abl. *Habersack/Foerster*, ZGR 2016, 153, 174 ff.; *Casper*, ZIP 2016, 793, 799.

werden kann. Insbesondere bleibt im Dunkeln, ob und wenn ja, wie dieser im Unterschied zum bei Austauschgeschäften geforderten „unmittelbaren Zusammenhang“ zu ermitteln ist.

Ist aber das Unmittelbarkeitserfordernis bei Zahlungen auf debitorische Konten ebenso wenig zielführend wie die Anwendung des § 142 InsO,[348] zeigt dies umso mehr, dass sowohl die Rechtsprechung des BGH als auch die Lehre von der Übertragung des Bargeschäftsprivilegs nicht überzeugen. Denn beide Konzepte müssen im Rahmen der Zahlungen auf Debetkonten auf alternative Lösungswege zurückgreifen.[349]

Zuzustimmen ist den Kritikern darin, dass der enthaftende Ausgleich der verbotenen Zahlung auf das Debetkonto bereits in der zur Verfügungstellung des weiteren Kreditrahmens durch die Bank im Deckungsverhältnis liegen muss, und zwar unabhängig davon, wie dieser weiter genutzt wird.[350] Denkbar ist allenfalls die Haftung für die Leistung der neuen Kreditmittel an einen Alt- oder Neugläubiger, wenn für diese keine adäquate und in unmittelbarem Zusammenhang mit der Leistung stehende Gegenleistung in das Gesellschaftsvermögen gelangt.[351] Anderenfalls würde dies in der Regel (bei Anfechtbarkeit der Leistung an den Neu- oder Altgläubiger) dazu führen, dass der Geschäftsführer für die Zahlung auf das Debetkonto auf Erstattung in das Gesellschaftsvermögen haftet und der Gläubiger die Leistung zurück erstatten muss. Vorausgesetzt der Geschäftsleiter verletzt zugleich die Insolvenzantragspflicht, was angesichts der dreiwöchigen Frist ab Insolvenzreife allerdings nicht zwingend der Fall sein muss, haftet er einem Neugläubiger aus § 823 Abs. 2 BGB i.V.m. § 15a InsO. Die Bereicherung der Insolvenzmasse durch die doppelte Haftung des Geschäftsleiters ist indes ein wohl kaum erwünschtes und korrekturbedürftiges Ergebnis.[352]

c) Zur Begründung von neuen Verbindlichkeiten

Die Rechtsprechung stellt auf verschiedenste Folgen der einzelnen Zahlung ab, um dann allein wirtschaftlich zu ermitteln, ob die Haftungsmasse geschmälert wurde, und zwar ohne zu berücksichtigen, ob dabei neue Verbindlichkeiten begründet bzw. alte vertieft oder gar andere Haftungstatbestände verwirklicht wurden. Sinn und

---

348 Das gestehen die Vertreter dieser Ansicht selbst zu *Habersack/Foerster*, ZGR 2016, 153, 174; vgl. auch *Casper*, ZIP 2016, 793, 799.

349 Vgl. bereits *Karsten Schmidt*, ZIP 2005, 2177, 2182 a.E.

350 *Habersack/Foerster*, ZGR 2016, 153, 176.

351 Eine Enthaftung ist dabei auch bei der Zahlung an einen Altgläubiger denkbar. Diese ist nämlich nicht „(selbstverständlich) verboten“ (*Habersack/Foerster*, ZGR 2016, 153, 176), sondern nach BGHZ 203, 218 = ZIP 2015, 71 Tz. 9 f. dann erlaubt, wenn hierfür eine Gegenleistung in das Gesellschaftsvermögen gelangt. Unerheblich ist zum einen, ob die Gegenleistung vor oder nach der Leistung durch die Gesellschaft in die Masse fließt, und zum anderen, ob die Voraussetzungen des Bargeschäfts i.S.d. § 142 InsO erfüllt sind.

352 *Habersack/Foerster*, ZGR 2016, 153, 174, 176.

Zweck der Haftung für verbotene Zahlungen ist, den Geschäftsleiter zu Verhaltensweisen eines ordentlichen Geschäftsmanns bei Insolvenzreife anzuhalten. Die Rechtsprechung des BGH hingegen veranlasst zu absurden Haftungsvermeidungsversuchen. Entscheidend scheint dabei allein das Ergebnis zu sein: So ist etwa nach aktueller Rechtsprechungslage zwar die Einzahlung auf ein debitorisches Konto grundsätzlich eine verbotene Zahlung, die Abhebung von einem solchen aber gerade nicht,[353] sie kann sogar haftungsbefreiend wirken.[354] Damit wird zwar eine Verbindlichkeit gegenüber der Bank wieder hergestellt bzw. bei Abhebung vom Debetkonto ohne vorherige Einzahlung neu begründet, dies soll aber mangels tatsächlicher Masseschmälerung für die Haftung des Geschäftsleiters unerheblich sein. Dieses Ergebnis der BGH-Rechtsprechung ist nicht neu. Nach ständiger Rechtsprechung und herrschender Meinung im Schrifttum ist die Begründung von Verbindlichkeiten im Rahmen der Zahlungsverbote nicht haftungsauslösend, denn diese schmälere nicht die Masse, sondern gehe allein zu Lasten des neuen Gläubigers und rechtfertige daher keine Haftung des Geschäftsleiters.[355] Selbes soll für die Begründung von Zinsschulden bei Zahlungen vom debitorischen Konto der Bank gelten.[356] Sieht man den Sinn der Zahlungsverbote allerdings in erster Linie im Gläubigerschutz und darin, eine möglichst hohe Befriedigung aller Gläubiger in der Insolvenz zu sichern, oder gar, wie eine weit verbreitete Ansicht, in der Gewährleistung der par conditio creditorum,[357] überzeugt die Ausblendung der Begründung neuer Verbindlichkeiten im Rahmen der Zahlungsverbote nicht. Denn vorausgesetzt der neue Gläubiger (etwa eine Bank bei der nach Insolvenzreife neuer Kredit genommen wird) ist nicht umfassend gesichert und damit im Insolvenzverfahren nicht absonderungsberechtigt, erwirbt er eine Forderung gegen die Gesellschaft, die er in der Insolvenz

353 Krit. hierzu bereits *Karsten Schmidt*, in: Karsten Schmidt/Uhlenbruck, GmbH in Krise, Sanierung und Insolvenz, Rn. 11.43 ff.; *ders.*, ZIP 2008, 1401 ff.: „Ist Geben seliger denn Nehmen?"; *Bitter*, ZIP 2016, Beilage zu Heft 22, 6, 7; *Hangebrauck*, EWiR 2010, 357, 358; bejahend hingegen *Utsch/Utsch*, ZInsO 2009, 2271, 2273; *Commandeur/Frings*, NZG 2010, 613 f.; *Völzmann-Stickelbrock*, KTS 2007, 489, 491 f.

354 BGHZ 206, 52 = ZIP 2015, 1480 Tz. 31 ff.

355 Ausführliche Nachweise in Fn. 18.

356 BGHZ 143, 184 = NJW 2000, 668, 668 f.; BGH, NZG 2010, 346, 347.

357 Siehe etwa EuGH, ZIP 2015, 2468 Tz. 20 („Kornhaas"); BGHZ 143, 184 = NJW 2000, 668; zuletzt BGH, NZG 2015, 101, 102; *Habersack/Foerster*, in: GroßKomm. AktG, § 92 Rn. 122; *Mertens/Cahn*, in: Kölner Komm. AktG, § 92 Rn. 22; *Koch*, in: Hüffer, AktG, § 92 Rn. 32; *Fleischer*, in: Spindler/Stilz, AktG, § 92 Rn. 18; *Spindler*, in: MüKo AktG, § 92 Rn. 23; *Casper*, in: Ulmer, GmbHG, § 64 Rn. 4; *Schmidt-Leithoff/Baumert*, in: Rowedder/Schmidt-Leithoff, GmbHG, § 64 Rn. 16, 22; *Kleindiek*, in: Lutter/Hommelhoff, GmbHG, § 64 Rn. 4; *Biehl*, Geschäftsführer- und Gesellschafterhaftung wegen Insolvenzverschleppung bei der GmbH, S. 179; *Schulze-Osterloh*, in: Baumbach/Hueck, GmbHG, 17. Aufl., 2000, § 64 Rn. 78; *ders.*, in: FS Bezzenberger, S. 415, 423; *Fleck*, GmbHR 1974, 224, 230; *Goette*, DStR 2003, 887, 893; *ders.*, ZInsO 2005, 1, 3; *Strohn*, NZG 2011, 1161, 1163; *Habersack/Foerster*, ZGR 2016, 153, 159; *Haas*, NZG 2004, 737, 742.

in Form der Insolvenzquote geltend machen kann. Dies führt zur entsprechenden Schmälerung der Quote der anderen Gläubiger, welche so geschädigt werden.[358] Die Begründung neuer Verbindlichkeiten bzw. deren Vertiefung müssten im Konzept der herrschenden Meinung vielmehr ebenso als verbotene Zahlungen berücksichtigt werden.[359] Zwar wäre dies mit praktischen Schwierigkeiten verbunden, insbesondere müsste jede einzelne Verbindlichkeit auf ihre Nachteilhaftigkeit für das Gesellschaftsvermögen untersucht werden, weil es der herrschenden Meinung an einem tragfähigen Grundkonzept fehlt. Dies allein rechtfertigt allerdings nicht ihre gänzliche Ausblendung bei der Berechnung der Haftung.

Insbesondere muss die Begründung von Verbindlichkeiten dann als verbotene Zahlung gesehen werden, wenn man mit einer im Vordringen befindlichen Auffassung im Schrifttum[360] die Übertragbarkeit insolvenzanfechtungsrechtlicher Regelungen annimmt. Im Rahmen der §§ 129 ff. InsO ist nämlich auch eine bloße Mehrung der Passivmasse anfechtbar.[361] Wird aber die Übertragbarkeit der insolvenzanfechtungsrechtlichen Wertungen auf die Haftung für verbotene Zahlungen als Begründung für die Anwendbarkeit des § 142 InsO für Austauschgeschäfte und § 144 InsO für die Verhinderung einer Massebereicherung herangezogen,[362] stellt es einen Wertungswiderspruch dar, wenn eine Berücksichtigung der Begründung von neuen Verbindlichkeiten im Rahmen der Haftung für verbotene Zahlungen durchweg abgelehnt wird.[363]

Dem kann auch nicht schlüssig entgegengehalten werden, die Anfechtbarkeit der Begründung von Verbindlichkeiten gründe „insoweit nämlich nicht auf einer Schmälerung des Aktivvermögens, sondern allein auf der gläubigerbenachteiligenden Missachtung der par conditio creditorum",[364] wenn dann an anderer Stelle geltend

---

358 Vgl. *Thole,* Gläubigerschutz durch Insolvenzrecht, S. 707 f.; *Wilhelm,* ZIP 1993, 1833, 1836; *Altmeppen/Wilhelm,* NJW 1999, 673, 676; *Poertzgen,* ZInsO 2006, 561, 564; *ders.,* NZI 2007, 420, 421.

359 *Flume,* ZIP 1994, 337, 341; *Wilhelm,* ZIP 1993, 1833, 1836 f.; *Thole,* Gläubigerschutz durch Insolvenzrecht, S. 707 ff., der allerdings keine Erstattung der neuen Verbindlichkeiten befürwortet, sondern, dem Anfechtungsrecht entsprechend, eine haftungsrechtliche Unwirksamkeit der Begründung der Verbindlichkeit annehmen will; vgl. auch *Altmeppen/Wilhelm,* NJW 1999, 673, 678, allerdings bezugnehmend auf ein von der herrschenden Meinung abweichendes Haftungskonzept.

360 Nachweise siehe in Fn. 19.

361 RGZ 36, 161, 166; RGZ 81, 144 ff.; BGH, NJW 1992, 624, 627.

362 So insbesondere *Haas/Kolmann/Pauw,* in: Gottwald, Insolvenzrechts-Handbuch, § 92 Rn. 189; *Haas,* in: Baumbach/Hueck, GmbHG, § 64 Rn. 88; *ders.,* NZG 2004, 737, 738 ff.; *Habersack/Foerster,* ZGR 2016, 153, 183, *dies.,* ZHR 178 (2014), 387, 409 ff.

363 So aber *Haas,* in: Baumbach/Hueck, GmbHG, § 64 Rn. 66; *Habersack/Foerster,* ZGR 2016, 153, 178; eingehende Kritik daran bei *Thole,* Gläubigerschutz durch Insolvenzrecht, S. 707 ff.

364 *Habersack/Foerster,* ZGR 2016, 153, 178.

gemacht wird, auch im Rahmen der Haftung für verbotene Zahlungen gelte – entsprechend dem Anfechtungsrecht – die par conditio creditorum.[365]

d) Zur Einzelbetrachtung jeder Zahlung

Die frühere Rechtsprechung erkannte die Einzahlung auf einem debitorischen Konto durchweg als Zahlung der Gesellschaft an die Bank an und bejahte eine Haftung des Geschäftsleiters.[366] Er haftete auf Erstattung der Zahlung in voller Höhe, auch wenn er die Zahlung weder selbst getätigt noch aktiv veranlasst, sondern nur versäumt hat, die Gesellschaftsgläubiger zu informieren, auf ein anderes als das Debetkonto zu zahlen.[367] Alle auf dem debitorischen Konto seit Insolvenzreife der Gesellschaft eingegangen Zahlungen wurden zusammengezählt und die Gesamtsumme musste vom Geschäftsleiter ersetzt werden, was zu einer drakonischen und überzogenen Haftung des Geschäftsleiters führte.[368] Nach der neuen Rechtsprechung des BGH hingegen soll nicht mehr jede Zahlung auf das debitorische Konto haftungsbegründend sein, je nachdem, welche Folgen sie nach sich zieht, und, ob sie geeignet ist, das Gesellschaftsvermögen in Höhe der Zahlung auf das Debetkonto zu schmälern.

In der Praxis bedeutet das, dass der Insolvenzverwalter bzw. die Gerichte, die über die Inanspruchnahme des Geschäftsleiters entscheiden müssen, zunächst den Zeitpunkt der Insolvenzreife, das heißt in der Regel den der Überschuldung der Gesellschaft, feststellen müssen. Das allein ist eine Aufgabe, die angesichts der zweistufigen, mit einem Prognoseelement verbundenen Überschuldungsprüfung

---

365 So aber *Habersack/Foerster*, ZHR 178 (2014), 387, 410: die Angemessenheit des Erfordernisses der Gleichwertigkeit von Leistung und Gegenleistung nach § 142 InsO im Rahmen der Haftung für verbotene Zahlungen soll sich daraus ergeben, dass die Geschäftsleiter auch hier die par conditio creditorum zu wahren haben, eingehend dazu in Kapitel 3, § 1, B., II.

366 BGHZ 143, 184 = NJW 2000, 668; BGH, ZIP 2007, 1006 Tz. 12; vgl. ebenso noch BGH, NZG 2014, 1069, wonach die erfolgreiche Anfechtung der von einem debitorischen Konto geleisteten Zahlungen an Gläubiger der Schuldnerin durch den Insolvenzverwalter bei einer Haftung für Zahlungen auf das debitorische Konto nicht anspruchsmindernd zu berücksichtigen ist; anders bereits OLG Celle, NZG 1999, 77, 78, mit abl. Anm. *Bähr*, EWiR 1999, 463, 464.

367 Erforderlich sollte vielmehr die Neueröffnung eines kreditorisch geführten Kontos sein, auf das Einzahlungen ab Insolvenzreife geleistet werden sollen: BGH, ZIP 2007, 1006, 1007; BGHZ 143, 184 = NJW 2000, 668, 669; zust. etwa *Görden*, GmbH-StB 2007, 169, 170; krit. zu diesem Erfordernis *Völzmann-Stickelbrock*, KTS 2007, 489, 492, die in der Eröffnung eines neuen Kontos die Gefahr einer weiteren Verschleppung der Insolvenz sieht und vielmehr zur sofortigen Stellung des Insolvenzantrags rät.

368 Siehe zu dieser Kritik nur *Karsten Schmidt*, ZHR 168 (2004), 637, 644; *ders.*, ZHR 175 (2011), 433, 435 ff.; *ders.*, ZIP 2008, 1401, 1405 f.; *ders.*, ZIP 2005, 2177 f.; *Bitter*, WM 2001, 666, 667 ff.; *ders.*, WuB II C § 64 GmbHG 1.03; *Stapper/Schädlich*, NZI 2010, 314 f.

an sich schon schwierig genug ist. Im Anschluss daran muss geklärt werden, ob die Forderung im Sicherungseigentum der Bank stand, wann diese entstanden und werthaltig geworden ist. Gegebenenfalls muss geklärt werden, was an den Forderungsschuldner geleistet wurde, in wessen (Sicherungs)Eigentum der Gegenstand stand und welchen Wert er hatte. Kommt man hierüber nicht zu einer Enthaftung des Geschäftsleiters, muss geprüft werden, ob durch den Einzug auf das debitorische Konto andere Sicherheiten frei geworden sind oder, ob der Geschäftsleiter infolge der Zahlung neuen Kredit geschöpft und wofür er diesen verwendet hat. Hat er damit einen anderen Gesellschaftsgläubiger befriedigt, muss der Insolvenzverwalter bzw. im Zweifel das Gericht herausfinden, ob und wenn ja, welche Gegenleistung dieser dafür erbracht hat, ob sie werthaltig war und mit der Zahlung auf das debitorische Konto in unmittelbarem Zusammenhang steht.

Je nachdem, zu welchem Ergebnis man kommt, muss die Haftung des Geschäftsleiters für den Einzug der Forderung verneint oder bejaht werden. Dieses Prozedere muss für jede einzelne Zahlung, die auf dem debitorischen Gesellschaftskonto eingeht, durchgeführt werden. Angenommen der Geschäftsleiter hat es versäumt, die Gesellschaftsgläubiger um Einzahlung auf ein anderes Geschäftskonto der Gesellschaft zu bitten, wird der Insolvenzverwalter bzw. das Gericht, insbesondere bei größeren Unternehmen, eine unüberschaubare Fülle von Ein- und Auszahlungen auf bzw. von verschiedensten Konten bewerten müssen. Dies ist eine Aufgabe, die praktisch kaum zu bewältigen sein wird.[369]

So begrüßenswert die Intention des BGH, die Haftung für verbotene Zahlungen auch hinsichtlich der Zahlungen auf debitorische Konten einzudämmen, auch ist, so müssen an der Praktikabilität dieser Lösung erhebliche Zweifel angemeldet werden.[370] Die Betrachtung und Bewertung jeder einzelnen Zahlung ist nicht sinnvoll durchführbar.

e) Zum Hinzutreten von Anfechtungsrechten und der Haftung für die Verschleppung der Insolvenz

Neben bzw. alternativ zur Haftung für die verbotenen Zahlungen droht dem Geschäftsleiter eine Haftung gegenüber dem Zahlungsempfänger als Gegner einer Insolvenzanfechtung und den restlichen Gesellschaftsgläubigern. Das Zusammenspiel dieser Tatbestände wird nicht nur zu einer komplizierten und undurchsichtigen Rechtslage führen, sondern kann auch in einer ungerechtfertigten Haftungsverdoppelung zu Lasten des Geschäftsleiters enden.

Unter den Voraussetzungen der §§ 129 ff. InsO kann der Insolvenzverwalter sowohl die Leistung an den Gläubiger als auch die Zahlung auf das Debetkonto

---

369 Vgl. dazu auch *Casper*, ZIP 2016, 793, 798; *Altmeppen*, NZG 2016, 521, 524; *ders.*, ZIP 2016, 366, 367; *Bitter*, ZIP 2016, Beilage zu Heft 22, 6, 8 f.

370 Nicht verwunderlich ist auch die Zurückverweisung beider Fälle (BGHZ 206, 52 und BGH, ZInsO 2016, 338), weil die Sachverhalte durch das Berufungsgericht nicht derart ausermittelt waren.

anfechten und die verbotenen Zahlungen von dem Gläubiger bzw. der Bank zurückholen. Nutzt der Insolvenzverwalter sein Wahlrecht dahingehend, haftet der Geschäftsleiter für eine oder sogar beide Zahlungen in Höhe des zurück erstatteten Betrags nicht. Diese Möglichkeit liegt allerdings im freien Ermessen des Insolvenzverwalters, der ebenso den Geschäftsleiter in Anspruch nehmen kann, welchem dann nur das Anfechtungsrecht gem. § 255 InsO analog abzutreten ist. In den Fällen, in denen kein Anfechtungsrecht nach den §§ 129 ff. InsO gegeben ist, haftet der Geschäftsleiter ohnehin in voller Höhe.

Daneben kommt eine Haftung des Geschäftsleiters gegenüber einem Altgläubiger auf Ersatz des sog. Quotenverminderungsschadens in Frage, gegenüber einem Neugläubigers auf Ersatz dessen vollen negativen Interesses. Im schlimmsten Fall kommt es für den Geschäftsleiter mithin zu einer Haftung auf Ersatz der Leistung an den Gläubiger, auf Ersatz der Einzahlung auf das Debetkonto und zu einer Haftung nach § 823 Abs. 2 BGB i.V.m. § 15a InsO. Die Haftung nach § 823 Abs. 2 BGB i.V.m. § 15a InsO kann dabei im Fall eines Neugläubigers dessen vollen Ausfallschaden erfassen.[371] Wenn keine Anfechtungsmöglichkeit des Insolvenzverwalters hinsichtlich beider Zahlungen besteht, haftet der Geschäftsleiter ohne im Gegenzug etwaige Regressmöglichkeiten gegen Dritte zu erhalten.

Diese nach der Rechtsprechung und herrschenden Meinung drohende eklatante Haftungsvervielfältigung ist unverhältnismäßig und muss mit einem stimmigen Gesamtkonzept gebannt werden. Mit den hinzukommenden Anfechtungs- und Haftungsmöglichkeiten erhöht sich die Arbeitslast des Insolvenzverwalters zusätzlich, was die Praktikabilität des Konzepts des BGH und der herrschenden Meinung noch mehr in Frage stellt.

III. Zwischenergebnis

Alle drei BGH-Urteile versuchen die Haftung des Geschäftsleiters für verbotene Zahlungen einzuschränken und auf ein vernünftiges, am entstandenen Schaden orientiertes Maß zurückzuführen. Dabei weigert sich der BGH allerdings, sein grundlegendes Verständnis der Zahlungsverbote und der Insolvenzverschleppungshaftung als getrennte Haftungstatbestände aufzugeben, sondern er versucht, allein im Rahmen der Zahlungsverbote die Folgen und Wirkungen jeder einzelnen Zahlung daraufhin zu untersuchen, ob die Insolvenzmasse hierdurch tatsächlich geschmälert wurde. Dabei kommt er zu teilweise kuriosen Ergebnissen, die abermals belegen, dass das Haftungssystem der herrschenden Meinung nicht geeignet ist, zu vertretbaren Ergebnissen zu gelangen. Dies gelingt allenfalls in der Theorie mit Hilfe

---

371 Dieser kann in Folge einer Anfechtung einen entsprechenden Schaden nachweisen, weil er die empfangene Leistung nicht behalten darf. Seine in das Gesellschaftsvermögen geleistete Gegenleistung erhält er nur unter den engen Voraussetzungen des § 144 Abs. 2 InsO zurück. Sind die Vorsetzungen des § 144 Abs. 2 InsO nicht gegeben, hat der Neugläubiger einen Schaden in voller Höhe der Zahlung, die der Geschäftsleiter persönlich ausgleichen muss.

hochkomplexer und unüberschaubarer Überlegungen hinsichtlich jedes einzelnen Zahlungsvorgangs, die so in der Praxis kaum durchführbar sind. Angesichts vieler offener Fragen und ungeklärter Details hat die Rechtsprechungsänderung des BGH zur Rechtsunsicherheit beigetragen und wird gehäuft Klagen wegen der Haftung für verbotene Zahlungen nach sich ziehen.

Ein dogmatisch haltbares und praktisch umsetzbares Konzept kann nur erreicht werden, wenn anerkannt wird, dass die Haftung für verbotene Zahlungen nur eine solche auf Ersatz des am Gesellschaftsvermögen entstandenen Schadens sein kann. Allein diesen hat der Geschäftsleiter in das Gesellschaftsvermögen zu ersetzen.[372]

B. Zur Anwendbarkeit des Bargeschäftsprivilegs

Dasselbe Anliegen wie der BGH verfolgt eine seit längerem und jüngst immer stärker vertretene Ansicht im Schrifttum. Sie möchte die Haftung für die Leistung verbotener Zahlungen durch die entsprechende Anwendung insolvenzanfechtungsrechtlicher Regelungen, insbesondere des § 142 InsO, einschränken. Im Folgenden wird dieser Ansatz vorgestellt, wobei sich zeigen wird, dass auch über ihn nicht zu überzeugenden Ergebnissen zu gelangen ist.

I. Grundsätzliche Übertragbarkeit insolvenzanfechtungsrechtlicher Wertungen?

Zwar will auch ein Teil der Literatur Gegenleistungen, die im Zusammenhang mit einer verbotenen Zahlung in das Gesellschaftsvermögen fließen, nicht unberücksichtigt lassen. Die Zahlungsverbote als Schadensersatzhaftung zu qualifizieren, mithin eine Gesamtsaldierung aller Massezuflüsse und -abflüsse vorzunehmen, sei dafür allerdings weder nötig noch überzeugend.[373] Zur Begründung dieser These wird auf Parallelen zwischen den Zahlungsverboten und Insolvenzanfechtungsansprüchen verwiesen, wobei Letztere nach herrschender Meinung ebenfalls keine Schadensersatzansprüche darstellen.[374] Gleiches müsse für die Zahlungsverbote gelten.[375] Parallelen werden

---

372 Eingehend dazu in Kapitel 4.

373 *Haas*, NZG 2004, 737, 738 ff.

374 BGH, NJW-RR 1986, 991, 993; BGH, NJW 1990, 990, 991; RGZ 100, 88, 90; *Kirchhof*, in: MüKo InsO, § 143 Rn. 10; *Nerlich*, in: Römermann/Nerlich, InsO, § 143 Rn. 4.

375 *Haas*, in: Baumbach/Hueck, GmbHG, § 64 Rn. 68 ff.; *Haas*, NZG 2004, 737, 738; *Thole*, Gläubigerschutz durch Insolvenzrecht, S. 701 ff.; *Gehrlein*, ZInsO 2015, 477, 478; *Habersack/Foerster*, ZHR 178 (2014), 387, 403 f.; vgl. auch für Parallelen zwischen der Haftung für verbotene Zahlungen und dem Insolvenzanfechtungsrecht *Schulze-Osterloh*, in: Baumbach/Hueck, 18. Aufl., 2006, § 64 Rn. 78; *Kleindiek*, in: Lutter/Hommelhoff, § 64 Rn. 8 ff.; *Goette*, ZInsO 2005, 1, 4; *Röhricht*, ZIP 2005, 505, 511; *Strohn*, NZG 2011, 1161, 1165; vgl. auch *Heinze*, DZWiR 2010, 258, 260; vorsichtiger *Casper*, ZIP 2016, 793, 803, der eine weitgehende Synchronisierung mit dem Anfechtungsrecht ablehnt, sondern Wertungen nur in Einzelfällen übertragen will.

insbesondere darin gesehen, dass sowohl die Haftung für verbotene Zahlungen als auch der Insolvenzanfechtungsanspruch dazu dienen, die Befriedigung einzelner Gläubiger in der Gesellschaftsinsolvenz zu verhindern, die Masse zu Gunsten aller Gläubiger zu erhalten und dieses Ziel gleichermaßen über die Wiederherstellung der Haftungsmasse verfolgen.[376] Beide Ansprüche verlangten eine Gläubigerbenachteiligung mit Bezug zum Schuldnervermögen, ebenso werde eine Gesamtschau jedes einzelnen die Gläubigerinteressen gefährdenden Vorgangs[377] vorgenommen und etwaige Gegenleistungen seien im Rahmen beider Ansprüche unter bestimmten Voraussetzungen zu verrechnen.[378] Eine Anlehnung der höchstrichterlichen Rechtsprechung zur Haftung für verbotene Zahlungen an insolvenzanfechtungsrechtliche Wertungen (etwa § 142 InsO), erfolge sie unbewusst oder bewusst, sei daher geeignet, eine zu drastische Haftung des Geschäftsleiters und eine Überkompensation der Beeinträchtigung der Gläubigergesamtheit zu verhindern.[379]

Dagegen wird eingewendet, dass die Haftung für verbotene Zahlungen den Geschäftsleiter treffe, der im Unterschied zum Anfechtungsgegner, der lediglich einen bereits erhaltenen Betrag herausgeben müsse, originär hafte.[380] Dem begegnen die Verfechter der Parallelität von Anfechtungsrecht und Zahlungsverboten damit, dass es nicht darum gehe, die Zahlungsverbote selbst als Anfechtungsnorm zu erkennen, sondern allein darum, den Gleichlauf der beiden verschiedenen Rechtsinstitute festzustellen[381] und so Wertungen im Rahmen des einen auf das andere zu übertragen.

Gegen Parallelen zum Anfechtungsrecht wird weiterhin vorgebracht, die Zahlungsverbote dienten, anders als die Insolvenzanfechtung, gerade nicht der par conditio creditorum, weil sie auch außerhalb des Insolvenzverfahrens Anwendung finden. Die par conditio creditorum gelte allerdings allein im Insolvenzerfahren. So könne etwa bei masseloser Insolvenz und fehlender Verfahrenseröffnung der Anspruch gegen den Geschäftsleiter durch den einzelnen Gläubiger gepfändet werden, und zwar gerade auch durch den Empfänger der verbotenen Zahlung, der sich durch seinen Informationsvorsprung leicht einen Titel gegen die Gesellschaft verschaffen könne.[382]

---

376 *Haas,* NZG 2004, 737, 738; vgl. auch *Bangha-Szabo,* KTS 2015, 165, 167 ff.

377 So auch *Thole*, Gläubigerschutz durch Insolvenzrecht, S. 706.

378 *Haas,* in: Baumbach/Hueck, GmbHG, § 64 Rn. 69 ff.; *ders.*, NZG 2004, 737, 740 f.

379 Zusammenfassend *Haas,* NZG 2004, 737, 742 f.

380 *Karsten Schmidt,* ZIP 2005, 2177, 2182; *ders.*, ZHR 168 (2004), 637, 654; *Bitter,* WM 2001, 666, 669 mit Fn. 34; *Altmeppen,* ZIP 2015, 949, 950 f.; vgl. auch *Karsten Schmidt,* in: Karsten Schmidt/Uhlenbruck, GmbH in Krise, Sanierung und Insolvenz, Rn. 11.35; *ders.*, KTS 2001, 373, 388; *Heitsch,* ZInsO 2015, 1375, 1376; vgl. auch *Grigoleit,* Gesellschafterhaftung für interne Einflussnahme in der GmbH, S. 130; *Thiessen,* in: Schröder/Kanzleiter, 3 Jahre nach dem MoMiG, S. 73, 78, 101.

381 *Thole,* Gläubigerschutz durch Insolvenzrecht, S. 703.

382 *Karsten Schmidt,* ZIP 2005, 2177, 2182; eingehend *ders.,* ZHR 168 (2004), 637, 653, 669 f.; zur Möglichkeit der Pfändung durch Gesellschaftsgläubiger bei masseloser Insolvenz siehe nur BGH, NJW 2001, 304; *Karsten Schmidt,* GmbHR 2000, 1225 ff.;

Das Zahlungsverbot diene demnach keinesfalls der Gläubigergleichbehandlung, sondern ausschließlich der Erhaltung und Herbeischaffung der Haftungsmasse.[383] Dem wird wiederum begegnet, es greife zum einen viel zu kurz, die tatbestandlichen Wertungen aus dem Insolvenzanfechtungsrecht allein mit der Gläubigergleichbehandlung zu umschreiben.[384] Zum anderen ginge es bei beiden Rechtsinstituten um die Pflichten- und nicht Rechtsfolgenseite; Zahlungsverbot und Anfechtungsrecht dienten gleichermaßen dazu, dem schuldnerbezogenen Fehlverhalten zu begegnen, weshalb einem anfechtungsrechtlichen Verständnis der Zahlungsverbote nichts entgegenstehe.[385]

II. Zur Übertragbarkeit des Bargeschäftsprivilegs im Speziellen

Hinsichtlich der Berücksichtigung von Gegenleistungen, die der Masse zufließen, sollen wegen des Gleichlaufs von Anfechtungsrecht und Zahlungsverboten die Wertungen des Bargeschäftsprivilegs Anwendung finden.[386] Den Wertungen des § 142 InsO entsprechend sollen solche Zahlungen nicht verboten sein, die durch den Zufluss einer in unmittelbarem wirtschaftlichen und zeitlichen Zusammenhang stehenden Gegenleistung ausgeglichen werden und mithin eine bloße Vermögenumschichtung und keine Gläubigerbenachteiligung oder -bevorzugung darstellen.[387] Passend sei auch die Wertung des § 142 InsO, eine Anfechtung nach § 133 InsO zuzulassen, also insbesondere dann, wenn die Gläubigerbenachteiligung vorsätzlich erfolgt. Zahlungen, die zwar im Rahmen eines Bargeschäfts, aber unter billigender Inkaufnahme einer Gläubigerbenachteiligung erfolgen, seien demnach

---

Pape, ZInsO 2001, 397, 403; vgl. auch RGZ 149, 293, 298 f.; BGH, NJW 1970, 469, 470; *Haas,* ZIP 2009, 1257, 1260; *Habersack/Verse,* ZHR 168 (2004), 174, 213.

383 *Karsten Schmidt,* ZHR 168 (2004), 637, 654; *ders.*, NZG 2015, 129, 130; *ders.*, in: Karsten Schmidt/Uhlenbruck, GmbH in Krise, Sanierung und Insolvenz, Rn. 11.35; *Rossbrey,* Abgabenzahlungspflicht und Zahlungsverbot bei Insolvenzreife der AG und GmbH, S. 351 ff.

384 *Thole,* Gläubigerschutz durch Insolvenzrecht, S. 702.

385 *Thole,* Gläubigerschutz durch Insolvenzrecht, S.703 f.; vgl. dazu auch *Gehrlein,* ZInsO 2015, 477, 480 f.

386 *Haas,* in: Baumbach/Hueck, GmbHG, § 64 Rn. 70b; *Kolmann,* in: Saenger/Inhester, GmbHG, § 64 Rn. 35; *Thole,* Gläubigerschutz durch Insolvenzrecht, S. 716 f.; *Schmidt-Leithoff/Baumert,* in: Rowedder/Schmidt-Leithoff, GmbHG, § 64 Rn. 36; *Habersack/Foerster,* in: GroßKomm. AktG, § 92 Rn. 132; *dies.*, ZHR 178 (2014), 387, 403; *dies.*, ZGR 2016, 153, 180; *Gehrlein,* ZInsO 2015, 477, 482 f.; *Strohn,* DB 2015, 57, 58; vgl. auch *Arnold,* in: Henssler/Strohn, GesR GmbHG, § 64 Rn. 20; *Strohn,* NZG 2011, 1161, 1164 f.; *Haas,* NZG 2004, 737, 738 ff.; *Karsten Schmidt,* in: Scholz, GmbHG, § 64 Rn. 41; *Bitter,* WuB II C § 64 GmbHG 1.03; *H.F. Müller,* WuB II G § 130a HGB 1.15; vorsichtiger hingegen *ders.,* DB 2015, 723, 725 ff.; *Fölsing,* KSI 2015, 70, 72.

387 *Habersack/Foerster,* ZHR 178 (2014), 387, 403.

ebenfalls verboten.[388] Mit der entsprechenden Anwendung des § 142 InsO sei zudem entschieden, dass es hinsichtlich des Zeitpunkts, in dem die Gleichwertigkeit der Gegenleistung zu bestimmen ist, auf den Zeitpunkt des Zuflusses in das Gesellschafsvermögen ankomme.[389]

Massezuflüsse im Rahmen von Austauschgeschäften sollen danach ausschließlich dann haftungsmildernd zu berücksichtigen sein, wenn sie innerhalb der Grenzen eines Bargeschäfts i.S.d. § 142 InsO erfolgen.[390] Außerhalb der Grenzen des Bargeschäftsprivilegs komme es hingegen nicht zu einer Saldierung von Leistungen und Gegenleistungen, um die Gesellschaft nicht – entgegen der gesetzgeberischen Wertung – mit der Verwertung von Gegenleistungen zu belasten.[391]

III. Verhinderung einer Massebereicherung durch entsprechende Anwendung insolvenzanfechtungsrechtlicher Normen?

Für eine Haftung des Geschäftsleiters kann es nach herrschender Meinung nur auf eine Masseverkürzung ankommen,[392] insbesondere müsse eine Massebereicherung ausgeschlossen werden.[393] Eine solche wollen auch die Vertreter der Ansicht, die im Rahmen von Austauschgeschäften ausschließlich bei Bargeschäften i.S.d. § 142 InsO Gegenleistungen haftungsmildernd berücksichtigen möchte, verhindern. Eine umfassende Saldierung von Leistung und Gegenleistung komme aber nicht in Frage, es müssten „vielmehr andernorts entwickelte Ausgleichsmechanismen an die Stelle einer Saldierung von Masseschmälerung und Massezufluss treten".[394] Nach der Rechtsprechung und überwiegenden Ansicht in der Literatur sei dem Geschäftsleiter zwar nach § 255 BGB analog der Anspruch abzutreten, den der begünstigte Gesellschaftsgläubiger im Insolvenzverfahren erhalten hätte.[395] Näher liege allerdings die Annahme, dass die fiktive Forderung des befriedigten Gläubigers nach § 144 InsO analog in der Hand des Geschäftsleiters, der die Zahlung in die

388 *Habersack/Foerster*, ZHR 178 (2014), 387, 404.

389 *Habersack/Foerster*, ZHR 178 (2014), 387, 404; so nun auch BGHZ 203, 218 = ZIP 2015, 71 Tz. 11.

390 Laut *Habersack/Foerster*, ZGR 2016, 153, 180, 183 sollen solche Zahlungen sorgfaltsgemäß i.S.d. § 64 S. 2 GmbHG, § 130a Abs. 1 S. 2 HGB, § 92 Abs. 2 S. 2 AktG und § 99 S. 2 GenG sein.

391 *Habersack/Foerster*, ZGR 2016, 153, 180.

392 So etwa BGHZ 203, 218 = ZIP 2015, 71 Tz. 9; *Haas*, in: Baumbach/Hueck, GmbHG, § 64 Rn. 70, 85; *Kleindiek*, in: Lutter/Hommelhoff, GmbHG, § 64 Rn. 7; *H.F. Müller*, in: MüKo GmbHG, § 64 Rn. 149; *Sandhaus*, in: Gehrlein/Ekkenga/Simon, GmbHG, § 64 Rn. 39; *Koch*, in: Hüffer, AktG, § 92 Rn. 41.

393 Siehe dazu nur BGHZ 146, 264 = NJW 2001, 1280, 1283.

394 *Habersack/Foerster*, ZGR 2016, 153, 183.

395 Dazu bereits die Nachweise in Fn. 12.

Masse erstattet hat, wieder auflebt.[396] Insbesondere sei die Anwendung des § 144 InsO passender, weil die Gesellschaft keinen Anspruch auf die Insolvenzquote des Zahlungsempfängers habe, den sie im Rahmen des § 255 BGB an den haftenden Geschäftsleiter abtreten könnte. Zudem setze § 255 BGB einen Schadensersatzanspruch voraus, was der Anspruch aus den Zahlungsverboten aber gerade nicht sei.[397] Lebt die Forderung des Gläubigers zu Gunsten des Geschäftsleiters wieder auf, sollen mit dieser, der herrschenden Meinung im Anfechtungsrecht entsprechend, auch etwaige Nebenrechte und akzessorische Sicherheiten wieder aufleben.[398]

Zudem sollen dem Geschäftsleiter, der die verbotene Zahlung erstattet hat, Ersatzansprüche der Gesellschaft gegen den Anfechtungsschuldner aus §§ 129 ff., 143 InsO auf Rückgewähr der empfangenen Gesellschaftsleistung zustehen; dabei erübrige sich eine Abtretung nach § 255 BGB analog, weil Geschäftsleiter und Zahlungsempfänger Gesamtschuldner i.S.d. § 421 BGB seien und sich die Abwicklung im Innenverhältnis nach § 426 BGB richte.[399] Ist hingegen die Leistung der Gesellschaft an den Gläubiger nicht anfechtbar oder der Anspruch aus § 143 InsO nicht durchsetzbar, bleibe es bei der Haftung des Geschäftsleiters ohne Regressmöglichkeit.[400] Dies sei angesichts der Verletzung der par conditio creditorum durch den Geschäftsleiter aber gerechtfertigt. Dabei spiele es auch keine Rolle, ob die Leistung, die die Gesellschaft empfangen hat, höherwertig war als die verbotene Zahlung durch den Geschäftsleiter; ein relevanter Gläubigerschaden liege vielmehr auch dann vor, wenn die Rechtshandlung mit der Besserstellung Einzelner verbunden ist und damit der par conditio creditorum zuwider laufe.[401]

Gleiches gelte dabei für einen vorleistenden Neugläubiger und dessen Forderung in der Insolvenz. Ist die Gegenleistung bereits in die Haftungsmasse geflossen, soll § 144 Abs. 2 InsO anwendbar sein.[402] Demnach ist dem Geschäftsleiter die Gegenleistung aus der Insolvenzmasse zu erstatten, soweit sie in dieser noch unterscheidbar vorhanden ist oder die Masse um ihren Wert bereichert ist, wobei er darüber

---

396 *Habersack/Foerster*, in: GroßKomm. AktG, § 92 Rn. 138; *dies.*, ZHR 178 (2014), 387, 409 f.; so bereits *Haas*, in: Baumbach/Hueck, GmbHG, § 64 Rn. 88; *ders.*, in: Röhricht/Graf von Westphalen/Haas, HGB, § 130a Rn. 22; *Kleindiek*, in: Lutter/Hommelhoff, GmbHG, § 64 Rn. 19; *Schmidt-Leithoff/Baumert*, in: Rowedder/Schmidt-Leithoff, GmbHG, § 64 Rn. 50; *Habersack*, in: Staub, HGB, § 130a Rn. 35; *Thole*, Gläubigerschutz durch Insolvenzrecht, S. 710 f.; *Haas*, in: FS Fischer, S. 209, 212 ff.

397 *Bangha-Szabo*, KTS 2015, 165, 174, allerdings mit Bezug zur entsprechenden Anwendung des § 255 BGB auf die Abtretung etwaiger Anfechtungsansprüche an den haftenden Geschäftsleiter.

398 Eingehend zum Ganzen *Haas*, in: FS Fischer, S. 209, 211, 216, 218 ff.

399 *Habersack/Foerster*, ZHR 178 (2014), 387, 409; *dies.*, in: GroßKomm. AktG, § 92 Rn. 140.

400 *Habersack/Foerster*, ZHR 178 (2014), 387, 409.

401 *Habersack/Foerster*, ZHR 178 (2014), 387, 410.

402 *Habersack/Foerster*, ZHR 178 (2014), 387, 416; *dies.*, in: GroßKomm. AktG, § 92 Rn. 138.

hinaus Herausgabe der Gegenleistung nur als Insolvenzgläubiger geltend machen kann. Hat hingegen die Gesellschaft an einen Neugläubiger vorgeleistet, soll dem Geschäftsleiter der Anspruch auf die noch nicht erbrachte Gegenleistung gegen den Neugläubiger gem. § 255 BGB analog bzw. aus § 812 Abs. 1 S. 1 Alt. 2 BGB abzutreten sein. Die Anwendung des § 144 InsO scheide hier aus, weil noch keine Gegenleistung in die Masse gelangt ist.[403]

Wird die Leistung an den Gläubiger erfolgreich angefochten, habe dieser sie in die Masse zu erstatten. Gem. § 144 Abs. 1 InsO lebe dessen ursprüngliche Forderung gegen die Gesellschaft wieder auf. Dafür hafte der Geschäftsleiter einem Neugläubiger dann aber zumindest nach § 823 Abs. 2 BGB i.V.m. § 15a InsO auf Erstattung seines negativen Interesses.[404]

IV. Stellungnahme

1. Keine generelle Übertragbarkeit der Wertungen des Insolvenzanfechtungsrechts auf die Haftung für die Verletzung der Zahlungsverbote

Die Wertungen des Insolvenzanfechtungsrechts sind von vornherein nicht auf die Zahlungsverbote übertragbar, weil beiden Rechtsinstituten unterschiedliche Zielsetzungen zu Grunde liegen.

Zweck des Insolvenzanfechtungsrechts ist der Schutz der par conditio creditorum (vgl. § 129 Abs. 1 InsO). Deshalb liegt eine relevante Gläubigerbenachteiligung im Insolvenzanfechtungsrecht schon dann vor, wenn mit der Rechtshandlung eine Besserstellung Einzelner verbunden ist.[405] Nicht entscheidend ist hingegen, ob das Geschäft für die Gesellschaft per Saldo günstig war. Ziel der Zahlungsverbote ist aber gerade nicht die Gleichbehandlung aller Gläubiger sicherzustellen,[406] auch wenn ihnen dieser Sinn immer wieder zugeschrieben wird.[407] Die par conditio creditorum ist originärer Zweck des Insolvenzverfahrens (§ 1 Abs. 1 InsO).[408] Folglich kann sie auch erst in diesem wirken. Der Anwendungsbereich der Zahlungsverbote ist hingegen auf die Zeit vor der Eröffnung des Insolvenzverfahrens begrenzt. Selbst wenn der EuGH, BGH und die herrschende Meinung den Zahlungsverboten

---

403 *Habersack/Foerster*, ZHR 178 (2014), 387, 416 mit Fn. 140; *dies.*, in: GroßKomm. AktG, § 92 Rn. 138.

404 *Habersack/Foerster*, ZHR 178 (2014), 387, 413 f.

405 *Habersack/Foerster*, ZHR 178 (2014), 387, 409.

406 So aber EuGH, ZIP 2015, 2486 Tz. 20 („Kornhaas"); BGHZ 143, 184 = NJW 2000, 668; zuletzt BGH, NZG 2015, 101, 102; weitere Nachweise in Fn. 357.

407 *Grigoleit/Tomasic*, in: Grigoleit, AktG, § 92 Rn. 32; *Karsten Schmidt*, ZHR 168 (2004), 637, 669 f.; deutlich *ders.*, ZIP 2005, 2177, 2128; *ders.*, ZHR 168 (2004), 637 654; *ders.*, GmbHR 2000, 1225, 1227 f.; vgl. auch BGH, NJW 2008, 1535.

408 Statt aller *Prütting*, in: Kübler/Prütting/Bork, InsO, § 1 Rn. 13 ff.; *Ganter/Lohmann*, in: MüKo InsO, § 1 Rn. 51 ff.

insolvenzrechtlichen Bezug attestieren,[409] darf dabei nicht übersehen werden, dass sie nicht Teil des Insolvenzverfahrens sind. Insbesondere setzen sie keine Eröffnung des Insolvenzverfahrens voraus, sondern greifen auch dann ein, wenn dieses nie eröffnet wird und die Gesellschaft erfolgreich aus der Insolvenz geführt wurde.[410] Ihr Zweck kann daher nicht mit der par conditio creditorum gleichgesetzt werden. Wenn überhaupt tragen sie zur Gläubigergleichbehandlung bei, indem sie im Vorfeld der Insolvenz die möglichst umfassende (Wieder)Anreicherung der zukünftigen Insolvenzmasse herbeiführen.[411] Deren gleichmäßige Verteilung unter die Insolvenzgläubiger können die Zahlungsverbote aber weder bewirken noch ist ihnen diese Aufgabe zugedacht.[412] Dies ist allein Frage und Aufgabe der Regelungen über das Insolvenzverfahren an sich.[413] Für die Haftung im Rahmen der Zahlungsverbote ist auf den Saldo der Masse bei Insolvenzreife und Eröffnung des Insolvenzverfahrens abzustellen, wohingegen eine Vorabbefriedigung einzelner Gläubiger unschädlich ist, wenn und soweit dadurch die Masse nicht geschmälert wird.[414] Ist der Masse im

---

409 Siehe statt vieler EuGH, ZIP 2015, 2468 Tz. 17 („Kornhaas"); BGH, NZG 2015, 101; *Haas*, in: Baumbach/Hueck, GmbHG, § 64 Rn. 21 f.; *Thole*, Gläubigerschutz durch Insolvenzrecht, S. 870ff.; *Kindler*, in: MüKo BGB, IntGesR Rn. 631 und IntInsR, Art. 4 EuInsVO Rn. 58, 87; *Casper*, in: Ulmer, GmbHG, § 64 Rn. 34.

410 BGH, NZG 2008, 582 Tz. 20; BGH, ZIP 2010, 2107 Tz. 8, 13. Der Wortlaut der Zahlungsverbote in § 64 S. 1 GmbHG, § 130a Abs. 1 S. 1 HGB, § 92 Abs. 2 S. 1 AktG und § 99 S. 1 GenG setzt nur Überschuldung oder Zahlungsunfähigkeit der Gesellschaft voraus, nicht aber die Eröffnung eines Insolvenzverfahrens. Dafür, dass der Anspruch bzw. seine Geltendmachung dennoch die Eröffnung des Insolvenzverfahrens bzw. die Abweisung der Verfahrenseröffnung mangels Masse voraussetzt BGH, GmbHR 2000, 1149, 1150; *Schmidt-Leithoff/Baumert*, in: Rowedder/Schmidt-Leithoff, GmbHG, § 64 Rn. 22; *Haas*, in: Baumbach/Hueck, GmbHG, § 64 Rn. 12; *Bork*, in: Bork/Schäfer, GmbHG, § 64 Rn. 33; *Kolmann*, in: Saenger/Inhester, GmbHG, § 64 Rn. 49; *Kleindiek*, in: Lutter/Hommelhoff, GmbHG, § 64 Rn. 16; *Arnold*, in: Henssler/Strohn, GesR GmbHG, § 64 Rn. 37, 51; *H.F. Müller*, in: MüKo GmbHG, § 64 Rn. 173; *Ulmer*, in: Hachenburg, GmbHG, § 64 Rn. 38; *Nerlich*, in: Michalski, GmbHG, § 64 Rn. 47; *Fleck*, GmbHR 1974, 224, 230.

411 Vgl. BGH, NJW 1974, 1088, 1089; *Karsten Schmidt*, in: Scholz, GmbHG, § 64 Rn. 8; *Altmeppen*, in: Roth/Altmeppen, GmbHG, § 64 Rn. 1; siehe auch EuGH, ZIP 2015, 2468 Tz. 20 („Kornhaas"); BGHZ 143, 184 = NJW 2000, 668, *Kleindiek*, in: Lutter/Hommelhoff, GmbHG, § 64 Rn. 4.

412 Vgl. dazu *Altmeppen*, in: Roth/Altmeppen, GmbHG, § 64 Rn. 1: „jedenfalls auch (mittelbar)" diene das Zahlungsverbot der Durchsetzung der par conditio creditorum; *Haas*, in: Baumbach/Hueck, GmbHG, § 64 Rn. 1a: der Geschäftsführer riskiere „die nach Eintritt der Insolvenzreife geleisteten Zahlungen an die Ges erstatten zu müssen, damit diese im Insolvenzverfahren zur Befriedigung aller Gesgläubiger zur Verfügung stehen"; siehe auch *Altmeppen*, ZIP 2015, 949, 951; *Geißler*, NZG 2007, 645, 646.

413 Vgl. auch *Karsten Schmidt*, in: Scholz, GmbHG, § 64 Rn. 6.

414 BGH, NJW 2001, 1280, 1282; BGH, NJW 2008, 1535, wonach nur unmittelbare Gläubigerbenachteiligungen vom Zahlungsverbot erfasst sind. „Demgegenüber ist

Gegenzug zu der verbotenen Zahlung ein Gegenwert zugflossen, der hinter dem Wert der verbotenen Zahlung zurück bleibt, ist die Masse in Höhe des Gegenwertes nicht geschmälert worden und eine Haftung muss in dieser Höhe entfallen.

Zudem unterscheiden sich die beiden Rechtsinstitute auf der Rechtsfolgenseite. Bei der Insolvenzanfechtung hat der Anfechtungsgegner nur das herauszugeben, was er bereits zuvor erhalten hat. Der Geschäftsleiter haftet im Rahmen der Zahlungsverbote dagegen auf Erstattung eines Betrags, der ihm vorher gerade nicht zugeflossen ist. Während es hinsichtlich des Zahlungsempfängers allein darauf ankommt, ob er darauf vertrauen durfte, die Leistung behalten zu dürfen, ist für die Haftung des Geschäftsleiters entscheidend, ob ihm ein schuldhaftes Fehlverhalten in der Gesellschaftskrise vorgeworfen werden kann. Vertrauensschutz des Zahlungsempfängers und eine zivilrechtliche Haftungssanktion für den Geschäftsleiter müssen aber selbstverständlich an unterschiedliche Voraussetzungen gebunden sein, insbesondere sind an die Haftung des Geschäftsleiters höhere Anforderungen zu stellen, als an die Aufgabe des Vertrauensschutzes zu Lasten des Zahlungsempfängers. Eine Übertragung der Wertungen des Insolvenzanfechtungsrechts auf die Haftung für verbotene Zahlungen ist auch aus diesem Grund nicht zielführend.

2. *Ungeeignetheit des Bargeschäftsprivilegs*

Nicht abzustreiten ist, dass Geschäfte, die Bargeschäfte i.S.d. § 142 InsO darstellen, keine verbotenen Zahlungen im Rahmen der Zahlungsverbote sein können.[415] Bei ihnen fehlt es wegen des Zuflusses einer gleichwertigen Gegenleistung in das Gesellschaftsvermögen an einer Gläubigerbenachteiligung. Der par conditio creditorum droht von solchen Geschäften keinerlei Gefahr, so dass es im Rahmen der Insolvenzanfechtung angemessen erscheint, den Anfechtungsgegner in diesem Fall in seinem Vertrauen auf das Behaltendürfen der Leistung zu schützen. Freilich darf bei solchen Geschäften mangels Masseschmälerung auch der Geschäftsleiter nicht dazu verpflichtet sein, die aus dem Gesellschaftsvermögen geleistete Zahlung zu erstatten. Die abschließende Anwendung der Wertung des § 142 InsO auf die Zahlungsverbote vermag hingegen unter mehreren Gesichtspunkten nicht zu überzeugen.[416]

Zum einen verfängt die Lösung über das Bargeschäftsprivileg, wie oben bereits dargestellt, nur für Austauschgeschäfte. Für die Fallgruppe der verbotenen Zahlungen im Rahmen der Einzahlung auf debitorische Gesellschaftskonten vermag sie

---

das Tatbestandsmerkmal der Gläubigerbenachteiligung in § 129 InsO im Hinblick auf den das gesamte Anfechtungsrecht beherrschenden Gläubigergleichbehandlungsgrundsatz in einem umfassenderen Sinne zu verstehen und daher auch bei Rechtshandlungen gegeben, die lediglich mittelbar eine Gläubigerbenachteiligung bewirken"; vgl. auch *Goette*, ZInsO 2001, 529, 535.

415 *Karsten Schmidt*, ZIP 2005, 2177, 2182; *Altmeppen*, ZIP 2015, 949, 950.

416 *Altmeppen*, ZIP 2015, 949, 950 f.; *Bitter*, ZIP 2016, Beilage zu Heft 22, 6, 10 mit Fn. 47.

nicht, zu einer Lösung beizutragen.[417] Deshalb muss auf alternative Lösungswege, etwa die schwer überschaubare BGH-Rechtsprechung, zurückgegriffen werden. Bereits dieser Aspekt spricht für die Unterlegenheit der analogen Anwendung des § 142 InsO.

a) Zum Erfordernis des zeitlichen Zusammenhangs zwischen Leistung und Gegenleistung

Zum anderen stellt § 142 InsO Anforderungen an das Vorliegen eines Bargeschäfts, die im Rahmen der Haftung für die Verletzung der Zahlungsverbote nicht zielführend sind. Unter anderem verlangt § 142 InsO einen engen zeitlichen Zusammenhang zwischen der Leistung und der Gegenleistung. Liegen zwischen ihnen mehr 30 Tage, soll ein Bargeschäft ausscheiden, wobei unerheblich ist, ob eine Vorleistung durch den Schuldner oder den Zahlungsempfänger erfolgt. Keine Bargeschäfte können demnach jegliche Kreditgeschäfte sein. Jenseits der 30-Tages-Grenze wird der Empfänger der Leistung nicht mehr in seinem Vertrauen, die Leistung behalten zu dürfen, geschützt.[418] Diese Wertung hat im Rahmen der Geschäftsleiterhaftung allerdings keinen Raum. Hier geht es nicht um den Schutz eines Gläubigers, der die Leistung behalten darf, vielmehr geht es um die persönliche Haftung des Geschäftsleiters, der nicht eine bereits erhaltene Leistung herausgeben muss, sondern mit seinem gesamten Privatvermögen auf Erstattung einer verbotenen Zahlung haftet. Warum diese daran gebunden sein sollte, ob der Leistungsaustausch innerhalb eines Monats erfolgt oder nicht, ist unklar.[419]

b) Zum Erfordernis der Gleichwertigkeit

Ebenso wenig übertragbar ist die Wertung im Rahmen des Bargeschäftsprivilegs, dass Leistung und Gegenleistung wertmäßig äquivalent sein müssen,[420] eine Gegenleistung, die in ihrem Wert hinter der Leistung der Gesellschaft zurück bleibt, ein Bargeschäft i.S.d. § 142 InsO also ausschließt.[421]

Im Rahmen des § 142 InsO wird argumentiert, dass bei einer Gegenleistung von geringerem Wert keine bloße „Vermögensumschichtung“, sondern eine echte Gläubigerbenachteiligung vorliege.[422] Die Vermeidung einer solchen Benachteiligung anderer Gläubiger diene gerade dem Zweck des Bargeschäftsprivilegs, nämlich der

---

417 Vgl. bereits *Karsten Schmidt*, ZIP 2005, 2177, 2182 a.E.

418 Zum Schutz des Insolvenzschuldners durch die Ermöglichung verkehrsüblicher Umsatzgeschäfte *Ehricke*, in: Kübler/Prütting/Bork, InsO, § 142 Rn. 1 m.w.N.

419 Zur Ungeeignetheit der 30-Tagesfrist im Rahmen der Haftung für verbotene Zahlungen bereits *Altmeppen*, ZIP 2015, 949, 950 f.

420 Allein die Höherwertigkeit der in das Schuldnervermögen geflossenen Leistung soll ein Bargeschäft nicht hindern.

421 Siehe dazu bereits *Altmeppen*, ZIP 2015, 949, 951.

422 Siehe nur *Kirchhof*, in: MüKo InsO, § 142 Rn. 9 ff.; *Hirte, in: Uhlenbruck, InsO,* § 142 Rn. 23 ff.

in der Krise befindlichen Gesellschaft zwar eine Teilnahme am Geschäftsverkehr zu ermöglichen, allerdings nur dann, wenn keine Gefährdung von Gläubigerinteressen zu befürchten ist.[423] Bei der Haftung für verbotene Zahlungen geht es aber nicht darum, durch die Billigung masseneutraler Geschäfte eine Teilnahme der Gesellschaft am Geschäftsverkehr zu ermöglichen. Vielmehr steht bereits fest, dass die Zahlung eine verbotene i.S.d. der Zahlungsverbote war, wenn sie nicht „mit der Sorgfalt eines ordentlichen Geschäftsleiters" vereinbar ist. Durch die Anrechnung der Gegenleistung soll lediglich die drastische Haftung des Geschäftsleiters auf Erstattung der vollen geleisteten Zahlung vermieden werden, soweit die Masse gar nicht geschmälert wurde. Sinn der Berücksichtigung einer etwaigen Gegenleistung im Rahmen der Zahlungsverbote ist die Begrenzung der Erstattungshaftung auf den Schaden der Gläubigergesamtheit und die Vermeidung einer Massebereicherung und gerade nicht die Möglichkeit einer Teilnahme am Geschäftsverkehr. Die Wertungen des § 142 InsO, insbesondere das Erfordernis der Wertäquivalenz von Leistung und Gegenleistung, sind angesichts des völlig unterschiedlichen Normzwecks nicht auf die Haftung für verbotene Zahlungen übertragbar.

3. *Verhinderung einer Bereicherung der Masse durch vorzugswürdige analoge Anwendung des § 255 BGB*

Einigkeit besteht mit der hier vertretenen Auffassung dahingehend, dass eine Bereicherung der Masse durch die Haftung des Geschäftsleiters und der gleichzeitigen Anfechtung der geleisteten Zahlung verhindert werden muss. Diese kann aber im Rahmen des Konzepts der herrschenden Meinung über die analoge Anwendung des § 255 BGB erreicht werden. Eine Anwendung des § 143 f. InsO ist hingegen mangels Übertragbarkeit insolvenzanfechtungsrechtlicher Wertungen auf die Zahlungsverbote nicht zu befürworten.[424] Insbesondere vermag die analoge Anwendung des § 144 InsO und die damit verbundene Annahme, auch akzessorische Sicherheiten würden mit der Forderung des Insolvenzgläubigers zu Gunsten des Geschäftsleiters wieder aufleben,[425] nicht zu überzeugen. Hat nicht die Gesellschaft die Forderung des Gläubigers besichert, sondern ein Dritter, ist dieser nach Begleichung der Forderung durch die Gesellschaft in seinem Vertrauen auf das Freiwerden der Sicherheit zu schützen. Dies mag anders zu beurteilen sein, wenn die Gesellschaft die Forderung besichert hat, weil die unzulässige Zahlung gerade aus ihrer Sphäre, nämlich durch ihre Organe, erfolgte. Ein Dritter allerdings, der um die Verbotswidrigkeit der Erfüllung der Verbindlichkeit selten wissen wird und darauf keinerlei Einfluss hat, ist Vertrauensschutz zu gewähren. Eine analoge Anwendung des § 255 BGB scheint allein deshalb vorzugswürdig.

---

423 *Rogge/Leptien*, in: Hamburger Komm. InsO, § 142 Rn. 1, 10; *Ede/Hirte*, in: Uhlenbruck, InsO, § 142 Rn. 1; *Kirchhof*, in: MüKo InsO, § 142 Rn. 9.

424 Eingehend dazu soeben in Kapitel 3, § 1, B., IV., 1.

425 *Haas*, in: FS Fischer, S. 209, 211, 216, 218 ff.

Zwar ist der Einwand richtig, dass die Gesellschaft gegen den Gläubiger keinen Anspruch auf dessen Quote hat, den sie dem Geschäftsleiter abtreten könnte, es mithin an der Identität des Forderungsinhabers fehlt: Der Gläubiger hat keinen Erstattungsanspruch aus den Zahlungsverboten, allerdings steht ihm die Insolvenzforderung gegen die Gesellschaft zu. Inhaberin des Erstattungsanspruchs aus den Zahlungsverboten ist die Gesellschaft, ihr fehlt es aber an einem an den haftenden Geschäftsleiter abtretbaren Anspruch auf die Insolvenzquote.[426] Dieses Problem kann allerdings durch eine *analoge* Anwendung des § 255 BGB gelöst werden. Zum einen ist die Interessenlage in der hiesigen Konstellation und bei Identität der Anspruchsinhaber vergleichbar: Der Erstattungsanspruch, der der Gesellschaft aus den Zahlungsverboten zusteht, rechtfertigt sich nicht aus einem Schaden der Gesellschaft selbst, sondern gerade aus dem der Gesellschaftsgläubiger. Die Zuordnung des Anspruchs zum Gesellschaftsvermögen erfolgt in erster Linie aus Praktikabilitätsgründen hinsichtlich der Abwicklung. Ist es aber gerade ein Schaden der Gläubiger, der diesen lediglich mittelbar über das Gesellschaftsvermögen ersetzt wird, so ist es durchaus gerechtfertigt, auch den Gläubiger zu verpflichten, seinen Anspruch auf die Insolvenzforderung abzutreten. Ob der Insolvenzgläubiger unmittelbarer Anspruchsinhaber ist oder mittelbar durch den Anspruch begünstigt wird, ändert an der Vergleichbarkeit der Interessenlage nichts. Zudem fehlt es an einer Lösung des Gesetzes für diese oder vergleichbare Dreieckskonstellationen, so dass auch eine planwidrige Regelungslücke bejaht werden kann. Die zum Teil vertretene analoge Anwendung des § 144 InsO vermag diese nicht sinnvoll zu schließen, insbesondere weil er auf das Insolvenzanfechtungsrecht gemünzte Rechtsfolgen nach sich zieht, wie etwa das Wiederaufleben von akzessorischen Sicherheiten mit der Forderung. Zudem sieht sich auch die analoge Anwendung des § 144 InsO mit dem Problem konfrontiert, dass der haftende Geschäftsleiter nie Gläubiger der Gesellschaft und damit auch nie Inhaber einer Forderung war, die nunmehr wieder aufleben könnte.[427] Eine analoge Anwendung des § 255 BGB verdient mithin den Vorzug.

4. *Keine Gesamtschuld*

Unschlüssig ist die zudem die Annahme, der Empfänger der anfechtbaren Leistung und der haftende Geschäftsleiter seien Gesamtschuldner i.S.d. § 421 BGB, weshalb die Leistung des einen auch die Schuld des anderen erfülle.[428] Die herrschende Meinung

---

426 Siehe dazu *Haas*, in: FS Fischer, S. 209, 211.

427 Vgl. *Bangha-Szabo*, KTS 2015, 165, 167; vgl. auch der Wortlaut des § 144 Abs. 1 InsO: „Gewährt der Empfänger einer anfechtbaren Leistung das Erlangte zurück, so lebt *seine* Forderung wieder auf" [Hervorhebung durch den Verf.]; andere Ansicht *Haas*, in: FS Fischer, S. 209, 213 f., der davon ausgeht § 144 InsO setzte keine Identität von „ursprünglichem" und „neuem" Inhaber der Forderung voraus.

428 So aber *Habersack/Foerster*, ZGR 2016, 153, 174 f., 178 mit Verweis auf sich selbst in: GroßKomm. AktG, § 92 Rn. 140 und ZHR 178 (2014), 387, 409; gegen Gesamtschuld OLG Oldenburg, MDR 2004, 1383; *Thole*, Gläubigerschutz durch Insolvenzrecht,

geht vom Zessionsregress des haftenden Geschäftsleiter gegen den Zahlungsempfänger aus (§ 255 BGB analog).[429] Damit unterscheiden sich beide Ansichten nicht nur in dogmatischer Hinsicht, sondern auch in ihren Rechtsfolgen: Im Rahmen eines Zessionsregresses kann der haftende Geschäftsleiter den Zahlungsempfänger in voller Höhe in Anspruch nehmen. Bei einer Gesamtschuld wird hingegen grundsätzlich zu gleichen Teilen gehaftet, wenn sich nicht aus dem Innenverhältnis etwas anderes ergibt (§ 426 Abs. 1 S. 1 BGB). Der Gesamtschuldner, der die Forderung begleicht, kann den weiteren Gesamtschuldner also nur auf eine bestimmte Haftungsquote in Anspruch nehmen. Um hier zum gewünschten Ergebnis zu kommen, nämlich Haftung des Geschäftsleiters in voller Höhe, müsste sich entsprechendes aus dem Innenverhältnis ergeben. Zwischen Geschäftsleiter und Zahlungsempfänger besteht aber kein solches Innenverhältnis, weil der Zahlungsempfänger nur mit der Gesellschaft kontrahiert hat. Allein zur Überwindung dieses Problems bedürfte es einer rechtlichen Konstruktion, die keinen Anhaltspunkt im Gesetz findet. Die Annahme einer Gesamtschuld scheint also bereits aus diesem Grund zweifelhaft.

Die Literaturstimmen, die gleichwohl eine Gesamtschuld annehmen wollen, berufen sich auf ein Urteil des BGH(Z 52, 39), aus dem sich die Unschädlichkeit dessen ergebe, dass Anfechtungsschuldner und Geschäftsleiter aus unterschiedlichen Rechtsgründen haften.[430] Dies gilt nach BGHZ 52, 39 allerdings nur dann, wenn zum einen beide Ansprüche eine rechtliche Zweckgemeinschaft bilden, zum anderen § 255 BGB nicht anwendbar ist.[431] Der Annahme einer Zweckgemeinschaft steht hier nichts entgegen, dienen doch sowohl der Anspruch aus der Haftung für verbotene Zahlung als auch der Insolvenzanfechtungsanspruch dem Erhalt und der Wiederauffüllung der Insolvenzmasse zu Gunsten der Gläubigergesamtheit.[432] Die hier zu bejahende Anwendbarkeit des § 255 BGB schließt allerdings eine Gesamtschuld aus.[433] Fehlt es an der Gleichstufigkeit beider Ansprüche,[434] erfolgt der Regress zwischen den Parteien gerade nicht nach § 426 BGB, sondern nach § 255 BGB. Der Geschäftsleiter als derjenige, der dem „Schaden" am Gesellschaftsvermögen deutlich näher steht als der Zahlungsempfänger, muss diesen im Verhältnis zum Zahlungsempfänger alleine tragen.[435] Der Zahlungsempfänger haftet demnach

S. 71; *Altmeppen*, NZG 2016, 521, 524; *Karsten Schmidt*, in: Scholz, GmbHG, § 64 Rn. 66.

429 Sie dazu die Nachweise in Fn. 13.

430 *Habersack/Foerster*, in: GroßKomm. AktG, § 92 Rn. 140 und *dies.*, ZHR 178 (2014), 387, 409.

431 BGHZ 52, 39 = NJW 1969, 1165, 1166 f.; dazu, dass dieses Urteil ganz überwiegend als falsch empfunden wird *Altmeppen*, ZIP 2016, Beilage zu Heft 22, 3, 4 f. m.w.N.

432 Vgl. *Altmeppen*, ZIP 2016, Beilage zu Heft 22, 3, 5.

433 Siehe nur *Grüneberg*, in: Palandt, BGB, § 255 Rn. 2 m.w.N.

434 *Altmeppen*, NZG 2016, 521, 524; *ders.*, ZIP 2016, 366, 367; *ders.*, ZIP 2016, Beilage zu Heft 22, 3, 5.

435 Vgl. *Oetker*, in: MüKo BGB, § 255 Rn. 2; *Grüneberg*, in: Palandt, BGB, § 255 Rn. 2.

gar nicht, wenn der Insolvenzverwalter den Geschäftsleiter auf Erstattung der verbotenen Zahlung in Anspruch nimmt.[436]

Auch ein Fall des § 255 BGB liegt vor, wenn der Anfechtungsschuldner Neugläubiger ist, der Geschäftsleiter diesem nach Anfechtung gem. § 823 Abs. 2 BGB i.V.m. § 15a InsO sein volles negatives Interesse ersetzen muss und der Geschäftsleiter dann gem. § 255 BGB analog in dessen Rolle als Insolvenzgläubiger eintritt.[437] Eine Gesamtschuld von Anfechtungsgegner und haftendem Geschäftsleiter ist mithin in jedem Fall ausgeschlossen, vielmehr handelt es sich um einen Fall des Zessionsregresses.[438]

V. Zwischenergebnis

Weder die generelle Übertragung der insolvenzanfechtungsrechtlichen Wertungen auf die Zahlungsverbote noch die entsprechende Anwendung des Bargeschäftsprivilegs für die Berücksichtigung von Gegenleistungen ist zu befürworten.

Die Zahlungsverbote und die Insolvenzanfechtung unterscheiden sich in ihren Rechtsfolgen. Während die Verletzung der Zahlungsverbote zur Haftung des Geschäftsleiters führt, verpflichtet die Insolvenzanfechtung lediglich den Anfechtungsschuldner zur Rückgewähr eines zuvor erhaltenen Werts. Mag es noch angemessen sein, dem Anfechtungsschuldner die Rückerstattung, unabhängig davon, ob das Geschäft für die Gesellschaft günstig war oder nicht, zuzumuten, kann dies bei der Haftung des Geschäftsleiters mit seinem Privatvermögen kaum mehr der Fall sein. Schadet er weder dem Gesellschaftsvermögen noch der Gläubigergesamtheit muss eine Haftung ausscheiden. Ein für die Gesellschaft günstiges Geschäft kann nicht zu seiner Haftung auf Erstattung der geleisteten Zahlung und Belastung mit der Regressabwicklung führen, sei es über § 255 BGB oder § 144 InsO analog.

Auch die Anwendung des § 142 BGB im Rahmen der Zahlungsverbote vermag nur einen Fall einer masseneutralen und damit nicht haftungsbegründenden Zahlung zu umschreiben. Nicht schlüssig ist es hingegen, eine haftungsmildernde Berücksichtigung der Gegenleistung allein im Fall eines Bargeschäfts vorzunehmen. Insbesondere das Erfordernis der Gleichwertigkeit von Leistung und Gegenleistung vermag bei der Haftung des Geschäftsleiters nicht zu überzeugen, weil die Außerachtlassung

---

436 BGHZ 203, 218 = ZIP 2015, 71 Tz. 9; BGHZ 131, 325 = NJW 1996, 850 f.; BGH, NZG 2014, 1069 Tz. 14; *Haas,* in: Baumbach/Hueck, GmbHG, § 64 Rn. 87; *Karsten Schmidt,* in: Scholz, GmbHG, § 64 Rn. 66; nach BGH, NZG 2014, 1069 Tz. 15 soll eine Anfechtung der Zahlung vom debitorischen Konto der Bank eine Haftung für die Einzahlung auf ein debitorisches Konto nicht mindern.

437 BGHZ 146, 264 = NJW 2001, 1280 Ls. 3; BGH, GmbHR 2005, 1187, wonach der Verfolgungsanspruch von Amts wegen in das Urteil aufzunehmen ist, eingehend dazu *Casper,* in: Ulmer, GmbHG, Erg.-Bd. MoMiG, § 64 Rn. 138; *Haas,* in: Baumbach/Hueck, GmbHG, § 64 Rn. 88; eine Gesamtschuld nehmen aber auch in diesem Fall *Habersack/Foerster,* ZGR 2016, 153, 178 an.

438 Zum Ganzen *Altmeppen,* NZG 2016, 521, 524; *ders.,* ZIP 2016, Beilage zu Heft 22, 3 ff.

einer nicht äquivalenten Gegenleistung in vielen Fällen zu einer Massebereicherung führt, die wiederum über die nicht wertungswiderspruchsfrei mögliche Anwendung der Anfechtungsregelungen ausgeglichen werden muss.

C. Fazit

Weder die Rechtsprechung noch alternativ in der Literatur vorgeschlagene Konzepte hinsichtlich der Ausgestaltung und vor allem Eindämmung der Haftung für die Verletzung der Zahlungsverbote vermögen zu überzeugen.

Die BGH-Rechtsprechung führt trotz gesteigerter Anerkennung von Gegenleistungen zu unüberschaubaren Folgen und stellt die Praxis vor kaum lösbare Aufgaben. Insbesondere die Untersuchung der Auswirkungen jeder einzelnen Zahlung wird nicht zu bewerkstelligen sein. Deutlich zeigt sich die Komplexität der BGH-Rechtsprechung bei der Haftung für den Forderungseinzug auf debitorische Konten der Gesellschaft. Ebenfalls problematisch sind die Wechselwirkungen der Haftung für die Verletzung der Zahlungsverbote und der Insolvenzverschleppungshaftung, die sich durch die Insolvenzanfechtungsmöglichkeiten des Insolvenzverwalters ergeben. Unschlüssig ist zudem die Nichtberücksichtigung der Begründung von Verbindlichkeiten bei der Haftung des Geschäftsleiters für verbotene Zahlungen, obwohl hierdurch die Gesellschaftsgläubiger gleichermaßen geschädigt werden.

Auch die Anwendung des Bargeschäftsprivilegs führt nicht zu sachgerechten Ergebnissen. Dieses ist ohnehin nur im Rahmen von Austauschgeschäften anwendbar, und vermag damit kein für alle Zahlungen verwendbares Haftungskonzept zu vermitteln. Auch das Erfordernis der Gleichwertigkeit von Leistung und Gegenleistung und des engen zeitlichen Zusammenhangs des Leistungsaustauschs führt lediglich zu dem Folgeproblem, dass eine drohende Massebereicherung bei Nicht-Bargeschäften ausgeglichen werden muss.

§ 2 Kritik an Rechtsprechung und herrschender Meinung zur Haftung für die Verschleppung der Insolvenz

Neben der Haftung für verbotene Zahlungen bejaht die herrschende Meinung eine Außenhaftung der Geschäftsleiter aus § 823 Abs. 2 BGB i.V.m. § 15a InsO, wenn sie es versäumen, spätestens innerhalb der dreiwöchigen Frist einen Antrag auf Eröffnung des Insolvenzverfahrens beim zuständigen Gericht zu stellen. Über diesen zusätzlichen Haftungstatbestand sollen solche Verminderungen des Gesellschaftsvermögens und damit Gläubigerschäden zu ersetzen sein, die nicht auf der Leistung von Zahlungen beruhen.[439] Das auf § 823 Abs. 2 BGB i.V.m. § 15a InsO basierende Modell der herrschenden Meinung weist mehrere Schwächen auf, welche im Anschluss an die Darstellung der entscheidenden Entwicklungsschritte der Insolvenzverschleppungshaftung aufgezeigt werden sollen.

---

439 BGHZ 203, 218 = ZIP 2015, 71 Tz. 12.

A. Entwicklung der Rechtsprechung und herrschenden Meinung

Die heute herrschende Meinung zur Rechtsgrundlage der Insolvenzverschleppungshaftung und ihren Folgen hat sich über Jahrzehnte entwickelt und dabei massive Umgestaltungen erfahren. Das Fundament der Haftung für die Verschleppung der Insolvenz lieferte der BGH am 16.12.1958.[440] Bis dato hatte er sich nicht zur Schutzgesetzeigenschaft der Konkursantragspflichten[441] geäußert, welche in der Literatur überwiegend bejaht, vom Reichsgericht hingegen abgelehnt wurde.[442] War dieser Schritt erst einmal getan, stellte der BGH zugleich klar, dass von deren Schutzbereich nicht nur Altgläubiger, sondern auch Neugläubiger erfasst sind. Die folgende Diskussion um die Konkursverschleppung konzentrierte sich weitestgehend darauf, ob Neugläubiger einen Anspruch auf Ersatz ihres negativen Interesses haben und falls ja, aus c.i.c. oder auf Grundlage der Insolvenzverschleppungshaftung. Im Folgenden soll diese Entwicklung in Grundzügen nachgezeichnet werden, um im Anschluss daran auf nach hier vertretener Ansicht fehlerhafte, aber entscheidende Weichenstellungen im Lauf der Rechtsprechungsgeschichte einzugehen.

I. Urteil des BGH vom 16. Dezember 1958

Im Jahre 1958 qualifizierte der BGH nicht nur erstmals die Konkursantragspflichten als Schutzgesetze i.S.d. § 823 Abs. 2 BGB, sondern definierte zugleich deren subjektiven Schutzbereich neu.[443]

Demnach sollen durch die Antragspflichten und die korrespondierende Strafandrohung die Gläubiger der Gesellschaft, die durch die Verzögerung oder komplette Unterlassung des Insolvenzantrags regelmäßig Schäden erleiden, geschützt werden. Bestärkt und nötig werden soll diese Sicht durch die mangelnde persönliche Haftung in Kapitalgesellschaften. Weiterhin führt der BGH an, dass bereits das Reichsgericht in ständiger Rechtsprechung vom Schutzgesetzcharakter der Konkursantragspflicht ausgegangen sei.[444] Dieses Argument verfängt freilich nicht, hatte das Reichsgericht sich doch deutlich gegen eine Qualifizierung der Konkursantragspflichten als Schutzgesetze ausgesprochen.[445] Nichts desto trotz stand seit

---

440 Nahezu alle BGH-Entscheidungen nehmen dabei Bezug auf § 64 Abs. 1 GmbH a.F. Diese Rechtsprechung ist aber – soweit ersichtlich unstreitig – auch auf die GmbH & Co. KG, AG und Genossenschaft zu übertragen, vgl. nur BGH, ZIP 1995, 31 f.; *Goette*, DStR 1994, 1048, 1053; *Kübler*, ZGR 1995, 481, 493; *Bayer/Lieder*, WM 2006, 1, 2.

441 Diese waren bis zum MoMiG 2008 noch in den gesellschaftsformspezifischen Einzelgesetzen geregelt.

442 BGHZ 29, 100 = NJW 1959, 623.

443 BGHZ 29, 100 = NJW 1959, 623 ff.

444 So auch *Fleck*, GmbHR 1974, 224, 234, freilich ohne Nachweis der in Anspruch genommenen RG-Rechtsprechung.

445 Siehe nur RGZ 73, 30, 35; zu ausführlicher Kritik an dieser Behauptung siehe *Altmeppen*, in: Roth/Altmeppen, GmbHG, § 64 Rn. 35; *Altmeppen/Wilhelm*, NJW 1999, 673, 679; *Altmeppen*, ZIP 2001, 2201, 2202; *ders.*, ZIP 2015, 949, 953.

BGHZ 29, 100 fest, dass Geschäftsleiter, die die Beantragung des Konkurses bei Konkursreife der Gesellschaft versäumen, nunmehr deliktisch direkt gegenüber den geschädigten Gläubigern haften.

Zudem urteilte der BGH, dass neben den sog. Altgläubigern auch die Neugläubiger vom subjektiven Schutzbereich der Konkursantragspflichten erfasst seien und damit aus deren Verletzung i.V.m. § 823 Abs. 2 BGB einen unmittelbaren Anspruch gegen den konkursverschleppenden Geschäftsleiter ableiten können. Der Anspruchsumfang beider Gläubigergruppen und damit der objektive Schutzbereich[446] der Konkursantragspflichten sei aber auf den Ersatz des Schadens beschränkt, der ihnen dadurch entsteht, dass sich ihre Insolvenzquote durch die unterlassene Konkursantragsstellung verringert. Objektiver Schutzzweck der Antragspflicht sei nämlich ausschließlich die Erhaltung des Gesellschaftsvermögens zu Gunsten der Gläubiger, nicht aber der Schutz der Allgemeinheit vor dem Kontrahieren mit einer konkursreifen Gesellschaft im Geschäftsverkehr.[447] Neugläubiger, die im Vertrauen auf die Solvenz der Gesellschaft Vorleistungen an diese erbracht oder Verträge mit dieser geschlossen haben, hätten daher keinen Anspruch auf Ersatz ihres vollen negativen Interesses.

Dabei wurde der mangelnde Anlass hervorgehoben, Neugläubiger anders zu behandeln als Altgläubiger. Der BGH führte an, dass nach dem Willen des Gesetzgebers das Vertrauen in die Kreditwürdigkeit des Vertragspartners im Geschäftsleben keinen besonderen Schutz genieße und Gläubiger, die einer insolventen Gesellschaft noch Kredit gewähren, vielmehr auf Ansprüche aus § 826 BGB bzw. § 823 Abs. 2 BGB i.V.m. § 263 StGB verwiesen seien.[448]

Ersetzt verlangen können daher beide Gläubigergruppen nur den Schaden, den sie durch das Absinken der Insolvenzquote in der Verschleppungsphase erleiden.[449] Dieser wird gemeinhin als „Quotenschaden" bezeichnet. Präziser Weise muss dabei aber nicht vom „Quotenschaden", sondern vom „Quotenverminderungsschaden"[450] gesprochen werden. Er besteht in dem Differenzbetrag zwischen der ursprünglichen (hypothetischen) Quote, die der Gläubiger bei ordnungsgemäßer Insolvenzantragsstellung erhalten hätte und der Quote, die er nach der Verabsäumung der Insolvenzantragsstellung tatsächlich noch erhält. Durch das rechtswidrige Weiterwirtschaften trotz Insolvenzreife wird diese Quote häufig mit der gesamten Insolvenzmasse

446 Vgl. zur Differenzierung zwischen subjektivem und objektivem Schutzbereich *Wagner*, in: MüKo BGB, § 823 Rn. 418 f.

447 LG Kiel, NJW 1954, 1850, 1851 m.w.N.; tendenziell auch in diese Richtung RGZ 70, 30, 31 f., 34 ff.

448 Dazu, dass diese Haftung bei Aufrechterhaltung ihrer Tatbestandsmerkmale, keine breite Wirkung zu Gunsten der Gläubiger entfalten wird *Roth*, ZGR 1993, 170, 173; *ders.*, EWiR 1993, 1095, 1096.

449 Zum Ganzen BGHZ 29, 100 = NJW 1959, 623, 624 f.; dem folgend etwa BGHZ 75, 23 = NJW 1979, 2198; BGHZ 100, 19 = ZIP 1987, 509, 511; BAG, NJW 1975, 708.

450 *Bitter*, ZInsO 2010, 1561, 1573; vgl. auch BGHZ 138, 211 = NJW 1998, 2667, 2668.

sinken, so dass in Höhe der Differenz der beiden Quoten ein Schaden vorliegt.[451] Dabei kommt es allein auf die im jeweiligen Zeitpunkt effektiv zur Verfügung stehende Insolvenzmasse an, nicht etwa auf zwar bilanzierte Aktivposten, die allerdings rechtlich oder tatsächlich nicht zur Befriedigung der Gläubiger verfügbar sind (Beispiel: Aktivierte Kreditsicherheiten); auch nicht zu berücksichtigen sind Gegenstände der Gesellschaft, an denen ein Aus- oder Absonderungsrecht besteht.[452]

II. Beschluss des BGH vom 20. September 1993

Individuelle Schäden der Neugläubiger, die diese durch die Kreditgewährung nach Insolvenzreife erleiden, sind im Rahmen der Insolvenzverschleppungshaftung mithin nicht ersetzbar. Dies stieß vielerorts auf Kritik,[453] insbesondere weil sich die Berechnung des Quotenverminderungsschadens bereits für Altgläubiger als problematisch, allerdings als nahezu unmöglich für die Neugläubiger darstellte. Diese waren bei hypothetischer Insolvenzeröffnung nämlich noch nicht Gläubiger der Gesellschaft, so dass der Bezugspunkt für die Schadensberechnung unklar ist. Vorgeschlagen wurde deshalb, einen einheitlichen Quotenverminderungsschaden für Alt- und Neugläubiger festzusetzen.[454] Das Fingieren eines Schadens, der so keinem Neugläubiger tatsächlich entstanden ist, wurde aber sowohl vom BGH als auch im Schrifttum abgelehnt.[455]

Um der vermeintlichen dogmatischen Überstrapazierung der c.i.c.-Haftung als Grundlage für den Ersatz von Kontrahierungsschäden der Neugläubiger ein Ende zu setzen und die Neugläubiger dennoch weiterhin vollumfänglich zu schützen, nahm die Rechtsprechung hinsichtlich der Insolvenzverschleppungshaftung eine

---

451 Zur Berechnung des Quotenschadens siehe BGHZ 138, 211 = NJW 1998, 2667, 2669 f.; *Haas/Kolmann/Pauw*, in: Gottwald, Insolvenzrechts-Handbuch, § 92 Rn. 103 f.; *Nerlich*, in: Michalski, GmbHG, § 64 Rn. 70; *Haas*, in: Baumbach/Hueck, GmbHG, § 64 Rn. 127; *Karsten Schmidt*, in: Scholz, GmbHG, § 64 Rn. 181 ff.

452 BGH, NJW 1997, 3021, 3022; *Haas/Kolmann/Pauw*, in: Gottwald, Insolvenzrechts-Handbuch, § 92 Rn. 104; *Bitter*, ZInsO 2010, 1561, 1574.

453 Stapelfeld, Haftung des GmbH-Geschäftsführers, S. 166 ff.; Uhlenbruck, GmbH & Co. KG in Krise, Konkurs und Vergleich, S. 403 ff.; Ulmer, NJW 1983, 1577, 1581 f.; *Meyer-Landrut*, in: FS Barz, S. 271, 277 ff.; *Lambsdorff/Gilles*, NJW 1966, 1551 f.; *Gilles/Baumgart*, JuS 1974, 226, 227 f.; *Vogel*, JZ 1959, 574, 575; *Winkler*, MDR 1958, 887, 889; *ders.*, MDR 1960, 185, 186 f.; *Lindacher*, DB 1972, 1424 f.; vgl. auch *Ulmer*, NJW 1983, 1577, 1578, der so die Überstrapazierung der c.i.c.-Haftung eindämmen wollte; *Mertens*, in: FS Lange, S. 561, 577; *Schanze*, AG 1993, 376, 380; *Karsten Schmidt*, in: Scholz, GmbHG, 9. Aufl., 2002, § 64 Rn. 39 m.w.N.

454 *Ulmer*, in: Hachenburg, GmbHG, § 64 Rn. 54; *Karsten Schmidt*, in: Scholz, GmbHG, 7. Aufl., 1988, § 64 Rn. 31.

455 BGHZ 138, 211 = NJW 1998, 2667, 2668; BGH, NJW 1993, 2931, 2932; *Flume*, ZIP 1994, 337, 339; *Goette*, DStR 1994, 1048, 1052.

Kehrtwende. Diese leitete sie mit einem Vorlagebeschluss des II. Zivilsenats des BGH an den gemeinsamen Senat der Obersten Gerichthöfe des Bundes gem. § 132 Abs. 3 GVG am 20.9.1993 ein. Nachdem die Senate des BGH bereit waren, ihre Rechtsprechung zum Umfang des Neugläubigerschadensersatzanspruchs aufzugeben,[456] musste dies nurmehr durch einen Vorlagebeschluss mit dem BAG, welches der früheren Rechtsprechung des BGH folgte,[457] abgestimmt werden. Daher wurde dem gemeinsamen Senat die Frage zur Entscheidung vorgelegt, ob der Anspruch des Neugläubigers aus der Verletzung der Insolvenzantragspflicht i.V.m. § 823 Abs. 2 BGB auf den Betrag beschränkt ist, um den sich seine Insolvenzquote verringert hat.[458]

Der II. Zivilsenat des BGH pochte dabei drauf, dass den Neugläubigern – anders als den Altgläubigern – ihr volles negatives Interesse zu ersetzen sei, soweit dieses nicht durch die auf den einzelnen Gläubiger entfallende Konkursquote gedeckt ist. In seinem Vorlagebeschluss führte er dabei aus, dass objektiver Normzweck der Insolvenzantragspflichten sei, konkursreife Gesellschaften mit beschränktem Haftungsfonds vom Geschäftsverkehr fernzuhalten und so potentielle Gläubiger vor einer Schädigung zu bewahren. Aus unzureichenden Gründen werde zugleich aber angenommen, der Zweck der Insolvenzantragspflichten als Schutzgesetze i.S.d. § 823 Abs. 2 BGB bleibe hinter diesem objektiven Normzweck zurück. Als Schutzgesetze sollen sie dann nurmehr die Erhaltung des im Zeitpunkt der Insolvenzreife vorhandenen Vermögens sichern. Dies hätte den unzureichenden Schutz aller Gläubiger zur Folge. Zudem sei bisher davon ausgegangen worden, Alt- und Neugläubiger bei der Schadensberechnung gleich behandeln zu müssen, so dass der Ersatzanspruch für alle Gläubiger immer nur in der Differenz zwischen dem Masseerlös, der sich bei rechtzeitiger Antragsstellung ergeben hätte, und demjenigen, der sich nach erfolgter Insolvenzverschleppung nunmehr tatsächlich ergibt, bestehen konnte. Dies sei aber nicht veranlasst, auch nicht durch den insolvenzrechtlichen Grundsatz der Gläubigergleichbehandlung. Dieser habe nichts mit der Frage zu tun, ob einzelnen Gläubiger kausal erlittene Individualschäden zu ersetzen seien. Darin, dass jedem Gläubiger der ihm individuell entstandene Schaden ersetzt wird, liege keine Ungleichbehandlung der beiden Gläubigergruppen.[459] Die Neugläubiger müssten demnach, anders als die Altgläubiger, einen Anspruch auf Ersatz ihres vollen negativen Interesses haben.

456 Siehe dazu den Anfragebeschluss an die einzelnen Senate vom 1. März 1993, ZIP 1993, 763.

457 BAG, NJW 1975, 708.

458 BGH, NJW 1993, 2931.

459 So auch *Stapelfeld*, Haftung des GmbH-Geschäftsführers, S. 172; *Roth*, GmbHR 1985, 137, 140; *ders.*, EWiR 1993, 1095, 1096; andere Ansicht *Fleck*, GmbHR 1974, 224, 235.

III. Urteil des BGH vom 6. Juni 1994

In seiner Grundsatzentscheidung vom 6.6.1994 hat der BGH dementsprechend seine bisherige Rechtsprechung aufgegeben.[460] Neugläubiger haben nunmehr einen Anspruch auf Ersatz ihres individuellen Schadens, der über den Quotenverminderungsschaden hinausgeht. Weiterhin auf den Quotenverminderungsschaden beschränkt bleiben die Altgläubiger, da diese auch bei rechtzeitiger Insolvenzantragsstellung mit ihrer Forderung teilweise ausgefallen wären, so dass es an der Kausalität zwischen dem Unterlassen der Antragsstellung und dem Forderungsausfallschaden der Altgläubiger fehlt.[461] Der Schaden der Neugläubiger liege hingegen im Vertragsschluss mit der insolventen Gesellschaft, der seine Ursache im Verstoß gegen die Insolvenzantragspflicht hat und damit kausal darauf beruht.

In einer weiteren Entscheidung vom 30. März 1998 sprach der BGH den Neugläubigern ihren Quotenverminderungsschaden, der durch den Insolvenzverwalter geltend zu machen gewesen wäre, aus Praktikabilitätsgründen ab. Denkbar wären allenfalls drei Möglichkeiten gewesen, einen etwaigen Quotenverminderungsschaden der Neugläubiger zu liquidieren. Alle drei seien indes nicht umsetzbar:[462]

- Die Verringerung der Quote müsste für jeden Neugläubiger einzeln berechnet werden,[463] was in der Insolvenzpraxis undurchführbar wäre, weil diesen kein einheitlicher Quotenverminderungsschaden wie den Altgläubigern entstehe.[464]
- Im Rahmen der Abwicklung nach § 92 InsO müsste für jeden einzelnen geschädigten Neugläubiger eine Sondermasse gebildet werden. Dies laufe aber dem Zweck des Konkursverfahrens und dessen Funktion zuwider.[465]
- Ebenso wenig kommt für den BGH die einheitliche Geltendmachung eines „Gesamtgläubigerschadens“ von Alt- und Neugläubigern in Frage.[466] So würde ein Schaden der Neugläubiger fingiert, der gar nicht bestehe. Zudem würde die Mehrung von Prozessen gefördert, wenn die Geltendmachung des Ersatzanspruchs des Neugläubigers auf sein negatives Interesse von der des Anspruchs

---

460 Zum Ganzen BGHZ 126, 181 = NJW 1994, 2220 ff., mit Bezug auf § 64 Abs. 1 GmbHG a.F., wobei die Ausführungen gleichermaßen für alle Gesellschaften mit beschränktem Haftungsfonds gelten BGH, NJW 1993, 2931, 2932.

461 Vgl. auch *Bitter*, ZInsO 2010, 1561, 1574.

462 Zum Ganzen BGHZ 138, 211 = NJW 1998, 2667, 2667 f., siehe dazu krit. *Karsten Schmidt*, NZI 1998, 9 ff.; *Wellensiek*, BB 1998, 1277, 1278 f.

463 So etwa *Bork*, in: Kölner Schrift zur InsO, Kapitel 31 Rn. 19.

464 BGHZ 138, 211 = NJW 1998, 2667, 2668.

465 BGHZ 138, 211 = NJW 1998, 2667, 2667 f.; noch offen gelassen von BGHZ 126, 181 = NJW 1994, 2220.

466 So aber *Karsten Schmidt*, JZ 1978, 661, 665; vgl. auch *ders.*, in: Karsten Schmidt/Uhlenbruck, GmbH in Krise, Sanierung und Insolvenz, Rn. 11.25 f.: diese Annahme basiere auf einem Missverständnis des § 92 InsO, eingehend dazu in Kapitel 4, § 2, A.

auf Ersatz des Quotenverringerungsschadens abgespalten wäre. Dies sei auch aus Praktikabilitätsgründen nicht zu rechtfertigen.[467]

Demnach nehmen die Neugläubiger nicht mehr an der Gesamtschadensabwicklung nach § 92 InsO teil. Die Geltendmachung von Gläubigerschäden durch den Insolvenzverwalter beschränkt sich auf den Schaden der Gesamtheit der Altgläubiger,[468] welche von der eigenständigen Liquidation ihres Schadens während des Insolvenzverfahrens durch die Sperrwirkung des § 92 InsO ausgeschlossen bleiben.

IV. Resonanz in der Literatur

Die Annahme des BGH von 1958, die Konkursantragspflichten seien Schutzgesetze i.S.d. § 823 Abs. 2 BGB, wurde ganz überwiegend übernommen und entspricht heute der herrschenden Meinung.[469] Auch die Einbeziehung der Neugläubiger in den subjektiven Schutzbereich der Konkursantragspflichten durch den BGH 1958 und die gleichzeitige Begrenzung deren Anspruchsumfangs auf den Quotenverminderungsschaden wurde im Schrifttum positiv auf- bzw. schlicht übernommen.[470]

Ausführlich kommentiert wurden auch die Vorlagebeschlüsse des BGH vom 1.3.1993 und 2.9.1993. Die darin angekündigte Ausweitung der Insolvenzverschleppungshaftung auf Ersatz des vollen negativen Interesses der Neugläubiger und die gleichzeitige Eindämmung der c.i.c.-Haftung wurden überwiegend positiv kommentiert,[471] teilweise allerdings auch scharf kritisiert.[472]

---

467 Zum Ganzen BGHZ 138, 211 = NJW 1998, 2667, 2668; BGH, NJW 1993, 2931, 2932; so auch *Flume*, ZIP 1994, 337, 339; *Goette*, DStR 1994, 1048, 1051 f.

468 Krit. dazu *Karsten Schmidt*, NZI 1998, 9 ff.; *ders.*, ZIP 2008, 1401 f.; *ders.*, ZIP 2009, 1551, 1553; *ders.*, ZHR 175 (2011), 433, 442 f.

469 Übernommen auch von der Rechtsprechung, siehe etwa BGH, NJW 1993, 2931; BGHZ 126, 181 = NJW 1994, 2220; BGHZ 138, 211 = NJW 1998, 2667, 2668; im Schrifttum etwa: *Karsten Schmidt*, NJW 1993, 2934; *Bauder*, BB 1993, 2469, 2472 f.; *G. Müller*, ZIP 1993, 1531, 1535 f.; *Ulmer*, ZIP 1993, 769, 771; *Uhlenbruck*, DStR 1991, 351, 355; *Roth*, GmbHR 1985, 137, 141; vgl. auch *Medicus*, GmbHR 1993, 533, 540; *Fleck*, GmbHR 1974, 224, 234; für Nachweise aus dem aktuellen Schrifttum siehe Fn. 73.

470 Zur positiven Aufnahme der Entscheidung vgl. *Goette*, DStR 1994, 1048, 1051.

471 *Roth*, EWiR 1993, 1095, 1096; *Wiedemann*, EWiR 1993, 583, 584; *Goette*, DStR 1994, 1048, 1051; *Karollus*, ZIP 1995, 269 ff.; *Kübler*, ZGR 1995, 481 ff.; *Bork*, ZGR 1995, 505 ff.; *Lutter*, DB 1994, 129, 134 f.; *Nerlich*, in: Michalski, GmbHG, 1. Aufl., 2002, § 64 Rn. 69; *Roth*, in: Baumbach/Hopt, HGB, § 130a Rn. 8; *Henssler/Dedek*, in: FS Uhlenbruck, S. 175, 178 ff.; *Hirte*, NJW 1995, 1202 f.; *Medicus*, DStR 1995, 1432, 1435; positiv hinsichtlich der Zuerkennung eines Individualanspruchs der Neugläubiger auch *Karsten Schmidt*, in: Karsten Schmidt/Uhlenbruck, GmbH in Krise Sanierung und Insolvenz, Rn. 11.19.; vgl. auch *Flume*, ZIP 1994, 337, 339 ff.; *Wilhelm*, ZIP 1993, 1833 ff.

472 Krit. *Karsten Schmidt*, ZGR 1998, 633, 665 ff.; *ders.*, NJW 1993, 2934; *ders.*, ZHR 168 (2004), 637, 641 ff.; *ders.*, KTS 2001, 373, 381 ff.; *Bauder*, BB 1993, 2472 ff.; *Ulmer*,

Karsten Schmidt etwa befürchtete eine „totale Konkursverschleppungshaftung“, die sich auch auf gesetzliche Schuldverhältnisse ausdehnt, weshalb der Beschluss „Anlaß zur Besorgnis“ gebe. Die Ausweitung des objektiven Schutzbereichs der Insolvenzantragspflicht auf den Vertrauensschaden der Neugläubiger entspreche nicht dem geltenden Recht, da dieser dann für die Altgläubiger (Massesicherung) ein anderer sei als für die Neugläubiger (Sicherung der Erfüllungserwartung).[473] Der in Bezug auf die Neugläubiger aber erforderliche Schutz sei daher nicht über die Insolvenzverschleppungshaftung herzustellen, sondern weiterhin über eine Haftung des Geschäftsleiters aus c.i.c. wegen der Inanspruchnahme von Vertrauen.[474]

Ebenso kritisch merkt *Müller* an, dass nach dem BGH der Schutzzweck der Insolvenzantragspflicht darin besteht, die Allgemeinheit vor Vertragsschlüssen mit der fallierenden Gesellschaft zu bewahren. Dementsprechend muss das haftungsauslösende Tatbestandsmerkmal der Vertragsschluss mit einem Neugläubiger sein. Durch diesen allein erleidet der Gläubiger aber gerade keinen Schaden, sondern vielmehr erst durch die Vorleistung bzw. die Einräumung eines Waren- oder Geldkredits an die Gesellschaft.[475] Der Individualschaden eines Neugläubigers sei mithin nicht vom Schutzzweck der Insolvenzantragspflicht erfasst.

Laut *Canaris* wurde der Schutzzweck der Insolvenzantragspflicht vom BGH unter Außerachtlassung der Strafnorm (§ 15a Abs. 4, 5 InsO n.F.) falsch ausgelegt. Die Verletzung der Konkursantragspflicht sei ein Konkursdelikt, dessen Schutzzweck sich immer auf den des Konkursrechts beschränkt, nämlich die Erhaltung der Haftungsmasse zur größeren quotenmäßigen Befriedigung aller Gläubiger. Der Schutzzweck der Konkursantragspflichten, die gerade Inhalt der Strafnorm seien, könne daher nicht weiter gehen. Zudem werde mit der Ausweitung des Schutzzwecks eine generelle Warnpflicht für die Geschäftsleiter einer insolventen Gesellschaft statuiert, weil zugleich bereits die fahrlässige Unterlassung der Konkursantragsstellung strafbar sei (§ 15a Abs. 5 InsO n.F.). So käme man zu einer „Fahrlässigkeitshaftung für einen betrugsähnlichen Tatbestand“, was dem Deliktsrecht allerdings fremd sei. Auch sei der schadensersatzrechtliche Schutz ungemein weit vorverlagert, wenn man reine Gefährdungsdelikte (§ 15a Abs. 4, 5 InsO n.F. und § 823 Abs. 2 BGB i.V.m. § 15a InsO n.F.), die ja gerade keinen Schaden des Gläubigers voraussetzen, als Schutzgesetze i.S.d. § 823 Abs. 2 BGB qualifiziert. Auch deshalb sei bei der extensiven Auslegung des jeweiligen Schutzgesetzes größte Zurückhaltung geboten.[476]

ZIP 1993, 769, 771; *G. Müller*, ZIP 1993, 1531, 1536 f.; *Canaris*, JZ 1993, 649, 651; *Schüppen*, DB 1994, 197, 201 ff.; *Müsgen*, DZWiR 1994, 455 ff.

473 Ähnlich *G. Müller*, ZIP 1993, 1531, 1536.

474 *Karsten Schmidt*, NJW 1993, 2934.

475 *G. Müller*, ZIP 1993, 1531, 1536; vgl. auch *Flume*, ZIP 1994, 337, 340; andere Ansicht *Ulmer*, ZIP 1993, 769, 771 f., der argumentiert, dass die Vorleistung bzw. Einräumung eines Kredits in der Regel bereits im Vertrag mit der Gesellschaft bestimmt ist, und daher der Schaden adäquat kausal auf dem Vertragsschluss beruhe.

476 Zum Ganzen *Canaris*, JZ 1993, 649, 651.

Ulmer etwa argumentiert, dass der Schutzzweck der Insolvenzantragspflicht gerade nicht der Schutz der Allgemeinheit vor dem Kontrahieren mit einer insolventen Gesellschaft sei, sondern nur der Schutz der „Gläubiger der Gesellschaft" als abgrenzbare Personengruppe bezweckt werden könne. Anderenfalls werde die Haftung für die Verletzung der Insolvenzantragspflicht über § 823 Abs. 2 BGB eine uferlose, die aber dem allgemein anerkannten Grundsatz widersprechen würde, dass § 823 Abs. 2 BGB nur Individualschutz und gerade nicht den der Allgemeinheit vermitteln soll. Sieht man den Schutzzweck der Insolvenzantragspflicht tatsächlich darin, den gesamten Rechtsverkehr vor Kontakten mit einer insolventen Gesellschaft zu schützen, müssten neben den Neugläubigern alle deliktisch durch die GmbH und ihre Organe Geschädigten einen Anspruch aus § 823 Abs. 2 BGB i.V.m. § 15a InsO auf Ersatz ihres vollen Ausfallschadens haben.[477] Anderenfalls sei davon auszugehen, dass der BGH einen neuen, auf enttäuschtem Vertrauen in die Solvenz der Gesellschaft basierenden Haftungstatbestand schaffen wollte.[478]

B. Kritik am Konzept der herrschenden Meinung

Selbst wenn man mit dem BGH davon ausgeht, dass die Insolvenzantragspflicht Schutzgesetz i.S.d. § 823 Abs. 2 BGB ist,[479] hinterlässt die Ausgestaltung des konkreten Haftungskonzepts durch die herrschende Meinung einige Kritikpunkte erkennen.

I. Zum Quotenverminderungsschaden

Nach dem BGH ist der Quotenverminderungsschaden die „Differenz zwischen dem Masseerlös, der sich bei rechtzeitiger Konkursanmeldung ergeben hätte, und dem späteren im Konkurs tatsächlich erzielten Erlös".[480] Für die Berechnung des Vermögens der Gesellschaft zum jeweiligen Zeitpunkt soll allein die tatsächliche Verfügbarkeit der Vermögensgegenstände entscheidend sein, und zwar unabhängig von den üblichen Bilanzierungsgrundsätzen; auf die Aktivierung von Kreditsicherheiten und Passivierung der entsprechenden Verbindlichkeiten soll es hingegen nicht ankommen.[481] Ebenso wenig seien die Vermögensgegenstände bei der Berechnung

---

477 Andere Ansicht *Flume*, ZIP 1993, 337, 340, der darauf hinweist, dass tatsächlich „jedermann", der Verträge mit der insolventen Gesellschaft schließt, in den Schutzbereich einbezogen ist, da dieser „jedermann" gerade durch den Vertragsschluss Neugläubiger der Gesellschaft wird.

478 *Ulmer*, ZIP 1993, 769, 771 f.

479 Nach hier vertretener Ansicht ist die Insolvenzantragspflicht von vornherein kein Schutzgesetz, eingehend dazu unter Kapitel 4, § 2, C., II., 2. Um Schwächen der herrschenden Meinung aufzuzeigen, soll für die nachfolgende Betrachtung aber der Schutzgesetzcharakter der Insolvenzantragspflicht unterstellt werden.

480 BGH, NJW 1997, 3021.

481 Dazu BGHZ 138, 211 = NJW 1998, 2667, 2670.

des Quotenverminderungsschadens mit ihrem nominellen Wert anzusetzen, ausschlaggebend sei allein deren tatsächlicher Wert zum jeweiligen Zeitpunkt.[482]

1. Undurchführbarkeit der Geltendmachung des Quotenverminderungsschadens

Der Anspruch auf Ersatz des Quotenverminderungsschadens, den die herrschende Meinung früher sowohl den Alt- als auch den Neugläubigern zugestanden hatte, dient nur in theoretischer Hinsicht dem Schutz der Gläubiger. In der Praxis hat er sich als unbrauchbares Konstrukt herausgestellt, das gänzlich leer läuft.

Die Berechnung des Quotenverminderungsschadens für die Neugläubiger ist nahezu unmöglich, weil die Werthaltigkeit ihrer Forderung zum jeweiligen Zeitpunkt berechnet werden müsste, in dem sie nach Insolvenzreife entstanden ist. Der Ersatzanspruch wäre demnach individuell für jeden einzelnen Gläubiger zu bestimmen. Aus diesem Grund hat der BGH den Neugläubigern einen Anspruch auf den Quotenverminderungsschaden auch versagt.[483]

Bei den Altgläubigern erscheint die Berechnung vermeintlich einfacher, da bei ihnen der Wert der Forderung gegen die Gesellschaft im Zeitpunkt der Insolvenzreife einheitlich berechnet werden kann. Zudem liegt ein gleichmäßiges Absinken des Werts in der Verschleppungsphase vor, wodurch eine gemeinschaftliche Geltendmachung aller Altgläubiger-Quotenschäden durch den Insolvenzverwalter ermöglicht wird.[484] Unterbleibt die Eröffnung des Insolvenzverfahrens, soll eine Geltendmachung des Quotenverminderungsschadens durch jeden einzelnen Altgläubiger möglich sein. Diese Konzeption läuft allerdings in der Praxis gänzlich leer. Die Berechnung des Quotenverminderungsschadens, insbesondere die Bestimmung einer hypothetischen Insolvenzquote, die bei rechtzeitiger Insolvenzantragsstellung bestanden hätte, auch wenn das Insolvenzverfahren gar nicht eröffnet wird, ist praktisch ausgeschlossen und gliche eher einer Schätzung als einer tatsächlichen Berechnung.[485]

---

482 Zum Ganzen BGH, NJW 1997, 3021; eingehend *Dauner-Lieb*, ZGR 1998, 617, 620 ff.

483 So bereits BGHZ 138, 211 = NJW 1998, 2667 f.

484 Dies entspricht der herrschenden Meinung, siehe nur BGHZ 126, 181 = NJW 1994, 2220, 2222; BGHZ 159, 25 = ZInsO 2004, 676; *Bitter*, ZInsO 2010, 1561, 1574; *Haas*, ZIP 2009, 1257, 1259 f.

485 Siehe dazu etwa BGHZ 126, 181 = NJW 1994, 2220, 2224; *Altmeppen*, in: Roth/Altmeppen, GmbHG, Vor § 64 Rn. 125 f., § 64 Rn. 35; *Schmidt-Leithoff/Baumert*, in: Rowedder/Schmidt-Leithoff, GmbHG, § 64 Rn. 81; *Mertens/Cahn*, in: Kölner Komm. AktG, Anh. § 92 Rn. 40; *Habersack/Foerster*, in: GroßKomm. AktG, § 92 Rn. 108; *Glozbach*, Die Haftung des GmbH-Geschäftsführers nach § 64 Abs. 2 GmbHG für Zahlungen nach Insolvenzreife, S. 87; *Karsten Schmidt*, JZ 1978, 661, 665; *Mertens*, in: FS Lange, S. 561, 577; *Bitter*, ZInsO 2010, 1561, 1574; *Dauner-Lieb*, ZGR 1998, 617, 624; *Goette*, DStR 1994, 1048, 1051; *G. Müller*, GmbHR 1994, 209, 212; *Bauder*, BB 1993, 2472, 2473; *Schneider*, GWR 2010, 170; *Haas*, ZIP 2009, 1257, 1260; *Wagner*, in: FS Karsten Schmidt, S. 1665, 1683, 1685; *Heitsch*, ZInsO 2006, 568, 569 ff.; *Goette*, DStR 1998, 654 f.; zur Berechnung des Quotenschadens der Neugläubiger ebenso BGHZ 138, 211 = NJW 1998, 2667, 2668; eingehend zur

Auch wird die Motivation der Altgläubiger ihren Quotenverminderungsschaden selbst geltend zu machen in der Regel gering sein, weil er selten von bedeutender Höhe sein wird: Muss der Geschäftsleiter ohnehin über die Zahlungsverbote die Masseschmälerung durch Zahlungen nach Insolvenzreife ausgleichen, kann der Gläubiger über § 823 Abs. 2 BGB i.V.m. § 15a InsO im Rahmen des Quotenverminderungsschadens nur noch die Verringerung der Masse durch anderweitige Handlungen ersetzt verlangen. Denkbar sind hier etwa (Aktien-)Kursschwankungen, Delikte Dritter, Zwangsvollstreckungsmaßahmen, der Verlust von Vermögensgegenständen, zum Beispiel durch Verarbeitung etc. Neben der Schädigung des Gesellschaftsvermögens durch Zahlungen werden diese Masseschmälerungen häufig eine nur untergeordnete Rolle spielen. Ist die Geltendmachung des Quotenverminderungsschadens für die Praxis aber uninteressant, besteht zumindest in dieser Hinsicht kein Anlass, die Haftungskonstruktion über § 823 Abs. 2 BGB i.V.m. § 15a InsO aufrecht zu erhalten. Vielmehr scheint es gar im Gläubigerinteresse geboten, Schäden, die diese durch die Verschleppung der Insolvenz erlitten haben, effektiv auf anderer Rechtsgrundlage zu ersetzen.

Im Namen des Gläubigerschutzes ist auch nicht nötig, den Schadensersatzanspruch als Außenhaftung gegenüber den geschädigten Altgläubigern umzusetzen.[486] In der Praxis profitieren die Gläubiger von diesem Anspruch ohnehin nicht. Zwar ist der Anspruch materiell-rechtlich über § 823 Abs. 2 BGB i.V.m. § 15a InsO den Gläubigern zugeordnet, diese sind aber innerhalb des Insolvenzverfahrens durch die Geltendmachung des Anspruch durch den Insolvenzverwalter nach § 92 InsO weitestgehend von der Wahrnehmung ihrer Ansprüche ausgeschlossen.[487] Selbst wenn die Insolvenzverfahrenseröffnung mangels Masse abgewiesen wird, nützt der Anspruch auf den Quotenverminderungsschaden dem Altgläubiger nicht viel: Er kann ihn zwar selbst geltend machen, muss ihn sich also nicht zunächst zur Einziehung überweisen lassen,[488] allerdings scheidet dieser Weg wegen der schwierigen Berechnung in der Realität wohl aus.[489] Zumindest hat dies in der Praxis – soweit ersichtlich – noch niemand unternommen. Auch wird sich die Motivation angesichts der Abweisung mangels Masse und des damit nur geringen zu erwartenden Quotenverminderungsschadensersatzes in Grenzen halten. Mithin ist durch eine Außenhaftung gegenüber den Gläubigern auf Ersatz des Quotenverminderungsschadens nichts gewonnen. Auf die Haftungskonstruktion über § 823 Abs. 2 BGB i.V.m. § 15a InsO kann also auch unter diesem Gesichtspunkt verzichtet werden.

Berechnung des Quotenschadens *Poertzgen,* Organhaftung wegen Insolvenzverschleppung, S. 276 ff.

486 So aber *Habersack/Verse,* ZHR 168 (2004), 174, 212 f.

487 Zur Sperrwirkung des § 92 InsO siehe nur *Brandes/Gehrlein,* in: MüKo InsO, § 92 Rn. 14 m.w.N.

488 Darauf pochend *Habersack/Verse,* ZHR 168 (2004), 174, 212 f.

489 *Haas,* ZIP 2009, 1257, 1260.

2. *Gebotenes schadensersatzrechtliches Verständnis der Haftung für die Verschleppung der Insolvenz*

§ 823 Abs. 2 BGB richtet sich auf den Ersatz des Schadens, der nach den allgemeinen Vorschriften der §§ 249 ff. BGB bestimmt wird.[490] Zu Recht hat *Dauner-Lieb* darauf hingewiesen, dass es verfehlt ist, wenn der BGH für die Berechnung des Quotenverminderungsschadens allein auf den Vergleich des tatsächlich erzielten und des hypothetischen Masseerlöses bei erfolgter Insolvenzverfahrenseröffnung abstellt. Hierbei soll es offenbar allein auf die Masseverkürzung[491] ankommen, und zwar unter Außerachtlassung dessen, dass der Schaden der Gläubiger nicht allein in der tatsächlich verfügbaren und verringerten Aktivmasse liegt, sondern gerade durch das Ausmaß der Forderungen gegen die Gesellschaft, aus dem sich die Höhe der Quoten ergibt, bestimmt wird.[492] Werden die Forderungen gegen die Gesellschaft in der Verschleppungsphase erhöht, verringert sich die Quote der (Alt)Gläubiger und ihr Schaden wird vertieft. Eine Nichtberücksichtigung der Steigerung der Verbindlichkeiten der Gesellschaft bei der Berechnung des Quotenverminderungsschadens und das bloße Abstellen auf die tatsächlich vorhandene Masse, wie es die Rechtsprechung nahe legt, überzeugen demnach nicht. Die Berechnung eines „Schadens" ist derart nicht möglich, was allerdings nach §§ 249 ff. BGB geboten wäre. Erforderlich ist mithin ein Vergleich der tatsächlich erzielten und der hypothetisch verteilbaren Konkursquote, freilich unter Berücksichtigung auch der Passivseite, nicht aber ein bloßer Vergleich der verteilbaren und der hypothetisch verteilbaren Masse bei rechtzeitiger Insolvenzverfahrenseröffnung.[493]

3. *Ausschluss der Neugläubiger vom Quotenverminderungsschaden*

Ebenfalls nicht zu überzeugen vermag der Ausschluss der Neugläubiger vom Quotenverminderungsschaden, wenn man sie in den Schutzbereich der Insolvenzantragspflicht miteinbezieht.[494] Mag dies für vertragliche Neugläubiger angesichts

---

490 Siehe nur *Wagner*, in: MüKo BGB, § 823 Rn. 69.

491 So wörtlich BGHZ 126, 181 = NJW 1993, 2220, 2223, demnach sei „in der Tat nur der allen Gläubigern gleichmäßig entstandene Masseverkürzungsschaden zu ersetzen".

492 Siehe dazu BGH, ZIP 1993, 1543, 1545 und ZIP 1993, 763, 767 jew. unter Berufung auf *Ulmer*, in: Hachenburg, GmbHG, § 64 Rn. 53; BGH, NJW 1997, 3021; BGHZ 138, 211 = NJW 1998, 2667, 2670.

493 Zum Ganzen *Dauner-Lieb*, ZGR 1998, 617, 624 ff.; siehe dazu auch *Schulze-Osterloh*, WuB II C § 64 GmbHG 2.97.

494 Geschehen durch BGHZ 138, 211 = NJW 1998, 2667 f.; dies kritisierend etwa *Altmeppen/Wilhelm*, NJW 1999, 673, 677 f.; *Karsten Schmidt*, in: MüKo HGB, § 130a Rn. 19; *ders.*, NZI 1998, 9, 12 ff.; *Grigoleit*, Gesellschafterhaftung für interne Einflussnahme im Recht der GmbH, S. 133 f.; *Brinkmann*, Die Bedeutung der §§ 92, 93 InsO für den Umfang der Insolvenz- und Sanierungsmasse, S. 14 f.; *Biehl*, Geschäftsführer- und Gesellschafterhaftung wegen Insolvenzverschleppung bei der GmbH, S. 129 ff.; *Poertzgen*, DZWiR 2007, 101, 104; *ders.*, ZInsO 2009, 1833,

deren vollen Schadensersatzanspruchs noch vertretbar erscheinen, ist die Annahme spätestens im Hinblick auf die gesetzlichen Neugläubiger nicht mehr haltbar. Diese fallen nach Ansicht des BGH und der wohl herrschenden Meinung nur bedingt in den Schutzbereich der Insolvenzantragspflicht und haben keinen Anspruch aus § 823 Abs. 2 BGB i.V.m. § 15a InsO auf ihren vollen Forderungsausfallschaden.[495] Bei Erwerb einer gesetzlichen, etwa deliktischen Forderung gegen die Gesellschaft nach Insolvenzreife sinkt allerdings in der Verschleppungsphase auch deren Wert. Dieser Verlust basiert kausal auf der Unterlassung der Insolvenzantragsstellung und ist mithin vom Schutzzweck der Insolvenzantragspflicht, nämlich die Entfernung insolventer Gesellschaften und damit die Sicherung und Erhaltung des Gesellschaftsvermögens zu Gunsten aller Gläubiger,[496] erfasst. Erhalten gesetzliche Neugläubiger allerdings nicht ihren vollen Schaden durch den Geschäftsleiter ersetzt, ist ihr Ausschluss vom Quotenverminderungsschaden nicht gerechtfertigt.[497]

Auch vertragliche Neugläubiger können grundsätzlich einen Quotenverminderungsschaden erleiden. Diejenigen, die der Gesellschaft keine Vorleistung erbringen, also keinen Ersatz ihres negativen Interesses geltend machen können, erleiden durch die Verkürzung der Haftungsmasse, ebenso wie alle anderen Gläubiger, einen Schaden im Hinblick auf ihr positives Interesse an der Realisierung ihrer Vertragsansprüche gegen die Gesellschaft.[498] Auch dieser selbständige Quotenverminderungsschaden müsste im Rahmen der Haftung nach § 823 Abs. 2 BGB i.V.m. § 15a InsO berücksichtigt werden.

II. Zur Einbeziehung der Neugläubiger in den Schutzbereich der Insolvenzantragspflicht

Geht man mit dem BGH nicht nur von der Schutzgesetzeigenschaft der Insolvenzantragspflicht aus, sondern legt auch zugrunde, dass diese dazu dienen soll, den gesamten Rechtsverkehr vor Kontakt mit insolventen Gesellschaften zu schützen, ist die Entscheidung, Neugläubigern über diese Haftung ihr gesamtes negatives Interesse zu ersetzen, folgerichtig.[499] Über die Haftung nach § 823 Abs. 2 BGB i.V.m.

1838; *Heitsch*, ZInsO 2006, 568, 571 f.; *Wübbelsmann*, GmbHR 2008, 1303; *Michalski/Funke*, WuB II C § 64 GmbHG 3.07; gegen einen Quotenschaden der Neugläubiger, wenn und weil für dessen Berechnung auf den Zeitpunkt pflichtgemäßer Antragsstellung abgestellt wird: *Wilhelm*, ZIP 1993, 1833, 1834; vgl. auch *Dauner-Lieb*, ZGR 1998, 617, 628.

495 Nachweise in Fn. 86.

496 BGHZ 126, 181 = NJW 1994, 2220, 2223; BGH, NJW 1995, 398, 399; BGH, NZG 2003, 923 924; OLG Koblenz, NZI 2007, 113, 116.

497 Siehe dazu bereits *Altmeppen/Wilhelm*, NJW 1999, 673, 677 f.; *Altmeppen*, ZIP 2001, 2201, 2205; *ders.*, ZIP 2015, 949, 951, 954; vgl. auch *ders.*, NJW 2005, 1911, 1912.

498 Siehe dazu bereits *Altmeppen/Wilhelm*, NJW 1999, 673, 677 f.; *Altmeppen*, ZIP 2001, 2201, 2205; *ders.*, ZIP 2015, 949, 954.

499 Ebenso *Altmeppen/Wilhelm*, NJW 1999, 673, 676.

§ 15a InsO soll der durch die Verletzung der Insolvenzantragspflicht entstandene Schaden ausgeglichen werden. Durch die Unterlassung der Konkursantragsstellung sind die Neugläubiger erst zu Neugläubigern geworden, ihr „verletzungsbedingter Schaden“[500] liegt also im Vertragsschluss mit der Gesellschaft. Zwar verringert sich ihre Quote gegebenenfalls in der Phase in der Verschleppung, in der sie Gläubiger der Gesellschaft sind, dieser „Quotenverminderungsschaden“ wird allerdings mit Ersatz des gesamten negativen Interesses durch den Geschäftsleiter mitersetzt.

Die weite Definition des Schutzzwecks der Insolvenzantragspflicht, auf die sich der Anspruch der Neugläubiger auf ihr volles negatives Interesse stützt, lässt sich allerdings nur schwer begründen.[501] Der Normzweck der gesetzlichen Insolvenzantragspflicht wird dahingehend ausgedehnt, konkursreife Gesellschaften mit beschränktem Haftungsfonds vom Geschäftsverkehr fernzuhalten, damit durch das Auftreten solcher Gebilde keine Gläubiger geschädigt oder gefährdet werden. Von der Haftung nach § 823 Abs. 2 BGB i.V.m. § 15a InsO profitieren können demnach auch künftige (Neu)Gläubiger, mithin Personen die zu dem Zeitpunkt, in dem die Haftung einsetzt, noch keine Gläubiger der Gesellschaft waren. Der Insolvenzantragspflicht wird der Zweck zugeschrieben, nicht nur alle bestehenden Gläubiger der Gesellschaft zu schützen, sondern auch alle potentiell neu hinzukommenden, letztlich also den gesamten Rechtsverkehr respektive die Allgemeinheit. Schutzgesetz i.S.d. § 823 Abs. 2 BGB kann aber nur ein solches Gesetz sein, das gerade nicht nur den Schutz der Allgemeinheit bezweckt, sondern zumindest auch den Schutz einzelner abgrenzbarer Personengruppen; dieser Individualschutz darf dabei nicht bloßer Reflex des Schutzgesetzes sein, sondern der Bestimmung und Aufgabe der Norm entsprechen.[502] Höchst fraglich ist, ob die Insolvenzantragspflicht mit ihrer Schutzzweckbestimmung durch den BGH noch als ein solches individualschützendes Gesetz eingeordnet werden kann. Sie soll gerade nicht nur die Gläubiger der Gesellschaft als abgrenzbare Personengruppe schützen, sondern auch solche Personen, die diese Stellung im Zeitpunkt der Schutzgesetzverletzung noch gar nicht innehaben.[503] Eine Gruppe potentieller Neugläubiger ist aber von der Allgemeinheit

---

500 *Wilhelm,* ZIP 1993, 1833, 1835.

501 Eingehend dazu *G. Müller,* GmbHR 1996, 393, 397 ff., der von einer „Überschreitung der Grenzen der Rechtsfortbildung“ spricht; vgl. auch *Rowedder,* in: FS Semler, S. 311, 322; andere Ansicht *Eckhoff,* Die Haftung der Geschäftsleiter gegenüber den Gläubigern der Gesellschaft wegen Insolenzverschleppung, S. 142 ff.

502 Siehe nur *Wagner,* in: MüKo BGB, § 823 Rn. 405.

503 Siehe dazu bereits *Ulmer,* ZIP 1993, 769, 771 f.; *Altmeppen,* ZIP 2001, 2201, 2205 f.; *ders.*, ZIP 2015, 949, 955; vgl. auch *Ulmer,* KTS 1981, 469, 488; *Schulze-Osterloh,* in: FS Lutter, S. 707, 711 f.; anders *Wagner,* in: FS Karsten Schmidt, S. 1665, 1672: der individualschützende Charakter der Insolvenzantragspflicht könne „nicht ernsthaft bezweifelt werden“; *Brinkmann,* Die Bedeutung der §§ 92, 93 InsO für den Umfang der Insolvenz- und Sanierungsmasse, S. 13, der annimmt, die Gesellschaftsgläubiger bilden die von der Allgemeinheit abgrenzbare Personengruppe mit dem spezifischen Interesse, dass das Gesellschaftsvermögen nicht vermindert werde;

nicht mehr abzugrenzen. Will man die Haftung des Geschäftsleiters über § 823 II BGB i.V.m. § 15a InsO dogmatisch aufrechterhalten, sollte man den Schutzbereich der Insolvenzantragspflicht auf die Erhaltung der Masse zu Gunsten aller Gläubiger reduzieren und die Einbeziehung der Allgemeinheit meiden. Der Ersatz der Vertrauensschäden der Neugläubiger kann demnach nicht über die Haftung nach § 823 II BGB i.V.m. § 15a InsO erreicht werden. Bedenkt man zudem, dass der Schutz der Neugläubiger dogmatisch unproblematisch über die Haftung nach den Grundsätzen der c.i.c. erreicht werden kann, scheint die Einbeziehung der Neugläubiger in den Schutzbereich der Insolvenzantragspflicht umso fraglicher.

Auch der pauschale Ersatz der vollen Kontrahierungsschäden über die Verschleppungshaftung, die gänzlich losgelöst von jeglichen schadensrechtlichen Wertungen erfolgt, scheint fragwürdig. So schafft die herrschende Meinung einen neuartigen Ersatzanspruch, der auf der Verletzung von Vertrauen beruhen soll, aber jeglicher gesetzlicher Grundlage entbehrt.

III. Zur Unklarheit des Verhältnisses zwischen der Haftung für die Verletzung der Zahlungsverbote und die Verschleppung der Insolvenz

Unklar war zudem lange Zeit, in welchem Verhältnis die Insolvenzverschleppungshaftung zu der Ersatzhaftung hinsichtlich der verbotenen Zahlungen steht. Zahlungen, die der Geschäftsleiter nach Insolvenzreife noch aus dem Gesellschaftsvermögen leistet, müssen im Rahmen der Zahlungsverbote unzweifelhaft in das Gesellschaftsvermögen erstattet werden. Daneben war lange unausgesprochen, wie genau sich der Anwendungsbereich der Haftung nach § 823 Abs. 2 BGB i.V.m. § 15a InsO dagegen abgrenzen soll. Ob über die Insolvenzverschleppungshaftung auch solche Masseschmälerungen zur Haftung führen sollten, die durch Zahlungen verursacht wurden, wurde weder im Schrifttum noch der Rechtsprechung ausdrücklich thematisiert, wohl aber als selbstverständlich angenommen.[504] Die Annahme ist allerdings nicht haltbar. Dann wäre die Zahlung aus dem Gesellschaftsvermögen

---

ähnlich auch *Eckhoff,* Die Haftung der Geschäftsleiter gegenüber den Gläubigern der Gesellschaft wegen Insolenzverschleppung, S. 142 ff.

504 Vgl. dazu *Bitter,* ZInsO 2010, 1505, 1512, der annimmt, dass bei Vorliegen einer Insolvenzverschleppung auch immer zwingend Zahlungen nach Insolvenzreife geleistet worden sein müssen; nichts dazu zu finden ist etwa in BGHZ 100, 29 = NJW 1959, 623; BGHZ 100, 19 = NJW 1987, 2433; BGHZ 126, 181 = NJW 1994, 2220; undeutlich *Kolmann,* in: Saenger/Inhester, GmbHG, Vor § 64 Rn. 216 ff.; *H.F. Müller,* in: MüKo GmbHG, § 64 Rn. 200 ff.; *Nerlich,* in: Michalski, GmbHG, § 64 Rn. 64, 67 ff.; *Klöhn,* in: MüKo InsO, § 15a Rn. 180 ff.; *Hirte,* in: Uhlenbruck, InsO, § 15a Rn. 39; für eine Änderung des Systems und damit die Abschaffung der Haftung für die Zahlungsverbote *Poertzgen,* Organhaftung wegen Insolvenzverschleppung, S. 369 f.; *ders.,* GmbHR 2006, 1182, 1185; *ders.,* NZI 2008, 9, 12; *ders.,* ZInsO 2008, 1196, 1197; *ders.,* GmbHR 2011, 646, 647; *ders.,* GmbHR 2015, 929; *ders.,* ZInsO 2007, 574, 578; *Biehl,* Geschäftsführer- und Gesellschafterhaftung wegen

Tatbestandsvoraussetzungen sowohl der Haftung für die Zahlungsverbote als auch der Insolvenzverschleppungshaftung. Gesetzliche Rechtsfolge für die Leistung von Zahlungen ist aber allein die Innenhaftung gegenüber der Gesellschaft. Die Konstruktion einer Außenhaftung nach § 823 Abs. 2 BGB i.V.m. § 15a InsO wäre mithin eine richterliche Rechtsfortbildung, die sich über die Entscheidung des Gesetzgebers für die Innenhaftung hinwegsetzt. Zudem würde dies zu einer doppelten Haftung für ein und dasselbe Verhalten des Geschäftsleiters und damit zu einer Bereicherung der Gesellschaftsgläubiger als mittelbar bzw. unmittelbar Haftungsbegünstigte führen.[505]

Im Hinblick auf die Haftung für verbotene Zahlungen nach § 130a Abs. 2 S. 1 HGB wird zum Teil angenommen, die Haftung des Geschäftsleiters gegenüber den Gläubigern nach § 823 Abs. 2 BGB i.V.m. § 15a InsO entfalle dann, wenn über die Innenhaftung bereits ein ausreichender Schutz der Gläubiger bewirkt werden kann. Wird das Interesse der Altgläubiger auf Ersatz des erlittenen Quotenverminderungsschadens bereits vollumfänglich durch die Innenhaftung geschützt, könne die Haftung nach § 823 Abs. 2 BGB i.V.m. § 15a InsO allein dazu dienen, einen Schadensersatzanspruch der Neugläubiger auf ihr gesamtes negatives Interesse herzuleiten. Insoweit enthalte die Haftung im Rahmen der Zahlungsverbote eine Schutzlücke.[506]

Auch finden sich Ausführungen, wonach die Haftung für die Verschleppung der Insolvenz ausschließlich an die Verletzung der Insolvenzantragspflicht anknüpfen soll, die pflichtwidrige Minderung des Gesellschaftsvermögens Anknüpfungspunkt allein der Haftung für verbotene Zahlungen sein soll.[507] Auch die Insolvenzverschleppungshaftung bedarf allerdings einer Vermögensminderung in der Verschleppungsphase, weil es sonst an einem Quotenverminderungsschaden der Altgläubiger fehlt. Wodurch, wenn nicht durch eine Vermögensminderung, soll sich das Absinken von deren Quoten sonst ergeben?

In seinem Urteil vom 18.11.2014 hat der BGH erstmals eine vertretbare Abgrenzung von dem über § 823 Abs. 2 BGB i.V.m. § 15a InsO und dem über die Zahlungsverbote zu ersetzenden Schadens vorgenommen. In diesem Urteil stellte er ausdrücklich fest, dass die Haftung nach § 823 Abs. 2 BGB i.V.m. § 15a InsO nur solche Verschleppungsschäden erfasse, die nicht in einer Masseschmälerung durch

---

Insolvenzverschleppung bei der GmbH, S. 208 ff.; *Casper*, ZIP 2016, 793, 803; vgl. auch das Konzept von *Karsten Schmidt* dazu eingehend in Kapitel 4, § 2, A.

505 Vgl. zur Unklarheit, ob auch „Zahlungen" die Haftung nach § 823 Abs. 2 BGB i.V.m. § 15a InsO auslösen *Altmeppen*, ZIP 2001, 2201, 2205; *ders.*, ZIP 2015, 949, 953.

506 Zum Ganzen *Haas*, in: Röhricht/Graf von Westphalen/Haas, HGB, § 130a Rn. 41; *Haas/Mock*, in: Gottwald, Insolvenzrechts-Handbuch, § 94 Rn. 157; *Habersack*, in: Staub, HGB, § 130a Rn. 41.

507 Vgl. *H.F. Müller*, in: MüKo GmbHG, § 64 Rn. 200; *Kleindiek*, in: Lutter/Hommelhoff, GmbHG, Anh. § 64 Rn. 61.

Zahlungen bestehen.[508] Damit wird zwar der Anwendungsbereich der Insolvenzverschleppungshaftung denkbar klein, weil die bedeutendere Schmälerung des Gesellschaftsvermögens in der Regel durch dessen bewusste Weggabe im Rahmen von Zahlungen erfolgen wird. Dennoch sind Masseschmälerungen außerhalb der Leistung von Zahlungen durchaus denkbar, etwa durch die Gesellschaft schädigende Delikte, (Aktien-)Kursschwankungen, Zwangsvollstreckungsmaßnahmen oder den Verlust von Vermögensgegenständen durch Verarbeitung[509] etc. Dies sind größtenteils äußere Umstände, die zum einen nicht in jedem Verschleppungsfall eintreten werden, zum anderen häufig in lediglich unerheblichem Maß zur Schmälerung des Gesellschaftsvermögens beitragen. Praktisch relevant, weil für den haftungsbegünstigten Gläubiger tatsächlich lohnend, ist die Insolvenzverschleppungshaftung nur im Hinblick auf die vertraglichen Neugläubiger der Gesellschaft, die den Ersatz ihres gesamten negativen Interesses vom Geschäftsleiter verlangen können. Der weitgehende Leerlauf und der geringe Schadensersatz, der für die Altgläubiger von der Insolvenzverschleppungshaftung bleibt, sprechen gegen die Effektivität und damit Sinnhaftigkeit der Haftung nach § 823 Abs. 2 BGB i.V.m. § 15a InsO.

C. Fazit

Selbst wenn man mit der herrschenden Meinung von der Schutzgesetzeigenschaft der Insolvenzantragspflicht ausgeht, weist die Konzeption der Verschleppungshaftung deutliche Defizite auf. Zum einen betrifft dies die Berechnung und Geltendmachung des Quotenverminderungsschadens, zum anderen dessen schadensersatzrechtliche Grundkonzeption, die von der Rechtsprechung bei der Berechnung nicht immer konsequent beachtet wird. Weiterhin vermag der Ausschluss der Neugläubiger vom Quotenverminderungsschaden zwar in praktischer, nicht aber in dogmatischer Hinsicht zu überzeugen. Zudem zweifelhaft scheint die generelle Einbeziehung der Neugläubiger in den Schutzbereich der Insolvenzverschleppungshaftung, läuft sie doch auf den Schutz der Allgemeinheit hinaus, den § 823 Abs. 2 BGB aber gerade nicht bewirken will. Auch die Schwierigkeiten bei der Abgrenzung des Anwendungsbereichs der Haftung für verbotene Zahlungen und dem der Insolvenzverschleppungshaftung bestätigen die Zweifel an der Richtigkeit der Haftungskonstruktion über § 823 Abs. 2 BGB iVm § 15a InsO.

---

508 BGHZ 203, 218 = ZIP 2015, 71 Tz. 12; zust. *H.F. Müller,* DB 2015, 723, 727; abl. *Fölsing*, KSI 2015, 70, 71; vgl. zum Ganzen zuvor schon *Haas,* in: Baumbach/Hueck, GmbHG, § 64 Rn. 110.

509 BGHZ 203, 218 = ZIP 2015, 71 Tz. 13.

§ 3 Ergebnis der Untersuchung der Schwächen der herrschenden Meinung zur Haftung für die Verletzung der Zahlungsverbote und die Verschleppung der Insolvenz

Das zweispurige Konzept der herrschenden Meinung, das zum einen auf der Erstattungshaftung für verbotene Zahlungen, zum anderen auf der Haftung für die Verletzung der Insolvenzantragspflicht fußt, ist revisionsbedürftig. Nicht nur im Rahmen der einzelnen Haftungen finden sich Unstimmigkeiten, auch die Abgrenzung der beiden Haftungssysteme und deren Wechselwirkungen sind problembehaftet.

Im Hinblick auf die Haftung für die Verletzung der Zahlungsverbote bereitet in erster Linie die Frage nach der Berücksichtigung von in das Gesellschaftsvermögen gelangten Gegenleistungen und damit letztlich die Einschränkung der Haftung des Geschäftsleiters Schwierigkeiten. Zwar versucht der BGH dem mit drei neuen Entscheidungen abzuhelfen, indem er sich sowohl im Rahmen von Austauschgeschäften als auch im Fall des Forderungseinzugs auf debitorische Gesellschaftskonten vermehrt um eine Enthaftung des Geschäftsleiters bemüht. Allerdings vermag die neue Rechtsprechung in keiner der beiden Fallkonstellationen zu einem vollends befriedigenden Ergebnis zu gelangen und insbesondere die Neuerungen im Bereich des Forderungseinzugs auf Debetkonten tragen wohl in erster Linie zu allgemeiner Verwirrung und einer unüberschaubaren Arbeitsbelastung von Insolvenzverwaltern und Gerichten bei. Daneben bestehen allgemeine Schwächen der Haftung für verbotene Zahlungen, wie die Nichtberücksichtigung von Neuverbindlichkeiten und die gesonderte Betrachtung jeder einzelnen Zahlungen, die durch die neuen Urteile des BGH keineswegs beseitigt wurden. Ebenfalls nicht zu überzeugenden Ergebnissen ist über die entsprechende Anwendung des Bargeschäftsprivilegs zu gelangen. Dieses ist, wie die restlichen Regelungen des Insolvenzanfechtungsrechts, auf die Situation der Insolvenzanfechtung zugeschnitten und vermag den Eigenheiten der Haftung der Organvertreter für Pflichtverletzungen nicht gerecht zu werden. Nach wie vor findet sich innerhalb der herrschenden Meinung kein durchgreifender Ansatz, der die momentanen Probleme hinsichtlich der Haftung für verbotene Zahlungen bannt.

Auch in Bezug auf das Konzept zur Insolvenzverschleppungshaftung sieht sich die herrschende Meinung Kritik ausgesetzt. So ist etwa die Berechnung des den Altgläubigern und gesetzlichen Neugläubigern einzig zustehenden Quotenverminderungsschadens nicht möglich und insoweit ein Leerlauf der Haftungsgrundlage zu beobachten. Vorteilhaft ist die Verschleppungshaftung hingegen für die vertraglichen Neugläubiger, deren Einbeziehung in den Schutzbereich der Insolvenzverschleppung in rechtsdogmatischer Hinsicht allerdings zweifelhaft ist. Letzten Endes führt auch die Haftungskonstruktion über § 823 Abs. 2 BGB i.V.m. § 15a InsO nicht zu befriedigenden Resultaten, während bereits ihre rechtliche Grundlage in Frage gestellt werden kann.

Zudem problematisch ist das Zusammenspiel beider Haftungen. Dies ist zum einen bedingt durch die unausgereifte Koordinierung der Tatbestände, zum anderen durch die Wechselwirkungen mit durch den Insolvenzverwalter vorzunehmenden Insolvenzanfechtungen. Zu einem stimmigen und praktikablen Gesamtkonzept für die Haftung der Geschäftsleiter ab Insolvenzreife ist weder der BGH noch die herrschenden Meinung im Schrifttum gelangt.

Kapitel 4 Zahlungsverbote als Schadensersatzhaftung

Angesichts der Schwachstellen des Konzepts der herrschenden Meinung erscheint es sinnvoll, nach einem Alternativkonzept zu suchen, das diese meidet. Kernpunkt des hier favorisierten Modells ist eine Haftung auf Ersatz des der Gläubigergesamtheit entstandenen Schadens, basierend auf einem einheitlichen Tatbestand. Dogmatisch soll dies über eine Haftung für die Verletzung des Zahlungsverbots erreicht werden. Eine Außenhaftung für die Verletzung der Insolvenzantragspflicht scheidet hingegen mangels deren Schutzgesetzcharakters aus. Die Schadensersatzeigenschaft der Haftung für die Verletzung der Zahlungsverbote und die Ablehnung einer Haftung der insolvenzverschleppenden Geschäftsleiter gegenüber den Gesellschaftsgläubigern soll insbesondere die praktische Umsetzbarkeit der Geschäftsleiterhaftung in der Gesellschaftsinsolvenz fördern. Zudem lässt sich dieser Ansatz aus der Gesetzeshistorie ableiten.

Im Folgenden wird daher zunächst anhand der Historie der Zahlungsverbote der Schadensersatzcharakter der Haftung nachgewiesen. Im Anschluss daran werden Haftungsmodelle vorgestellt, die diesem Befund gerecht werden und bereits im Schrifttum zu finden sind. Gleichzeitig wird versucht, jeweils deren Stärken und Schwächen darzulegen. Dabei wird sich insbesondere zeigen, dass an einer Außenhaftung über § 823 Abs. 2 BGB i.V.m. § 15a InsO an sich bereits gezweifelt werden kann und sie angesichts eines geschlossenen Haftungssystems auf Grundlage der Zahlungsverbote gar nicht nötig ist. Kapitel 4 schließt mit einem entsprechenden Gesetzgebungsvorschlag.

§ 1 Wille und Intention des historischen Gesetzgebers

Immer wieder ist zu lesen, dass der Ersatzanspruch für verbotene Zahlungen kein Schadensersatzanspruch ist, sondern auf Erstattung der geleisteten Zahlungen gehe, ohne dass es generell auf die Berücksichtigung von in die Masse gelangten Gegenleistungen ankommen kann. So meinen etwa *Habersack/Foerster* kürzlich:

„Ausgangspunkt aller Überlegungen muss sein, dass es bei Austauschgeschäften nicht per se [...] zu einer Saldierung von Leistung und zugehöriger Gegenleistung kommen kann, soll nicht die gesetzgeberische Entscheidung für einen von den Kategorien der §§ 249 ff BGB befreiten Ersatzanspruch eigener Art verwässert und zudem ignoriert werden, dass die Zahlungsverbote keinen Anhaltspunkt dafür liefern, weshalb die Gesellschaft mit der Verwertung von Gegenleistungen für verbotene Zahlungen, also der Auflösung eines gesellschaftsrechtswidrigen Zustandes, belastet werden sollte.“[510]

---

510 *Habersack/Foerster*, ZGR 2016, 153, 180, mit Verweis auf *dies.*, in: Großkomm. AktG, § 92 Rn. 138; *dies.*, ZHR 178 (2014), 387, 407 und *Thiessen*, in: Kanzleiter/Schröder,

Unter anderem wird gegen eine schadensersatzrechtliche Qualifizierung der Haftung für verbotene Zahlungen der Wortlaut der § 64 S. 1 GmbHG, § 93 Abs. 3 Nr. 6 AktG und § 34 Abs. 3 Nr. 4 GenG angeführt: Diese sprechen, anders als der jüngere § 130a Abs. 2 S. 1 HGB,[511] vom Ersatz der geleisteten Zahlung und gerade nicht vom Ersatz eines entstandenen Schadens.[512]

Die Annahme einer schadensunabhängigen Ersatzpflicht ist allerdings weder mit der „gesetzgeberischen Entscheidung"[513] zu rechtfertigen, noch ist sie dogmatisch oder wertungsmäßig schlüssig.[514] Im Folgenden wird zunächst die Unvereinbarkeit der Annahme eines „von den Kategorien der §§ 249 ff BGB befreiten Ersatzanspruch eigener Art"[515] mit dem gesetzgeberischen Willen dargelegt. Hierfür wird insbesondere die historische Entwicklung der Zahlungsverbote untersucht. Dabei wird sich zeigen, dass sich aus den Gesetzesmaterialen von Anfang an konsequent ergibt, dass die Haftung für verbotene Zahlungen eine solche auf Ersatz des Schadens, der den Gesellschaftsgläubigern durch die Schmälerung der Haftungsmasse entstanden ist,

---

3 Jahre nach dem MoMiG, S. 73, 112 ff.; ausdrücklich gegen einen Schadensersatzanspruch zuletzt auch wieder *Biehl*, Geschäftsführer- und Gesellschafterhaftung wegen Insolvenzverschleppung bei der GmbH, S. 175 ff.; *H.F. Müller*, NZG 2015, 1021, 1022; *ders.*, DB 2015, 723; *Cadmus*, KTS 2015, 143, 149 ff.; *Fölsing*, KSI 2015, 70, 71.

511 § 130a HGB stammt aus dem Jahr 1976, eingeführt durch das Erste Gesetz zur Bekämpfung der Wirtschaftskriminalität vom 29.7.1976, BGBl. I S. 2034.

512 Siehe bereits *Brodmann*, GmbHG, 2. Aufl., 1930, § 64 Rn. 4a f.; *Goette*, in: FS Kreft, S. 53, 59; *Haas*, NZG 2004, 737, 738; zuletzt wieder *H.F. Müller*, NZG 2015, 1021, 1022; *ders.*, DB 2015, 723.

513 *Habersack/Foerster*, ZGR 2016, 153, 180.

514 Für eine Haftung auf Ersatz des entstandenen Schadens für verbotene Zahlungen etwa *Karsten Schmidt*, in: Scholz, GmbHG, § 64 Rn. 16; *ders.*, JZ 1978, 661, 665; deutlich *ders.*, ZHR 175 (2011), 433, 433 f., 443; *ders.*, MüKo HGB, § 130a Rn. 39; *Altmeppen*, in: Roth/Altmeppen, GmbHG, § 64 Rn. 43; *Altmeppen/Wilhelm*, NJW 1999, 673, 678 ff.; *Altmeppen*, ZIP 2001, 2201, 2208 f.; *ders.*, ZIP 2010, 1973, 1975 f.; *ders.*, ZIP 2015, 949, 952 f.; *Bitter*, WM 2001, 666, 667 ff.; vgl. auch *Schmidt-Leithoff/Baumert*, in: Rowedder/Schmidt-Leithoff, GmbHG, § 64 Rn. 11, wonach ein einheitliches Haftungsmodell auf Schadensersatz zwar de lege ferenda begrüßenswert erscheine, nach aktueller Gesetzeslage aber nicht angenommen werden könne; *Grigoleit/Tomasic*, in: Grigoleit, AktG, § 92 Rn. 39; *Grigoleit*, Gesellschafterhaftung für interne Einflussnahme im Recht der GmbH, S. 129 ff.; *Casper*, in: Ulmer: GmbHG, § 64 Rn. 81 und Erg.-Bd. MoMiG, § 64 Rn. 84; *ders.*, ZIP 2016, 793, 794; *Geißler*, NZG 2007, 645, 647 a.E.; OLG Düsseldorf, ZIP 1992, 767, 769; in diesem Sinne versteht *Goette*, ZInsO 2005, 1, 2 f. und DStR 1996, 1177 auch die Rechtsprechung des BGH; vgl. auch *Thiessen*, in: Schröder/Kanzleiter, 3 Jahre nach dem MoMiG, S. 73, 98, 102 f., der davon ausgeht, dass der historische Gesetzgeber grundsätzlich einen Schadensersatzanspruch konzipieren wollte und der BGH dies durch den Schadensersatzanspruch eigener Art umsetze.

515 *Habersack/Foerster*, ZGR 2016, 153, 180.

sein sollte.[516] Diese grundlegende dogmatische Entscheidung des Gesetzgebers muss auch für die heutige Auslegung beachtet werden. So formuliert *Larenz* zutreffend: „Wer das Gesetz jetzt auslegt, sucht in ihm eine Antwort auf die Fragen seiner Zeit. Dem trägt die Auslegung Rechnung; dadurch geschieht es, daß das Gesetz selbst bis zu einem gewissen Grade teilnimmt am Flusse der (historischen) Zeit. Dennoch bleibt es in seinem Ursprung verhaftet. Über die erkennbare Regelungsabsicht und die von ihm bewußt getroffenen Wertentscheidungen des historischen Gesetzgesetzgebers darf sich die Auslegung nicht hinweg setzen."[517]

Zum Verständnis des Hintergrunds der Zahlungsverbote und deren Entstehung beginnt die nachgehende Betrachtung mit einem kurzen historischen Überblick über die unbeständige Entwicklung des Handelsrechts bis hin zu dessen Kodifizierung im ADHGB und damit dem erstmaligen Auftreten eines gesetzlichen Zahlungsverbots ab Insolvenzreife. Anschließend zeichnet sie ausgehend von den Entwürfen zum ADHGB chronologisch die Entstehung der Zahlungsverbote und die Entwicklung der damit einhergehenden Ansichten zur persönlichen Haftung der zuwider handelnden Geschäftsleiter nach. Sie führt vom ADHGB von 1862 und dessen Revision 1884, hin zum HGB von 1897 und letztlich dem heute noch geltenden AktG von 1937 bzw. 1965 und GmbHG von 1892 bzw. 1898. Im Mittelpunkt der Untersuchung steht dabei der Umfang der Haftung der Geschäftsleiter, die für das grundlegende Verständnis der Zahlungsverbote und deren Sinn noch heute maßgebend sind.

A. Entwicklung des Zahlungsverbots nach Insolvenzreife

I. Rechtslage vor 1862

Nach dem Ende der Herrschaft Napoleons war die Rechtslage in Deutschland chaotisch. Zwar gab es vereinzelt schriftliche handelsrechtliche Bestimmungen, welche allerdings unterschiedlicher Herkunft waren, nur ungleichmäßig Geltung hatten und denen der innere Zusammenhang fehlte.[518] Eine umfassende in sich geschlossene Kodifizierung des Handelsrechts suchte man aber vergebens.

516 Siehe zu einer gesetzeshistorischen Analyse mit diesem Ergebnis bereits *Bitter*, WM 2001, 666, 668 f.; *Karsten Schmidt*, ZHR 168 (2004), 637, 660 ff.; *Altmeppen*, NZG 2016, 521, 525; *ders.*, ZIP 2016, 366, 368; vgl. auch *Thiessen*, in: Schröder/Kanzleiter, 3 Jahre nach dem MoMiG, S. 73, 98, der zu dem Ergebnis kommt, der historische Gesetzgeber wollte „Schadensersatz ohne Schadensnachweis" normieren; *Schulze-Osterloh*, in: FS Bezzenberger, S. 415, 417 ff.; zum gegenteiligen Ergebnis kommt hingegen *Biehl*, Geschäftsführer- und Gesellschafterhaftung wegen Insolvenzverschleppung bei der GmbH, S. 175 ff.

517 *Larenz*, Methodenlehre, S. 318.

518 Siehe dazu *Lammel*, in: Coing: Handbuch der Quellen und Literatur der neueren europäischen Privatrechtsgeschichte, Bd. II Teilbd. 2 (Neuere Zeit 1500–1800), S. 571 ff.; *Steindorf/Ulmer*, Entwurf eines allgemeinen Handelsgesetzbuches für Deutschland (1848/49), S. 10.

Einzig das Allgemeine Landrecht für die preußischen Staaten von 1794 kannte eine einheitliche Regelung des Handelsrechts.[519] Als Preußen aber 1807 im Rahmen der Befreiungskriege gegen Napoleon neue Gebiete erwarb, in denen französisches oder gemeines Recht galt, ging die preußische Rechtseinheit wieder verloren. Mangels einer zentralen Gerichtsbarkeit leistete auch die Rechtsprechung keinen Beitrag zur Vereinheitlichung der Rechtslage.[520]

1815 formierte sich der „Deutsche Bund", ein Bündnis mehrerer souveräner Staaten, zu dem sich die souveränen Fürsten und freien Städte Deutschlands, die Könige Preußens, der Niederlande und Dänemark sowie der Kaiser Österreichs vereinten. Die einzelnen Staaten hatten allerdings ihre Gesetzgebungskompetenz zumindest im Bereich des Handelsrechts nicht auf den Deutschen Bund übertragen, so dass der Bund selbst kein eigenes Handelsgesetzbuch erlassen, sondern allenfalls auf eine gemeinsame Gesetzgebung hinwirken konnte.[521] Vor allem in der Wissenschaft wurden bald Stimmen laut, die aus Praktikabilitätsgründen den Erlass einer für alle geltenden Kodifikation des Handelsrechts forderten.[522] Die Vertreter der gegenteiligen Ansicht fürchteten hingegen durch die Fixierung der in ständiger Übung befindlichen Normen in einem Handelsgesetzbuch eine Behinderung der Fortentwicklung des Handelsrechts im praktischen Verkehr.[523] Dem zum Trotz stellte letztlich die bayerische Regierung bei der Bundesversammlung Antrag auf Beschluss zur Fassung eines allgemeinen deutschen Handelsgesetzbuches.[524] Am 15.1.1867 trat die Commission auf Beschluss der Bundesversammlung in Nürnberg zusammen, um ein verbindliches Handelsgesetz für die deutschen Bundesstaaten zu

---

519 Siehe dazu eingehend *Goldschmidt*, Handbuch des Handelsrechts, Bd. I, S. 155 ff.

520 Zum Ganzen *Steindorf/Ulmer*, Entwurf eines allgemeinen Handelsgesetzbuches für Deutschland (1848/49), S. 11.

521 *Steindorf/Ulmer*, Entwurf eines allgemeinen Handelsgesetzbuches für Deutschland (1848/49), S. 11; eingehend dazu *Huber*, Deutsche Verfassungsgeschichte seit 1789, Bd. I, S. 598 ff.

522 Siehe dazu *Steindorf/Ulmer*, Entwurf eines allgemeinen Handelsgesetzbuches für Deutschland (1848/49), S. 29 ff.; *Horn*, in: Heymann, HGB, Einleitung VI Rn. 29 m.w.N.; vgl. auch *Goldschmidt*, Handbuch des Handelsrechts, Bd. I, S. 64 ff.

523 So vor allem *Savigny*, der von 1817–1850 als Staatsrat dem preußischen Justizministerium angehörte und eine Kodifikation des bürgerlichen, insbesondere auch des Handelsrechts, bereits innerhalb Preußens angesichts des nicht erfüllbaren Anspruchs der Vollständigkeit vehement ablehnte: *Savigny*, Vom Beruf unsrer Zeit für Gesetzgebung und Rechtwissenschaft, S. 80 ff., 148 ff. und *ders.*, Denkschrift vom 8.1.1842, abgedruckt bei *Stölzel*, Brandenburg-Preußens Rechtsverwaltung und Rechtsverfassung, II. Bd., S. 733 ff.; dieses Problem erkannte freilich auch der Gesetzgeber des ADHGB, denn neben den geschriebenen Regeln des Handelsrechts sollte weiterhin das wandelbarere Gewohnheitsrecht gelten: *Schubert*, Entwurf eines Handelsgesetzbuchs für die preußischen Staaten, nebst Motiven, 2. Teil (Motive), S. 3.

524 *Von Hahn*, ADHGB, S. XIII; *von Lutz*, Protokolle der Commission zur Berathung eines allgemeinen dt. HGB, S. 2.

entwerfen.[525] Sowohl die österreichische als auch die preußische Regierung legten einen Entwurf zur Beratung vor.[526] Grundlage der Beratungen wurde letztlich der umfangreichere preußische Entwurf, wobei auch der österreichische Entwurf fortwährend volle Beachtung finden sollte.[527]

Der preußische Entwurf wurde in drei Lesungen beraten, anschließend der Bundesversammlung vorgelegt, die daraufhin per Mehrheitsentscheid am 16.3.1861 die Einführung des ADHGB in allen Ländern des „deutschen Bundes" empfahl,[528] welches am 1. März 1862 in Kraft trat. Die Empfehlung wurde in der Folgezeit auch weitestgehend umgesetzt, lediglich Österreich führte den Entwurf des ADHGB ohne das Seerecht (5. Buch des ADHGB) ein.[529]

Damit war der Weg für die nachvollziehbare gesetzliche Entwicklung und umfassende Geltung eines Zahlungsverbots nach Insolvenzreife zunächst in der Aktiengesellschaft[530] geebnet.

Neben diesem Zahlungsverbot bestand von vornherein die Verpflichtung des Gerichts, den Konkurs über das Vermögen der Gesellschaft zu eröffnen, wenn diese bilanziell überschuldet war. Die Konkurseröffnungspflicht wurde bereits 1853 durch § 26 des Gesetzes über die Aktiengesellschaften für die preußischen Staaten[531] eingeführt.[532]

II. Preußischer Entwurf zum Allgemeinen Deutschen Handelsgesetzbuch

Im preußischen Entwurf zum ADHGB selbst findet sich kein Zahlungsverbot für die Vorsteher der AG. Art. 199 des Entwurfs, Vorgänger des Art. 241 Abs. 2 S. 2 ADHGB, der erstmals ein solches Zahlungsverbot enthielt, beschränkte lediglich die persönliche Haftung der Gesellschafter für Verbindlichkeiten der (Aktien-) Gesellschaft und normierte entsprechende Ausnahmen (Abs. 1 und 2). Art. 199 Abs. 3 ADHGB ordnete dabei die solidarische Haftung mehrerer Gesellschafter an. Art. 199 Abs. 4 i.V.m. 177 des Entwurfs regelte die Erstattungspflicht der Vorsteher der Gesellschaft

---

525 *Von Hahn*, ADHGB, S. XIV f.

526 *Von Lutz*, Protokolle der Commission zur Berathung eines allgemeinen dt. HGB, S. 3 f.; eingehend zu den beiden konkurrierenden Entwürfen siehe *Goldschmidt*, Handbuch des Handelsrechts, Bd. I, S. 93 f.

527 *Von Lutz*, Protokolle der Commission zur Berathung eines allgemeinen dt. HGB, S. 6; *Steindorf/Ulmer*, Entwurf eines allgemeinen Handelsgesetzbuches für Deutschland (1848/49), S. 29; *von Hahn*, ADHGB, S. XVII.

528 *Steindorf/Ulmer*, Entwurf eines allgemeinen Handelsgesetzbuches für Deutschland (1848/49), S. 42; *Horn*, in: Heymann, HGB, Einleitung VI Rn. 24.

529 Vgl. nur *Horn*, in: Heymann, HGB, Einleitung VI Rn. 24.

530 Dies ist dem Umstand geschuldet, dass es die Gesellschaftsform der AG vor der der GmbH gab. Die GmbH wurde erst am 20. April 1892 durch Erlass des GmbHG eingeführt (RGBl. S. 477).

531 Abgedruckt bei *Baums*, Neudrucke privatrechtlicher Kodifikationen, Bd. 5, Preußisches Gesetz über die Aktiengesellschaften, S. 211 ff.

532 Eingehend zur Geschichte des Konkurses *Uhlenbruck*, DZWiR 2007, 1 ff.

für Zahlungen, die das Grundkapital entgegen den Kapitalerhaltungsregeln schmälern, wobei Art. 199 Abs. 4 des Entwurfs bereits in erster Lesung gestrichen wurde.[533] Art. 177 des Entwurfs verfügte die Bankrottstrafbarkeit von Gesellschaftern und Mitgliedern des Verwaltungsrats,[534] die nach Zahlungseinstellung das Gesellschaftsvermögen durch unzulässige Auszahlungen oder verfrühte Verteilung in der Liquidation schmälern. Eine zivilrechtliche Haftung für jegliche Zahlungen nach Insolvenzreife der Gesellschaft, wie sie Art. 241 ADHGB später für die Vorsteher der AG normiert, findet sich im preußischen Entwurf zum ADHGB nicht.

In den Protokollen über die Arbeit der Nürnberger Konferenz finden sich lediglich oberflächliche Notizen über die Entwicklung eines Zahlungsverbots und dessen Aufnahme ins ADHGB.[535] Die Kommission beschloss in kurzer Debatte und ohne tiefer gehende Diskussion die Übernahme des Zahlungsverbots aus § 120 des revidierten österreichischen Entwurfs.[536] Dieser entsprach in seinem Wortlaut § 111 des ministeriellen Entwurfs eines österreichischen Handelsrechts, welcher lautete:

> *„Haben die Geschäftsleiter die ihnen eingeräumte Macht überschritten; haben sie mehr als den durch die Statuten bestimmten Gewinnantheil vertheilt; haben sie die Geschäfte noch fortgeführt und Verbindlichkeiten gegen Dritte eingegangen, oder eingehen lassen, nachdem ihnen bekannt geworden, oder schon hätte bekannt sein sollen, daß solche Umstände eingetreten sind, welche die Auflösung der Gesellschaft zur Folge haben sollten; oder haben sie, nachdem ihnen die Zahlungsunfähigkeit der Gesellschaft hätte bekannt sein sollen, noch Zahlungen geleistet und die Eröffnung des Konkurses anzusuchen versäumt, so sind die Schuldtragenden den Mitgliedern der Gesellschaft sowohl, als den Gläubigern, für den verursachten Schaden zur ungetheilten Hand verantwortlich.“*[537]

Im österreichischen Entwurf wurde für die gleichzeitige Leistung verbotener Zahlungen und die Verletzung der Konkursantragspflicht ausdrücklich eine Haftung auf Ersatz eines entstandenen Schadens zu Gunsten der Mitglieder der Gesellschaft und der Gesellschaftsgläubiger normiert. Zum anderen ist erkennbar, dass die Leistung

533 *Von Lutz*, Protokolle der Commission zur Berathung eines allgemeinen dt. HGB, S. 361 f.

534 Dieser sollte die Rechte der stillen Gesellschafter wahrnehmen: Art. 164 des preußischen Entwurfs.

535 In der Fassung des Entwurfs nach erster Lesung findet sich das Zahlungsverbot bereits in Art. 218 (*von Lutz*, Protokolle der Commission zur Berathung eines allgemeinen dt. HGB, S. XLVII); die Debatte bis dahin wurde in den Protokollen in Bd. 1 und 2 dokumentiert, wobei dort keine Ausführungen zur Entwicklung des Zahlungsverbots zu finden sind; vgl. zum Ganzen auch *Bitter*, WM 2001, 666, 669; *Schulze-Osterloh*, in: FS Bezzenberger, S. 415, 418; *Glozbach*, Haftung des Geschäftsführers nach § 64 Abs. 2 GmbHG, S. 53 ff.

536 *Von Lutz*, Protokolle der Commission zur Berathung eines allgemeinen dt. HGB, S. 362; § 120 des österreichischen Entwurfs sollte dabei als Anhaltspunkt dienen.

537 Abgedruckt bei *von Lutz*, Protokolle der Commission zur Berathung eines allgemeinen dt. HGB, Beilagenbd. I, 1858, S. 90 f. bzw. 125 f.

von verbotenen Zahlungen nach Insolvenzreife und das Unterlassen der Stellung eines Konkursantrags kumulativ haftungsbegründend sein sollen, was sich daraus ergibt, dass eine Haftung nur dann eintreten kann, wenn ein Schaden vorliegt und dieser durch den unterlassenen Konkursantrag allein nicht entsteht. Dieser kann in erster Linie durch die Leistung verbotener Zahlungen verursacht werden.

Weiterhin finden sich lediglich wenige Erwähnungen des Zahlungsverbots in den von *Johann von Lutz* geführten Protokollen zu den Beratungen der Nürnberger Konferenz. Erwähnt wurde es in der Diskussion um die Aufnahme des Konkursrechts ins ADHGB, welches letztlich aber außen vor gelassen wurde. Es wurde argumentiert, durch die Aufnahme einiger Sätze in den ersten Büchern des ADHGB sei für bestimmte Fragen des materiellen Konkursrechts hinsichtlich der Konkursmasse und der Verteilung des Vermögens bereits erheblicher Nutzen gestiftet worden, so dass es keiner Aufnahme des gesamten Konkursrechts im ADHGB bedürfe. Unter Anderem „zB durch die Bestimmung des Entwurfs über Rückforderung der Zahlung für die von dem Falliten[538] ausgestellten Wechsel und dgl."[539] Gemeint ist damit das Zahlungsverbot, das bereits in erster Lesung an Art. 199 des preußischen Entwurfs[540] angefügt wurde und sich nach zwei weiteren Lesungen in Art. 241 Abs. 2 S. 2 ADHGB wiederfand. Dies legt den Schluss nahe, dass die Abgeordneten der Nürnberger Konferenz zwar eine deutliche Nähe des Zahlungsverbots zum Konkursrecht annahmen. Richtigerweise wurde das Zahlungsverbot im ADHGB dann aber im Abschnitt über die Rechte und Pflichten des Vorstands der Aktiengesellschaft geregelt. Hier wird bereits im Ansatz das heute grundlegend problematische Zusammenspiel mit den insolvenzrechtlichen Vorschriften, insbesondere der Insolvenzantragspflicht und den Anfechtungsvorschriften angedeutet.

III. Allgemeines Deutsches Handelsgesetzbuch von 1862

Im ADHGB findet sich das Zahlungsverbot des Vorstands im zweiten Buch „von den Handelsgesellschaften" in Art. 241. Dort heißt es:

> *„Die Mitglieder des Vorstandes sind aus den von ihnen im Namen der Gesellschaft vorgenommenen Rechtshandlungen Dritten gegenüber für die Verbindlichkeiten der Gesellschaft persönlich nicht verpflichtet.*
>
> *Mitglieder des Vorstandes, welche ausser den Grenzen ihres Auftrags, oder den Vorschriften dieses Titels oder des Gesellschaftsvertrags entgegen handeln, haften persönlich und solidarisch für den dadurch entstandenen Schaden. Dies gilt insbesondere wenn sie der*

538 = Zahlungsunfähiger.

539 *Von Lutz*, Protokolle der Commission zur Berathung eines allgemeinen dt. HGB, S. 5143 f.

540 Siehe *von Lutz*, Protokolle der Commission zur Berathung eines allgemeinen dt. HGB, S. XLVII: die Fassung des preußischen Entwurfs nach erster Lesung der Nürnberger Commission beinhaltet bereits das Zahlungsverbot nach Insolvenzreife.

Bestimmung des Art 217 entgegen an die Actionäre Dividenden oder Zinsen zahlen, oder wenn sie zu einer Zeit noch Zahlungen leisten, in welcher ihnen die Zahlungsunfähigkeit der Gesellschaft hätte bekannt sein müssen.“

1. Schadensersatz als Rechtsfolge

Auch die Rechtsfolge des Art. 241 Abs. 2 ADHGB ist auf Ersatz des Schadens gerichtet, der durch die Zahlung nach Insolvenzreife entstanden ist.[541] Dies ergibt sich zum einen aus der Formulierung „insbesondere“ am Anfang des Art. 241 Abs. 2 S. 2 ADHGB, die die Haftung für verbotene Zahlungen nach Insolvenzreife als Unterfall der allgemeinen Geschäftsleiterhaftung auf Schadensersatz qualifiziert. Zum anderen war § 120 des österreichischen revidierten Entwurfs zum ADHGB, auf dem Art. 241 ADHGB beruht, auf Ersatz des den Gesellschaftsmitgliedern oder den Gläubigern kausal erwachsenen Schadens gerichtet und dieser sollte ohne inhaltliche Änderung ins ADHGB übernommen werden.[542] Nicht berücksichtigt wurde dabei, dass der Schadensersatzanspruch nach § 120 des österreichischen revidierten Entwurfs als Außenhaftung gegenüber den Gesellschaftern und den Gesellschaftsgläubigern ausgestaltet war. Mit der Normierung der Ersatzhaftung als Organpflicht im ADHGB ist die Außenhaftung ohne weitere Begründung in eine Innenhaftung gegenüber der Gesellschaft umgewandelt worden. Im Schrifttum wurde dennoch überwiegend eine zusätzliche Haftung gegenüber den Gesellschaftsgläubigern angenommen.[543]

Aus der Regelung im ADHGB ergibt sich zudem, dass die Haftung für verbotene Zahlungen ein Unterfall der allgemeinen Geschäftsleiterhaftung sein sollte, welche zweifelsohne auf Schadensersatz gerichtet ist. Art. 241 Abs. 2 ADHGB stellt i.V.m. dessen Abs. 1 klar, dass die Schadensersatzhaftung des Geschäftsleiters mit seinem privaten Vermögen, wenn er Zahlungen nach Insolvenzreife tätigt, eine von mehreren Durchbrechungen des Grundsatzes sein soll, dass der Geschäftsleiter für Verbindlichkeiten der Gesellschaft gerade nicht persönlich haften muss. Art. 241 ADHGB statuiert zum einen die Haftungsbeschränkung zu Gunsten der Vertreter der AG und zum anderen zugleich deren persönliche (lediglich sekundäre) Schadensersatzhaftung,[544] wenn sie außerhalb ihrer Befugnisse handeln. Zum Zweiten

541 Vgl. *Pisko*, in: Staub, ADHGB, Art. 241 § 9; *Renaud*, Recht der Actiengesellschaften, S. 546 f.; *Weinhagen*, Recht der Aktien-Gesellschaften, S. 246 f.; siehe auch *Koch*, ADHGB, S. 261 mit Fn. 129; *Thiessen*, in: Schröder/Kanzleiter, 3 Jahre nach dem MoMiG, S. 73, 78; *Altmeppen*, NZG 2016, 522, 525; *Bitter*, WM 2001, 666, 668 f.

542 Vgl. *von Lutz*, Protokolle der Commission zur Berathung eines allgemeinen dt. HGB, S. 362: „Es wurde [...] entschieden, die Fassung der hierher einschlagenden Artikel [...] 120 [...] des östr. revid. Entwurfs zum Anhaltspunkte zu nehmen.“

543 *Pisko*, in: Staub, ADHGB, Art. 241 § 7; *Anschütz/von Völderndorff*, ADHGB, Bd. II, S. 533; *Renaud*, Recht der Actiengesellschaften, S. 547 f.; *Weinhagen*, Recht der Aktien-Gesellschaften, S. 246 f.; *Koch*, ADHGB, S. 261 mit Fn. 129; *Löhr*, ADHGB, S. 102; *Grünewald*, Repertorium zum ADHGB, Art. 241 Nr. 2 m.w.N.

544 Vgl. *Pisko*, in: Staub, ADHGB, Art. 241 Einleitung.

gehört die Haftung für verbotene Zahlungen nach Insolvenzreife, welche sich damit als Unterfall der allgemeinen Geschäftsleiterhaftung darstellt. Auch hier wird deutlich, dass die damalige Konzeption der Haftung der Geschäftsleiter eine solche sein sollte, die einen Schaden am Gesellschaftsvermögen voraussetzt, und gerade keine bedingungslose Erstattungspflicht. Die Haftung für verbotene Zahlungen nach Insolvenzreife der Gesellschaft ist heute zumindest im GmbHG auch räumlich von der allgemeinen Geschäftsleiterhaftung in § 43 GmbHG getrennt, lediglich der Verweis auf die § 43 Abs. 3, 4 GmbHG in § 64 S. 4 GmbHG erinnert noch an ihre Verwandtschaft und gemeinsame Haftungsdogmatik.[545]

2. Ersatz des Schadens der Gläubigergesamtheit

Fraglich ist allerdings, an welchem Schaden sich die Schadensersatzhaftung orientieren soll. Erkannt wurde bereits damals, dass es nur um den Schaden der Gesellschaftsgläubiger gehen kann, den diese durch die Schmälerung der zur Verfügung stehenden Haftungsmasse und den damit einhergehenden Einbußen hinsichtlich ihrer Befriedigungsaussichten erleiden. Der insolventen Gesellschaft hingegen entsteht kein Schaden mehr, denn diese ist zu diesem Zeitpunkt gegebenenfalls schon länger[546] zahlungsunfähig und muss der insolvenzbedingten Abwicklung zugeführt werden.[547] Diese Erkenntnis führt zu der damaligen Diskussion um eine Außenhaftung der Vorsteher gegenüber den Gläubigern. Mit dem Wortlaut des Art. 241 Abs. 2 ADHGB ist eine reine Innenhaftung zwar vereinbar, aber keinesfalls zwingend, weil dieser keinen Haftungsbegünstigten nennt. Denkbar war dabei nur eine Außenhaftung auf Schadensersatz direkt aus Art. 241 Abs. 2 ADHGB abzuleiten, denn § 823 Abs. 2 BGB trat erst am 1. Januar 1900 in Kraft[548] und eine Qualifizierung der Konkursantragspflicht als Schutzgesetz i.S.d. § 823 Abs. 2 BGB kam 1862 daher nicht in Frage.

Überwiegend wurde eine Außenhaftung der Vorstandsmitglieder auf Grundlage des Zahlungsverbots aus Art. 241 Abs. 2 ADHGB gegenüber den geschädigten

545 Im AktG hingegen fand keine gesetzessystematische Trennung der allgemeinen Geschäftsleiterhaftung in § 92 Abs. 2 und der Haftung für verbotene Zahlungen nach Insolvenzreife in § 93 Abs. 3 statt.

546 Nach Art. 241 Abs. 2 ADHGB ist die Erkennbarkeit der Zahlungsunfähigkeit für die Vorsteher ausschlaggebend. Deshalb ist es möglich, dass die Zahlungsunfähigkeit schon seit geraumer Zeit bestand, nur noch nicht erkennbar hervortrat.

547 Dies ergibt sich aus Art. 240 Abs. 3 ADHGB, der bereits bei Überschuldung die Eröffnung des Konkursverfahrens vorschreibt. Zuvor legte dies § 26 des Gesetzes über die Aktiengesellschaften für die preußischen Staaten vom 9.11.1853 fest. Demnach war das Konkursverfahren über das Gesellschaftsvermögen zu eröffnen, wenn die Bezirksregierung dem Gericht Mitteilung über die bilanzielle Überschuldung der Gesellschaft macht. Diese Bestimmung wurde dann sinngemäß in die preußische Konkursordnung von 1855 in § 281 Nr. 1, und schließlich ins ADHGB übernommen.

548 RGBl. S. 195.

Gläubigern der AG bejaht.[549] Diese Ansicht kann sich zum einen darauf stützen, dass auch § 120 des revidierten österreichischen Entwurfs zum ADHGB, auf dem Art. 241 ADHGB basiert, ausdrücklich eine Haftung der Vorsteher der AG gegenüber den Gesellschaftern und Gläubigern der Gesellschaft anordnete. Zum anderen wurde sie damit begründet, dass in dem Verstoß gegen das Zahlungsverbot nach Insolvenzreife ein Verstoß gegen eine zwingende Rechtsvorschrift liege, der eine unmittelbare Haftung auch gegenüber solchen Personen, die mit dem Haftenden in keinem Vertragsverhältnis stehen, rechtfertige.[550] Angesichts dessen, dass Art. 241 Abs. 2 ADHGB selbst keine Aussage darüber trifft, gegenüber wem der Vorstand haften soll,[551] erscheint die Einbeziehung der Gesellschaftsgläubiger in diesen Kreis naheliegend. Gerade sie sind es ja, die durch die durch unzulässige Zahlungen geschmälerte (zukünftige) Konkursmasse und der damit sinkenden Höhe ihrer Insolvenzquote geschädigt werden.

Die Haftung des Vorstands der AG auch gegenüber den Gesellschaftsgläubigern wurde allerdings schon damals bestritten.[552] Nähme man an, dass der Vorstand gegenüber den Gesellschaftsgläubigern, die unstreitig einen Schaden durch die Zahlungen erleiden können, haftet, so müsse man diese Haftung gegenüber jedermann annehmen, dem durch die Zahlungen des Vorstands ein Schaden entsteht, das heißt zum Beispiel auch gegenüber den Aktionären.[553] Denkbar wäre dann auch eine Haftung gegenüber komplett fremden Dritten, die keine Gläubiger der AG sind, sondern denen in beliebiger Art und Weise mittelbar durch die Zahlung des Vorstands ein

549 *Pisko*, in: Staub, ADHGB, Art. 241 § 7; *Anschütz/von Völderndorff*, ADHGB, Bd. II, S. 533; *Renaud*, Recht der Actiengesellschaften, S. 547 f.; *Weinhagen*, Recht der Aktien-Gesellschaften, S. 246 f., der die Haftung der Vorsteher gegenüber Dritten nicht durch die Formulierung des Abs. 1 „paralysiert" sehen will; *Koch*, ADHGB, S. 261 mit Fn. 129; *Löhr*, ADHGB, S. 102; *Grünewald*, Repertorium zum ADHGB, Art. 241 Nr. 2 m.w.N.; vgl. dazu auch *von Lutz*, Protokolle der Commission zur Berathung eines allgemeinen dt. HGB, S. 358; Allgemeine Begründung zum Gesetzentwurf von 1884, Aktenstück 21, abgedruckt bei *Schubert/Hommelhoff*, 100 Jahre modernes Aktienrecht, S. 387, 508.

550 *Pisko*, in: Staub, ADHGB, Art. 241 § 7; vgl. auch *Renaud*, Recht der Actiengesellschaften, S. 547 f., der sowohl bei Verstoß gegen das Zahlungsverbot als auch bei Verstoß gegen die Konkursanzeigepflicht eine Haftung der Vorsteher gegenüber den Gesellschaftsgläubigern annimmt.

551 Dies kritisierend *Wiener*, in: Eisenacher Gutachten zur Reform des Aktiengesellschaftswesens, S. 24 mit Fn. 24.

552 *von Hahn*, ADHGB, Art. 241 § 2; *Endemann*, Das deutsche Handelsrecht, S. 310 f. mit Fn. 7.

553 Vgl. zu dieser Argumentation, letztlich aber abl. *Pisko*, in: Staub, ADHGB, Art. 241 § 7 f.; siehe zum Anspruch des einzelnen Aktionärs gegen den rechtwidrig handelnden Vorstand auch Gutachten des Reichs-Oberhandelsgerichts vom 31. März 1877, abgedruckt bei *Schubert/Hommelhoff*, 100 Jahre modernes Aktienrecht, S. 213.

Schaden entsteht.[554] Zudem ordne das ADHGB nur in bestimmten Fällen ausdrücklich eine Außenhaftung der Vorsteher gegenüber Gesellschaftsgläubigern an, etwa in Art. 248 Abs. 3; im Umkehrschluss bedeute das, dass in Fällen, in denen eine solche ausdrückliche Anordnung fehlt, nicht ohne Weiteres eine Außenhaftung angenommen werden könne.[555] Der Vorstand stehe weiterhin allein mit der AG in einem Vertragsverhältnis; verstößt er im Rahmen der Geschäftsführung gegen eine, wenn auch gesetzliche Pflicht, so sei er allein der Gesellschaft, zu deren Gunsten er die Geschäftsführung ausübt, gegenüber zum Schadensersatz verpflichtet.[556]

An der viel diskutierten und in § 111 bzw. § 120 des österreichischen Entwurf noch ausgesprochenen Außenhaftung gegenüber den Gesellschaftsgläubigern zeigt sich, dass bereits nach damaliger Einschätzung allein der Schaden der Gläubigergesamtheit ausschlaggebend sein kann. Dies hat der historische Gesetzgeber erkannt und zunächst konsequent mit einer Haftung gegenüber den Geschädigten umgesetzt. Der Umstand, dass sich die Zahlungsverbote im Laufe ihrer Entwicklung in eine Innenhaftung umgewandelt haben, ist der umständlichen Geltendmachung der unterschiedlichen Schäden der Gläubiger als Einzelansprüche geschuldet. Eine reine Innenhaftung bietet demgegenüber den Vorteil, dass der Schaden der Gesellschaftsgläubiger, der in der Schmälerung des Gesellschaftsvermögens liegt, einheitlich und vollständig in die Masse erstattet wird und so allen Gläubigern mittelbar zu Gute kommt. Auf eine schwierige individuelle Schadensberechnung und Geltendmachung der Einzelansprüche durch eine Vielzahl von Gläubigern kann indes verzichtet werden.

IV. Zwischenergebnis zur Ausgestaltung des Zahlungsverbots bis hin zum Allgemeinen Deutschen Handelsgesetzbuch

Deutlich wird bei der Betrachtung der Zahlungsverbote nach dem ADHGB von 1861 und dessen Ursprüngen im österreichischen Entwurf zum ADHGB, dass es sich bei der Erstattungshaftung für verbotene Zahlungen um eine Schadensersatzhaftung handelt. Die Haftung beschränkt sich dabei auf den Schaden, der allen Gläubigern durch die Schmälerung des Gesellschaftsvermögens entstanden ist. Einen darüber hinausgehenden Vertrauensschaden einzelner Gläubiger hat der historische Gesetzgeber gar nicht thematisiert. Dieser war aber nach den Grundsätzen der sittenwidrigen Schädigung bzw. c.i.c. zu ersetzen.[557] In der Diskussion um eine Innen- oder Außenhaftung zeigt sich insbesondere, dass bereits nach damaligem Verständnis ein Schaden der Gesamtheit aller Gläubiger die Haftung auslöst. Ob den Gläubigern

554 Vgl. dazu Gutachten des Reichs-Oberhandelsgerichts vom 31. März 1877, abgedruckt bei *Schubert/Hommelhoff*, 100 Jahre modernes Aktienrecht, S. 218 f.

555 Vgl. *Pisko*, in: Staub, ADHGB, Art. 241 § 7.

556 *Endemann*, Das deutsche Handelsrecht, 1865, S. 310 f.

557 Siehe *Altmeppen*, NZG 2016, 521, 525 a.E.; *ders.*, ZIP 2016, 366, 368.

unmittelbar ein entsprechender Anspruch zustehen soll oder ihnen der Schaden mittelbar durch Erstattung in das Gesellschaftsvermögen zu ersetzen ist, wurde im Rahmen der Regelung des ADHGB noch nicht abschließend geklärt.

V. *Aktienrechtsnovelle von 1884*

Neuerungen (auch) im Bereich des Zahlungsverbots im ADHGB ergaben sich durch die Novellierung des Aktienrechts durch das Gesetz betreffend die Kommanditgesellschaften auf Aktien und die Aktiengesellschaften vom 18.7.1884.[558] Das Reformgesetz änderte auch den Wortlaut des Art. 241 ADHGB. Dieser lautete nun:

> *„Die Mitglieder des Vorstandes sind aus den von ihnen im Namen der Gesellschaft vorgenommenen Rechtshandlungen Dritten gegenüber für die Verbindlichkeiten der Gesellschaft persönlich nicht verpflichtet.*
>
> *Die Mitglieder des Vorstandes haben bei ihrer Geschäftsführung die Sorgfalt eines ordentlichen Geschäftsmanns anzuwenden.*
>
> *Mitglieder, welche ihre Obliegenheiten verletzen, haften der Gesellschaft solidarisch für den dadurch entstandenen Schaden. Insbesondere sind sie in den Fällen des Artikels 226 Ziffer 1 bis 5, sowie in dem Falle einer nach der Zahlungsunfähigkeit oder Ueberschuldung der Gesellschaft (Art. 240 Abs. 2) geleisteten Zahlung zum Ersatze verpflichtet.*
>
> *In den vorbezeichneten Fällen kann der Ersatzanspruch auch von den Gläubigern der Gesellschaft, soweit sie von dieser ihre Befriedigung nicht erlangen können, selbständig geltend gemacht werden. Die Ersatzpflicht wird ihnen gegenüber dadurch nicht aufgehoben, daß die Handlung auf einem Beschlusse der Generalversammlung beruht.*
>
> *Die Ansprüche auf Grund der vorstehenden Bestimmungen verjähren in fünf Jahren."*

1. *Abschaffung des Schadens als Haftungsvoraussetzung*

Nach Art. 241 Abs. 3 ADHGB sind die Mitglieder des Vorstands nunmehr zum „Ersatze" verpflichtet, wenn sie Zahlungen nach Zahlungsunfähigkeit oder Überschuldung der Gesellschaft leisten. Bereits im Rahmen der Entwicklung eines Entwurfs der Aktienrechtsnovelle wurden Stimmen laut, die für das Zahlungsverbot nach Insolvenzreife eine schadenschadensunabhängige, unbedingte Erstattungspflicht in Höhe der Zahlung als Rechtsfolge verlangten. Insbesondere forderte das Reichs-Oberhandelsgericht, dass die AG berechtigt sein sollte, die Wiederherstellung des ursprünglichen Zustands zu fordern, und zwar auch ohne Vorliegen eines besonderen Schadens.[559] Selber Ansicht war letztlich auch der Gesetzgeber, der – ausweislich der

558 RGBl. S. 123.

559 Gutachten des Reichs-Oberhandelsgerichts vom 31. März 1877, abgedruckt bei *Schubert/Hommelhoff*, 100 Jahre modernes Aktienrecht, S. 211, 220, unter Berufung auf das Prinzip des Art. 204 ADHGB, der eine schadensunabhängige Erstattungspflicht der persönlich haftenden Gesellschafter und Aufsichtsratsmitglieder einer

Gesetzesbegründung – eine verschärfte Haftung der Vorstandsmitglieder für verbotene Zahlungen, bei der es auf den Nachweis eines Schadens nicht mehr ankommen soll, anordnen wollte.[560] Dies bedeutet, dass Massezuflüsse nicht mehr haftungsmildernd berücksichtigt werden können und nicht die eigentliche Masseverkürzung zu ersetzen ist, sondern sich der zu erstattende Betrag aus der Addition aller geleisteten Zahlungen ergibt. Begründet wurde dies mit dem Argument, dass das Verschulden der Vorstandsmitglieder, die entgegen ausdrücklicher Gesetzesvorschriften handeln, höher einzustufen und eine schadensunabhängige Erstattungspflicht als Haftungsfolge deshalb gerechtfertigt sei. Zudem werde durch die unzulässigen Zahlungen gerade das Grundkapital als einzige Sicherheit der Gesellschaftsgläubiger und Existenzgrundlage der Kapitalgesellschaft angegriffen,[561] weshalb die verschärfte Haftung als Sanktion angemessen erscheine.

a) Warum wollte der Gesetzgeber von 1884 Massezuflüsse unberücksichtigt lassen? – Erklärungsversuche

Man mag sich über die Kehrtwende des Gesetzgebers der Aktienrechtsnovelle von 1884, der ausdrücklich eine schadensunabhängige Erstattungspflicht in Höhe der unzulässigen Zahlung normieren wollte, wundern.

Zum einen zwingt der Wortlaut des Art. 241 Abs. 3 ADHGB den Gesetzesanwender nahezu zum gegenteiligen Schluss. Zwar ist der Vorstand der AG nach Art. 241 Abs. 3 S. 2 ADHGB zum „Ersatze" der nach Insolvenzreife geleisteten Zahlung verpflichtet, allerdings wird das Zahlungsverbot in Art. 241 Abs. 3 S. 2 ADHGB im Anschluss an die allgemeine Geschäftsleiterhaftung in Art. 241 Abs. 3 S. 1 ADHGB behandelt, welche ausdrücklich auf Ausgleich eines kausal entstandenen Schadens gerichtet ist. „Insbesondere" soll der Geschäftsleiter zum Ersatz verbotener Zahlungen nach Insolvenzreife verpflichtet sein. Diese Formulierung drängt zu dem Schluss, dass die Ersatzpflicht für verbotene Zahlungen ein Unterfall der allgemeinen Geschäftsleiterhaftung sein soll, welche aber vom Vorliegen eines Schadens abhängt.

Zum anderen verkehrt der Gesetzgeber von 1884 mit einer schadensunabhängigen Ersatzpflicht die Regelungsabsicht des Gesetzgebers von 1862 ins Gegenteil. Die vollständige Erstattung der unzulässigen Zahlung aus dem Privatvermögen des Vorstandsmitglieds in unbegrenzt denkbarer Höhe kann schnell existenzvernichtende

Kommanditgesellschaft auf Aktien anordnet, wenn diese entgegen der gesetzlichen Bestimmungen Zahlungen aus dem Gesellschaftsvermögen leisten.

560 Allgemeine Begründung zum Gesetzentwurf von 1884, Aktenstück 21, abgedruckt bei *Schubert/Hommelhoff*, 100 Jahre modernes Aktienrecht, S. 387, 404, 509 i.V.m. 463.

561 Vgl. dazu Allgemeine Begründung zum Gesetzentwurf von 1884, Aktenstück 21, abgedruckt bei *Schubert/Hommelhoff*, 100 Jahre modernes Aktienrecht, S. 387, 508 i.V.m. 463, allerdings mit Bezug zur schadensunabhängigen Ersatzpflicht des Aufsichtsrats bei vergleichbar schädlichen und daher unzulässigen Zahlungen.

Ausmaße annehmen.[562] Ein Ergebnis, das zwar seine abschreckende Wirkung nicht verfehlen wird, bei Berücksichtigung der Umstände und des damit überkompensierten Gläubigerschadens aber kaum wünschenswert scheint.

aa) Versehen des Gesetzgebers?

Bitter möchte diesen Umstand mit einem Versehen des Gesetzgebers erklären. Das Zahlungsverbot nach Insolvenzreife und die damit einhergehende Erstattungspflicht wurde nur als einer von mehreren Fällen, in denen die Schmälerung des Kapitals der Gesellschaft eine persönliche Haftung der Vorstandsmitglieder auslöst, geregelt. Gleichermaßen zum Ersatz verpflichten sollen nämlich Verstöße gegen Art. 226 Abs. 2 Nr. 1–5 ADHGB, bei denen es sich überwiegend um grundkapitalverkürzende Zahlungen handelt, denen typischerweise keine Massezuflüsse bzw. Gegenleistungen gegenüber stehen, wie etwa der Auszahlung von Dividenden oder Kapitalrückzahlungen. Der Gesetzgeber könnte damals schlicht übersehen haben, dass bei Zahlungen nach Insolvenzreife der Schaden nicht zwingend die volle Höhe des gezahlten Betrags erreicht, weil diesen Zahlungen eine, wenn auch nicht unbedingt vollwertige Gegenleistung gegenüber stehen kann.[563]

bb) Mängel in der Betriebswirtschaftslehre?

Karsten Schmidt hingegen geht davon aus, dass die Betriebswirtschaftslehre damals noch nicht erfunden wurde und das Bewusstsein dafür, dass eine verbotene Zahlungen eben kein „bleibendes Loch im haftenden Gesellschaftsvermögen" hinterlässt, fehlte.[564]

cc) Überflüssigkeit des Schadenserfordernisses bei historischem Verständnis der Zahlungsverbote

Richtet man aber den Blick auf die gesamtheitliche Konzeption des Zahlungsverbots, die gesetzgeberische Intention hinter der Ersatzpflicht und die Konstellationen, die das Zahlungsverbot mit seiner Rechtsfolge erfassen sollte, macht der Verzicht auf das Vorliegen eines Schaden als Haftungsvoraussetzung zum damaligen Zeitpunkt durchaus Sinn. Denn den Zahlungen, die damals noch unzulässiger Weise nach Insolvenzreife geleistet wurden, standen in aller Regel keine Gegenleistungen mehr

562 Siehe dazu nur *Karsten Schmidt*, ZIP 2005, 2177, 2181; *ders.*, ZHR 175 (2011), 433, 435, 437; *ders.*, GmbHR 2007, 1072, 1079; *ders.*, in: Schmidt/Uhlenbruck, GmbH in Krise, Sanierung und Insolvenz, Rn. 11.38.

563 Zum Ganzen *Bitter*, WM 2001, 666, 669 f.

564 *Karsten Schmidt*, ZHR 175 (2011), 433, 439; krit. dazu *Thiessen*, in: Schröder/Kanzleiter, 3 Jahre nach dem MoMiG, S. 73, 80 ff., der die Höhe des Anspruchs gegen den Geschäftsleiter wegen verbotener Zahlungen zu Recht nicht als Frage der Bilanzlehre, sondern vielmehr als Frage des auch damals schon ausgearbeiteten Schadenfolgenrechts sieht.

gegenüber.[565] Verboten und damit haftungsbewehrt sollten nur solche Zahlungen sein, die geleistet werden, um einzelne Insolvenzgläubiger noch vorab zu befriedigen. Diese Zahlungen wurden zu einer Zeit geleistet, in der längst das Insolvenzverfahren über das Vermögen der Gesellschaft eröffnet sein sollte. Durch solche Zahlungen entsteht immer ein Schaden, weil der bereits bestehende Gläubiger dafür kaum (nochmals) eine Gegenleistung erbringen wird. Derjenige, der ohne Gläubiger der Gesellschaft zu sein aus Gefälligkeitsgründen noch durch den Geschäftsleiter veranlasste Zahlungen erhält, wird dem Gesellschaftsvermögen ebenfalls keinen Gegenwert zukommen lassen. Das Zahlungsverbot sollte „Plünderungen" und das Beiseiteschaffen des Kapitals der sterbenden Gesellschaft verhindern. Solchen Auszahlungen stehen naturgemäß keine Gegenleistungen gegenüber. Im Hinblick auf die regelmäßig fehlende Gegenleistung gleicht – entgegen *Bitter*[566] – der Tatbestand des § 241 Abs. 3 S. 2 Alt. 2 ADHGB i.d.F. von 1884 denen der Art. 226 Nr. 1–5 ADHGB i.d.F. von 1884.

Nach hier vertretener Ansicht besteht schlicht kein Bedarf dafür, die Ersatzpflicht für die Vorstandsmitglieder vom Vorliegen eines Schadens abhängig zu machen, weil ein solcher immer gegeben ist.[567] Diese These ist im Folgenden zu untermauern.

aaa) Zahlungsverbot erst ab Eintritt der Zahlungsunfähigkeit der Gesellschaft

Nach Art. 241 Abs. 2 ADHGB i.d.F. von 1862 war es den Vorstandsmitgliedern erst ab dem Zeitpunkt verboten, Zahlungen aus dem Gesellschaftsvermögen leisten, zu welchem ihnen die Zahlungsunfähigkeit[568] der Gesellschaft hätte bekannt sein müssen. Der Begriff der Zahlungsunfähigkeit richtete sich nach der preußischen KO vom 8. Mai 1855,[569] welche diesen aber nur unzureichend definiert. Sie enthält lediglich eine Umschreibung der Zahlungseinstellung, die zwingend dann vorliegen muss, wenn Zahlungsunfähigkeit eintritt. Gem. § 113 KO i.d.F. von 1855 ist Zahlungseinstellung zu bejahen, sobald der Schuldner seine Zahlungsunfähigkeit erklärt, wegen Zahlungsunfähigkeit sein Geschäft schließt oder andere Umstände vorliegen, aus welchen sich ergibt, dass der Schuldner zahlungsunfähig ist.[570] Daraus lässt sich weder eine allgemein gültige Definition der Zahlungseinstellung, die nur

565 Siehe dazu *Altmeppen*, NZG 2016, 521, 525: an gewöhnliche Austauschgeschäfte, die die Konkursmasse nicht verringern, habe der Gesetzgeber nicht gedacht.

566 Dazu soeben (Kapitel 4, § 1, A., V., 1., a), aa)).

567 Vgl. *Altmeppen*, NZG 2016, 521, 525.

568 Einige interpretierten den Begriff der Zahlungsunfähigkeit in Überschuldung um, so etwa *Kräwel*, ADHGB, Art. 241 Anm. 1 (S. 287); *Grünewald*, Repertorium zum ADHGB, Art. 241 Nr. 3; *Löhr*, ADHGB, S. 102.

569 Abgedruckt bei *Wentzel/Klose*, Preußische KO.

570 Siehe eingehend zur Zahlungseinstellung, auch im Unterschied zur bloßen Zahlungsstockung *Hachenburg*, in: Staub, GmbHG, 2. Aufl., 1906, § 64 Anm. 3 i.V.m. § 63 Anm. 3.

mit Beispielen umschrieben wird, noch der Zahlungsunfähigkeit ableiten.[571] Die Begriffsbestimmung wurde mithin der Rechtsprechung und dem Schrifttum überlassen: Demnach sollte Zahlungsunfähigkeit immer dann vorliegen, wenn der Schuldner dauerhaft außerstande war, seine fälligen Schulden zu begleichen.[572] Deutlich wird sowohl aus dem Gesetzestext als auch dessen Interpretation durch die damals herrschende Meinung, dass die Zahlungsunfähigkeit ebenso wie die Zahlungseinstellung mit dem Ende des Handelsgewerbes in Zusammenhang gebracht wird. Die Einstellung der Zahlungen soll etwa erst dann angenommen werden, wenn das Geschäft wegen Zahlungsunfähigkeit geschlossen wird. Für diesen Befund spricht auch Art. 281 Nr. 2 KO: Dieser regelt die Konkurseröffnung über das Vermögen einer AG, die ihre Zahlungen eingestellt hat, und spricht davon, dass die Zahlungseinstellung auch erst nach Auflösung der Gesellschaft eintreten kann. Der KO und dem Schrifttum ist damit zumindest zu entnehmen, dass Zahlungsunfähigkeit nach dem damaligen Verständnis zu einem sehr späten Zeitpunkt im Rahmen des finanziellen Abstiegs des Unternehmens eintreten soll.

Erst zu diesem Zeitpunkt setzte aber das Zahlungsverbot des Art. 241 Abs. 2 ADHGB ein, wessen zeitlicher Anwendungsbereich mithin verhältnismäßig klein war. Erst wenn die Gesellschaft tatsächlich kurz vor der Schließung stand, das Ende und die bevorstehende Insolvenz der Gesellschaft damit in aller Regel offen zu Tage lag, war die Leistung verbotener Zahlungen haftungsbewehrt. Zu diesem Zeitpunkt gibt es kaum mehr einen laufenden Geschäftsbetrieb, der regelmäßige Zahlungen aus dem Gesellschaftsvermögen erfordert.[573] Verboten waren mithin in erster Linie solche Zahlungen, die die (zukünftige) Konkursmasse gerade noch am Konkursverwalter vorbei schmälern, indem einzelne Gläubiger der AG kurz vor der Konkurseröffnung über das Vermögen der Gesellschaft noch vorab befriedigt werden. Diesen Zahlungen werden aber in der Regel keine Gegenleistungen gegenüberstehen, weil es sich dabei um das bewusste Beiseiteschaffen von Vermögenswerten handeln wird.

bbb) Konkursantragspflicht der Vorsteher der AG bereits bei Überschuldung der Gesellschaft

Für die obige These, wonach nur Zahlungen vom Zahlungsverbot erfasst sein sollten, die bewusst und kurz vor Schließung noch aus dem Gesellschaftsvermögen abgezweigt werden, spricht auch, dass nach damaliger Rechtslage bereits lange vor

571 Vgl. *Wentzel/Klose*, Preußische KO, S. 236, die davon ausgehen, dass es keine Definition einer Zahlungseinstellung gibt, die Gerichte hinsichtlich der Zahlungseinstellung aber das „Richtige und dem Leben entsprechende“ erkennen werden; vgl. zum schwammigen Begriff der Zahlungseinstellung auch *von Völderndorff*, in: Bezold, Gesetzgebung des Dt. Reichs, Bd. II, 1. Teil, S. 141 ff.

572 RGZ 50, 39, 41; *von Wilmowski*, in: Kurlbaum, KO, § 30 Anm. 3 ff.; *Merzbacher*, GmbHG, § 64 Anm. 4 i.V.m. § 63 Anm. 2; *Baumbach*, AktG, 4. Aufl., 1941, S. 188; *Schlegelberger*, AktG, § 83 Rn. 5, allerdings betr. die (spätere) KO für das Deutsche Reich vom 10. Februar 1877.

573 *Altmeppen*, NZG 2016, 521, 525.

Zahlungsunfähigkeit und damit Einsetzen des Zahlungsverbots das Konkursverfahren über das Gesellschaftsvermögen eröffnet werden musste. Für die Geschäftsleiter kann zu diesem Zeitpunkt nur offensichtlich gewesen sein, in welchem Zustand sich das Unternehmen befindet und Austauschgeschäfte im normalen Verkehr waren nicht mehr denkbar.

Das Konkursverfahren über das Vermögen der Gesellschaft musste nämlich bereits bei Überschuldung eröffnet werden. § 26 des Gesetzes über die Aktiengesellschaften für die preußischen Staaten vom 9.11.1853[574] legte fest, dass das Konkursverfahren über das (Aktien-) Gesellschaftsvermögen durch das Gericht von Amts wegen zu eröffnen ist, wenn die Bezirksregierung dem Gericht Mitteilung über die bilanzielle Überschuldung der Gesellschaft macht. Diese Bestimmung wurde sinngemäß in die preußische KO von 1855 in § 281 Nr. 1 übernommen. Nach § 281 Nr. 2 KO i.d.F. von 1855 war der Konkurs freilich auch dann zu eröffnen, wenn die Gesellschaft ihre Zahlungen einstellt. Der Vorstand musste dementsprechend sowohl nach Art. 240 Abs. 3 ADHGB i.d.F. von 1862 dem Gericht zwecks Eröffnung des Konkurses Anzeige machen, wenn das Vermögen der Gesellschaft deren Schulden nicht mehr deckt, als auch binnen drei Tagen gem. § 282 i.V.m. § 116 KO i.d.F. von 1855 das Gericht über die Zahlungseinstellung der Gesellschaft unterrichten.

Überschuldung war dabei nicht im Sinne des heutigen zweistufigen Überschuldungsbegriffs zu verstehen, sondern bedeutete, dass das Gesellschaftsvermögen die Schulden der Gesellschaft nicht mehr deckt. Das heißt, die Gesellschaft konnte durchaus noch in der Lage sein, zumindest einen Teil ihrer Schulden zu begleichen, also noch zahlungsfähig sein. Naturgemäß trat auch nach damaliger Rechtslage zeitlich Überschuldung vor Zahlungsunfähigkeit ein.[575] Eine Frist zur Konkurseröffnung, wie sie der heutige § 15a InsO statuiert, gab es nicht.

In aller Regel hätte deutlich vor Zahlungsunfähigkeit und damit der potentiellen Haftungsbewehrung von Zahlungen der Konkurs über das Vermögen der Gesellschaft eröffnet werden müssen. Wäre dies aber geschehen, hätten durch den Vorstand angesichts des einzusetzenden Konkursverwalters keine Zahlungen im Rahmen eines normalen Geschäftsbetriebs mehr geleistet werden können.[576] Denkbar sind

---

574 Abgedruckt bei *Baums*, Neudrucke privatrechtlicher Kodifikationen, Bd. 5, Preußisches Gesetz über die Aktiengesellschaften, S. 211 ff.

575 Das muss allerdings nicht immer der Fall sein. Zum Beispiel liegt nach dem damaligen Verständnis auch dann Zahlungsunfähigkeit vor, wenn der Schuldner seine Zahlungen einstellt (vgl. § 94 KO i.d.F. von 1877). Dies kann auch geschehen, wenn die Gesellschaft ausreichend Vermögen besitzt, also keineswegs überschuldet ist, wobei dies freilich selten der Fall sein wird. Vgl. dazu Allgemeine Begründung zum Gesetzentwurf von 1884, Aktenstück 21, abgedruckt bei *Schubert/Hommelhoff*, 100 Jahre modernes Aktienrecht, S. 387, 404, 508 oben.

576 Gem. § 128 KO i.d.F. von 1855 ist nach Konkurseröffnung ein einstweiliger Verwalter der Masse zu bestellen. Ihm obliegt ab diesem Zeitpunkt gem. § 131 Abs. 2, 3 KO die Sicherung der Masse und die Führung von Prozessen, welche die Masse betreffen. Er tritt damit an die Stelle des Vorstands der Aktiengesellschaft, der

bis zur Einsetzung des Konkursverwalters allenfalls noch Zahlungen, die bewusst zu Unrecht und gezielt an einzelne bevorzugte Gläubiger geleistet werden, um diesen die Geltendmachung der bloßen Konkursquote zu ersparen. Gestützt wird diese Annahme dadurch, dass der Konkurs über das Vermögen zu einem früheren Zeitpunkt eröffnet werden muss, als das Zahlungsverbot einsetzt. Dies war während der Geltung des ADHGB 1862 am deutlichsten der Fall. Das Zahlungsverbot setzte erst bei Erkennbarkeit Zahlungsunfähigkeit ein, Konkurs musste aber bereits bei Überschuldung beantragt werden. Mit der Aktienrechtsnovelle aber wurde das Zahlungsverbot zeitlich vorverlegt und setzte bereits bei Überschuldung[577] ein, so dass ein zeitlicher Gleichlauf von Zahlungsverbot und Konkurseröffnungspflicht gegeben war.[578] Auch bei dieser Rechtslage lässt sich die obige These allerdings noch halten, weil nur solche Zahlungen sanktioniert werden, die zu einem Zeitpunkt geleistet werden, in dem das Konkursverfahren bereits eröffnet sein musste. Das Zahlungsverbot setzte nämlich erst dann ein, wenn sich die Überschuldung aus der Jahresbilanz oder einer zwischenzeitlich aufgestellten Bilanz ergab.[579] Die Überschuldung musste den Vorstehern also bewusst gewesen sein. Daran, dass ein Geschäftsleiter nichtsahnend weiter am Geschäftsverkehr teilnimmt und in diesem

---

zuvor über deren Vermögen disponieren konnte. Eingehend zur Stellung und den Befugnissen des einstweiligen Verwalters siehe *Wentzel/Klose*, Preußische KO, S. 254 ff.

577 Überschuldung lag nach dem damaligen Verständnis dann vor, wenn das Vermögen der Gesellschaft deren Schulden nicht mehr deckt, die Passiva die Aktiva der Gesellschaft also übersteigen; vgl. dazu *Mentzel*, KO, § 207 (S. 492). Der 1884 geltende § 193 KO (KO i.d.F. vom 10. Februar 1877, RGBl. S. 351) wurde unverändert in § 207 KO (KO vom 20. Mai 1898, RGBl. S. 612) verschoben, so dass der Begriff der Überschuldung inhaltlich gleichbedeutend ist.

578 Im ADHGB 1884 wurde erstmals eine Konkursantragspflicht der Vorsteher normiert. Diese sind nunmehr nicht nur zur bloßen Anzeige der Überschuldung oder Zahlungsunfähigkeit verpflichtet, sondern müssen vielmehr – anlässlich des Wegfalls der Konkurseröffnung von Amts wegen in der Konkursordnung – gem. Art. 240 Abs. 2 ADHGB einen Antrag auf Eröffnung des Konkurses über das Vermögen der Gesellschaft stellen. Die Eröffnung des Konkursverfahrens fand nach § 95 KO i.d.F. von 1877 nämlich nur noch auf ausdrücklichen Antrag statt, nicht bloße Anzeige. Siehe dazu Allgemeine Begründung zum Gesetzentwurf von 1884, Aktenstück 21, abgedruckt bei *Schubert/Hommelhoff*, 100 Jahre modernes Aktienrecht, S. 387, 507 f.; *von Völderndorff*, AktG, S. 712; siehe für die österreichische KO auch *Pisko*, in: Staub, ADHGB, Art. 240 § 14.

579 Siehe dazu den Verweis in Art. 241 Abs. 3 ADHGB i.d.F. von 1884 im Klammerzusatz zur Überschuldung auf Art. 240 Abs. 2 ADHGB i.d.F. von 1884; dies änderte sich 1986 als mit BGHZ 100, 19 = ZIP 1987, 509 die Handelsbilanz als Grundlage der Überschuldungsbemessung aufgegeben wurde und ein zweistufiges Vorgehen bei der Überschuldungsprüfung eingeführt wurde, so dass sich die Überschuldung nicht mehr aus einer ohnehin aufzustellenden Handelsbilanz ergeben musste, vgl. dazu *Drukarczyk/Schüler*, in: MüKo InsO, § 19 Rn. 15 ff.

Rahmen gegebenenfalls monatelang haftungsbewehrte Zahlungen leistet, hat auch der Gesetzgeber von 1884 gar nicht gedacht.

Nicht mehr haltbar ist diese These allerdings ab dem Jahr 1930, in dem durch das Gesetz über die Pflicht zum Antrag auf Eröffnung des Konkurses oder des gerichtlichen Vergleichsverfahrens vom 25. März 1930[580] eine zweiwöchige Konkursantragsfrist eingeführt wurde. Ab diesem Zeitpunkt setzte das Zahlungsverbot mithin deutlich vor der Pflicht zur Konkurseröffnung ein. Nach dieser Rechtslage ist die Leistung von Zahlungen, die im Rahmen einer werbenden Geschäftstätigkeit erfolgen, und denen daher oftmals Gegenleistungen gegenüberstehen werden, denkbar. Dann muss auf das Erfordernis eines Schadens bestanden werden, wenn nicht ohne Rücksicht auf etwaige in das Gesellschaftsvermögen gelangte Gegenleistungen die Vorsteher der AG zum vollständigen Ersatz des ausgezahlten Betrags verpflichtet und damit das Gesellschaftsvermögen bereichert werden soll.

b) Fazit

Angesichts der Rechtslage, die der Gesetzgeber von 1884 vorfand, kann man davon ausgehen, dass nur Zahlungen vom Zahlungsverbot erfasst sein sollten, denen in aller Regel keine Gegenleistung gegenüber steht. Nach damaligem Verständnis der Zahlungsverbote war es deshalb nicht nötig, eine Schadensersatzhaftung zu statuieren. Der Schaden am Gesellschaftsvermögen entstand mangels Zuflüssen in das Gesellschaftsvermögen in Höhe der geleisteten Zahlung. So kann auch die Kehrtwende, die der Gesetzgeber von 1884 mit der Einführung einer schadensunabhängigen Erstattungspflicht vollzogen hat, erklärt werden. Diese zog, anders als nach heutiger Rechtslage, keine Überkompensation des am Gesellschaftsvermögen entstandenen Schadens nach sich und war mithin gerechtfertigt. Mit der gegenwärtigen Hinauszögerung der Pflicht zur Insolvenzantragsstellung durch eine Frist führt eine schadensunabhängige Erstattungspflicht hingegen zu unerwünschten Ergebnissen, weil die Gesellschaft dann bei Einsetzen des Zahlungsverbots regulär am Geschäftsverkehr teilnimmt und den Zahlungen Gegenleistungen gegenüber stehen können und werden.

2. *Innenhaftung auf Ersatz des Schadens der Gläubigergesamtheit*

Weitere Neuerungen brachte die Aktienrechtsnovelle 1884 dahingehend, dass Art. 241 Abs. 3 ADHGB i.d.F. von 1884 eindeutig eine Innenhaftung gegenüber der Gesellschaft anordnet und eine Außenhaftung gegenüber den Gläubigern nicht mehr denkbar ist. Die Gesetzesbegründung geht davon aus, dass den Gesellschaftsgläubigern grundsätzlich nur die Gesellschaft als solche haften kann und keinesfalls deren Organe, weil sie auch nur mit Ersterer kontrahiert haben. Bezogen auf die Haftung des Aufsichtsrats gegenüber den Gesellschaftsgläubigern wird allerdings argumentiert, dass den Gläubigern bei unzulässiger Verwendung des Grundkapitals

580 RGBl. I S. 93.

wegen der besonders schweren und ihr Haftungskapital betreffenden Verfehlung das Recht zustehen müsse, den Anspruch der Gesellschaft auf Ersatz geltend zu machen, wenn ihnen eine Befriedigung aus dem Gesellschaftsvermögen nicht möglich ist.[581] Entsprechende Überlegungen seien auch hinsichtlich der Haftung des Vorstands gegenüber den Gesellschaftsgläubigern anzustellen.[582]

Demgemäß ist in den Entwürfen zur Aktienrechtsnovelle seit 1882 und letztlich auch im reformierten ADHGB von 1884 in Art. 241 Abs. 4 normiert, dass „der Ersatzanspruch auch von den Gläubigern der Gesellschaft, soweit sie von dieser ihre Befriedigung nicht erlangen können, selbständig geltend gemacht werden“ kann.[583] Dieses in der Gesetzesbegründung noch als „Rückgriffsrecht“[584] titulierte Recht der Gläubiger ist mit den heutigen Gläubigerverfolgungsrechten aus §§ 62 Abs. 2, 93 Abs. 5, 117 Abs. 5 AktG und § 34 Abs. 5 GenG vergleichbar.[585] Allerdings handelt es sich dabei nur um eine subsidiäre Verhaftung,[586] denn die Gläubiger können den Anspruch gegen die Gesellschaft nur dann geltend machen, wenn sie keine Befriedigung durch die Gesellschaft erlangen können.[587] Der einzelne Gläubiger ist mithin berechtigt, den Vorstand selbst in Anspruch zu nehmen, und zwar nicht auf Erstattung der Zahlung in die Masse, sondern auf Leistung an sich selbst.[588] Dabei handelt sich nach der heute herrschenden Lehre nicht um einen Fall der

---

581 Zum Ganzen Allgemeine Begründung zum Gesetzentwurf von 1884, Aktenstück 21, abgedruckt bei *Schubert/Hommelhoff,* 100 Jahre modernes Aktienrecht, S. 387, 404, 463.

582 Allgemeine Begründung zum Gesetzentwurf von 1884, Aktenstück 21, abgedruckt bei *Schubert/Hommelhoff,* 100 Jahre modernes Aktienrecht, S. 387, 404, 509 i.V.m. 463; vgl. auch Gutachten des Reichs-Oberhandelsgerichts vom 31. März 1877, abgedruckt bei *Schubert/Hommelhoff,* 100 Jahre modernes Aktienrecht, S. 218.

583 Siehe dazu Art. 241 Abs. 4 des Entwurfs des Gesetzes, betr. die Kommanditgesellschaften auf Aktien und die Aktiengesellschaften vom Januar 1882, abgedruckt bei *Schubert/Hommelhoff,* 100 Jahre modernes Aktienrecht, S. 263 ff.; ebenso Art. 241 Abs. 3, 4 in der Allgemeinen Begründung zum Gesetzentwurf von 1884, Aktenstück 21, abgedruckt bei *Schubert/Hommelhoff,* 100 Jahre modernes Aktienrecht, S. 387 ff. und Art. 241 Abs. 3, 4 ADHGB i.d.F. seit der Aktienrechtsreform 1884.

584 Allgemeine Begründung zum Gesetzentwurf von 1884, Aktenstück 21, abgedruckt bei *Schubert/Hommelhoff,* 100 Jahre modernes Aktienrecht, S. 387, 404, 463.

585 Vgl. die heutigen nahezu wortlautidentischen §§ 62 Abs. 2, 93 Abs. 5, 117 Abs. 5 AktG: Der (Ersatz-)Anspruch „der Gesellschaft kann auch von den Gläubigern der Gesellschaft geltend gemacht werden, soweit sie von dieser keine Befriedigung erlangen können.“

586 Allgemeine Begründung zum Gesetzentwurf von 1884, Aktenstück 21, abgedruckt bei *Schubert/Hommelhoff,* 100 Jahre modernes Aktienrecht, S. 387, 404, 508.

587 Vgl. auch *Mertens/Cahn,* in: Kölner Komm., AktG, § 93 Rn. 182.

588 *Spindler,* in: MüKo AktG, § 93 Rn. 267; *Koch,* in: Hüffer, AktG, § 93 Rn. 81; *Hopt/Roth,* in: GroßKomm. AktG, § 93 Rn. 551; *Fleischer,* in: Spindler/Stilz, AktG, § 93 Rn. 299; *Mertens/Cahn,* in: Kölner Komm. AktG, § 93 Rn. 181.

Prozessstandschaft,[589] sondern einen eigenen materiellen Anspruch des Gläubigers gegen das Vorstandsmitglied, der in seiner Höhe durch die Forderung des Gläubigers gegen die Gesellschaft beschränkt ist.[590] Dies wird überzeugend damit begründet, dass es für das Verfolgungsrecht des Gläubigers unerheblich ist, ob die Gesellschaft jemals einen entsprechenden Anspruch gegen ihren Vorstand hatte.[591] Dies stellt bereits Art. 241 Abs. 4 S. 2 ADHGB i.d.F. ab 1884 klar, der normiert, dass das Verfolgungsrecht des Gläubigers nicht dadurch aufgehoben wird, dass die Handlung des Vorstands auf einem Beschluss der Generalversammlung beruht. Durch einen solchen, wenn auch gesetzeswidrigen Beschluss wird nur die Haftung des Vorstands gegenüber der Gesellschaft aufgehoben.[592] Die Haftung i.S.d. Verfolgungsrechts gegenüber den Gläubigern bleibt aber bestehen, denn ihnen gegenüber handeln die Gesellschaftsorgane auf eigene Verantwortlichkeit.[593] Damit wird klar, dass das Gläubigerverfolgungsrecht eine eigene Anspruchsberechtigung des Gläubigers, nicht aber eine bloße Prozessstandschaft und damit Befugnis zur Geltendmachung eines fremden Rechts darstellt.[594] Der eigene Anspruch des Gläubigers gegen das Vorstandsmitglied steht gleichberechtigt neben dem Anspruch der Gesellschaft, wobei nur ein Anspruch geltend gemacht werden kann, das haftende Vorstandsmitglied also nur einmal leisten muss, um den entstandenen Schaden auszugleichen.[595]

589 So aber OLG Frankfurt, WM 1977, 59, 62; *Habscheid*, in: FS Weber, S. 197, 200 f., der auf den „eindeutigen Wortlaut" des § 93 Abs. 5 S. 1 AktG verweist; demnach dürfte der Gläubiger lediglich einen fremden Anspruch im eigenen Namen geltend machen; so auch noch deutlich *Ritter*, in: Ritter/Ritter, AktG, § 84 S. 281.

590 *Hopt/Roth*, in: GroßKomm. AktG, § 93 Rn. 549; *Koch*, in: Hüffer, AktG, § 93 Rn. 81; *Spindler*, in: MüKo AktG, § 93 Rn. 267; *Fleischer*, in: Spindler/Stilz, AktG, § 93 Rn. 294; *Mertens/Cahn*, in: Kölner Komm., AktG, § 93 Rn. 180; *Krieger/Sailer-Coceani*, in: Schmidt/Lutter, AktG, § 93 Rn. 68; *Grigoleit/Tomasic*, in: Grigoleit, AktG, § 93 Rn. 82; *Fleischer*, in: Fleischer, VorstandsR-HdB, § 11 Rn. 113; vgl. dazu auch RGZ 39, 62, 63: „selbstständiger Anspruch" der Gesellschaftsgläubiger.

591 *Mertens/Cahn*, in: Kölner Komm. AktG, § 93 Rn. 180.

592 Allgemeine Begründung zum Gesetzentwurf von 1884, Aktenstück 21, abgedruckt bei *Schubert/Hommelhoff*, 100 Jahre modernes Aktienrecht, S. 387, 404, 508; *Pisko*, in: Staub, ADHGB, Art. 241 § 10.

593 Allgemeine Begründung zum Gesetzentwurf von 1884, Aktenstück 21, abgedruckt bei *Schubert/Hommelhoff*, 100 Jahre modernes Aktienrecht, S. 387, 404, 509 i.V.m. 463, wonach die Gläubiger durch diese Regelung „selbstständiger" gestellt werden sollen.

594 *Mertens/Cahn*, in: Kölner Komm., AktG, § 93 Rn. 180; *Cahn*, Vergleichsverbote im Gesellschaftsrecht, S. 76; *Mertens*, AG 1977, 66, 67; vgl. dazu auch RGZ 39, 62, 63 f.

595 *Hopt/Roth*, in: GroßKomm. AktG, § 93 Rn. 549; vgl. auch *Mertens/Cahn*, in: Kölner Komm. AktG, § 93 Rn. 183: „Anspruchsvervielfältigung besonderer Art, die § 171 HGB ähnelt"; *Grigoleit/Tomasic* in: Grigoleit, AktG, § 93 Rn. 82.

Mithin kann das Vorstandsmitglied seine Haftung gegenüber den Gläubigern durch Leistung an die Gesellschaft abwenden.[596] Dann müssen sich die Gläubiger zwecks ihrer Befriedigung an die Gesellschaft halten.

Das Gläubigerverfolgungsrecht wurde auf die Fälle beschränkt, in denen der Gesellschaft ein Ersatzanspruch gegen ihre Vorstandsmitglieder zustand, weil diese gegen Art. 226 Abs. 2 Nr. 1–5 ADHGB verstießen oder nach Zahlungsunfähigkeit oder Überschuldung der Gesellschaft entgegen Art. 240 Abs. 2 ADHGB noch Zahlungen aus deren Vermögen leisteten.[597] Bei bloßer allgemeiner Sorgfaltspflichtverletzung nach Art. 241 Abs. 3 S. 1 ADHGB i.d.F. von 1884 sollte den Gläubigern hingegen keine Befugnis zustehen, den Ersatzanspruch der Gesellschaft selbstständig geltend zu machen.[598] Die Beschränkung des Gläubigerverfolgungsrechts auf Ansprüche wegen Verstoßes gegen die in § 241 Abs. 3 S. 2 HGB normierten Fälle spricht für deren essentielle Bedeutung und die Schwere eines Verstoßes gegen die dort genannten Verbote.[599] Diese werden als so schwerwiegend erkannt, dass selbst die Gesellschaftsgläubiger, die im Gegensatz zur geschädigten Gesellschaft in keinem Vertragsverhältnis mit dem haftenden Vorstandsmitglied stehen, einen unmittelbaren Anspruch gegen dieses erhalten sollen. Dafür spricht auch die spätere Ausweitung des Gläubigerverfolgungsrechts im Aktiengesetz von 1937 (in § 84 Abs. 5 S. 2) auf Fälle der allgemeinen Sorgfaltspflichtverletzung nach Art. 241 Abs. 2 HGB i.d.F. von 1897 bzw. § 84 Abs. 2 AktG i.d.F. von 1937, die nur dann gilt, wenn die Vorsteher die Sorgfalt eines ordentlichen und gewissenhaften Geschäftsmannes „gröblich" verletzt haben.[600]

Deutlich wird hier abermals, dass es dem Gesetzgeber darum ging, den Schaden der Gläubigergesamtheit, den diese durch die Verkürzung der Haftungsmasse erlitten hat, auszugleichen. Dieser entsteht den Gläubigern in Form der Schmälerung des Gesellschaftsvermögens, weshalb eine Zuweisung des Anspruchs an die Gesellschaft gerechtfertigt erscheint. Eine Außenhaftung gegenüber den Gläubigern soll nurmehr als sekundäre Verhaftung in Frage kommen.

596 Siehe bereits RGZ 39, 62, 64; Allgemeine Begründung zum Gesetzentwurf von 1884, Aktenstück 21, abgedruckt bei *Schubert/Hommelhoff*, 100 Jahre modernes Aktienrecht, S. 387, 404, 509 i.V.m. 463; *Frankenburger*, HGB, Art. 241 Abs. 4; zur heutigen Rechtslage: *Spindler*, in: MüKo AktG, § 93 Rn. 267; *Fleischer*, in: Spindler/Stilz, AktG, § 93 Rn. 299; *Mertens/Cahn*, in: Kölner Komm. AktG, § 93 Rn. 183.

597 Siehe die Formulierung in Art. 241 Abs. 4 ADHGB i.d.F. von 1884: „In den vorbezeichneten Fällen".

598 *von Völderndorff*, AktG, S. 718.

599 Vgl. dazu *Teichmann/Koehler*, AktG, 2. Aufl., 1939, S. 191, allerdings mit Bezug zum AktG i.d.F. von 1937.

600 Vgl. dazu Amtliche Begründung zu § 84 AktG, abgedruckt bei *Klausing*, AktG, S. 71.

VI. Gesetz betreffend die Gesellschaften mit beschränkter Haftung von 1892

Am 20.4.1892 wurde das GmbHG erlassen[601] und die Rechtsform der GmbH eingeführt. Es regelte die Grundlagen und Funktionsweise der GmbH und normierte sowohl die Insolvenzantragspflicht als auch das haftungsbewehrte Zahlungsverbot in § 64:

> *„Die Geschäftsführer haben die Eröffnung des Konkursverfahrens zu beantragen, sobald die Zahlungsunfähigkeit der Gesellschaft eintritt oder aus der Jahresbilanz oder aus einer im Laufe des Geschäftsjahres aufgestellten Bilanz Ueberschuldung sich ergiebt.*
>
> *Die Geschäftsführer sind der Gesellschaft zum Ersatze aller nach diesem Zeitpunkt geleisteten Zahlungen verpflichtet. Auf den Ersatzanspruch finden die Bestimmungen im § 44 Absatz 3 und 4 entsprechende Anwendung.*
>
> *Die Eröffnung des Konkursverfahrens ist von Amtswegen in das Handelsregister einzutragen. Eine Veröffentlichung der Eintragung findet nicht statt."*

1. Schaden keine Haftungsvoraussetzung

Auch die Haftung der Geschäftsleiter für Zahlungen aus dem Gesellschaftsvermögen nach Insolvenzreife der GmbH setzte keinen Schaden der Gesellschaft voraus.[602] Die Geschäftsleiter waren zur vollen Erstattung der Zahlung verpflichtet, und zwar ohne Rücksicht darauf, ob durch diese eine tatsächliche Verkürzung des Kapitals der Gesellschaft entstanden ist oder eine solche gegebenenfalls durch eine Gegenleistung für die Zahlung ausgeglichen wurde.

Eine sehr fortschrittliche Ansicht hierzu vertrat *Hachenburg.*[603] Er versteht zwar § 64 Abs. 2 GmbHG nicht als Schadensersatzhaftung, sondern nimmt als Rechtsfolge die Verpflichtung zur Erstattung der Zahlung an. Er erfasst aber zugleich die Härte dieser Ersatzpflicht, die ohne einen Schaden als Voraussetzung greift und damit eher Sanktion als zivilrechtliche Haftung darstellt. Das kann vom Gesetz, das weiterhin

---

601 RGBl. S. 477. Neu bekannt gemacht wurde das GmbHG am 20. Mai 1898 (RGBl. S. 846), allerdings ohne für die hiesige Untersuchung entscheidende Neuerungen; zur Geschichte des GmbHG siehe eingehend *Schubert,* in: FS 100 Jahre GmbH-Gesetz, S. 1 ff.

602 Die Gesetzesbegründung verweist auf die entsprechende, für Art. 241 ADHGB geltende Haftungsdogmatik: Begründung des Gesetzesentwurfs, betr. die Gesellschaften mit beschränkter Haftung, abgedruckt in Stenographische Berichte über die Verhandlungen des Reichstages, 8. Legislaturperiode, Session 1890/92, 12, Aktenstück 660, S. 3724, 3756; deutlich auch *Brodmann,* GmbHG, 1. Aufl., 1924, § 64 Anm. 4 (S. 230); *Crüger,* in: Parisius/Crüger, GmbHG, § 64 Anm. 2; *Hachenburg,* in: Staub, GmbHG, 2. Aufl., 1906, § 64 Anm.6 f.; *Birkenbihl,* GmbHG, S. 316; *Neukamp,* GmbHG, § 64 Anm. 4; andere Ansicht offenbar RGZ 80, 104, 110; *Scholz,* GmbHG, 1. Aufl., 1928, S. 639.

603 Siehe zum Ganzen *Hachenburg,* in: Staub, GmbHG, 2. Aufl., 1906, § 64 Anm. 7.

vom „Ersatz" spricht, aber kaum gewollt sein.[604] Er erkennt in der Ersatzpflicht eine Haftung gegenüber der Gläubigergesamtheit, die durch Erstattung des gezahlten Betrags an die Gesellschaft verwirklicht wird. Die (zukünftige) Konkursmasse dürfe durch den Ersatz des Geschäftsleiters aber nicht bereichert werden.[605] Daher müsse von dem Erstattungsanspruch der Gesellschaft gegen ihren Geschäftsleiter derjenige Betrag abgezogen werden, der der Insolvenzquote des durch die verbotene Zahlung befriedigten Gläubigers entspricht.[606] Genauso abgezogen werden muss die Gegenleistung, die der Gesellschaft durch die Zahlung zugeflossen ist.[607] Zudem soll der Anspruch der Gesellschaft gegen ihren Geschäftsleiter dann ausgeschlossen sein, wenn der Ersatz der Zahlung auch vom (solventen) Empfänger erlangt werden kann, also diese ihm gegenüber etwa anfechtbar ist.[608]

2. *Innenhaftung auf Ersatz des Schadens der Gläubigergesamtheit*

In den Beratungen zum Erlass des GmbHG wurden abermals Stimmen laut, die eine Haftung der Geschäftsleiter mit ihrem gesamten Vermögen gegenüber den Gesellschaftsgläubigern befürworteten, zumindest dann, wenn sie es bei Zahlungsunfähigkeit oder Überschuldung unterließen, Konkurs zu beantragen.[609] Begründet wurde dies mit dem „kapitalistischen Moment der neuen Gesellschaftsform",[610] also damit, dass die GmbH eine Kapitalgesellschaft ist, bei der den Gläubigern allein das Gesellschaftsvermögen und keine natürliche Person haftet.

In der Begründung zum Entwurf des § 64 GmbHG findet sich diese Einschätzung allerdings nicht wieder.[611] Demnach soll der Gläubigerschutz gewährleistet werden,

604 *Hachenburg*, in: Staub, GmbHG, 1. Aufl., 1903, § 64 Anm. 7.

605 Ebenso *Brodmann*, GmbHG, 1. Aufl., 1924, § 64 Anm. 4 (S. 231).

606 Ebenso *Scholz*, GmbHG, 1. Aufl., 1928, S. 639; andere Ansicht *Brodmann*, GmbHG, 1. Aufl., 1924, § 64 Anm. 4 (S. 231).

607 Ebenso *Brodmann*, GmbHG, 1. Aufl., 1924, § 64 Anm. 4 (S. 231); *Scholz*, GmbHG, 1. Aufl., 1928, S. 640; vgl. auch RGZ 80, 104, 110.

608 Siehe dazu auch *Birkenbihl*, GmbHG, S. 316; anders allerdings noch *Hachenburg* in: Staub, GmbHG, 1. Aufl., 1903, § 64 Anm. 7.

609 Gutachten des Dt. Handelstages und Auszug aus dem Gutachten der preußischen Handelskammern, abgedruckt in Stenographische Berichte über die Verhandlungen des Reichstages, 8. Legislaturperiode, Session 1890/92, 12, Aktenstück 660, Anlage A, S. 3760, 3765 f. und Anlage B, S. 3766, 3769.

610 Gutachten des Dt. Handelstages, abgedruckt in Stenographische Berichte über die Verhandlungen des Reichstages, 8. Legislaturperiode, Session 1890/92, 12, Aktenstück 660. Anlage A, S. 3760, 3765.

611 Begründung des Gesetzesentwurfs, betr. die Gesellschaften mit beschränkter Haftung, abgedruckt in Stenographische Berichte über die Verhandlungen des Reichstages, 8. Legislaturperiode, Session 1890/92, 12, Aktenstück 660, S. 3724, 3756; ebenso *Birkenbihl*, GmbHG, S. 316; *Neukamp*, GmbHG, § 64 Anm. 4; *Crüger*, in: Parisius/Crüger, GmbHG, § 64 Anm. 3; *Merzbacher*, GmbHG, § 64 Anm. 6; *Brodmann*, GmbHG, 1. Aufl., 1924, § 64 Anm. 4 (S. 230); *Hachenburg*, in: Staub,

indem der Konkurs nicht erst bei Zahlungsunfähigkeit der Gesellschaft, sondern bereits bei deren Überschuldung beantragt werden muss. Es soll aber gerade keine direkte Haftpflicht gegenüber den Gesellschaftsgläubigern im Fall der unterlassenen Konkursantragsstellung oder Leistung von verbotenen Zahlungen normiert werden; dem Gläubigerschutz genüge es vielmehr, wenn der Ersatz zum Nutzen aller Gläubiger an die Gesellschaft geleistet wird.[612]

Auch wurde kein dem Art. 241 Abs. 4 ADHGB entsprechendes Gläubigerverfolgungsrecht im GmbHG geregelt. Gegen eine Beeinträchtigung des Ersatzanspruchs der Gesellschaft diene den Gläubigern vielmehr die Verweisung in § 64 Abs. 2 GmbHG auf § 44 Abs. 3, 4 GmbHG.[613] Nach § 44 Abs. 3 GmbHG i.d.F. von 1892 wird der Ersatzanspruch der Gesellschaft gegen ihre Geschäftsleiter nicht dadurch aufgehoben, dass diese unter Befolgung eines Gesellschafterbeschlusses gehandelt haben, soweit der Ersatz zur Befriedigung der Gläubiger benötigt wird. § 44 Abs. 4 GmbHG regelt die fünfjährige Verjährungsfrist der Ansprüche.

Festzuhalten bleibt insbesondere, dass ausweislich der Gesetzesbegründung keine Außenhaftung der Geschäftsleiter gegenüber den Gläubigern gewollt ist, weder für die Verletzung der Konkursantragspflicht noch die Leistung verbotener Zahlungen. Zu ersetzen ist zwar der Gläubigergesamtheit entstandene Schaden, allerdings durch dessen Erstattung in das Gesellschaftsvermögen.

VII. Handelsgesetzbuch für das Deutsche Reich von 1897

Nachdem das Privatrecht durch das Inkrafttreten des Bürgerlichen Gesetzbuchs umfassend neu gestaltet wurde, wurde auch eine Revision des Handelsrechts nötig.[614] Am 10.5.1897 wurde daher das Handelsgesetzbuch[615] auf Grundlage des zuvor mehrmals reformierten ADHGB abgefasst. Das HGB brachte dabei allerdings nur marginale Änderungen hinsichtlich der Haftung der Vorsteher der AG nach deren Insolvenzreife.[616]

GmbHG, 2. Aufl., 1906, § 64 Anm. 7, der in dieser Hinsicht sogar eine Abgrenzung zu den aktiengesellschaftsrechtlichen Vorschriften vornimmt.

612 Begründung des Gesetzesentwurfs, betr. die Gesellschaften mit beschränkter Haftung, abgedruckt in Stenographische Berichte über die Verhandlungen des Reichstages, 8. Legislaturperiode, Session 1890/92, 12, Aktenstück 660, S. 3724, 3756.

613 Begründung des Gesetzesentwurfs, betr. die Gesellschaften mit beschränkter Haftung, abgedruckt in Stenographische Berichte über die Verhandlungen des Reichstages, 8. Legislaturperiode, Session 1890/92, 12, Aktenstück 660, S. 3724, 3756.

614 Begründung zu dem Entwurf eines Handelsgesetzbuches für das Deutsche Reich von 1895, abgedruckt bei *Schubert/Schmiedel/Krampe,* Quellen zum HGB von 1897, Bd. II Erster Halbbd., S. 1.

615 RGBl. S. 219; abgedruckt bei *Schubert/Schmiedel/Krampe,* Quellen zum HGB von 1897, Bd. I, S. 717.

616 Vgl. Begründung zu dem Entwurf eines Handelsgesetzbuches für das Deutsche Reich von 1895, abgedruckt bei *Schubert/Schmiedel/Krampe,* Quellen zum HGB von 1897, Bd. II Erster Halbbd., S. 1, 124; Denkschrift zum Entwurf eines HGB und

Art 241 HGB lautete nunmehr:

„Die Mitglieder des Vorstandes haben bei ihrer Geschäftsführung die Sorgfalt eines ordentlichen Geschäftsmanns anzuwenden.

Mitglieder, die ihre Obliegenheiten verletzen, haften der Gesellschaft als Gesammtschuldner für den daraus entstehenden Schaden.

Insbesondere sind sie zum Ersatze verpflichtet, wenn entgegen den Vorschriften dieses Gesetzbuchs:

1. Einlagen an die Aktionäre zurückgezahlt,

2. den Aktionären Zinsen oder Gewinnantheile gezahlt,

3. eigene Aktien oder Interimsscheine der Gesellschaft erworben, zum Pfande genommen oder eingezogen,

4. Aktien vor der vollen Leistung des Nennbetrags oder, falls der Ausgabepreis höher ist, vor der vollen Leistung dieses Betrags ausgegeben werden,

5. die Vertheilung des Gesellschaftsvermögens oder eine theilweise Zurückzahlung des Grundkapitals erfolgt,

6. Zahlungen geleistet werden, nachdem die Zahlungsunfähigkeit der Gesellschaft eingetreten ist oder ihre Ueberschuldung sich ergeben hat.

In den Fällen des Abs. 3 kann der Ersatzanspruch auch von den Gläubigern der Gesellschaft, soweit sie von dieser ihre Befriedigung nicht erlangen können, geltend gemacht werden. Die Ersatzpflicht wird ihnen gegenüber weder durch einen Verzicht der Gesellschaft noch dadurch aufgehoben, daß die Handlung auf einem Beschlusse der Generalversammlung beruht.

Die Ansprüche auf Grund dieser Vorschriften verjähren in fünf Jahren.“

1. Bestätigung der schadensunabhängigen Ersatzpflicht für verbotene Zahlungen

Nochmals klargestellt wurde, dass das Zahlungsverbot in § 200 Abs. 3 des Entwurfs des HGB von 1895 bzw. § 241 HGB von 1897 keinen Nachweis eines der Gesellschaft entstandenen Schadens voraussetzt.[617] Dennoch ist das Zahlungsverbot sprachlich

---

EinfG, S. 139, abgedruckt bei *Schubert/Schmiedel/Krampe,* Quellen zum HGB von 1897, Bd. II Zweiter Halbbd., S. 949, 1065.

617 Begründung zu dem Entwurf eines Handelsgesetzbuches für das Deutsche Reich von 1895, abgedruckt bei *Schubert/Schmiedel/Krampe,* Quellen zum HGB von 1897, Bd. II Erster Halbbd., S. 1, 125; Protokolle über die Berathung des Entwurfs eines HGB 1895, S. 220, abgedruckt bei *Schubert/Schmiedel/Krampe,* Quellen zum HGB von 1897, Bd. II Erster Halbbd., S. 259, 414; dem zust. *Cunio,* in: Jherings Jahrbücher, Bd. 85, S. 345, 362 ff.; *Brodmann,* Aktienrecht, S. 266 f., der allerdings den Ersatzanspruch verneinen will, wenn nachweisbar gar kein Schaden entstanden ist; für einen Schadensersatzanspruch hingegen: Stenographische Berichte über die Verhandlungen des Reichstages, 4. Legislaturperiode, Session 1928/30, 16, Nr. 1469 – Entwurf und Begründung des Gesetzes vom 25. März 1930, S. 4; Denkschrift zum

immer noch eng mit der allgemeinen Schadensersatzhaftung der Vorstandsmitglieder verknüpft, vor allem das einleitende Wort „insbesondere" deutet auf eine gemeinsame Haftungsdogmatik hin.[618] Im Zuge dieser Reform wurden zudem Stimmen laut, die eine schadensunabhängige Ersatzpflicht in Höhe der unzulässigen Zahlung ablehnen. Die Haftung der Vorstandsmitglieder soll sich vielmehr am allgemeinen Prinzip des bürgerlichen Rechts orientieren, nach dem sowohl ein Schaden der Gesellschaft als auch ein Verschulden der Geschäftsleiter Haftungsvoraussetzung sein muss; die Haftung für verbotene Zahlungen nach Insolvenzreife soll, dem einleitenden Wort „insbesondere" entsprechend, ein dogmatisch gleich zu behandelnder Unterfall der allgemeinen Geschäftsleiterhaftung auf Schadensersatz sein.[619]

2. Innenhaftung auf Ersatz des Schadens der Gläubigergesamtheit

Hinsichtlich der Ansprüche der Gesellschaft gegen ihre Vorstandsmitglieder, die aus der Verletzung des Zahlungsverbots nach Konkursreife entstehen, normiert auch Art. 241 Abs. 4 HGB i.d.F. von 1897 ein Gläubigerverfolgungsrecht. Für dieses Gläubigerverfolgungsrecht ist es bereits seit der Fassung des Art. 241 Abs. 4 von 1884 unerheblich, ob die Handlung des Vorstands auf einem gegebenenfalls rechtswidrigen Beschluss der Generalversammlung beruht. Selbst wenn die Haftung der Vorsteher gegenüber der Gesellschaft hierdurch aufgehoben wird, soll es das Recht der Gläubiger, Zahlung an sich selbst in eigenem Namen geltend zu machen, nicht hindern. 1897 wurde zudem in Art. 241 Abs. 4 HGB geregelt, dass auch ein Verzicht der Gesellschaft auf ihre Ansprüche gegen die Vorsteher die Gläubiger nicht daran hindert, den Anspruch gegen den Vorstand zu verfolgen. Die Kodifizierung scheint indes nicht nötig. Beruht die Handlung des Vorstands auf einem Beschluss der Generalversammlung, so hatte die Gesellschaft von vorherein keinen Anspruch gegen ihren Vorstand.[620] Verzichtet sie allerdings auf den Anspruch, bestand dieser grundsätzlich, es handelt sich lediglich um eine willentliche Nichtgeltendmachung. Hindert die Gläubiger aber bereits die Nichtexistenz des Anspruchs der Gesellschaft nicht an der Geltendmachung ihrer Ansprüche, kann dies der Verzicht der Gesellschaft auf den entsprechenden Anspruch erst recht nicht.

Entwurf des neuen HGB, S. 143, abgedruckt bei *Hahn/Mugdan*, Die gesamten Materialien zu den Reichs-Justizgesetzen, Bd. 6, S. 309.

618 Vgl. dazu Verhandlungen des 23. Dt. Handelstages 1896, S. 40, abgedruckt bei *Schubert/Schmiedel/Krampe*, Quellen zum HGB von 1897, Bd. II Erster Halbbd., S. 567, 615 und den Vorschlag eines Mitglieds der Berathungskommission, das Wort „insbesondere" zu streichen: Protokolle über die Berathung des Entwurfs eines HGB 1895, S. 220, abgedruckt bei *Schubert/Schmiedel/Krampe*, Quellen zum HGB von 1897, Bd. II Erster Halbbd., S. 259, 414.

619 Dazu eingehend RGZ 159, 211, 228 ff.; Verhandlungen des 23. Dt. Handelstages 1896, S. 40 und Anlage I S. 26, Anlage II S. 11, abgedruckt bei *Schubert/Schmiedel/Krampe*, Quellen zum HGB von 1897, Bd. II Erster Halbbd., S. 567, 615, 662, 687.

620 Vgl. *Cahn*, Vergleichsverbote im Gesellschaftsrecht, S. 76.

Ebenso wurde diskutiert, ob in Art. 241 Abs. 4 S. 2 HGB von 1897 aufgenommen werden sollte, dass es für das Gläubigerverfolgungsrecht irrelevant sei, wenn die Gesellschaft in einem Prozess gegen ihren Vorstand hinsichtlich des Anspruchs, insbesondere durch ein Versäumnisurteil, unterlegen sei. Dies wurde jedoch aus mangelndem Bedürfnis und wegen der Gefahr einer unnötigen Wiederholung von Gerichtsprozessen abgelehnt.[621]

VIII. Zwischenergebnis zur Ausgestaltung des Zahlungsverbots nach der Aktienrechtsnovelle von 1884 und dem GmbHG von 1892

Bereits der Gesetzgeber der zweiten Aktienrechtsnovelle von 1884 und ihm folgend der Gesetzgeber des GmbHG von 1892 und des HGB von 1897 haben, entgegen dem Willen des ursprünglichen ADHGB Gesetzgebers, eine schadensunabhängige Ersatzpflicht für verbotene Zahlungen normiert. Das korrespondierende Schrifttum ist uneinheitlich. Teils wurde die Änderung begrüßt bzw. sogar gefordert, auf der anderen Seite aber auch eine Rückgängigmachung verlangt.

Folgt man der oben aufgestellten These, dass vom Zahlungsverbot nur solche Zahlungen erfasst werden sollten, die nach dem Zeitpunkt, ab dem die Eröffnung des Konkurses betrieben werden musste, erfolgen und denen daher in der Regel keine Gegenleistungen mehr gegenüberstehen, kann auf das Erfordernis eines Schadens als Haftungsvoraussetzung verzichtet werden.

Mit der Entwicklung des Zahlungsverbots im ADHGB, GmbHG und HGB geht auch die Abkehr von der Annahme einer Haftung der Geschäftsleiter gegenüber den Gesellschaftsgläubigern einher. Dennoch haben sowohl der Gesetzgeber als auch die Rechtsprechung und das Schrifttum erkannt, dass es sich bei der Verkürzung des Gesellschaftsvermögens durch unzulässige Zahlungen einzig um einen Schaden der Gläubiger handeln kann. Der Anspruch auf dessen Ersatz wurde letztlich zwar der Gesellschaft zugestanden, durch die Erstattung in das Gesellschaftsvermögen soll aber mittelbar der Schaden der Gläubiger ausgeglichen werden. Nur wenn dies nicht gelingt, sollte den Gläubigern der AG ein Verfolgungsrecht hinsichtlich des Anspruchs der Gesellschaft zustehen.

IX. Weiterentwicklung der Zahlungsverbote

1937 wurde das Aktienrecht aus dem HGB ausgegliedert und zunächst im AktG vom 30.1.1937[622] geregelt. Anschließend wurde es in dessen Nachfolgegesetz, dem AktG vom 6.9.1965[623] normiert, in welchem es sich auch heute noch wiederfindet. Das 1892/1898 gefasste GmbHG ist bis heute, wenn auch in mehrmals geänderter

---

621 Protokolle über die Berathung des Entwurfs eines HGB 1895, S. 220, abgedruckt bei *Schubert/Schmiedel/Krampe*, Quellen zum HGB von 1897, Bd. II Erster Halbbd., S. 259, 415.

622 RGBl. I S. 107.

623 BGBl. I S. 1089.

Form, in Kraft. Die Zahlungsverbote und die Konkursantragspflicht für die AG und die GmbH unterlagen in der Regel parallelen und inhaltlich übereinstimmenden Änderungen, so dass die nachfolgende Betrachtung gemeinsam erfolgen kann.

1. Gesetz vom 25. März 1930

Änderungen ergaben sich zunächst durch das Gesetz über die Pflicht zum Antrag auf Eröffnung des Konkurses oder des gerichtlichen Vergleichsverfahrens vom 25. März 1930.[624] Art. II und IV desselben verfügten Änderungen des § 240 Abs. 2 HGB von 1897 und des § 64 GmbHG von 1982. Die Geschäftsleiter waren weiterhin zur Stellung des Antrags auf Eröffnung des Konkurses über das Gesellschaftsvermögen verpflichtet, wenn deren Zahlungsunfähigkeit eintrat oder sich Überschuldung aus einer Bilanz ergab. Allerdings musste dies nicht mehr sofort geschehen, sondern „ohne schuldhaftes Zögern, spätestens aber zwei Wochen nach Eintritt der Zahlungsunfähigkeit", wobei für die Überschuldung selbiges galt. Das Zahlungsverbot in § 241 Abs. 3 Nr. 6 HGB von 1897 und § 64 Abs. 1 GmbHG i.d.F. von 1892/1898 griff weiterhin unmittelbar ab Zahlungsunfähigkeit bzw. ab dem Zeitpunkt, in dem sich die Überschuldung aus einer Bilanz ergab, ein. Es galt aber nunmehr nicht für „Zahlungen, die auch nach diesem Zeitpunkt mit der Sorgfalt eines ordentlichen Geschäftsmanns vereinbar sind".

Nach der Gesetzesbegründung sollten so Zahlungen erlaubt werden, die der Vorbereitung und Durchführung eines Vergleichsverfahrens dienen oder zur Aufrechterhaltung des Geschäftsbetriebs notwendig sind; ebenso seien aber sonstige zulässige Zahlungen denkbar, die die Geschäftsleitung ohne Schädigung der Gläubiger leisten darf, zum Beispiel Zahlungen an einzelne Gläubiger, die im Konkurs ohnehin absonderungsberechtigt sind.[625] Die Beweislast, dass die Zahlung sorgfaltsgemäß war, soll den Geschäftsleiter treffen, um den mit dem Zahlungsverbot bezweckten Schutz von Gesellschaft und Gläubigern nicht zu stark abzuschwächen.[626]

---

624 RGBl. I S. 93.

625 Viel weiter hingegen *Godin/Wilhelmi*, AktG, S. 363, die sogar Zahlungen auf Geldschulden, die nicht im Konkurs bevorrechtigte Forderungen betreffen, unter Umständen von der Sorgfaltsklausel erfasst sehen wollen.

626 Stenographische Berichte über die Verhandlungen des Reichstages, 4. Legislaturperiode, Session 1928/30, 16, Nr. 1469 – Entwurf und Begründung des Gesetzes vom 25. März 1930, S. 4 f.; siehe zu dieser unglücklichen Formulierung auch *Ritter*, in: Ritter/Ritter, AktG, S. 279, der letztlich Zahlungen erlauben möchte, die das Interesse der Gesellschaft fordert; vgl. auch *Brodmann*, GmbHG, 2. Aufl., 1930, § 64 Anm. 4 (S. 246), der den Begriff deshalb unpassend findet, weil die Sorgfalt eines ordentlichen Geschäftsmannes doch gerade erfordere, dass unbedingt nichts mehr gezahlt, sondern vielmehr Konkursantrag gestellt wird.

2. *Gesetz über Aktiengesellschaften und Kommanditgesellschaften auf Aktien von 1937*

a) Dreiwöchige Frist zur Konkursantragsstellung

Seit dem 1.10.1937[627] war das Aktienrecht nicht mehr im HGB, sondern im ersten Aktiengesetz von 1937 geregelt.[628]

§ 83 Abs. 2 AktG normierte die Konkursantragspflicht der Vorstandsmitglieder und deren Voraussetzungen, welche dem des § 240 Abs. 2 HGB uneingeschränkt entsprechen sollten.[629] Mit der Einführung des AktG wurde auch die Frist zur Konkursantragsstellung durch die Geschäftsleiter der AG auf drei Wochen verlängert. Selbiges geschah hinsichtlich § 64 Abs. 1 GmbHG durch § 1 der Verordnung des Reichspräsidenten zur Änderung der Frist für die Stellung des Antrags auf Eröffnung des Konkursverfahrens oder des gerichtlichen Vergleichsverfahrens bei Gesellschaften mit beschränkter Haftung und Erwerbs- und Wirtschaftsgenossenschaften vom 6. August 1931.[630] So sollte dem Geschäftsführer mehr Zeit für die Realisierung etwaiger aussichtsreicher Sanierungsversuche gewährt werden.[631]

b) Haftung auf Schadensersatz

§ 84 Abs. 2 und 3 Nr. 6 AktG von 1937 lauteten:

> *„(2) Vorstandsmitglieder, die ihre Obliegenheiten verletzten, sind der Gesellschaft zum Ersatz des daraus entstehenden Schadens als Gesamtschuldner verpflichtet. Sie haben nachzuweisen, daß sie die Sorgfalt eines ordentlichen und gewissenhaften Geschäftsleiters angewandt haben.*
>
> *(3) Die Vorstandsmitglieder sind namentlich zum Ersatz verpflichtet, wenn entgegen diesem Gesetz*
>
> *[...]*
>
> *6. Zahlungen geleistet werden, nachdem die Zahlungsunfähigkeit der Gesellschaft eingetreten ist oder sich ihre Ueberschuldung ergeben hat; dies gilt nicht von Zahlungen, die auch nach diesem Zeitpunkt mit der Sorgfalt eines ordentlichen und gewissenhaften Geschäftsleiters vereinbar sind“*

Die nunmehr herrschende Auffassung sieht in der Ersatzpflicht für verbotene Zahlungen nach Konkursreife der Gesellschaft eine Haftung auf Ersatz des der Gesellschaft entstandenen Schadens.[632] Dies kann mit der Erkenntnis zusammenhängen,

---

627 Datum des Inkrafttretens des AktG vom 30. Januar 1937.

628 RGBl. I S. 107

629 Vgl. Amtliche Begründung zu § 83 AktG, abgedruckt bei *Klausing*, AktG 1937, S. 69.

630 RGBl. I S. 433.

631 *Schlegelberger*, AktG, § 83 Rn. 6.

632 *Schlegelberger*, AktG, § 84 Rn. 12; *Teichmann/Koehler*, AktG, 2. Aufl., 1939, S. 191; *Godin-Wilhelmi*, AktG, S. 362; *Ritter*, in: Ritter/Ritter, AktG, S. 279; *Hueck*, in: Baumbach, AktG, 6. Aufl., 1949, S. 192.

dass den haftungsbewehrten Zahlungen, die infolge der zeitlich nach hinten geschobenen Konkursantragspflicht noch im legal laufenden Geschäftsbetrieb erfolgen, in aller Regel eine Gegenleistung gegenübersteht und deshalb das Vorliegen eines Schadens als Haftungsvoraussetzung unerlässlich ist. Begründet wird diese Annahme mit dem Wortlaut des § 84 Abs. 3 AktG i.d.F. 1937, der mit der Verwendung des Wortes „namentlich" inhaltlich an die Haftung nach § 84 Abs. 2 AktG i.d.F. von 1937 anknüpfen soll, der ausdrücklich eine Haftung nur für einen entstandenen Schaden vorsieht.[633]

Nach Ansicht des Reichsgerichts soll es sich dabei aber nicht um einen gewöhnlichen Schadensersatzanspruch, sondern um einen „Schadensersatzanspruch besonderer Art, der einem Anspruch auf Wertersatz für einen entzogenen Gegenstand [...] an die Seite zu stellen ist", handeln.[634] Der Anspruch gehe grundsätzlich auf Ersatz des vollen ausgezahlten Betrags, wobei bereits die Entziehung des Betrags als kausal für die Entstehung eines Schadens in gleicher Höhe angesehen wird. Daraus ergebe sich zum einen, dass dem in Anspruch genommenen Vorstandsmitglied, anders als in den Fällen der Schadensersatzhaftung nach § 84 Abs. 2 AktG,[635] die Beweislast obliegen soll, dass der Gesellschaft durch die Zahlung gerade kein Schaden entstanden sei.[636] Der Ersatzanspruch gehe damit auch nicht über das Ziel des Schadensersatzes hinaus, weil das in Anspruch genommene Vorstandsmitglied zum Ersatz nur gegen Abtretung der der Gesellschaft aus dem Zahlungsvorgang zustehenden Ansprüche gegen Dritte verpflichtet ist.[637]

In § 84 Abs. 5 AktG von 1937 wurde zudem ein dem des HGB entsprechendes Gläubigerverfolgungsrecht normiert, welches weder durch Vereinbarung eines Verzichts oder Vergleichs mit der Gesellschaft noch dadurch ausgeschlossen war, dass die Leistung der Zahlung durch den Vorstand auf einem Beschluss der Hauptversammlung beruhte.

3. Aktiengesetz von 1965 und Einführungsgesetz zur Insolvenzordnung von 1994

Weder die Neufassung des AktG vom 6.9.1965[638] noch das EGInsO vom 5.10.1994[639] brachten inhaltliche Änderungen hinsichtlich der Zahlungsverbote oder der Konkursantragspflicht.

---

633 *Schlegelberger*, AktG, § 84 Rn. 12.

634 Zum Ganzen RGZ 159, 211, 229 f.

635 Vgl. dazu *Schlegelberger*, AktG, § 84 Rn. 14 a.E.

636 Zust. *Schlegelberger*, AktG, § 84 Rn. 12; *Hueck*, in: Baumbach, AktG, 6. Aufl., 1949, S. 192; *Godin/Wilhelmi*, AktG, S. 363; andere Ansicht *Teichmann/Koehler*, AktG, 2. Aufl., 1939, S. 191.

637 Zust. *Godin/Wilhelmi*, AktG, S. 363.

638 BGBl. I S. 1089.

639 BGBl. I S. 2911; siehe zur Insolvenzordnung BGBl. I S. 2866.

B. Schlüsse aus der Gesetzeshistorie auf die Rechtsfolge der Verletzung der Zahlungsverbote

Betrachtet man die Entwicklung der Zahlungsverbote, ihrer Rechtsfolge und ihrer unkoordinierten zeitlichen Vorverlagerung neben der Konkursantragspflicht wird deutlich, dass sich das Verständnis der Zahlungsverbote zunehmend gewandelt hat und ihr innerer Zusammenhang mit der Pflicht zur Konkurseröffnung vom Gesetzgeber immer weiter aufgelöst wurde.

Während die Haftung für die Zahlungsverbote im österreichischen Entwurf zum ADHGB und auch im ADHGB von 1862 noch ausdrücklich eine Haftung auf Ersatz des entstandenen Schadens ist, wurde diese gesetzgeberische Intention von den Vätern des ADHGB von 1884, des GmbHG von 1892 und des HGB von 1897 ins Gegenteil verkehrt. Massezuflüsse, die im Gegenzug für die verbotenen Zahlungen ins Gesellschaftsvermögen gelangt sind, sollten nicht mehr berücksichtigt werden, die Geschäftsleiter vielmehr in voller Höhe der verbotenen Zahlung in Anspruch genommen werden können.

Erklärbar ist das Handeln der Gesetzgeber ab 1884 damit, dass nach damaliger Gesetzeslage von dem Zahlungsverbot ohnehin nur solche Zahlungen erfasst waren, die zu einem Zeitpunkt geleistet wurden, in dem der Konkurs über das Gesellschaftsvermögen längst hätte eröffnet sein müssen, das Unternehmen also in derart schlechter Verfassung war, dass kein üblicher Geschäftsbetrieb mehr geführt werden konnte, und diesen Leistungen daher ohnehin keine Gegenleistungen gegenüber standen. Als im Zuge der 1930er Jahre dann der Zeitpunkt, in dem der Konkurs über das Vermögen der Gesellschaft eröffnet werden musste, deutlich nach hinten geschoben wurde und die Zahlungsverbote bereits im Zeitraum vor Konkurseröffnung anwendbar wurden, wurden von ihnen auch Geschäfte der werbenden Gesellschaft erfasst, im Rahmen derer in aller Regel eine gegebenenfalls sogar gleich- oder höherwertige Gegenleistung in das Gesellschaftsvermögen gelangte. Demenentsprechend haben sich die herrschende Meinung in der Literatur und im Ergebnis auch das Reichsgericht für eine Rückkehr zur Schadensersatzhaftung ausgesprochen. Auch nach heutiger Rechtslage, die ebenfalls eine dreiwöchige Frist zur Insolvenzantragsstellung vorsieht, muss die Haftung mithin eine solche auf Ersatz des am Gesellschaftsvermögen entstandenen Schadens sein. Dieser Schaden kann nur ein solcher der Gläubigergesamtheit sein. Bereits für den historischen Gesetzgeber stand fest, dass es letztlich die Gläubiger der Gesellschaft sind, die geschädigt werden, und denen die Ersatzleistung zu Gute kommen soll. Diese Erkenntnis trägt maßgebend dazu bei, den Umfang der Schadensersatzhaftung zu bestimmen. Der Schaden am Gesellschaftsvermögen kann den Gläubigern nur gemeinschaftlich entstehen, so dass die Ersatzhaftung des Geschäftsleiters gegenüber der Gesellschaft nur auf den Schaden, der der Gesamtheit aller Gläubiger durch die Verkürzung der Haftungsmasse entstanden ist, gerichtet sein kann.

§ 2 Ausgestaltung der Schadensersatzhaftung

Auch in der heutigen Literatur wird vereinzelt ein schadensersatzrechtliches Verständnis der Zahlungsverbote gepflegt. Herauskristallisiert haben sich dabei zwei Alternativkonzepte zur herrschenden Meinung, die den Geschäftsleiter zur Erstattung des Betrags in das Gesellschaftsvermögen verpflichten, um den sich dieses in der Verschleppungsphase verringert hat. Urheber der alternativen Haftungsmodelle sind *Karsten Schmidt* und *Holger Altmeppen/Jan Wilhelm*.

Im Folgenden werden zunächst sowohl der Ansatz von *Karsten Schmidt* als auch der von *Altmeppen/Wilhelm* dargestellt. Zu beiden wird Stellung bezogen und versucht, deren jeweilige Stärken und Schwächen im Detail aufzuzeigen.

A. Haftung auf Grundlage des § 823 Abs. 2 BGB i.V.m. § 15a InsO nach *Karsten Schmidt*

I. Grundlagen

Nach *Karsten Schmidt* gibt es kein zweispuriges Haftungssystem, das den Geschäftsleiter für eine Verletzung der Insolvenzantragspflicht und die Verletzung der Zahlungsverbote separat einstehen lässt. Trotz der systematischen Trennung der Insolvenzantragspflicht von den Zahlungsverboten soll es bei deren einheitlichem Gläubigerschutzziel, nämlich dem Verbot des an das englische Haftungssystem angelehnten „wrongful trading", bleiben. Sowohl die Haftung für die Leistung verbotener Zahlungen als auch die für die Verletzung der Insolvenzantragspflicht dienen dazu, die Gesellschaftsgläubiger vor der Fortführung der Gesellschaft und der damit gegebenenfalls einhergehenden Schmälerung der Haftungsmasse zu bewahren.[640] Es gebe dabei lediglich einen Generaltatbestand, nämlich den der gläubigerschützenden Organpflichten bei materieller Insolvenz der Gesellschaft, gegen den durch die Verfahrensverschleppung und jede damit einhergehende Masseschmälerung verstoßen werde.[641] Innerhalb des Dauerdelikts der Insolvenzverfahrensverschleppung stelle die Leistung verbotener Zahlungen einen von potentiell mehreren Schadensposten dar.[642]

Haftungsgrundlage soll § 823 Abs. 2 BGB i.V.m. § 15a InsO sein, wobei die verbotenen Zahlungen nur „Schadensereignisse auf der Ebene der haftungsausfüllenden Kausalität"[643] seien und die Erstattungshaftung nach den Zahlungsverboten

640 *Karsten Schmidt*, in: Scholz, GmbHG, § 64 Rn. 146; *ders.*, in: Karsten Schmidt/Uhlenbruck, GmbH in Krise Sanierung und Insolvenz, Rn. 11.1; *ders.*, ZHR 175 (2011), 433 f.

641 *Karsten Schmidt*, ZHR 168 (2004), 637, 663; vgl. auch *ders.*, ZIP 2005, 2177, 2183.

642 *Karsten Schmidt*, ZHR 168 (2004), 637, 663.

643 *Karsten Schmidt*, in: Scholz, GmbHG, § 64 Rn. 146.

vollständig in der Schadensersatzhaftung wegen Insolvenzverschleppung aufgehe.[644] Die gesetzlich normierten Zahlungsverbote sollen allerdings nicht gänzlich leer laufen. Ihnen komme die Funktion einer Beweiserleichterung hinsichtlich der Haftungsabwicklung über § 823 Abs. 2 BGB i.V.m. § 15a InsO zu. Für eine schlüssige Klage reiche es aus, dass nur die verbotene Zahlung vom Kläger dargelegt wird, wobei in deren Höhe, vorbehaltlich des Gegenbeweises, der Schaden der Gläubigergesamtheit angenommen werden kann.[645]

II. Anlehnung des Normverständnisses an § 130a Abs. 2 S. 1 HGB

Sinn und Zweck der Zahlungsverbote und der Insolvenzantragspflicht sei der Schutz der Gläubigergesamtheit vor einer Schmälerung der Haftungsmasse und damit der Beeinträchtigung ihrer Befriedigungsaussichten. Dieser werde durch ein einheitliches, auf der Haftung für Insolvenzverschleppung basierendes Haftungsmodell ausgeglichen. Gestützt werden soll diese Ansicht insbesondere durch § 130a Abs. 2 S. 1 HGB, der zwar zwischen der Verletzung der Insolvenzantragspflicht und der Zahlungsverbote unterscheide, den Verstoß auf Sanktionsseite allerdings zusammen führe.[646]

§ 130a Abs. 2 S. 1 HGB lautet:

> *„Wird entgegen § 15a Abs. 1 der Insolvenzordnung die Eröffnung des Insolvenzverfahrens nicht oder nicht rechtzeitig beantragt oder werden entgegen Absatz 1 Zahlungen geleistet, so sind die organschaftlichen Vertreter der zur Vertretung der Gesellschaft ermächtigten Gesellschafter und die Liquidatoren der Gesellschaft gegenüber zum Ersatz des daraus entstehenden Schadens als Gesamtschuldner verpflichtet."*

---

644 *Karsten Schmidt,* in: Scholz, GmbHG, § 64 Rn. 11, 146; *ders.*, in: Schmidt/Uhlenbruck, GmbH in Krise, Sanierung und Insolvenz, Rn. 11.35; *ders.,* in: MüKo HGB, § 130a Rn. 8, 25, 41; *ders.*, ZHR 168 (2004), 637, 655 ff., *ders.*, ZIP 2008, 1401, 1408 f.; *ders.*, ZIP 2003, 1715, 1716; ähnlich auch *Biehl,* Geschäftsführer- und Gesellschafterhaftung wegen Insolvenzverschleppung bei der GmbH, S. 208 ff.; *Brinkmann,* Die Bedeutung der §§ 92, 93 InsO für den Umfang der Insolvenz- und Sanierungsmasse, S. 11 ff.; *Poertzgen,* Organhaftung wegen Insolvenzverschleppung, S. 322 ff., 327 ff., 332 ff., 341 f.; *ders.*, ZInsO 2006, 561, 563 ff.; *ders.*, ZInsO 2009, 1833, 1838 f.; *ders.*, DZWiR 2007, 101 ff., der allerdings auch das negative Interesse der Alt- und Neugläubiger über die Verschleppungshaftung ersetzen lassen will.

645 *Karsten Schmidt,* in: Scholz, GmbHG, § 64 Rn. 63; *ders.*, ZIP 2005, 2177, 2183; *ders.*, ZIP 2008, 1401, 1409; *ders.*, ZHR 168 (2004), 637, 656, 666 aus diesem Grund sei eine Streichung der Zahlungsverbote nicht vorzunehmen; für eine Streichung plädierend hingegen *ders.*, in: Schmidt/Uhlenbruck, GmbH in Krise, Sanierung und Insolvenz, Rn. 11.56; *ders.*, ZIP 2009, 1551, 1554; *ders.*, ZHR 175 (2011), 433, 441 f.; *ders.*, NZG 2015, 129, 133.

646 *Karsten Schmidt,* in: Scholz, GmbHG, § 64 Rn. 16, 63; *ders.*, ZHR 168 (2004), 637, 640, 660; *ders.*, ZIP 2008, 481, 491; vgl. auch *Altmeppen,* in: Roth/Altmeppen, GmbHG, § 64 Rn. 36; *ders.*, ZIP 2001, 2201, 2206 f.

§ 130a HGB normiere ein einheitliches Haftungsmodell, das die Masseschmälerung durch Zahlungen als Schadenspostens im Rahmen der Insolvenzverschleppung ersetze. Insbesondere lege § 130a Abs. 2 S. 1 HGB den Ersatz des entstandenen Schadens[647] in das Gesellschaftsvermögen fest.[648] Als einzige Zahlungsverbotsnorm, die nach allgemeiner Anerkennung der Insolvenzantragsplicht als Schutzgesetz erlassen wurde,[649] habe § 130a HGB Vorbildcharakter für die übrigen Regelungen der Zahlungsverbote.[650] Seine Rechtsfolge lasse sich für die GmbH[651] über die Anspruchsgrundlage des § 823 Abs. 2 BGB i.V.m. § 15a InsO erreichen. Die Vorschrift des Zahlungsverbots in der GmbH (bzw. GmbH & Co. KG, AG oder Genossenschaft) regelt, neben Erleichterungen hinsichtlich der Darlegungs- und Beweislast für die Höhe des Schadens, die Inhaberschaft der Gesellschaft bezüglich des Ersatzanspruchs.[652]

Zudem gehe aus §130a Abs. 2 S. 1 HGB hervor, dass verbotene Zahlungen nur den Schaden, der durch die Insolvenzverschleppung entsteht, vergrößern, mithin die Zahlungsverbote keine eigenständige Verbots-, sondern Sanktionsnorm seien. Sie verdeutlichen nur, dass allgemein eine Vergrößerung des Insolvenzverschleppungsschadens verboten sei, welche insbesondere durch Zahlungen zu befürchten

---

647 Andere Ansicht BGH, ZIP 2007, 1006; OLG Schleswig, GmbHR 2005, 1615, die umgekehrt die Grundlagen zu § 64 Abs. 2 GmbHG a.F. auf die Haftung nach § 130a HGB übertragen wollen und auch aus § 130a HGB einen Anspruch auf volle Rückgewähr von Auszahlungen, unabhängig von einem Schaden, ableiten wollen; krit. zu diesen Urteilen *Karsten Schmidt*, in: MüKo HGB, § 130a Rn. 39; *ders.*, ZIP 2005, 2177, 2184 f.

648 Zum Ganzen *Karsten Schmidt*, in: Scholz, GmbHG, § 64 Rn. 16, 63; *ders.*, in: MüKo HGB, § 130a Rn. 39; *ders.*, ZHR 168 (2004), 637, 660 f.; *ders.*, ZIP 2005, 2177, 2184; *ders.*, ZIP 2009, 1551, 1554; *ders.*, ZHR 175 (2011), 433 f.; vgl. dazu bereits *ders.*, JZ 1978, 661, 662 f.; *ders.*, ZIP 2008, 1401, 1405; ähnlich auch *Ulmer*, KTS 1981, 469, 488 f.; krit. zur Haftung gegenüber der Gesellschaft *Freitag*, NZG 2014, 447, 451, der eine „Reduktion der Norm [130a Abs. 2 S. 1 Var. 1 HGB] auf Null" befürwortet, sinnvoll sei eine Insolvenzverschleppungshaftung nur gegenüber den Gläubigern.

649 § 130a HGB stammt aus dem Jahr 1976 (BGBl. I S. 2034), wohingegen § 823 Abs. 2 BGB bereits seit Einführung des BGB am 1.1.1900 (RGBl. S. 195) gilt.

650 Krit. dazu *Thole*, Gläubigerschutz durch Insolvenzrecht, S. 700; *Haas*, NZG 2004, 737, 738; umgekehrt für eine Übertragung der Wertungen des § 64 GmbH auf § 130a HGB auch BGH, ZIP 2007, 1006; *Haas*, in: Röhricht/Graf von Westphalen/Haas, HGB, § 130a Rn. 21; *Hillmann*, in: Ebenroth/Boujong/Joost/Strohn, HGB, § 130a Rn. 1; *Kindler*, in: Koller/Kindler/Roth/Morck, HGB, § 130a Rn. 5.

651 Selbiges muss für die genossenschaftsrechtliche und besonders die aktienrechtliche Regelung gelten, auf der die GmbH-rechtlichen Normen beruhen, vgl. dazu auch *Karsten Schmidt*, ZHR 168 (2004), 637, 661.

652 Vgl. dazu bereits *Karsten Schmidt*, JZ 1978, 661, 662: „Die Regelung [§ 64 GmbHG] soll Direktansprüche der einzelnen Gläubiger entbehrlich machen, was vor dem Hintergrund des – neueren! – § 823 Abs. 2 BGB bedeutet: Das Gesetz sorgt für eine Liquidation des Gläubigerschadens, indem es den Ersatzanspruch aller Gläubiger zum Gesellschaftsvermögen zieht."; deutlich auch *ders.*, in: Scholz, GmbHG, § 64 Rn. 16, 63; *ders.*, in: MüKo HGB, § 130a Rn. 20.

sei, wobei für diese eine dahingehende Beweiserleichterung gelte, dass allein die Darlegung der Zahlung grundsätzlich für den Nachweis eines Gläubigerschadens ausreicht.[653]

III. Ausgleich des Gesamtgläubigerschadens als Rechtsfolge

Gerichtet ist das Haftungsmodell auf Ausgleich des Gesamtgläubigerschadens,[654] welcher allen nicht nach § 39 InsO nachrangigen Insolvenzgläubigern, also Alt- wie Neugläubigern, gleichermaßen zu Gute kommen soll. Inhaberin des Anspruchs soll die Gesellschaft sein.[655] Zu beziffern sei der Anspruch in Höhe des Betrags, um den die Insolvenzmasse erhöht werden muss, damit die Quoten erreicht werden, die die Gläubiger ohne die Verschleppungsphase erhalten hätten. Verzichtet wird mithin auf die Betrachtung und Bewertung jeder einzelnen Zahlung, zu berechnen ist allein der Schaden, der in der Verkürzung des Gesellschaftsvermögens liegt.[656] Eine Haftung könne dabei durch den Nachweis eines Gesamtgläubigerschadens, der geringer ist als die über die Zahlungsverbote zu ersetzende Summe, abgewendet werden.[657] Ansprüche der Gesellschaft gegen Dritte, etwa auf Erstattung der Zahlung, können auf die Haftung angerechnet werden, soweit sie in das Gesellschafsvermögen geflossen sind; bloße Forderungen gegen Dritte sollen die Haftung hingegen nicht hindern, dem haftenden Geschäftsleiter sind solche Ansprüche der Gesellschaft allerdings nach § 255 BGB analog abzutreten.[658] Anders zu beurteilen sei der Fall, in dem der Gesellschaft liquide und realisierbare Ansprüche gegen den Leistungsempfänger zustehen: Sie sollen dem haftenden Geschäftsleiter zu einem Leistungsverweigerungsrecht verhelfen.[659]

Die Höhe des Schadensersatzanspruchs soll durch den Normzweck der Insolvenzantragspflicht begrenzt sein. Zu ersetzen sei nur der tatsächliche durch Verminderung des Gesellschaftsvermögens entstandene Schaden. Etwaige Gegenleistungen,

---

653 Zum Ganzen *Karsten Schmidt*, in: Scholz, GmbHG, § 64 Rn. 63; *ders.*, ZHR 168 (2004), 637, 656.

654 Für eine einheitliche Abwicklung des Gesamtschadens bereits *Karsten Schmidt*, JZ 1978, 661 ff.; *ders.*, ZIP 1988, 1497, 1502; ebenso *Bitter*, WM 2001, 666 ff.; *ders.*, ZInsO 2010, 1505, 1515; *ders.*, WuB II C § 64 GmbH 1.03; *ders.*, ZIP 2016, Beilage zu Heft 22, 6, 11.

655 Siehe nur *Karsten Schmidt*, in: Scholz, GmbHG, § 64 Rn. 16, 63, 197: „der Gesellschaft [steht] selbst ein Anspruch auf Ausgleichung des Gesamtschadens durch Zahlung in das Gesellschaftsvermögen zu“; *ders.*, in: MüKo HGB, § 130a Rn. 20.

656 *Karsten Schmidt*, in: Scholz, GmbHG, § 64 Rn. 12, 17, 20; *ders.*, NZG 2015, 129, 131; *ders.*, ZHR 175 (2011), 433, 440; *ders.*, ZIP 2008, 1401, 1408 f.; *ders.*, NZI 1998, 9, 13; *Altmeppen*, ZIP 2015, 949, 953; *ders.*, NZG 2016, 521, 523 ff.; *ders.*, ZIP 2016, 366 ff. und *Casper*, ZIP 2016, 793, 793 f., die Einzelbetrachtung stelle den zentralen Fehler der herrschenden Meinung dar.

657 Zum Ganzen *Karsten Schmidt*, in: Scholz, GmbHG, § 64 Rn. 68 f.

658 *Karsten Schmidt*, in: Scholz, GmbHG, § 64 Rn. 69; *ders.*, ZHR 168 (2004), 637, 668 f.

659 *Karsten Schmidt*, in: Scholz, GmbHG, § 64 Rn. 69.

die etwa für Zahlungen in das Gesellschaftsvermögen gelangen, mindern den zu ersetzenden Schaden entsprechend.[660] Die Eingehung von quotenschmälernden Verbindlichkeiten soll der Leistung von Zahlungen als gläubigerschädigende Handlung im Stadium der Insolvenz gleichgestellt werden können, allerdings weder einen Anspruch auf Erstattung abfließender Liquidität noch die Vermutung eines Verschleppungsschadens in entsprechender Höhe begründen.[661]

Die Höhe des zu ersetzenden Schadens soll bereits vor Abschluss des Insolvenzverfahrens feststellbar sein, weil dieser bei Beendigung der Verschleppungsphase, also bei Insolvenzverfahrenseröffnung, feststeht.[662] Hinsichtlich der Quote, die die Gläubiger ohne die Verschleppungsphase erhalten hätten (sog. „Soll-Quote"), sei die Anwendung des § 287 ZPO unabdingbar, weil der Zeitpunkt der Überschuldung bzw. Zahlungsunfähigkeit, mithin der Beginn der Verschleppungsphase, kaum präzise feststellbar ist.[663]

IV. Geltendmachung des Anspruchs auf Ersatz des Gesamtschadens

Der Anspruch auf Erstattung des Gesamtgläubigerschadens sei dem Gesellschaftsvermögen, im Insolvenzverfahren der Masse i.S.d. § 35 InsO zugeordnet. Seine Geltendmachung erfolgt mithin grundsätzlich gem. § 80 InsO durch den Insolvenzverwalter. Ist das Insolvenzverfahren eröffnet, entfalte § 92 InsO Sperrwirkung und der Gesamtgläubigerschaden könne nur noch durch den Insolvenzverwalter geltend gemacht werden. § 92 InsO gelte auch hinsichtlich der Neugläubiger, die nach diesem Haftungskonzept ebenfalls nur ihren Quotenverminderungsschaden mittelbar ersetzt bekommen.[664] Insbesondere habe dies den entscheidenden Vorteil, dass der Insolvenzverwalter nicht zwischen Alt- und Neugläubigern und deren unterschiedlichen Ansprüchen unterscheiden müsse, was angesichts der schwierigen Bestimmung des Zeitpunkts des Beginns der Verschleppungsphase eine fordernde

660 Zum Ganzen *Karsten Schmidt,* in: Scholz, GmbHG, § 64 Rn. 199.

661 *Karsten Schmidt,* ZHR 168 (2004), 637, 667; *ders.*, in: Karsten Schmidt/Uhlenbruck, GmbH in Krise, Sanierung und Insolvenz, Rn. 11. 37, 11.54; ähnlich auch BGHZ 138, 211 = NJW 1998, 2667, 2668.

662 *Karsten Schmidt,* in: Scholz, GmbHG, § 64 Rn. 199; anders noch *ders.*, in: Scholz, GmbHG, 9. Aufl., 2002, § 64 Rn. 33.

663 *Karsten Schmidt,* in: Scholz, GmbHG, § 64 Rn. 199; *ders.,* ZHR 175 (2011), 433, 434 f.

664 *Karsten Schmidt,* in: Scholz, GmbHG, § 64 Rn. 198; *ders.*, in: Karsten Schmidt/Uhlenbruck, GmbH in Krise Sanierung und Insolvenz, Rn. 11.17; anders BGHZ 138, 211 = NJW 1998, 2667 f., wonach die Neugläubiger keinen einheitlichen Quotenschaden erleiden, der der Geltendmachung durch einen Insolvenzverwalter zugänglich wäre. Diese haben vielmehr einen Anspruch auf Ersatz ihres individuellen Kontrahierungsschadens, den sie gegenüber dem Geschäftsführer selbst geltend machen müssen, dazu bereits BGHZ 126, 181 = NJW 1994, 2220, 2224 f.; BGH, NJW 1995, 398, 399.

Aufgabe sei, zumal ihm bei Fehlentscheidungen Haftung nach § 60 InsO droht.[665] Der Insolvenzverwalter klagt demnach nicht nur aus eigenem Recht, sondern auch aus dem der Gesellschaft und der Gläubiger.[666] Wird die Eröffnung des Insolvenzverfahrens etwa mangels Masse abgelehnt, kann der Anspruch, soweit nicht das Insolvenzrecht entgegensteht, durch die Insolvenzgläubiger gepfändet werden.[667]

Durch die angenommene Parallele zwischen § 130a Abs. 2 S. 1 HGB und § 823 Abs. 2 BGB i.V.m. § 15a InsO als Haftungsrundlage ergebe sich zudem die Möglichkeit, den Gesamtgläubigerschaden ohne Insolvenzverfahrenseröffnung im Wege der Gesamtschadensabwicklung gelten zu machen; als Anspruch der Gesellschaft ist dieser außerhalb des Insolvenzverfahrens durch deren Organe (etwa jeden Geschäftsleiter oder Liquidator) geltend zu machen.[668] Der Gesamtschaden aller Gesellschaftsgläubiger könne mithin als Anspruch der Gesellschaft sowohl innerhalb als auch außerhalb des Insolvenzverfahrens geltend gemacht werden.[669]

V. Ersatz von Individualschäden – modifizierte Rückkehr zur Rechtsprechung zur Haftung für culpa in contrahendo vor 1994

Über die Haftung nach § 823 Abs. 2 BGB i.V.m. § 15a InsO soll nur der Quotenverminderungsschaden der Gläubiger als Teil des Gesamtgläubigerschadens, aber nicht deren Kontrahierungsschäden ersetzt werden.[670] Zweck der Insolvenzantragspflicht sei allein der Schutz der Gläubigergesamtheit und gerade nicht der Schutz vor individuellen Vertrauensschäden. Auf diesen Schutzzweck habe sich die deliktische Haftung zu begrenzen.[671] Individualschäden insbesondere der Neugläubiger seien nach den Regeln der c.i.c.-Haftung (§§ 280, 311 Abs. 2 Nr. 1, Abs. 3 BGB) zu

665 Eingehend *Karsten Schmidt*, ZHR 168 (2004), 637, 642; *ders.*, in: Karsten Schmidt/Uhlenbruck, GmbH in Krise, Sanierung und Insolvenz, Rn. 11.27; *ders.*, NZI 1998, 9, 10, 12; eingehende Kritik zur herrschenden Meinung, nach der § 92 InsO nur für die Quotenschäden der Altgläubiger anwendbar ist *ders.*, in: Scholz, GmbHG, § 64 Rn. 187; *ders.*, ZIP 2009, 1551, 1553; *ders.*, ZHR 175 (2011), 433, 442 f.; *ders.*, ZIP 2005, 2177, 2178 f., *ders.*, ZIP 2008, 1401 f.: § 92 InsO sei „totes Rechts"; vgl. dazu auch *Poertzgen*, Organhaftung wegen Insolvenzverschleppung, S. 323 ff.

666 *Karsten Schmidt*, in: Scholz, GmbHG, § 64 Rn. 198.

667 Zum Ganzen *Karsten Schmidt*, in: Scholz, GmbHG, § 64 Rn. 197; *ders.*, ZHR 168 (2004), 637, 669 f., siehe dazu auch BGH, NJW 2001, 304.

668 *Karsten Schmidt*, ZHR 168 (2004), 637, 665, 669, vgl. auch *ders.*, in: Karsten Schmidt/Uhlenbruck, GmbH in Krise, Sanierung und Insolvenz, Rn. 11.29; krit. dazu, weil an der Motivation der Organe zur Verfolgung dieser Ansprüche zweifelnd *Freitag*, NZG 2014, 447, 449.

669 *Karsten Schmidt*, ZHR 168 (2004), 637, 665.

670 In diesem Punkt anders, wenn auch mit dem sonstigen allein auf § 823 Abs. 2 BGB i.V.m. § 15a InsO basierenden Konzept übereinstimmend *Poertzgen*, ZInsO 2009, 1833, 1838 f., der das negative Interesse der Gläubiger ebenfalls über die Außenhaftung nach § 823 Abs. 2 BGB ersetzen lassen will.

671 Zum Ganzen *Karsten Schmidt*, in: Scholz, GmbHG, § 64 Rn. 182, 186.

ersetzen. Über die c.i.c.-Haftung sollen gegebenenfalls auch die Verletzung laufender Geschäftsverbindungen und Vertrauensschäden von Altgläubigern ersatzfähig sein, denn auch gegenüber diesen Gläubigergruppen können Offenbarungspflichten des Geschäftsleiters hinsichtlich der schwindenden Solvenz der Gesellschaft bestehen.[672]

Vor BGHZ 126, 181 ersetzte auch der BGH individuelle Neugläubigerschäden nach den Regeln der c.i.c. Seit der Abkehr von dieser Rechtsprechung spielt die c.i.c.-Haftung des Geschäftsleiters im Rahmen der Insolvenzverschleppung in der Praxis kaum mehr eine Rolle.[673] *Karsten Schmidt* hingegen möchte den Geschäftsleiter allein über die c.i.c.-Haftung für etwaige Vertrauensschäden einstehen lassen, wobei generell davon auszugehen sein soll, dass diesem bei Vertragsverhandlungen ein „Solvenzvertrauen" entgegengebracht wird, welches bei Nichtaufklärung über die Insolvenz der Gesellschaft immer verletzt werde.[674]

Die Haftung nach c.i.c., wie sie von *Karsten Schmidt* befürwortet wird, beruht dem Grunde nach auf einer Ausweitung der Grundsätze, die die Rechtsprechung und herrschende Meinung zur c.i.c.-Haftung des Geschäftsleiters neben der auf den Ersatz des Quoten-verminderungsschadens beschränkten Insolvenzverschleppungshaftung entwickelt haben.[675] Diese Grundlagen und ihre Entwicklung werden im Folgenden kurz dargestellt, um im Anschluss daran deren Interpretation und Fortbildung durch *Karsten Schmidt* aufzuzeigen.

1. Grundlagen der culpa in contrahendo-Haftung

Werden vorvertragliche Pflichten bei oder vor Vertragsschluss verletzt, kann dies zu einer Schadensersatzhaftung gegenüber dem künftigen Vertragspartner aus §§ 280 Abs. 1, 241 Abs. 2, 311 Abs. 2 BGB führen. Typische Fallgruppen der Haftung für Verschulden bei Vertragsverhandlungen sind die Verletzung von Aufklärungs- oder Sorgfalts- und Obhutspflichten.[676] Werden solche Pflichten verletzt, ist der Vertragspartner grundsätzlich zum Ersatz des vollen Vertrauensschadens des anderen verpflichtet, den dieser erleidet, wenn der Vertrag letztlich nicht erfüllt wird.[677] Gelangt man so zu einer Haftung des eigentlichen Vertragspartners, also der Gesellschaft, ist noch nichts über die persönliche Haftung des Geschäftsleiters als bloßem Vertreter der Gesellschaft gewonnen. Denn auch die Verletzung vorvertraglicher Pflichten durch den Vertreter, wie etwa Aufklärungspflichten hinsichtlich der Solvenz der

---

672 *Karsten Schmidt,* in: Scholz, GmbHG, § 64 Rn. 214.

673 *Karsten Schmidt,* in: Scholz, GmbHG, § 64 Rn.183, 214.

674 *Karsten Schmidt,* in: Scholz, GmbHG, § 64 Rn. 218.

675 Vgl. dazu *Karsten Schmidt,* in: Karsten Schmidt/Uhlenbruck, GmbH in Krise Sanierung und Insolvenz, Rn. 11.17; eingehend zu den Grundlagen und der Rechtsprechungsentwicklung zur c.i.c.-Haftung des Geschäftsleiters der insolventen Gesellschaft *Poertzgen,* ZInsO 2010, 416 ff. und ZInsO 2010, 460 ff.

676 Siehe nur *Emmerich,* in: MüKo BGB, § 311 Rn. 60 ff., 185 ff.; *Bitter,* ZInsO 2010, 1561, 1563.

677 Ausführlich *Emmerich,* in: MüKo BGB, § 311 Rn. 35 ff.

Gesellschaft, führt grundsätzlich ausschließlich zu einer Haftung des Vertretenen als Geschäftsherrn und Beteiligtem des Schuldverhältnisses.[678] Um den Vertreter als am Vertrag Unbeteiligten haften zu lassen, müssen weitere Voraussetzungen erfüllt sein. Eine Haftung des Vertreters wird in zwei Fallkonstellationen diskutiert. Zum einen soll die Haftung des Vertreters bei Inanspruchnahme besonderen, nur auf seine Person bezogenen Vertrauens des Vertragspartners gerechtfertigt sein.[679] Zum anderen dann, wenn der Vertreter am Vertragsschluss ein wirtschaftliches Eigeninteresse hat, von diesem also derart profitiert, dass seine persönliche Haftung gerechtfertigt ist, wenn er dem Vertragspartner im Vorfeld des Vertragsschlusses die schlechte finanzielle Lage der Gesellschaft verschweigt.

Grundlage der c.i.c.-Haftung ist die Verletzung der Aufklärungspflicht des Vertretenen bzw. des Vertreters hinsichtlich der Insolvenzreife der Gesellschaft. Diese ergibt sich daraus, dass die Verhandelnden sich in eine engere Beziehung zu einander begeben. Diese rechtfertigt es, ihnen besondere Verkehrssicherungspflichten zum Schutz des jeweils anderen, insbesondere Aufklärungspflichten hinsichtlich der Umstände, die von wesentlicher Bedeutung für den Vertragsschluss sind, aufzuerlegen.[680] Wann genau diese Aufklärungspflicht eintritt, ist umstritten. Zu bejahen soll sie jedenfalls dann sein, wenn die Gesellschaft bereits zahlungsunfähig ist oder dies zumindest mit großer Wahrscheinlichkeit zu erwarten ist.[681] Fraglich ist das Vorliegen einer Aufklärungspflicht allerdings in dem Fall, in dem die Gesellschaft „lediglich" überschuldet ist.[682] Maßgebend für das Vorliegen einer Aufklärungspflicht soll sein, ob der Vertragsentschluss des Verhandlungspartners von den gegebenenfalls zu offenbarenden Umständen wesentlich beeinflusst wird. Dies wird teilweise für die Überschuldung des Vertragspartners von vornherein angenommen, weil dann die Durchführung des Vertrags immer in erheblichem Maße gefährdet

---

678 Das Verschulden des Vertreters wird dem Vertretenen über § 31 BGB bzw. § 278 BGB zugerechnet; vgl. nur RGZ 132, 76, 80; BGH, ZIP 1993, 763; *Stadler*, in: Jauernig BGB, § 311 Rn. 64; *Medicus*, in: FS Steindorff, S. 725; *Brandner*, in: FS Werner, S. 53, 60; ganz ausführlich dazu *Kübler*, in: FS Kellermann, S. 243, 245.

679 RGZ 159, 33, 54; RGZ 120, 249, 251; RGZ 143, 219, 223; vgl. auch RGZ 104, 265, 267; RGZ 151, 357, 358.

680 Vgl. dazu nur RGZ 132, 305 309 f.; BGH, NJW 1960, 720 f.; *Steininger*, Haftung des GmbH-Geschäftsführers aus culpa in contrahendo bei wirtschaftlicher Bedrängnis der Gesellschaft mbH, S. 30 m.w.N.

681 Siehe nur BGH, NJW 1983, 676, 678; BGH, NZG 2001, 751; *Stapelfeld*, Haftung des GmbH-Geschäftsführers, S. 75; *Steininger*, Haftung des GmbH-Geschäftsführers aus culpa in contrahendo bei wirtschaftlicher Bedrängnis der Gesellschaft mbH, S. 31 f.; siehe auch BAG, DB 1977, 1322, wonach bereits „absehbare wirtschaftliche Schwierigkeiten" eine Aufklärungspflicht begründen sollen.

682 Dafür etwa BGH, NJW 1984, 2284, 2286; *Stapelfeld*, Haftung des GmbH-Geschäftsführers, S. 76; *Roth*, GmbHR 1985, 137, 138, der für eine Aufklärungspflicht sowohl bei rechtlicher als auch rechnerischer Überschuldung plädiert; dagegen etwa *Steininger*, Haftung des GmbH-Geschäftsführers aus culpa in contrahendo bei wirtschaftlicher Bedrängnis der Gesellschaft mbH, S. 39; *Ulmer*, NJW 1983, 1577, 1579.

sei.[683] Diese Annahme wurde unter anderem damit begründet, dass auch die Insolvenzantragspflicht bereits bei Überschuldung einsetzt und eine Aufklärungspflicht demnach ebenfalls bejaht werden müsste.[684] Dagegen wird eingewendet, die Überschuldung sei bloße Vorstufe zur Zahlungsunfähigkeit, beruhe auf langfristigen Verbindlichkeiten und lasse daher nicht den Schluss zu, dass ein zukünftiger Vertrag nicht mehr erfüllt werden könne.[685] Zudem sei im Rahmen des zweistufigen Überschuldungsbegriffs eine Prognose hinsichtlich der künftigen finanziellen Entwicklung des Unternehmens anzustellen. Nur wenn diese negativ ist, kann rechtliche (und nicht bloß rechnerische) Überschuldung und die Pflicht zur Insolvenzantragsstellung bejaht werden. Die Annahme einer Aufklärungspflicht gegenüber künftigen Vertragspartnern bereits bei rechnerischer Überschuldung würde die Fortführung und insbesondere die gewünschte Sanierung des Unternehmens vereiteln.[686] Zudem wurde argumentiert, dass der Schutzzweck der Insolvenzantragspflicht gerade nicht die Bewahrung der Gläubiger vor dem Kontrahieren mit einer insolventen Gesellschaft sei (dies entsprach der bis 1994 herrschenden Meinung). Bejahe man aber bereits bei Überschuldung die Aufklärungspflicht im Rahmen der c.i.c.-Haftung, widerspreche dies der Haftungsdogmatik der § 823 Abs. 2 BGB i.V.m. § 15a InsO.[687]

Auch zu bedenken ist, dass die Schaffung von vorvertraglichen Aufklärungspflichten dogmatisch in Einklang mit der Insolvenzantragsfrist gebracht werden muss. Hinsichtlich der Insolvenzantragsstellung wird den Geschäftsleitern eine dreiwöchige Frist gewährt, innerhalb derer etwaige Sanierungs- und Fortführungschancen der Gesellschaft geprüft und gegebenenfalls umgesetzt werden können. Würde man bereits innerhalb der Antragsfrist eine Aufklärungspflicht bezüglich der schlechten finanziellen Lage vorschreiben, konterkariert das die Sanierungsversuche, die unter anderem über den Abschluss neuer günstiger Geschäfte unternommen werden können. Man würde sich also mit der c.i.c.-Haftung in Widerspruch zum Sinn der Insolvenzantragsfrist setzen. Deshalb ist eine Aufklärungspflicht innerhalb der dreiwöchigen Sanierungsfrist zu verneinen.[688] Andere wiederum bejahen auch innerhalb der Sanierungsfrist die Pflicht zur Offenbarung gegenüber dem Verhandlungspartner: Die Grundsätze der c.i.c.-Haftung gebieten dessen Schutz

683 BGH, NJW 1984, 2284, 2286; *Roth*, GmbHR 1985, 137, 138; *Scholz*, NJW 1954, 1852.
684 Vgl. *Gilles/Baumgart*, JuS 1974, 226, 229; *Lambsdorff/Gilles*, NJW 1966, 1551, 1552.
685 *Ulmer*, NJW 1983, 1577, 1579.
686 *Steininger*, Haftung des GmbH-Geschäftsführers aus culpa in contrahendo bei wirtschaftlicher Bedrängnis der Gesellschaft mbH, S. 41.
687 *Steininger*, Haftung des GmbH-Geschäftsführers aus culpa in contrahendo bei wirtschaftlicher Bedrängnis der Gesellschaft mbH, S. 42 f.; *Ulmer*, in: Hachenburg, GmbHG, § 64 Rn. 68.
688 *Steininger*, Haftung des GmbH-Geschäftsführers aus culpa in contrahendo bei wirtschaftlicher Bedrängnis der Gesellschaft mbH, S. 49; *Karsten Schmidt*, ZIP 1988, 1497, 1504.

auch während einer Sanierung und verbieten seine Einbeziehung in eine unter Umständen risikobehaftete Sanierung.[689]

Wird eine Aufklärungspflicht angenommen und diese verletzt, haftet zunächst freilich nur die Gesellschaft als Vertretene nach den Grundsätzen der c.i.c.-Haftung. Für die Haftung des Vertreters kommt es darauf an, ob er zusätzlich ein besonderes Vertrauen des Vertragspartners in Anspruch genommen hat oder ein wirtschaftliches Eigeninteresse am Vertragsschluss hatte.

a) Haftung des Vertreters aus culpa in contrahendo bei wirtschaftlichem Eigeninteresse

Insbesondere die frühere Rechtsprechung nahm eine persönliche Haftung des die Vertragsverhandlungen führenden Vertreters an, wenn dieser ein eigenes wirtschaftlich motiviertes Interesse am Vertragsschluss hatte, sich eigene Vorteile erhoffte, dem Verhandlungsgegenstand besonders nahe stand und „gleichsam in eigener Sache“ verhandelte.[690] Ein nur mittelbares eigenes Interesse des Vertreters am Vertragsschluss sollte hierfür nicht ausreichen, denn letztlich sei jeder Angestellte daran interessiert, die von seinem Unternehmen angestrebten Verträge zustande kommen zu lassen. Gewöhnliche Angestellte generell haften zu lassen würde aber zu einer übergebührlichen Ausweitung der Vertreterhaftung führen.[691]

Die heutige BGH-Rechtsprechung geht auf die Entscheidungspraxis des Reichsgerichts zurück. Dieses ließ den Vertreter dann auf Schadensersatz haften, wenn er als „procurator in rem suam“ auftrat, sich also nur aus formalen Gründen als Vertreter ausgab,[692] in Wirklichkeit aber in eigenen Angelegenheiten handelte.[693] Der BGH hat diese Voraussetzungen für die Vertreterhaftung wegen wirtschaftlichen Eigeninteresses dann beispielhaft näher definiert und ausgeweitet.[694] Ein solches Eigeninteresse sollte dann vorliegen, wenn der Gesellschafter-Geschäftsleiter Bürgschaften als Sicherheiten für Gesellschaftsverbindlichkeiten zur Verfügung gestellt hatte und ihm daher bei Ausfall der Gesellschaft die persönliche Haftung droht.[695] Ebenso sollte der Vertreter persönlich haften, wenn er den Vertragsschluss fördern will, um Schäden für die Gesellschaft zu vermeiden oder Schäden zu beseitigen, für

---

689 *Stapelfeld,* Haftung des GmbH-Geschäftsführers, S. 77 ff.

690 BGHZ 14, 313 = NJW 1954, 1925, 1927; BGHZ 56, 81 = NJW 1971, 1309, 1310; BGH, MDR 1967, 577; BGH, NJW 1983, 676, 677; BGH, NJW 1983, 1607, 1608 f.

691 BGH, WM 1965, 1288; BGHZ 56, 81 = NJW 1971, 1309, 1310; BGH, NJW 1983, 1607, 1609.

692 BGH, ZIP 1993, 763.

693 RGZ 120, 149, 153; RGZ 132, 76, 81; RGZ 159, 33, 54 f.

694 Krit. zu den Beispielsfällen des BGH: *Hommelhoff,* EWiR 1986, 165, 166 und *Grunewald,* ZGR 1986, 580, 586 ff.

695 BGH, NJW-RR 1988, 615, 616; BGH, NJW 1988, 2234, 2235; für den Kommanditisten einer GmbH & Co. KG, siehe auch BGH, NJW 1984, 2284, 2286; anders BGH, NJW 1989, 110, 111, bei dem es allerdings nicht um den Vertreter einer Gesellschaft ging, und daher keine Beteiligung an dieser zusätzlich zur Bürgschaftsübernahme vorlag.

die er anderenfalls persönlich im Innenverhältnis einzustehen hätte.[696] Schließlich begründe auch die Absicht, die Leistung des Vertragspartners eigennützig zu verwerten und nicht an die Gesellschaft weiter zu leiten, ein die persönliche Haftung auslösendes wirtschaftliches Eigeninteresse am Vertragsschluss.[697]

Der Höhepunkt der Ausweitung der c.i.c.-Haftung wegen wirtschaftlichen Eigeninteresses wurde mit dem Urteil des VIII. Zivilsenats des BGH erreicht. Dieser ließ den Geschäftsführer, der selbst bzw. dessen Ehegatte an der Gesellschaft maßgebend beteiligt war, wegen Vorliegens eines wirtschaftlichen Eigeninteresses aus c.i.c. haften.[698] Dies stieß nicht nur beim Senat für Gesellschaftsrecht (II. Zivilsenat des BGH), der sich im Anschluss deutlich von der Rechtsprechung des VIII. Zivilsenats distanzierte, auf Kritik.[699] Auch in der Literatur wurde die c.i.c.-Haftung wegen wirtschaftlichen Eigeninteresses allgemein, aber auch die haftungsausweitende Rechtsprechung des VIII. Zivilsenats abgelehnt.[700] Sie stelle eine Durchgriffshaftung auf die Geschäftsleiter dar, die sich wegen der Haftungsbeschränkungen insbesondere in Kapitalgesellschaften aber verbiete, weil sie keinen Bezug zu den Geschäftsleitern persönlich habe, sondern sich allein aus ihrer Stellung als Organ der Gesellschaft

---

696 BGH, NJW 1986, 586, 588; BGH, NJW-RR 1988, 615, 616.

697 BGH, NJW 1986, 586, 588.

698 BGH, NJW 1983, 676, 677; ebenso BGHZ 87, 27 = NJW 1983, 1607, 1609; BGH, NJW 1984, 2284, 2286 (jew. VIII. Zivilsenat), mit abl. Anm. *Wiedemann:* „deutliche Gefährdung des Gesellschafters".

699 BGH, GmbHR 1985, 83, 84 (II. Zivilsenat) wonach ein „starkes, mit dem Interesse des Vertragspartners vergleichbares Interesse an dem Abschluß des Geschäfts" vorliegen muss, woran es fehlt, wenn der Vertreter (der Vorstand einer AG) lediglich eine Gewinnbeteiligung hinsichtlich der AG bezieht und zusätzlich über einen Aktienanteil von 5,88 % des Grundkapitals am Gewinn der Gesellschaft teilnimmt; vgl. auch bereits BGH, NJW 1981, 2810 (II. Zivilsenat), wonach die Stellung als Alleingesellschafter nicht reicht, um den Geschäftsführer für Verschulden bei Vertragsverhandlungen persönlich haften zu lassen.

700 Krit. zum Kriterium des wirtschaftlichen Eigeninteresses *Ulmer*, in: Hachenburg, GmbHG, § 64 Rn. 71; *ders.*, NJW 1983, 1577, 1579; *Ballerstedt*, AcP 1951 (1950/1951), 501, 502, 524; *Schmitz*, Dritthaftung aus culpa in contrahendo, S. 61 f.; *Schanze*, Einmanngesellschaft und Durchgriffshaftung, S. 107 f.; *Steininger*, Haftung des GmbH-Geschäftsführers aus culpa in contrahendo bei wirtschaftlicher Bedrängnis der Gesellschaft mbH, S. 76 f., S. 60 ff.; *ders.*, BB 1986, 1045; *Eckhoff*, Die Haftung der Geschäftsleiter gegenüber den Gläubigern der Gesellschaft wegen Insolenzverschleppung, S. 107 ff.; *Grunewald*, ZGR 1986, 580, 585 ff.; *Karsten Schmidt*, ZIP 1988, 1497, 1502 f.; *Ulmer*, ZIP 1993, 769, 770; *Schulze-Osterloh*, in: FS Lutter, S. 707, 716; *Medicus*, in: FS Steindorff, S. 729 ff., 734; *Geißler*, ZIP 1997, 2184, 2186 f.; *Ebenroth/Kräutter*, BB 1990, 569, 570; *Miller*, EWiR 1990, 265; *Karsten Schmidt*, Gesellschaftsrecht, 2. Aufl., 1991, S. 905 ff.; *Kübler*, in: FS Kellermann, S. 243, 252 f.; *Brandner*, in: FS Werner, S. 53, 64 f.; *Bork*, ZGR 1995, 505, 508; *Fleck*, EWiR 1990, 1215; *Hommelhoff*, EWiR 1986, 165; *Wiedemann*, NJW 1984, 2286 f.

ergebe.[701] Anschließend korrigierte der VIII. Zivilsenat seine Rechtsprechung, indem er betonte, das wirtschaftliche Eigeninteresse könne nicht allein aus der Beteiligung an der Gesellschaft abgeleitet werden. In nachfolgenden Entscheidungen besinnt er sich wieder auf die Rechtsprechung des Reichsgerichts und verlangt eine derart enge Beziehung zu den Vertragsverhandlungen, die ein Auftreten als „procurator in rem suam" nahelegen, und wirtschaftlich gleichsam in eigener Sache verhandelt wird.[702]

1993/1994 stellte der II. Zivilsenat des BGH zudem klar, dass es für die persönliche Haftung des Gesellschafter-Geschäftsleiters für Verschulden bei Vertragsschluss wegen eines wirtschaftlichen Eigeninteresses nicht ausreiche, wenn dieser der Gesellschaft Sicherheiten zur Absicherung von deren Verbindlichkeiten zur Verfügung gestellt habe. Dies allein begründe kein unmittelbares Eigeninteresse am Vertragsschluss, zumal die Gläubiger der Gesellschaft von diesen Sicherheiten in der Regel nichts wüssten und ihnen diese daher auch nicht zu Gute kommen sollten. Zudem führte der BGH an, dass Sicherheitsleistungen der Gesellschafter unter Umständen den Kapitalersatzregeln unterworfen seien (§§ 30, 32a, 32b GmbHG i.d.F. vor dem MoMiG 2008), worin sich dann ihre weitere Haftung der Gesellschafter erschöpfen muss.[703] Ebenso wenig soll die zu Gunsten der Gesellschaft vom Gesellschafter-Geschäftsleiter übernommene Bürgschaft ein wirtschaftliches Eigeninteresse am Vertragsschluss rechtfertigen. Die persönliche Haftung des Bürgen sei auf die Hauptforderung begrenzt und rechtfertige nicht die Inanspruchnahme des Bürgen durch Dritte.[704] Auch ein Anspruch des Vertreters auf eine Provision für den Abschluss des Vertrages soll für ein haftungsbegründendes wirtschaftliches Eigeninteresse nicht ausreichen.[705]

Nichtsdestotrotz wurde die c.i.c.-Haftung wegen wirtschaftlichen Eigeninteresses in der Literatur weiterhin kritisch gesehen. Insbesondere wurde in ihr eine Umgehungsmöglichkeit hinsichtlich der auf den Quotenverminderungsschaden

701 Siehe nur *Steininger*, BB 1986, 1046; *Roth*, JuS 1987, 196, 197; *Karsten Schmidt*, ZIP 1988, 1497, 1503; siehe eingehend zum Haftungsdurchgriff bei der Kapitalgesellschaft auch allgemein *Rehbinder*, in: FS Fischer, S. 579, 598 ff.

702 BGH, NJW 1986, 586, 587 mit Verweis auf die sonst immer zu bejahende c.i.c.-Haftung des Alleingesellschafters in der Einmanngesellschaft; ebenso BGH, NJW 1988, 2234, 2235 (jew. VIII. Zivilsenat).

703 BGHZ 126, 181 = NJW 1994, 2220, 2221; ebenso der diese Entscheidung hinsichtlich der c.i.c.-Haftung vorbereitende Beschluss BGH, ZIP 1993, 763, 765; krit. dazu bereits *Medicus*, GmbHR 1993, 533, 536; *Ulmer*, ZIP 1993, 769, 770. Die Rechtslage hinsichtlich der Gesellschafterdarlehen hat sich mit dem MoMiG 2008 allerdings geändert. Das diesbezügliche Argument des BGH ist mithin hinfällig. Gesellschafterdarlehen sind heute nicht mehr kapitalersetzend, sondern allenfalls gem. § 39 Abs. 1 Nr. 5 InsO in der Insolvenz nachrangig, siehe dazu nur *Altmeppen*, in: Roth/Altmeppen, GmbHG, Anh. § 30 Rn. 10 ff. und *Bitter*, in: Scholz, GmbHG, Anh. § 64 Rn. 1 ff.

704 BGH, NJW 1994, 2220, 2221.

705 BGH, ZIP 1992, 694.

beschränkten Haftung für die Verschleppung der Insolvenz gesehen, da beide an die Versäumung der Insolvenzantragspflicht anknüpften, die Neugläubiger aus der c.i.c.-Haftung aber ihr volles negatives Interesse ersetzt verlangen können, was ihnen im Rahmen der Verschleppungshaftung gerade verwehrt blieb.[706]

b) Haftung des Vertreters aus culpa in contrahendo bei Inanspruchnahme besonderen Vertrauens

Angesichts der Zweifel an der c.i.c.-Haftung wegen wirtschaftlichen Eigeninteresses versuchte man diese Lehre zu überwinden, indem auf die Inanspruchnahme besonderen Vertrauens während der Vertragsverhandlungen abgestellt wurde (§ 311 Abs. 3 BGB).[707] Ein solches kann durch ein Eigeninteresse am Vertragsschluss allerdings (mit)begründet werden.[708] Die von *Kurt Ballerstedt*[709] entwickelte Haftung des Vertreters, der besonderes persönliches Vertrauen des zukünftigen Vertragspartners in Anspruch nimmt, und diesen dennoch nicht über die Insolvenzreife der Gesellschaft aufklärt, ist, anders als die Haftung des Vertreters wegen wirtschaftlichen Eigeninteresses, in Rechtsprechung und Literatur überwiegend anerkannt.[710]

Für die Annahme eines haftungsbegründenden Vertrauens ist nicht ausreichend, dass der Vertreter auf seine besondere Sachkunde und Kompetenz hinweist.[711] Auch nicht genügen kann eine besondere Qualifikation oder Stellung des Vertreters, etwa als Sachwalter oder Rechtsanwalt; hinzukommen muss vielmehr ein konkretes Tätigwerden, auf dem das Vertrauen fußt.[712] Er muss beim Vertragspartner den Eindruck erwecken, persönlich für die Abwicklung zu sorgen, und so

---

706 *Medicus*, in: FS Steindorff, S. 725, 732 f.; vgl. zur teilweisen Aushebelung des Deliktsrechts und seiner Grenzen durch die c.i.c.-Haftung auch *Hohloch*, JuS 1977, 302, 303 ff. und *Kreuzer*, JZ 1976, 778, 780 f.

707 Vgl. allgemein dazu *Ballerstedt*, AcP 151 (1950/1951), 501, 506 ff.; *Larenz*, in: FS Ballerstedt, S. 397 ff.; *Brandner*, in: FS Werner, S. 53, 61; *Canaris*, JZ 1965, 475 ff.; *ders.*, Die Vertrauenshaftung im deutschen Privatrecht, S. 534 ff.

708 *Ballerstedt*, AcP 151 (1950/1951), 501, 505 ff.; *Karsten Schmidt*, Gesellschaftsrecht, S. 1087; *ders.*, ZIP 1988, 1497, 1503.

709 *Ballerstedt*, AcP 151 (1950/1951), 501, 506 ff.

710 Siehe nur RGZ 159, 33, 54; RGZ 120, 249, 251; RGZ 143, 219, 223; RGZ 104, 267; RGZ 151, 358; BGH, NJW 1990, 389; BGH, NJW 1988, 2234; BGH, NJW 1989, 292; *Kübler*, in: FS Kellermann, S. 243, 246; *Ulmer*, NJW 1983, 1577, 1579; anders *Schmitz*, Dritthaftung aus culpa in contrahendo, S. 63 ff.; *Geißler*, ZIP 1997, 2184, 2188 ff.

711 BGHZ 88, 67, 69 f. = NJW 1983, 2696; BGH, NJW 1990 389; BGH, NJW 1990, 1907; vgl. dazu auch *Kübler*, in: FS Kellermann, S. 243, 250, wonach auch ein besonders qualifizierter Unternehmenssanierer nicht automatisch ein besonderes, haftungsbegründendes Vertrauen in Anspruch nimmt.

712 *Medicus*, in: FS Steindorff, S. 725, 736; siehe auch *Steininger*, Haftung des GmbH-Geschäftsführers aus culpa in contrahendo bei wirtschaftlicher Bedrängnis der Gesellschaft mbH, S. 102 ff.

ein gegebenenfalls mangelndes Vertrauen in den Vertretenen ausgleichen.[713] Nicht von Nöten ist dabei aber eine eigene Beteiligung des Vertreters am Vertrag.[714] Die Inanspruchnahme besonderen Vertrauens wurde von der Rechtsprechung nie ohne Weiteres bejaht, das bloße Entgegenbringen eines grundsätzlich erforderlichen Verhandlungsvertrauens durch den Verhandlungspartner sollte nicht genügen. Verlangt wurde vielmehr eine aktive Inanspruchnahme, etwa „Erklärungen im Vorfeld einer Garantiezusage".[715] Die Haftung des Vertreters aus c.i.c. wurde beispielsweise in einem Fall bejaht, in dem der Geschäftsleiter erklärte, die Gesellschaft sei solvent und er stehe persönlich für die Bezahlung der Rechnungen gerade.[716] Diese zurückhaltende Handhabung der c.i.c.-Haftung durch den BGH führte in der Literatur zu entsprechend wenig Kritik.

2. *Repräsentantenhaftung*

Trotz wiederkehrenden Bemühungen in Rechtsprechung und Schrifttum, die c.i.c.-Haftung nur in begrenztem Rahmen zuzulassen, hat sich *Karsten Schmidt* für deren deutliche Ausweitung ausgesprochen.

Nach dem von ihm favorisierten Einheitsmodell erhalten die Gläubiger über die Verschleppungshaftung ausschließlich ihren Quotenverminderungsschaden im Rahmen des Gesamtschadensausgleichs ersetzt. Wäre dies, so führt er an, eine abschließende Haftung im Zusammenhang mit der Verschleppung der Gesellschaftsinsolvenz, würde man zu unbefriedigenden Ergebnissen gelangen, weil die Neugläubiger auf ihren Vertrauensschäden sitzen blieben.[717] Deshalb sollen zumindest die Geschäftsleiter einer GmbH oder GmbH & Co.KG wegen der Insolvenzanfälligkeit dieser Gesellschaftsformen immer als Vertrauensträger kraft Amtes anzusehen sein, sofern eine Informationspflicht hinsichtlich der Insolvenzreife der Gesellschaft bestand. Dem Geschäftsleiter, der am Zustandekommen eines Vertrags mit der Gesellschaft beteiligt ist, werde immer ein „Solvenzvertrauen" entgegen gebracht. Dieses ergebe sich aus der dem Rechtsverkehr bekannten Insolvenzgefahr und dem Wissen um die permanenten Prüfpflichten des Geschäftsleiters hinsichtlich der finanziellen Lage des Unternehmens. Geschäftsleitern ist damit eine schuldhafte Fehlinformation des Vertragskontrahenten immer zuzurechnen, gegebenenfalls über § 278 BGB.[718] Die Offenbarungspflicht bezüglich der wirtschaftlichen Schieflage der

713 BGH, NJW 1990, 389; BGH, NJW 1990, 1907; *Fleck*, EWiR 1990, 1215.

714 BGH, NJW 1990, 389.

715 BGHZ 126, 181 = NJW 1994, 2220, 2222; siehe dazu auch BGH, ZIP 1991, 1140; BGH, NJW-RR 1988, 615, 616.

716 OLG Zweibrücken, NZG 2002, 423.

717 In diesem Sinne *Karsten Schmidt*, in: Scholz, GmbHG, § 64 Rn. 182; *ders.*, in: Karsten Schmidt/Uhlenbruck, GmbH in Krise, Sanierung und Insolvenz, Rn. 11.17 ff.; *ders.*, JZ 1978, 661, 664.

718 Dazu *Karsten Schmidt*, in: Scholz, GmbHG, § 64 Rn. 218; *ders.*, ZIP 1988, 1497, 1502 f.

Gesellschaft kann den Geschäftsleiter auch bereits vor Beginn der Verschleppungsphase gegenüber einem Altgläubiger treffen, wenn er über die drohende Insolvenz der Gesellschaft unterrichtet ist.[719] In jedem Fall zu bejahen sei seine Aufklärungspflicht dann, wenn der Geschäftsleiter bereits gegen die Insolvenzantragspflicht verstoßen habe und dennoch neue Geschäfte abschließe; dann gebe es kein schützenswertes Diskretionsinteresse mehr. Diskretion wahren und damit keine Aufklärung des Verhandlungspartner betreiben muss er aber, soweit im Rahmen der dreiwöchigen Insolvenzantragsfrist noch Sanierungsbemühungen im Gange sind, die anderenfalls gefährdet würden. Demnach hätten die Neugläubiger in Fällen der Insolvenzverschleppung immer einen Anspruch auf Ersatz ihres negativen Interesses gegen den Geschäftsleiter.[720]

Der BGH ist diesem Ansatz im Beschluss vom 29.9.1993 entschieden entgegen getreten. Dieser erkennt zwar ebenso den unvollkommenen Schutz der auf den Quotenverminderungsschaden beschränkten Gläubiger, moniert aber, dass eine derartige Repräsentantenhaftung mit der Haftung des Vertreters wegen Inanspruchnahme besonderen Vertrauens nichts mehr zu tun habe. Insbesondere gebe sich eine pauschale vorvertragliche Haftung in gefährliche Nähe zur Haftung aus § 823 Abs. 2 BGB i.V.m. § 15a InsO und könne Wertungswidersprüche hervorrufen, wenn über sie Rechtsfolgen im Wege der Rechtsfortbildung verhängt werden, die über den gesetzlichen Tatbestand[721] der Insolvenzverschleppungshaftung gerade nicht vorgesehen sind.[722] Im selben Beschluss kündigte der BGH allerdings auch den Rechtsprechungswechsel hin zum Ersatz des vollen negativen Interesses der Neugläubiger im Rahmen der Insolvenzverschleppungshaftung an, weshalb aus seiner Sicht kein Bedarf für eine entsprechende Konstruktion über die c.i.c. bestand.

Karsten Schmidt hingegen pocht darauf, dass die von ihm entwickelte c.i.c.-Haftung gerade nicht schematisch, sondern sogar differenzierter als die vom BGH favorisierte Ersatzhaftung über § 823 BGB i.V.m. § 15a InsO sei. Zum einen sei sie

---

719 *Karsten Schmidt,* in: Scholz, GmbHG, § 64 Rn. 214 ff.

720 Erstmals *Karsten Schmidt,* in: Scholz, GmbHG, 7. Aufl., 1988, § 64 Rn. 52; siehe auch *ders.,* ZIP 1988, 1497, 1503; *ders.*, in: Scholz, GmbHG, § 64 Rn. 218; *ders.*, NJW 1993, 2934, 2935; *ders.*, Gesellschaftsecht, 4. Aufl., 2002, S. 1089.

721 Dazu, dass die deliktische Haftung für Insolvenzverschleppung auf Grundlage des § 15a InsO i.V.m. § 823 Abs. 2 BGB durch richterliche Rechtsfortbildung geschaffen wurde und damit kein „gesetzlicher" Haftungstatbestand ist, siehe eingehend Kapitel 3, § 2, A.

722 BGH, NJW 1993, 2931, 2933 f.; zust. auch *Flume*, ZIP 1994, 337, 338, der allerdings, im Ergebnis ähnlich, in Erwägung zieht, den Vertreter anstelle der vertretenen Gesellschaft haften zu lassen, da deren Masse für das Verschulden des Vertreters bei Vertragsschluss nicht (mehr) haftet; anders *Karsten Schmidt,* NZI 1998, 9, 11, der im Ersatz des Vertrauensschadens der Neugläubiger im Wege der Repräsentantenhaftung und nach der Lösung des BGH lediglich „eine rein rechtsdogmatische Divergenz" sieht; ähnlich, wenn auch der Lösung des BGH zugeneigt *Karollus,* ZIP 1995, 269, 270.

strenger, weil sie ein rechtsgeschäftliches Verhältnis der Gesellschaft zum Gläubiger voraussetze, womit gesetzliche Gläubiger als Haftungsbegünstigte von vornherein ausgeschlossen seien.[723] Der BGH müsse deren Ausschluss hingegen argumentativ über den Schutzzweck der Insolvenzantragspflicht vornehmen. Zudem greife die favorisierte c.i.c.-Haftung unter Umständen bereits vor Beginn der Verschleppungsphase und damit gegebenenfalls auch gegenüber Altgläubigern.[724]

B. Haftung auf Grundlage der Zahlungsverbote nach *Altmeppen/Wilhelm*

I. Grundlagen

Lehnt man die Qualifizierung der Insolvenzantragspflicht als Schutzgesetz ab, kann und muss die Haftung für den Gesamtschaden der Gläubiger allein auf Grundlage der Zahlungsverbote abgewickelt werden. Dieser Ansatz wurde erstmals von *Altmeppen/Wilhelm*[725] vertreten. Demnach sei die Qualifizierung der Insolvenzantragspflicht als Schutzgesetz nur dann plausibel, wenn man die Erstattungspflicht im Rahmen der Zahlungsverbote ausblendet, weil in erster Linie Zahlungen aus dem Gesellschaftsvermögen zur haftungsbegründenden Schmälerung der Masse führen.[726] Eine zweifache Haftung für dieselbe Zahlung wäre nicht haltbar. Zudem sei es inkonsequent, nur die Insolvenzantragspflicht und gerade nicht die damit auf das engste verbundenen Zahlungsverbote als Schutzgesetze zu qualifizieren, denn es seien gerade erst die verbotenen Zahlungen, die die Gläubigergemeinschaft schädigen.[727]

---

723 *Karsten Schmidt,* in: Scholz, GmbHG, § 64 Rn. 218; vgl. auch *ders.*, in: Karsten Schmidt/Uhlenbruck, GmbH in Krise Sanierung und Insolvenz, Rn. 11.20.

724 *Karsten Schmidt,* in: Scholz, GmbHG, § 64 Rn. 218; vorsichtiger hingegen *ders.*, in: Karsten Schmidt/Uhlenbruck, GmbH in Krise Sanierung und Insolvenz, Rn. 11.20.

725 *Altmeppen/Wilhelm,* NJW 1999, 673, 678 ff.; vgl. auch *Grigoleit/Tomasic,* in: Grigoleit, AktG, § 92 Rn. 45 ff.; *Rossbrey,* Abgabenzahlungspflicht und Zahlungsverbot bei Insolvenzreife der AG und GmbH, S. 358 ff.; ebenfalls für eine reine Innenhaftung auf Grundlage der Zahlungsverbote *G. Müller,* GmbHR 1996, 393, 396 f.; vgl. zu einem ähnlichen Haftungskonzept, allerdings nicht auf Grundlage der Zahlungsverbote, sondern der allgemeinen Geschäftsleiterhaftung (insbesondere § 43 Abs. 2 GmbHG, § 93 Abs. 2 AktG) auch *Heitsch,* ZInsO 2006, 568 ff.; *ders.*, ZInsO 2009, 1571 ff.; *ders.*, ZInsO 2015, 1375 ff.

726 *Altmeppen,* in: Roth/Altmeppen, GmbHG, § 64 Rn. 35; *Altmeppen/Wilhelm,* NJW 1999, 673, 679; vgl. auch *Altmeppen,* ZIP 2001, 2201, 2204.

727 *Altmeppen,* in: Roth/Altmeppen, GmbHG, § 64 Rn. 35; *ders.*, ZIP 2015, 949, 953; vgl. auch *Karsten Schmidt,* NZG 2015, 129, 130; *ders.*, in: Scholz, GmbHG, § 64 Rn. 16, 63, 189 f.; auch das (aktienrechtliche) Zahlungsverbot als Schutzgesetz qualifizieren hingegen *Krieger/Sailer-Coceani,* in: Karsten Schmidt/Lutter, AktG, § 92 Rn. 17; *Spindler,* in: MüKo AktG, § 92 Rn. 37; *Mertens/Cahn,* in: Kölner Komm. AktG, § 92 Rn. 37; *Dauner-Lieb,* in: Henssler/Strohn, GesR AktG, § 92 Rn. 15.

Grundlage der Haftung sollen die Zahlungsverbote aus § 64 S. 1 GmbHG, § 130a Abs. 2 S. 1 HGB, § 92 Abs. 2 AktG und § 99 GenG sein. Diese seien unter teleologischer Korrektur dahin auszulegen, dass der Gesamtschaden aller Gesellschaftsgläubiger, der in Form der Verkürzung der Haftungsmasse nach Insolvenzreife eintritt, in das Gesellschaftsvermögen auszugleichen sei.[728] Der Begriff der Zahlungen sei unglücklich gewählt und durch das Wort „Verluste" zu ersetzen.[729] So könnten etwaige Gegenleistungen, die dem Gesellschaftsvermögen zu Gute kommen, unabhängig davon, ob sie als Vorleistung oder nachträglich in das Vermögen der Gesellschaft gelangen,[730] berücksichtigt und die aufwendige Betrachtung und Bewertung jeder einzelnen Zahlung vermieden werden.[731] Ebenfalls wäre es möglich, Masseschmälerungen im Rahmen des Gesamtverlusts zu berücksichtigen, die nicht auf der Leistung von Zahlungen, sondern anderweitigen Beeinträchtigungen des Gesellschaftsvermögens beruhen.[732] Auch der zweifelhafte Ausschluss der Neugläubiger vom Quotenverminderungsschaden könnte so verhindert werden, denn diese profitieren vom Ausgleich des Gesamtverlusts ebenso wie Altgläubiger.[733]

Beide Haftungstatbestände für die Verschleppung der Insolvenz einerseits und die Leistung verbotener Zahlungen andererseits sollen in einer Haftungssanktion zusammen geführt werden. Grundlage dieses Verständnisses der Zahlungsverbote ist § 130a HGB.[734] Der Gläubigerschutz soll durch den Ersatzanspruch der Gesellschaft erreicht werden, über den die Gläubiger lediglich mittelbar profitieren.[735] Eine Direkthaftung gegenüber den Gesellschaftsgläubigern kommt nach diesem Modell im Rahmen der Verschleppungshaftung nicht in Betracht. Eine Haftung des Geschäftsleiters sowohl gegenüber Alt- als auch Neugläubigern kommt allenfalls nach allgemeinem Schuldrecht, namentlich den Regeln der c.i.c., in Betracht.

---

728 *Altmeppen*, in: Roth/Altmeppen, GmbHG, § 64 Rn. 35; *ders.*, ZIP 2001, 2201, 2207; *Altmeppen/Wilhelm*, NJW 1999, 673, 678 f.; vgl. auch *Wilhelm*, ZIP 2007, 1781, 1784; zust. wohl *Grigoleit/Tomasic*, in: Grigoleit, AktG, § 92 Rn. 45; *Grigoleit*, Gesellschafterhaftung für interne Einflussnahme in der GmbH, S. 129 ff.; *Glozbach*, Die Haftung des GmbH-Geschäftsführers nach § 64 Abs. 2 GmbHG für Zahlungen nach Insolvenzreife, S. 91 ff.

729 *Altmeppen*, in: Roth/Altmeppen, GmbHG, § 64 Rn. 36; siehe dazu auch *Altmeppen/Wilhelm*, NJW 1999, 673, 678; *Altmeppen*, ZIP 1997, 1173 f., *ders.*, ZIP 2001, 2201, 2207; *ders.*, ZIP 2015, 949, 952; *ders.*, NZG 2016, 521, 526; *Grigoleit/Tomasic*, in: Grigoleit, AktG, § 92 Rn. 45; *Eckert*, in: Wachter, AktG, § 92 Rn. 24.

730 Siehe dazu *Altmeppen/Wilhelm*, NJW 1999, 673, 680.

731 *Altmeppen*, in: Roth/Altmeppen, GmbHG, § 64 Rn. 37 ff.; *ders.*, ZIP 2015, 949, 953.

732 *Altmeppen/Wilhelm*, NJW 1999, 673, 678.

733 *Altmeppen/Wilhelm*, NJW 1999, 673, 680.

734 *Altmeppen*, in: Roth/Altmeppen, GmbHG, § 64 Rn. 36; *ders.*, ZIP 2001, 2201, 2208 f.; *ders.*, ZIP 2010, 1973, 1975; ähnlich ist auch das Haftungsmodell nach *Karsten Schmidt* an § 130a HGB angelehnt, siehe dazu soeben (Kapitel 4, § 2, A., II.).

735 Vgl. *Altmeppen/Wilhelm*, NJW 1999, 673, 680; *Karsten Schmidt*, in: Scholz, GmbHG, § 64 Rn. 6.

II. Verlustausgleichsanspruch als Rechtsfolge

Auszugleichen soll der erlittene Verlust am Gesellschaftsvermögen sein. Dabei soll es sich um einen Schadensersatzanspruch handeln, der jedoch nicht den Schaden der Gesellschaft als Anspruchsinhaberin, sondern den der Gläubigergesamtheit i.S.d. § 92 InsO ausgleicht.[736]

Zu ersetzen seien dabei sämtliche Masseverluste, die in der Verschleppungsphase entstehen.[737] Der Geschäftsleiter führe die Gesellschaft ab Insolvenzreife auf sein eigenes Risiko, denn für Verluste habe er ab diesem Zeitpunkt persönlich einzustehen.[738] Entlasten könne sich er allenfalls durch den Nachweis, dass entweder gar kein Verlust eingetreten sei[739] oder der Verlust auch bei rechtzeitiger Abwicklung der Gesellschaft entstanden wäre.[740] Die Berechnung des Verlustausgleichsanspruchs ergebe sich aus einem Vergleich der Vermögenslage der Gesellschaft bei Beginn und bei Beendigung der Verschleppungsphase; dabei seien insbesondere Vermögenszuflüsse in der Verschleppungsphase zu berücksichtigen.[741] Ebenfalls in die Verlustberechnung mit einzubeziehen sei die Neubegründung von Verbindlichkeiten der Gesellschaft, denn durch das Hinzukommen neuer Gläubiger wird die Gesamtheit aller Gläubiger in Form der Schmälerung ihrer Quoten geschädigt.[742]

So werde der Quotenverminderungsschaden aller Gesellschaftsgläubiger, also sowohl der Alt- und Neugläubiger als auch der gesetzlichen Gläubiger, deren Befriedigungsaussichten gleichermaßen beeinträchtigt werden, ersetzt.[743] Geltend zu machen sei dieser Anspruch als ein solcher der Gesellschaft selbstverständlich durch den Insolvenzverwalter, wohingegen die Individualansprüche der Neu- oder gegebenenfalls sogar der Altgläubiger aus c.i.c. durch diese selbst zu verfolgen sind; die Gefahr unterschiedlicher Entscheidungen in verschiedenen Prozessen, wer nun Alt- und wer Neugläubiger ist, die im Rahmen des Haftungsmodells der

---

736 *Altmeppen*, in: Roth/Altmeppen, GmbHG, § 64 Rn. 43; *ders.*, ZIP 2001, 2201, 2208.

737 *Altmeppen*, in: Roth/Altmeppen, GmbHG, § 64 Rn. 41; *ders.*, ZIP 2015, 949, 952.

738 *Altmeppen*, in: Roth/Altmeppen, GmbHG, § 64 Rn. 41; *ders.*, ZIP 2001, 2201, 2207; *Altmeppen/Wilhelm*, NJW 1999, 673, 678 a.E.

739 *Altmeppen/Wilhelm*, NJW 1999, 673, 679; *Altmeppen*, ZIP 2001, 2201, 2208.

740 *Altmeppen*, in: Roth/Altmeppen, GmbHG, § 64 Rn. 41; *ders.*, ZIP 2001, 2201, 2207.

741 *Altmeppen*, in: Roth/Altmeppen, GmbHG, § 64 Rn. 42; *Altmeppen/Wilhelm*, NJW 1999, 673, 679; *Altmeppen*, ZIP 2001, 2201, 2207; vgl. bereits *ders.*, ZIP 1997, 1173.

742 *Altmeppen/Wilhelm*, NJW 1999, 673, 676, 679 mit Fn. 44, so ist etwa die Lage bei der Haftung für die Begründung von Neuverbindlichkeiten genau zu prüfen: Neuverbindlichkeiten, für die die GmbH nach § 31 BGB mithaftet, treffen die Gesellschaft gegebenenfalls gar nicht, wenn im Innenverhältnis vorrangig ein oder mehrere Organwalter haften müssen; dieser Regeressanspruch ist gem. § 246 HGB zu aktivieren und begründet daher im Rahmen der Berechnung der Schadensposten keine Masseverkürzung. Ist hingegen auch der Regressschuldner insolvent, soll die Neubegründung der Verbindlichkeit ein Verlustposten im Rahmen des Verschleppungsschadens sein, weil dieses Risiko nicht bei der Gesellschaft verbleiben soll.

743 *Altmeppen*, in: Roth/Altmeppen, GmbHG, § 64 Rn. 48.

herrschenden Meinung droht, sei damit gebannt, weil weder die Teilnahme am Ersatz des Gesamtschadens noch die Haftung nach c.i.c. von dieser Unterscheidung abhänge.[744] Die Geltendmachung des Anspruchs auf Ersatz des Gesamtschadens soll außerhalb des Insolvenzverfahrens, etwa wenn dieses mangels Masse nicht eröffnet wird, den Gläubigern selbst überlassen sein, welchen in (gegebenenfalls analoger) Anwendung der aktienrechtlichen Vorschriften (§§ 62 Abs. 2, 93 Abs. 5, 309 Abs. 4 S. 3, 310 Abs. 4, 317 Abs. 4, 318 Abs. 4 AktG) ein Gläubigerverfolgungsrecht zuzugestehen sei; die Gläubiger könnten mithin Zahlung in Höhe ihres Quotenverminderungsschadens an sich selbst verlangen.[745]

Den Zeitpunkt der Insolvenzreife und damit den Ausgangspunkt der Schadensberechnung soll, entgegen der herrschenden Meinung,[746] nach dem Grundgedanken des § 666 BGB der Geschäftsleiter nachzuweisen haben.[747]

III. Ersatz von Individualschäden über die culpa in contrahendo-Haftung

Der Ausfallschaden eines vorleistenden Neugläubigers sei hingegen kein Schaden, der über die Zahlungsverbote zu ersetzen ist. Individualschäden seien vielmehr nach den Regeln der c.i.c. auszugleichen.[748] Die Haftung nach den Grundsätzen der c.i.c. setzt dabei keine verschleppungsbedingte Schädigung oder einen Verlust der Gesellschaft voraus, sondern knüpft allein an die Verletzung der Aufklärungspflicht durch den Geschäftsleiters an. Anders als nach dem Modell der Repräsentantenhaftung, hafte der Geschäftsleiter nicht bereits deshalb, weil er es unterlässt, den Vertragspartner über die wirtschaftliche Lage der Gesellschaft zu informieren. Er hafte nur dann, wenn er in besonderem Maße Vertrauen für sich Anspruch nehme; erforderlich sei die Schaffung eines derartigen Vertrauenstatbestands, dass der Vertragspartner davon ausgehen dürfe, der Geschäftsleiter übernehme eine zusätzliche persönliche Gewähr für das Gelingen des Vertrags, wodurch seine Entscheidung beeinflusst werden muss.[749] Sind die Voraussetzungen der c.i.c.-Haftung erfüllt, sei der Neugläubiger so zu stellen, als wäre der Vertrag mit der Gesellschaft

---

744 *Altmeppen/Wilhelm*, NJW 1999, 673, 681.

745 *Altmeppen/Wilhelm*, NJW 1999, 673, 681; *Altmeppen*, ZIP 2001, 2201, 2210.

746 Demnach müssen die Gläubiger bzw. der Insolvenzverwalter den Zeitpunkt der Insolvenzreife zumindest dann nachweisen, wenn die Aufklärungsmöglichkeiten des Geschäftsleiters nicht größer sind, vgl. BGHZ 125, 366 = NJW 1994, 1801, 1802; BGH, NZI 2005, 351.

747 *Altmeppen*, in: Roth/Altmeppen, GmbHG, § 64 Rn. 44; *ders.*, ZIP 1997, 1173, 1176, 1178; *ders.*, ZIP 2001, 2201, 2209; *ders.*, ZIP 2015, 949, 955.

748 *Altmeppen*, in: Roth/Altmeppen, GmbHG, § 64 Rn. 52; *Altmeppen/Wilhelm*, NJW 1999, 673, 681; *ders.*, ZIP 2001, 2201, 2210; *ders.*, NJW 2005, 1911, 1915; *ders.*, ZIP 2015, 949, 955; *Grigoleit/Tomasic*, in: Grigoleit, AktG, § 92 Rn. 47; *Grigoleit*, Gesellschafterhaftung für interne Einflussnahme im Recht der GmbH, S. 133.

749 *Altmeppen*, in: Roth/Altmeppen, GmbHG, § 64 Rn. 53; eingehend dazu *ders.*, ZIP 2001, 2201, 2210; *ders.*, ZIP 2015, 949, 955.

nie zustande gekommen. Dem haftenden Geschäftsleiter sei im Gegenzug nach § 255 BGB analog Zug um Zug die Insolvenzforderung des Neugläubigers abzutreten.[750] Zu beachten sei aber, dass der Schutz der c.i.c. nicht den Neugläubigern vorbehalten sein sollte. Auch Altgläubiger könnten daraus einen Anspruch auf Ersatz ihres Ausfallschadens ableiten, wenn der Geschäftsleiter ihnen gegenüber einen besonderen Vertrauenstatbestand geschaffen habe, insbesondere durch unzureichende Aufklärung über die finanzielle Situation der Gesellschaft.[751]

Handele der Geschäftsleiter hingegen vorsätzlich hinsichtlich der Nichtaufklärung über die (drohende) Insolvenz der Gesellschaft als Vertragspartnerin, komme bereits eine Haftung wegen Betrugs (§ 823 Abs. 2 BGB i.V.m. § 263 StGB) oder sittenwidriger Schädigung (§ 826 BGB)[752] in Betracht.[753]

C. Stellungnahme

I. Gemeinsamkeiten und Unterschiede beider Konzepte

Im Ergebnis unterscheiden sich die Haftungsmodelle nach *Karsten Schmidt* und *Altmeppen/Wilhelm* nicht.[754] Beide gehen davon aus, dass sich die Haftung für Masseverluste während der Verschleppungsphase aus einem einheitlichen Tatbestand ergeben muss, dessen Rechtsfolge der Ersatz des entstandenen Schadens der Gläubigergesamtheit ist.[755] Anspruchsinhaberin ist die Gesellschaft, obwohl sich der Ersatzanspruch nicht auf ihren Schaden bezieht, sondern einen solchen der Gläubigergesamtheit.[756] Ebenfalls besteht Einigkeit dahingehend, dass die Begründung neuer Verbindlichkeiten in der Verschleppungsphase grundsätzlich als Schadensposten zu berücksichtigen ist. Hinfällig wird nach beiden Konzeptionen

---

750 *Altmeppen*, in: Roth/Altmeppen, GmbHG, § 64 Rn. 54; *ders.*, ZIP 2001, 2201, 2211; *ders.*, ZIP 2015, 949, 955; vgl. zu einer analogen Anwendung des § 255 BGB bereits *ders.*, ZIP 1997, 1173, 1181.

751 *Altmeppen/Wilhelm*, NJW 1999, 673, 681.

752 Eingehend zur Haftung des Geschäftsleiters wegen Betrugs und sittenwidriger Schädigung in diesem Zusammenhang *Schulze-Osterloh*, in: FS Lutter, S. 707, 712 ff.

753 *Altmeppen*, in: Roth/Altmeppen, GmbHG, § 64 Rn. 51, 53 a.E.; *ders.*, ZIP 2001, 2201, 2210; *ders.*, ZIP 2015, 949, 955.

754 Vgl. *Karsten Schmidt*, in: Scholz, GmbHG, § 64 Rn. 12.

755 Krit. dazu *Thiessen*, in: Schröder/Kanzleiter, 3 Jahre nach dem MoMiG, S. 73, 111, eine Gesamtsaldierung und damit der Ausgleich eines Gesamtschadens würde den Geschäftsleiter zu spekulativen Sanierungsgeschäften verleiten.

756 Die Erstattung in das Gesellschaftsvermögen soll dabei lediglich eine handhabbare Schadensabwicklung garantieren, vgl. dazu *Thole*, Gläubigerschutz durch Insolvenzrecht, S. 699; *Thiessen*, in: Schröder/Kanzleiter, 3 Jahre nach dem MoMiG, S. 73, 103, der Gläubigerschaden wird normativ als Gesellschaftsschaden behandelt; vehement gegen eine Zuweisung des Anspruchs zur Gesellschaft *Freitag*, NZG 2014, 447 449 f.: Außerhalb eines Insolvenzverfahrens könnten die Gläubiger ihre Ansprüche dann nicht effektiv durchsetzen.

die Unterscheidung der Alt- von den Neugläubigern, weil im Rahmen der Gesamtschadensliquidation alle Gläubiger gleichermaßen am Ersatz der Quotenschäden teilnehmen. Gesetzliche Gläubiger profitieren, unabhängig davon, ob sie ihre Gläubigerstellung nach oder vor Insolvenzreife erlangt haben, ebenfalls vom Ausgleich des Gesamtschadens in das Gesellschaftsvermögen. Einen Anspruch auf Ersatz ihres Ausfallschadens können die gesetzlichen Gläubiger hingegen weder auf Grundlage der Verschleppungs- noch der c.i.c-Haftung erlangen. Allenfalls können sie auf Basis einer gegebenenfalls einschlägigen deliktischen Haftung des Geschäftsleiters gegen ihn persönlich vorgehen.

Ebenfalls besteht Konsens hinsichtlich der Abwicklung der Haftung. Der Ersatz des Gläubigergesamtschadens ist einheitlich durch den Insolvenzverwalter geltend zu machen. Außerhalb des Insolvenzverfahrens bleibt die Geltendmachung den Gläubigern vorbehalten. Ersatz für Individualschäden ist von vornherein durch den einzelnen Gläubiger einzutreiben.

Wesentlicher Unterschied beider Haftungskonzepte ist ihre dogmatische Verankerung. Während *Karsten Schmidt* § 823 Abs. 2 BGB i.V.m. § 15a InsO als Haftungsgrundlage heranzieht, wollen *Altmeppen/Wilhelm* den Gläubigergesamtschaden allein über die Zahlungsverbote ersetzen lassen. Angesichts der identischen Rechtsfolge beider Ansätze, handelt es sich beim Entscheid zwischen den Ansichten in erster Linie um die dogmatische Frage, auf welcher Rechtsgrundlage die Insolvenzverschleppungshaftung richtigerweise umgesetzt werden muss. Im Folgenden wird der Versuch unternommen, diese Frage zu beantworten.

II. Zu § 823 Abs. 2 BGB i.V.m. § 15a InsO als Haftungsgrundlage

Es wird sich zeigen, dass § 823 Abs. 2 BGB i.V.m. § 15a InsO als Haftungsgrundlage nicht nur im Hinblick auf die Annahme einer Innenhaftung, sondern auch aus rechtshistorischer Sicht nicht den Vorzug verdient.[757] Beide Behauptungen sollen im Folgenden begründet werden.

1. Konstruktion einer Innenhaftung auf Grundlage des § 823 Abs. 2 BGB?

Problematisch ist nach hier vertretener Ansicht, dass nach dem Haftungsmodell *Karsten Schmidts* der auf § 823 Abs. 2 BGB i.V.m. § 15a InsO gestützte Anspruch ein solcher der Gesellschaft sein soll.[758] Dies ist zwar im Ergebnis und aus historischer Sicht

---

757 Anders *Wagner,* in: FS Karsten Schmidt, S. 1665, 1671, der lieber den gegebenenfalls „methodischen Fehler" der Qualifizierung der Insolvenzantragspflicht als Schutzgesetz hinnimmt als eine Uminterpretation und Neugestaltung der Zahlungsverbote in Betracht zu ziehen.

758 Siehe dazu die Nachweise in Fn. 655; ebenfalls für die materiell-rechtliche Zuordnung des Anspruch zum Gesellschaftsvermögen *G. Müller,* GmbHR 1994, 209, 210; siehe auch *Haas,* ZIP 2009, 1257, 1259 f., der dies zumindest de lege ferenda für den Schadensersatzanspruchs der Altgläubiger in Betracht zieht, diese aber bereits durch die gemeinschaftliche Geltendmachung des Anspruch nach § 92 InsO durch

zutreffend, lässt sich dogmatisch allerdings nicht über § 823 Abs. 2 BGB i.V.m. § 15a InsO als Haftungsgrundlage erreichen. Zwar geht auch *Karsten Schmidt* davon aus, dass sich die Richtigkeit einer Innenhaftung in erster Linie aus den Zahlungsverboten ergibt, allerdings will er diesen Grundsatz gewissermaßen in die Haftung nach § 823 Abs. 2 BGB i.V.m. § 15a InsO hinein exportieren.[759] Dies erweist sich als grundlegend problematisch. Ist die Insolvenzantragspflicht allein dazu bestimmt, die Gläubiger zu schützen (und gerade nicht die Gesellschaft!)[760] und wird sie mit diesem Argument zum Schutzgesetz i.S.d. § 823 Abs. 2 BGB ernannt, ist unschlüssig, weshalb nicht die Gläubiger direkt haftungsbegünstigt sein sollen. § 823 Abs. 2 BGB, wie allgemein das deutsche Deliktsrecht, beschränkt den Schadensersatz bzw. die Aktivlegitimation auf die Personen, die in ihren Rechtsgütern verletzt wurden, bzw. deren Individualinteresse durch das verletzte Schutzgesetz wahrgenommen wird.[761] Ein Anspruch aus § 823 Abs. 2 BGB i.V.m. § 15a InsO muss demnach zu einer Außenhaftung gegenüber den durch das Schutzgesetz gerade geschützten Gläubigern führen.[762]

Eine Pflicht zur Erstattung in das Gesellschaftsvermögen kann trotz Anspruchsinhaberschaft der Gläubiger allenfalls im Insolvenzverfahren im Rahmen der Schadensabwicklung über § 92 InsO angenommen werden, denn dieser behandelt den besonderen Fall, dass der Schaden in Form der Masseverkürzung die Gläubiger in ihrer Gesamtheit betrifft. Allein diese Besonderheit rechtfertigt es, den Anspruch während des Insolvenzverfahrens der Insolvenzmasse zuzuordnen.[763] Eine materiell-rechtliche

---

den Insolvenzverwalter während des Insolvenzverfahrens ausreichend umgesetzt ansieht, weil den Gläubigern so faktisch die Anspruchsinhaberschaft weitestgehend entzogen sei; für eine Außenhaftung des Geschäftsleiters auf Grundlage der Verschleppungshaftung hingegen *Poertzgen,* Organhaftung wegen Insolvenzverschleppung, S. 341 f.

759 Vgl. dazu die Nachweise in Fn. 647 und insbesondere *Karsten Schmidt,* in: Scholz, GmbHG, § 64 Rn. 197: „Für eine Gesamtschadensabwicklung auf materiell-rechtlicher Grundlage steht der Gesellschaft selbst ein Anspruch auf Ausgleichung des Gesamtschadens durch Zahlung in das Gesellschaftsvermögen zu."

760 So *Karsten Schmidt,* in: Scholz, GmbHG, § 64 Rn. 131, 197; vgl. auch *ders.,* JZ 1978, 661, 663 f.

761 Siehe nur *Wagner,* in: MüKo BGB, § 823 Rn. 70.

762 So auch der BGH hinsichtlich des Ersatzanspruchs der Neugläubiger aus § 823 Abs. 2 BGB i.V.m. § 15a InsO etwa in BGHZ 126, 181 = NJW 1994, 2220, 2224 f.

763 Siehe dazu Erster Bericht der Kommission für Insolvenzrecht, S. 449: „Nach materiellem Recht stehen solche Ersatzansprüche den geschädigten Gläubigern zu. Ist jedoch durch die schadenstiftende Handlung die Insolvenzmasse verkürzt worden, so trifft der Schaden die Gläubiger in ihrer Gesamtheit. Diese Besonderheit rechtfertigt es, den Anspruch der Insolvenzmasse zuzuweisen."; ebenso BGHZ 110, 342 = NJW 1990, 1725, 1730: der „Quotenschaden wird im Konkurs der Gesellschaft als Gesamtgläubigerschaden vom Konkursverwalter geltend gemacht, ohne daß ihm die Gläubiger ihre Ansprüche zu diesem Zweck zuvor abgetreten haben müssen", ähnlich dem Fall einer Art Drittschadensliquidation, siehe dazu *Windel,* KTS 1991, 477 ff.; *Schulze-Osterloh,* in: FS Lutter, S. 707, 710; vgl. dazu auch *Haas,* ZIP 2009,

Zuweisung des Anspruchs an die Gesellschaft vermag aber auch § 92 InsO nicht zu begründen.[764] Dieser regelt seinem Wortlaut nach ausschließlich die gemeinschaftliche Geltendmachung von „Ansprüche[n] der Insolvenzgläubiger" und kann auf einen Anspruch der Gesellschaft allenfalls analog anwendet werden. Zwar soll letztlich ein Schaden der Gläubigergemeinschaft über einen Anspruch der Gesellschaft geltend gemacht werden, dies ändert aber nichts an der behaupteten Anspruchsinhaberschaft der Gesellschaft. Selbst wenn man eine analoge Anwendung der § 92 InsO bejahen möchte, hat dies mit der materiell-rechtlichen Zuweisung des Anspruchs an das Gesellschaftsvermögen oder die Gesellschaftsgläubiger nichts zu tun.[765] Die Zuordnung des Anspruchs aus § 823 Abs. 2 BGB i.V.m. § 15a InsO an die Gesellschaft ist auch nicht über § 92 InsO zu rechtfertigen und daher insgesamt unschlüssig.

2. Mangelnde Schutzgesetzeigenschaft der Insolvenzantragspflicht

Nach hier vertretener Ansicht fehlt es zudem an der Schutzgesetzeigenschaft der Insolvenzantragspflicht, weshalb sowohl die Haftungskonzeption der herrschenden Meinung als auch die nach *Karsten Schmidt* abzulehnen sind.[766] Zum einen ergibt sich dies beim Blick auf die Gesetzeshistorie. Zum anderen kann am individualschützenden Charakter der Insolvenzantragspflicht gezweifelt werden.

a) Historische Betrachtung

Bereits ein Blick auf die Historie der Zahlungsverbote und der Insolvenzantragspflicht legt nahe, dass Letztere nach der Intention des historischen Gesetzgebers kein Schutzgesetz i.S.d. § 823 Abs. 2 BGB sein kann,[767] weil ihre Verletzung nicht zu einer Außenhaftung der Geschäftsleiter führen sollte. Vielmehr sollte eine Innenhaftung

---

1257, 1260, der daraus schließt, dass „von der angeblichen Rechtsinhaberschaft des Gläubigers für die Dauer des Insolvenzverfahrens nichts übrig bleibt. Die auf der Grundlage des herrschenden Haftungsmodells behauptete Rechtsinhaberschaft der einzelnen Gläubiger [...] damit letztlich nichts anderes als eine inhaltsleere begriffsjuristische Hülle" sei.

764 § 92 InsO bewirkt auch keinen Übergang des Anspruchs auf die Gesellschaft, siehe dazu nur BGH, NZI 2011, 682 Tz. 6; *Brandes/Gehrlein*, in: MüKo InsO, § 92 Rn. 4: „§ 92 wirkt nicht anspruchsbegründend; er regelt die Einziehung anderweitig begründeter Ersatzansprüche der Insolvenzgläubiger."

765 Vgl. auch *Haas*, ZIP 2009, 1257, 1259 f.; *Karsten Schmidt*, ZGR 1996, 209, 212.

766 Dezidiert für den Schutzgesetzcharakter etwa *Poertzgen*, Organhaftung wegen Insolvenzverschleppung, S. 254 ff.; *Eckhoff*, Die Haftung der Geschäftsleiter gegenüber den Gläubigern der Gesellschaft wegen Insolenzverschleppung, S. 134 ff.

767 Vgl. dazu auch *Rossbrey*, Abgabenzahlungspflicht und Zahlungsverbot bei Insolvenzreife der AG und GmbH, S. 314 ff.; anders *Biehl*, Geschäftsführer- und Gesellschafterhaftung wegen Insolvenzverschleppung bei der GmbH, S. 168 ff., der angesichts der Einführung des § 823 Abs. 2 BGB erst im Jahre 1900 aus der Gesetzeshistorie gar keine Schlüsse auf die Schutzgesetzeigenschaft der Insolvenzantragspflicht ziehen möchte.

auf Grundlage der Zahlungsverbote alleinige Rechtsfolge der Insolvenzverschleppung und des damit einhergehenden Schadens am Gesellschaftsvermögen sein.

aa) Keine Außenhaftung

Das ADHGB übernahm 1862 nicht die noch im preußischen Entwurf angeordnete Außenhaftung, sondern bestimmte nicht ausdrücklich, wer Begünstigter der Haftung für die Verletzung der Zahlungsverbote sein sollte. Zwar wurde in der Fachliteratur immer wieder eine Außenhaftung der Geschäftsleiter auf Grundlage der Zahlungsverbote selbst angenommen. Diese Stimmen verstummten aber spätestens nach der 2. Aktienrechtsnovelle, die sich mit dem Wortlaut des § 241 Abs. 2 ADHGB klar gegen eine solche aussprach und eine ausschließliche Innenhaftung gegenüber der Gesellschaft bei Verletzung der Zahlungsverbote anordnete.[768]

Denkbar wurde eine Außenhaftung für die Verletzung der Insolvenzantragspflicht über § 823 Abs. 2 BGB erst mit Inkrafttreten des BGB am 1.1.1900.[769] In der Literatur wurde hinsichtlich der Bestimmungen des HGB von 1897 eine Qualifizierung der Konkursantragspflicht als Schutzgesetz i.S.d. § 823 Abs. 2 BGB vertreten.[770] Mit Inkrafttreten des AktG von 1937 festigte sich diese Ansicht. Die Konkursantragspflicht sollte Schutzgesetz zwar nicht zu Gunsten jedermann sein, wohl aber für die Aktionäre und Gläubiger der Gesellschaft, zu deren Vorteil die vorhandene Masse erhalten werden soll.[771] In der Gesetzesbegründung war diese Einschätzung allerdings nicht zu finden.[772]

Die Gesetzesbegründung zu den Parallelvorschriften im GmbHG lehnte eine Außenhaftung ausdrücklich ab, eine Innenhaftung sollte zur Erreichung des erforderlichen Gläubigerschutzes genügen.[773] Gegen eine Qualifizierung der Konkursantragspflicht als Schutzgesetz i.S.d. § 823 Abs. 2 BGB sprach sich auch das

---

768 Eingehend zum Ganzen mit Nachweisen Kapitel 4, § 1, A., V., 2.

769 RGBl. S. 195.

770 RG, JW 1935, 3301, 3302 und RGZ 159, 211, 233 f., die Art. 240 Abs. 2 HGB ebenso wie die zughörige Strafnorm als Schutzgesetze i.S.d. § 823 Abs. 2 BGB ansehen; andere Ansicht dagegen die Mehrheit der Stimmen zum GmbHG: RGZ 73, 30, 31 f.; RGZ 72, 285, 289; *Scholz*, GmbHG, 1. Aufl., 1928, S. 641; *Brodmann*, GmbHG, 1. Aufl., 1924, § 64 Anm. 1 (S. 229) und Anm. 4 (S. 230); *Frankenburger*, HGB, § 240 Abs. 2, allerdings mit Bezug zur Insolvenzantragspflicht aus § 240 Abs. 2 HGB i.d.F. von 1897.

771 RG, JW 1935, 3301, 3302 und RGZ 159, 211, 233 f., betr. § 240 Abs. 2 HGB; *Schlegelberger*, AktG, § 83 Rn. 7; *Baumbach*, AktG, 4. Aufl., 1941, S. 189; *Hueck*, in: Baumbach, AktG, 6. Aufl., 1949, S. 187; *Godin/Wilhelmi*, AktG, S. 354; *Teichmann/Koehler*, AktG, 2. Aufl., 1939, S. 188, andere Ansicht noch *Teichmann/Köhler*, AktG, 1. Aufl., 1937, S. 145.

772 Abgedruckt bei *Klausing*, AktG 1937, S. 69.

773 Begründung des Gesetzesentwurfs, betr. die Gesellschaften mit beschränkter Haftung, abgedruckt in Stenographische Berichte über die Verhandlungen des Reichstages, 8. Legislaturperiode, Session 1890/92, 12, Aktenstück 660, S. 3724,

Reichsgericht aus.[774] § 64 GmbHG und die zugehörige Strafandrohung seien zwar im öffentlichen Interesse erlassen, dies bedeute aber nicht, dass sie auch dem Schutz der Allgemeinheit dienen. Die Konkursantragspflicht wolle gerade nicht jeden Teilnehmer am Handelsverkehr davor schützen, mit einer insolventen Handelsgesellschaft zu kontrahieren, sondern lediglich zu Gunsten der bereits vorhandenen Gläubiger das Gesellschaftsvermögen erhalten, was die Ersatzpflicht der Geschäftsleiter aus § 64 Abs. 2 GmbHG beweise.[775] Stellte die Konkursantragspflicht aus § 64 Abs. 1 GmbHG ein Schutzgesetz i.S.d. § 823 Abs. 2 BGB dar und würden damit die Geschäftsleiter ohnehin gegenüber jedem Dritten auf Schadensersatz haften, wäre die Ersatzpflicht der Geschäftsleiter aus § 64 Abs. 2 GmbHG gegenüber der Gesellschaft überflüssig.[776] Auch aus § 84 GmbHG, der die Unterlassung der Konkursbeantragung unter Strafe stellt, sei kein Argument für den Schutzgesetzcharakter der Konkursantragspflicht zu gewinnen. Er solle allein dem Gebot des § 64 Abs. 1 GmbHG Nachdruck verleihen und damit dem Interesse der Gesellschaft und der Gläubiger dienen, nicht aber den Schutz jedermanns gewähren.[777] Das Reichsgericht argumentiert insbesondere, dass die Konkursantragsplicht nicht dem Schutz einzelner Dritter vor dem Beitritt zu einer insolventen Kapitalgesellschaft diene. Den leichtfertigen Beitritt zu einer Kapitalgesellschaft habe der Gesetzgeber bereits mit strengen Formvorschriften in §§ 15, 55 GmbHG i.d.F. von 1892 verhüten wollen. Dieser Zweck könne mit § 64 GmbHG ohnehin nur unvollkommen erreicht werden.[778]

Nach dem Reichsgericht sollte also das Zahlungsverbot mit der Ersatzhaftung die einzige Rechtsfolge für die Verletzung der Konkursantragspflicht und die Verursachung etwaiger Schäden in der Verschleppungsphase sein. Dem Zahlungsverbot wurde im Übrigen von vornherein entschieden der Schutzgesetzcharakter i.S.d. § 823 Abs. 2 BGB abgesprochen. Es bezwecke, offenbar anders als die Konkursantragspflicht, allein den Schutz der Gesellschaft.[779]

3756: „Doch ist eine direkte Haftpflicht gegenüber den Gesellschaftsgläubigern hier ebensowenig wie in den Fällen des § 44 Absatz 3 vorgesehen."

774 RGZ 73, 30. Unberechtigter Weise stützt sich allerdings der BGH im Jahre 1958 auf genau diese Entscheidung des Reichsgerichts, um den Schutzgesetzcharakter der Insolvenzantragspflicht aus § 64 Abs. 1 GmbHG a.F. zu begründen.

775 RGZ 73, 30, 31 f.

776 RGZ 73, 30, 34 f.; dies ausdrücklich abl. *Thiessen*, in: Schröder/Kanzleiter, 3 Jahre nach dem MoMiG, S. 73, 95, der die Existenz der Haftung über § 823 Abs. 2 BGB daraus rechtfertigt, dass über sie Individualschäden, wie es die herrschende Meinung heute annimmt, zu ersetzen seien.

777 RGZ 73, 30, 34.

778 RGZ 73, 30, 35 f.

779 *Schlegelberger*, AktG, 3. Aufl., 1939; § 84 Rn. 29; *Teichmann/Koehler*, AktG, 2. Aufl., 1939, S. 193; *Baumbach*, AktG, 4. Aufl., 1941, S. 191; *Hueck*, in: Baumbach, AktG, 6. Aufl., 1949, S. 190; *Godin/Wilhelmi*, AktG, S. 361; *Brodmann*, Aktienrecht, S. 263,

bb) Haftung im Rahmen der Zahlungsverbote als einzige Rechtsfolge der Verletzung der Konkursantragspflicht

Die Haftung für die Verletzung des Zahlungsverbots sollte nach damaligem Verständnis abschließende Rechtsfolge der Verschleppung der Gesellschaftsinsolvenz und einer damit gegebenenfalls einhergehenden Verkürzung des Gesellschaftsvermögens sein. Zu diesem Zeitpunkt war die Haftung für verbotene Zahlungen auch keine schadensunabhängige und vor allem unzureichende Erstattungshaftung, weil sie ausschließlich die Schmälerung des Gesellschaftsvermögens durch Zahlungen sanktioniert, anderweitige Schäden am Gesellschaftsvermögen hingegen außer Acht lässt.[780] Geht man mit der hier vertretenen Ansicht davon aus, dass nach früherem Verständnis des Zahlungsverbots nur Zahlungen verboten sein sollten, die zu einer Zeit erfolgten, in der der Konkurs über das Gesellschaftsvermögen bereits hätte eröffnet sein müssen,[781] liegt es nahe, auch davon auszugehen, dass an Masseschmälerungen sonstiger Art[782] gar nicht gedacht wurde. Dies war auch nicht zwingend nötig, weil das Zahlungsverbot nur den Zeitraum erfasste, in dem der Konkurs über das Gesellschaftsvermögen bereits eröffnet sein musste. Eine dreiwöchige Insolvenzantragspflicht, in der es zu anderweitigen Vermögensschmälerungen kommen kann, weil die Gesellschaft noch am üblichen Geschäftsverkehr teilnimmt, gab es damals nicht. So bestand keine Notwenigkeit andere Masseschmälerungen als solche durch Zahlungen als haftungsauslösend zu qualifizieren. In Frage kamen nur vorsätzliche Vermögensminderungen, durch die Geld kurz vor der Auflösung und Liquidation des Unternehmens durch den Konkursverwalter beiseite geschafft werden sollte. Solche Vermögensschmälerungen sind in allererster Linie in Form von Zahlungen denkbar. Demnach war die Haftung allein für die Leistung unzulässiger Zahlungen eine adäquate und ausreichende zivilrechtliche Sanktion für die verschleppungsbedingte Verminderung der Haftungsmasse zu Lasten der Gläubiger.

Der Haftungsumfang der Zahlungsverbote muss freilich in dem Moment angepasst und auf sonstige Masseschmälerungen, die nicht durch Zahlungen eintreten, ausgedehnt werden, in dem die Konkursantragspflicht durch Gewährung einer Sanierungsfrist zeitlich nach hinten verschoben wird und damit erst deutlich nach dem Zahlungsverbot einsetzt. Dann nimmt die Gesellschaft nämlich noch

---

der darin lediglich eine „Vorschrift von allgemeiner rechtspolizeilicher Tendenz" sieht; vgl. auch RGZ 73, 30, 34, betr. § 64 GmbHG i.d.F. von 1892.

780 Krit. zur Lückenhaftigkeit der Zahlungsverbote *Schulze-Osterloh*, in: FS Bezzenberger, S. 415, 417 ff.; *Haas*, ZIP 2009, 1257, 1258; *Wagner*, in: FS Karsten Schmidt, S. 1665, 1670; *Poertzgen*, ZInsO 2006, 561, 564 ff.; *ders.*, GmbHR 2006, 1182, 1183 ff.; *Ulmer*, KTS 1981, 469, 481; für ein umfassendes Verständnis des Begriffs der Zahlungen hingegen *Glozbach*, Die Haftung des GmbH-Geschäftsführers nach § 64 Abs. 2 GmbHG für Zahlungen nach Insolvenzreife, S. 91.

781 Dazu eingehend in Kapitel 4, § 1, A., V., 1.

782 Etwa durch Aktienkursschwankungen, Delikte gegen das Gesellschaftsvermögen, Zwangsvollstreckungsmaßnahmen oder den Verlust von Vermögensgegenständen aus dem Gesellschaftsvermögen, zum Beispiel durch Verarbeitung, etc.

regulär am Geschäftsverkehr teil, obwohl bereits das Zahlungsverbot einsetzt, und Vermögenminderungen jeglicher Art, auch durch äußere Einflüsse, werden denkbar. Diese müssen dann ebenfalls über das Zahlungsverbot erfasst werden. Nach der Regelung des GmbHG i.d.F. von 1892 und des HGB i.d.F. von 1897 musste noch umgehend die Konkurseröffnung beantragt werden, ein Zuwarten auf eine in Aussicht stehende Sanierung war unzulässig.[783] Zum Teil wurde allerdings bereits damals, entgegen dem Gesetzeswortlaut, befürwortet, „daß nicht sofort in dem Momente, wo sich die Geschäftsführer von der Zahlungsunfähigkeit überzeugen, Konkurs beantragt werden muß", den Geschäftsleitern der GmbH also eine „mäßige Spanne Zeit" zuzugestehen ist, in der nicht von vornherein aussichtslose Sanierungsmöglichkeiten, insbesondere in Form von (Stundungs-)Verhandlungen mit den Gesellschaftsgläubigern, ergriffen werden können; denn dann liege keine Zahlungseinstellung, sondern eine bloße Zahlungsstockung vor, die durch einen nur vorübergehenden Engpass an finanziellen Mitteln gekennzeichnet ist, weshalb die Anmeldung des Konkurses „destruktiv" wäre.[784] Dabei wird allerdings übersehen, dass beim Vorliegen einer bloßen Zahlungsstockung gerade (noch) keine Zahlungsunfähigkeit vorliegt[785] und dementsprechend ohnehin kein Konkursantrag gestellt werden muss. Konsequenterweise dürfte dann auch das Zahlungsverbot erst eingreifen, nachdem die Sanierungsfrist abgelaufen ist und der Konkurs endgültig beantragt werden muss. Anderenfalls wäre dieser Ansatz die erstmalige Abkehr vom ursprünglichen Verständnis des Zahlungsverbots und er erfordert dessen Umgestaltung. Die Haftungssanktion stellt nämlich nur dann eine ausreichende Reaktion dar, wenn bereits Konkurs beantragt werden musste, das Unternehmen also bereits stillgelegt sein müsste und anderweitige Schmälerungen des Gesellschaftsvermögens als durch Zahlungen kaum mehr denkbar sind.[786]

Die Annahme, die Haftung im Rahmen der Zahlungsverbote sei alleinige Rechtsfolge von Masseschmälerungen nach Insolvenzreife, wird zudem durch die historische Gesetzessystematik gestützt. Auffällig ist in diesem Zusammenhang die erstmalige Regelung der Konkursantragspflicht und des Zahlungsverbots im selben Paragraphen in § 64 GmbHG i.d.F. von 1892. Sowohl Artt. 240 und 241 ADHGB als

---

783 RGZ 72, 286, 289; RGSt 37, 25, 26 f.; *Frankenburger*, HGB, § 240 Abs. 2; *Scholz*, GmbHG, 1. Aufl., 1928, S. 636.

784 Zum Ganzen *Hachenburg* in: Staub, GmbHG, 2. Aufl., 1906, § 64 Anm. 3 i.V.m. § 63 Anm. 3, wesentlich zurückhaltender dann aber § 64 Anm. 6; vgl. auch *Scholz*, GmbHG, 1. Aufl., 1928, S. 637; *Brodmann*, Aktienrecht, S. 259, zu Art. 240 Abs. 2 HGB i.d.F. von 1897; *Brodmann*, GmbHG, 1. Aufl., 1924, § 64 Anm. 1 (S. 229), der eine Überlegungsfrist im Fall der Zahlungsunfähigkeit und Zahlungseinstellung zugestehen möchte.

785 Vgl. RGSt 37, 25, 26 f.

786 Ähnlich *Scholz*, GmbHG, 1. Aufl., 1928, S. 638: „Voraussetzung des Ersatzanspruchs ist, daß der Geschäftsführer [...] noch Zahlungen geleistet hat, obgleich seine Anmeldepflicht nach § 64 Abs. 1 entstanden war und Zahlungen daher zu unterlassen waren."

auch Artt. 240 und 241 HGB i.d.F. von 1897 regelten die Antragspflicht separat von dem haftungsbewehrten Zahlungsverbot, das erst im nachfolgendem Paragraphen normiert wurde. Die Platzierung der Ersatzhaftung für verbotene Zahlungen jeweils direkt nach der Konkursantragspflicht spricht ebenfalls dafür, dass der historische Gesetzgeber annahm, die Innenhaftung auf Ersatz der Zahlungen sei Rechtfolge auch für die Verletzung der Antragspflicht.[787] Weiterhin wurde für die Verletzung der Konkursantragspflicht selbst nie eine zivilrechtliche Haftung angeordnet, was dafür spricht, dass eine separate zivilrechtliche Haftung für die Verletzung der Konkursantragspflicht nicht gewollt war,[788] auch und insbesondere nicht über § 823 Abs. 2 BGB.[789]

Weiterhin wurden in der Gesetzgebungsgeschichte die Verletzung der Konkursantragspflicht und die Leistung von Zahlungen nach Insolvenzreife immer wieder als kumulativ haftungsbegründend erwähnt. So lautet zum Beispiel § 120 des österreichischen Entwurfs eines ADHGB, bzw. § 111 des ministeriellen österreichischen Entwurfs: „Haben die Geschäftsleiter [...] noch Zahlungen geleistet und die Eröffnung des Konkurses anzusuchen versäumt, so sind die Schuldtragenden [...] für den verursachten Schaden [...] verantwortlich."[790] Ebenso heißt es in der Begründung zur Aktienrechtsnovelle 1884, die Vorstandsmitglieder müssen dann zum Ersatz der Zahlung verpflichtet werden, wenn „sie entgegen der Vorschrift des Art 240 Absatz 2 [in dem die Konkursantragspflicht geregelt ist] noch Zahlungen aus dem Vermögen der Gesellschaft leisten".[791] Diese Überlegungen haben auch für die Konkursantragspflicht und die Haftung für verbotene Zahlungen für den GmbH-Geschäftsführer Geltung, weil dieses Haftungssystem laut Gesetzesbegründung demjenigen für die AG nach Artt. 240 Abs. 2, 241 ADHGB entsprechen soll.[792] Ähnlich statuiert der heutige § 130a Abs. 2 S. 1 HGB die Schadensersatzhaftung des Geschäftsleiters,

---

787 Die Verlagerung der Insolvenzantragspflicht durch den MoMiG-Gesetzgeber aus den gesellschaftsformspezifischen Einzelgesetzen in die InsO macht dies freilich wieder rückgängig. Nach der Gesetzesbegründung ist dies aber nur der insolvenzrechtlichen Natur der Antragspflicht und der gewünschten Anwendbarkeit auch auf Auslandsgesellschaften geschuldet, RegE MoMiG, BT-Drucks. 16/6140, S. 55; eingehend dazu *Poertzgen,* ZInsO 2007, 574, 575 f.

788 Freilich droht aber Strafbarkeit bei Unterlassung des Konkursantrags nach Art. 307 KO i.d.F. von 1855, Art. 249 ADHGB i.d.F. von 1870, Art. 249c Abs. 1 Nr. 2 ADHGB i.d.F. von 1884, § 315 Abs. 1 Nr. 2 HGB i.d.F. von 1897, § 82 Abs. 1 GmbHG i.d.F. von 1892 bzw. heute nach § 15a Abs. 4, 5 InsO.

789 *Glozbach,* Haftung des Geschäftsführers nach § 64 Abs. 2 GmbHG für Zahlungen nach Insolvenzreife, S. 58.

790 Abgedruckt bei *von Lutz,* Protokolle der Commission zur Berathung eines allgemeinen dt. HGB, Beilagenbd., 1858, S. 90 f. bzw. 125 f.

791 Allgemeine Begründung zum Gesetzentwurf von 1884, Aktenstück 21, abgedruckt bei *Schubert/Hommelhoff,* 100 Jahre modernes Aktienrecht, S. 387, 404, 508 f.

792 Begründung des Gesetzesentwurfs, betr. die Gesellschaften mit beschränkter Haftung, abgedruckt in Stenographische Berichte über die Verhandlungen des Reichstages, 8. Legislaturperiode, Session 1890/92, 12, Aktenstück 660, S. 3724, 3756.

wenn er die Stellung des Antrags zur Eröffnung des Insolvenzverfahrens versäumt oder dem Zahlungsverbot zuwider handelt. Prägnant formuliert auch der EuGH zum Zusammenspiel von Zahlungsverboten und Insolvenzantragspflicht: Durch „nationale Bestimmungen wie § 64 Abs. 1 und 2 Satz 1 GmbHG [wird] der Sache nach ein Verstoß gegen die Pflicht zur Beantragung der Eröffnung eines Insolvenzverfahrens geahndet".[793] All diese Einschätzungen verdeutlichen den inneren Zusammenhang zwischen Insolvenzantragspflicht und Zahlungsverbot, die sich gegenseitig bedingen: Die Leistung von Zahlungen aus dem Gesellschaftsvermögen nach Insolvenzreife der Gesellschaft ist dem Geschäftsleiter nur dann noch möglich, wenn er die Insolvenzverfahrenseröffnung versäumt hat, denn anderenfalls wäre das Unternehmen schon unter der Leitung des Insolvenzverwalters. Die Versäumung der Antragsstellung ist aus diesem Grund ebenfalls Haftungsvoraussetzung. Das Zahlungsverbot sollte deshalb auch erst dann greifen, wenn der Geschäftsleiter bereits gegen die Konkursantragspflicht verstoßen hat,[794] weil nur dann sind Zahlungen unrechtmäßig und haftungswürdig. Dies legt den Schluss nahe, dass der historische Gesetzgeber, wie große Teile des (historischen) Schrifttums und die Rechtsprechung, das Verständnis pflegte, dass die Ersatzpflicht im Rahmen der Zahlungsverbote einzige Rechtfolge für die Verletzung der Konkursantragspflicht ist.[795]

Zuzugeben ist allerdings, dass es mit einer Uminterpretation der heutigen Zahlungsverbote nicht getan ist. Diese bedürfen einer gesetzgeberischen Revision. Der Gesetzeswortlaut müsste dahingehend geändert werden, dass sämtliche Masseschmälerungen in der Verschleppungsphase von der Schadensersatzpflicht

793 EuGH, ZIP 2015, 2468 Tz. 19 („Kornhaas").

794 Deutlich RGZ 72, 285, 287: „Nach den §§ 64, 71 des Ges., betr. die G. m. H. [sic!], waren die verklagten Liquidatoren verpflichtet, die Eröffnung des Konkursverfahrens zu beantragen [...]. Für alle nach diesem Zeitpunkt geleisteten Zahlungen sind sie der Gesellschaft [...] ersatzpflichtig."

795 RGZ 73, 30, 35; *Hachenburg*, in: Staub, GmbHG, 2. Aufl., 1906, § 64 Einleitung: „Der vorliegende Paragraph legt den Geschäftsführern die Pflicht auf, den Konkurs der Gesellschaft [...] zu beantragen (Abs. 1), und normiert ferner die Folgen der Verletzung dieser Verpflichtung."; *Scholz*, GmbHG, 1. Aufl., 1928, S. 635: „Unterlassen oder Verzögerung des Antrags kann Haftung der Gesellschaft gegenüber nach § 64 Abs. 2 [...] nach sich ziehen"; *Grigoleit*, Gesellschafterhaftung für interne Einflussnahme im Recht der GmbH, S. 126; *Grigoleit/Tomasic*, in: Grigoleit, AktG, § 92 Rn. 46; *Glozbach*, Haftung des Geschäftsführers nach § 64 Abs. 2 GmbHG, S. 58, 66; *Wilhelm*, ZIP 2007, 1781, 1784 f.; *Wübbelsmann*, GmbHR 2008, 1303, 1303 f.; vgl. auch *Teichmann/Koehler*, AktG, 2. Aufl., 1939, S. 191; *Schulze-Osterloh*, in: FS Bezzenberger, S. 415; andere Ansicht *Ritter*, in: Ritter/Ritter, AktG, 2. Aufl., 1939, § 84 S. 279; anders auch *Brodmann*, GmbHG, 1. Aufl., 1924, § 64 Anm. 1 (S. 228), der die zivilrechtliche Haftung der Geschäftsleiter gegenüber der Gesellschaft für die unterlassene Konkursantragsstellung vielmehr aus § 43 Abs. 1, 2 GmbHG ableiten will; *Karsten Schmidt*, JZ 1978, 661 f.: „Die in § 64 I GmbHG beschriebenen Antragspflichten sind nicht die Grundlage der in § 64 II GmbHG genannten Sanktion"; *Schulze-Osterloh*, in: FS Lutter, S. 707, 710.

erfasst sind. Greift das Zahlungsverbot nämlich bereits während der Teilnahme der Gesellschaft am Geschäftsverkehr ein, drohen dem Gesellschaftsvermögen auch Schmälerungen durch äußere Einflüsse. Solche müssen zu Gunsten des Schutzes der Gläubiger über das Zahlungsverbot erfasst sein. Auch müsste die Haftung angesichts der zu erwartenden Gegenleistungen für Zahlungen im laufenden Geschäftsverkehr nicht auf volle Erstattung der Zahlungen, sondern Ersatz des tatsächlich am Gesellschaftsvermögen entstandenen Schadens gerichtet sein. Die Wertungen des heutigen Gesetzgebers, der die hier vertretene Ansicht zum Zusammenspiel von Insolvenzantragspflicht und Zahlungsverbot nicht teilt und eine Änderung des Gesetzestextes offensichtlich scheut, sollten aber nicht dazu gereichen, die Insolvenzantragspflicht der Gesetzesdogmatik zuwider als Schutzgesetz i.S.d. § 823 Abs. 2 BGB zu qualifizieren.

b) Insolvenzantragspflicht als dem Schutz der Allgemeinheit dienende Norm

Um als Schutzgesetz qualifiziert werden zu können, muss das in Frage stehende Gesetz zumindest auch dem Schutz von Individualrechtsgütern dienen. Sowohl nach der Haftungskonzeption der herrschenden Meinung als auch nach dem Haftungsmodell von *Karsten Schmidt* sind die Neugläubiger in den Schutzbereich der Haftung nach § 823 Abs. 2 BGB i.V.m. § 15a InsO einbezogen. Diesen soll nach herrschender Meinung ihr voller Kontrahierungsschaden bzw. nach *Karsten Schmidt* ihr Quotenverminderungsschaden im Rahmen des Gesamtschadensersatzes zu ersetzen sein. Die Insolvenzantragspflicht soll mithin dazu dienen, die insolvente Gesellschaft vom Markt zu entfernen, um mögliche Gläubiger und damit potentiell den gesamten Rechtsverkehr vor den Gefahren des Kontakts mit einem solchen Unternehmen zu schützen.[796] Bezieht man aber nicht nur bestehende Gläubiger in den Schutzbereich der Antragspflicht ein, sondern auch alle potentiellen zukünftigen Gläubiger, die im Zeitpunkt des Einsetzen der Haftung noch gar keine Gläubiger waren, fällt es schwer, noch von einer abgrenzbaren Personengruppe auszugehen. Ein die Allgemeinheit bzw. den gesamten Rechtsverkehr schützendes Gesetz kann kein Schutzgesetz i.S.d. § 823 Abs. 2 BGB sein.

Auch wird vertreten, für die Qualifizierung der Insolvenzantragspflicht als Schutzgesetz komme es nicht allein auf deren individualschützenden Charakter an, sondern gleichzeitig müsse die Haftungssanktion über § 823 Abs. 2 BGB „sinnvoll und vor dem Hintergrund des Haftungssystems tragbar sein“. Zweites sei aber gerade nicht der Fall, wenn durch die erweiternde Auslegung der Zahlungsverbote eine adäquate Haftung des Geschäftsleiters zu erreichen ist.[797] Diese Argumentation verfängt allerdings nicht. Ist es für die Schaffung einer vollumfänglichen Haftungsgrundlage nötig, die Zahlungsverbote zunächst teleologisch zu erweitern, kann

796 Vgl. nur BGHZ 126, 181 = NJW 1994, 2220, 2223; *Karsten Schmidt*, in: Scholz, GmbHG, § 64 Rn. 131.

797 Zum Ganzen *Grigoleit*, Gesellschafterhaftung für interne Einflussnahme in der GmbH, S. 131.

keine Rede davon sein, die Haftung über § 823 Abs. 2 BGB sei von vornherein nicht sinnvoll oder tragbar.[798] Vielmehr könnte ebenso andersherum argumentiert werden, es gebe gerade keine ausreichende Haftung nach der Gesetzeslage und eine Haftung über § 823 Abs. 2 BGB sei angebracht, weil die erweiternde Auslegung der Zahlungsverbote unzulässig sei.

c) Fazit

Nach der Intention des historischen Gesetzgebers sollte die Verletzung der Insolvenzantragspflicht nicht zu einer Haftung nach § 823 Abs. 2 BGB gegenüber den Gesellschaftsgläubigern führen. Dies wurde in keiner Gesetzesbegründung je angenommen, eine Außenhaftung im Rahmen der Zahlungsverbote in der Begründung zum GmbHG sogar ausdrücklich abgelehnt. Vielmehr wurde eine Innenhaftung allein über die Haftung für die Verletzung der Zahlungsverbote von den Vätern des ADHGB i.d.F. von 1884, GmbHG von 1892, HGB von 1897 und AktG von 1937 ebenso wie vom Reichsgericht als ausreichend erachtet. Selbst als am 1.1.1900 das BGB in Kraft trat und sich die entsprechende Ansicht in der Literatur immer mehr durchsetzte, nahm der Gesetzgeber des AktG 1937 nicht an, die Konkursantragspflicht sei Schutzgesetz i.S.d. § 823 Abs. 2 BGB.[799] Bis zum heutigen Tage hat sich kein Gesetzgeber dezidiert für diese Annahme ausgesprochen.[800]

Ebenfalls handelt es sich bei der Insolvenzantragspflicht um ein die Allgemeinheit schützendes Gesetz, welches nicht die Anforderungen eines individualschützenden Gesetzes i.S.d. § 823 Abs. 2 BGB erfüllt.

III. Vorzug der Haftung auf Grundlage der Zahlungsverbote – Stellungnahme zu Einwänden

Vorzugwürdig ist daher das von *Altmeppen/Wilhelm* entworfene Haftungsmodell, das sich allein auf die gesetzlich normierten Zahlungsverbote stützt, und von einer Qualifizierung der Insolvenzantragspflicht als Schutzgesetz absieht.

---

798 *Biehl*, Geschäftsführer- und Gesellschafterhaftung wegen Insolvenzverschleppung bei der GmbH, S. 168; *Brinkmann*, Die Bedeutung der §§ 92, 93 InsO für den Umfang der Insolvenz- und Sanierungsmasse, S. 8 f.

799 Amtliche Begründung zu § 84 AktG, abgedruckt in *Klausing*, AktG, S. 71: „Eine unmittelbare Haftung gegenüber den Gläubigern [...] würde auf das Verantwortungsbewußtsein des Vorstands lähmend wirken und nicht dem Vorteil der Gesellschaft dienen. Der Entwurf hält auch an dem Grundsatz des geltenden Rechts fest, daß dem Vorstand eine Ersatzpflicht gegenüber den Gläubigern nur trifft, soweit diese von der Gesellschaft keine Befriedigung erlangen können."

800 Im Rahmen des Gesetzgebungsverfahren zum MoMiG hat sich allein der Bundesrat spekulativ dahingehend geäußert, dass sich an der Haftung über § 823 Abs. 2 BGB i.V.m. der Verletzung der Insolvenzantragspflicht nichts ändern „dürfte": RegE MoMiG BT-Drucks. 16/6140, Anlage 2, Stellungnahme des Bundesrates, S. 61, 72.

Dem Konzept, das die Haftung auf Ausgleich des gesamten in der Verschleppungsphase eingetretenen Verlusts richtet, wurde entgegengehalten, es verkenne den Zweck der Zahlungsverbote, die gerade nicht generell Masseschmälerungen in der Zeit nach Insolvenzreife verhindern sollen.[801] Dem wurde damit begegnet, dass der Geschäftsleiter auch nach dieser Ansicht dann nicht haften soll, wenn er nachweisen kann, dass der eingetretene Schaden mit der Fortführung der Geschäfts gar nichts zu tun hat; schlägt etwa ein Blitz in der Verschleppungsphase in das Unternehmensgebäude ein, sei dieser Verlustposten gerade nicht vom Schutzzweck der Insolvenzantragspflicht erfasst, denn diese wolle die Gläubiger nicht vor von außen drohenden Masseschmälerungen bewahren.[802] Der Geschäftsleiter, der es unterlässt, die Insolvenzverfahrenseröffnung zu beantragen, wenn die Gesellschaft überschuldet oder zahlungsunfähig ist, verletzt dauerhaft seine Organpflichten.[803] Für Schäden, die in dieser Zeit eintreten, haftet er, ähnlich dem Verzugsschuldner i.S.d. § 287 BGB oder etwa dem Dieb i.S.d. § 848 BGB, im Rahmen des Dauerdelikts auch für Zufallsschäden. Sowohl beim Leistungsverzug als auch beim deliktischen Entzug einer Sache soll die Gefahrtragung dem Gläubiger genommen und allein dem Schuldner aufgebürdet werden. Hätte der Schuldner hingegen rechtmäßig gehandelt, wäre die Sache seiner Risikosphäre entzogen.[804] Vergleichbar stellt sich die Lage bei der Verschleppung der Gesellschaftsinsolvenz dar: Hätte der Geschäftsleiter ordnungsgemäß Insolvenzantrag gestellt, hätten etwaige Zufallsschäden am Gesellschaftsvermögen zu Lasten der Gläubigergesamtheit gewirkt; versäumt er hingegen die Antragsstellung, haftet er in dieser Zeit auch für Schäden am Gesellschaftsvermögen, die außerhalb seines Einflusses liegen. Eine Haftung muss aber entfallen, wenn die Schädigung auch ohne die Verschleppung des Verfahrens eingetreten wäre (vgl. §§ 287 S. 2 Hs. 2, 848 Hs. 2 BGB). So haftet er etwa nur dann nicht für den Schaden durch den Blitzeinschlag in das Unternehmensgebäude, wenn davon auszugehen ist, dass dies bei ordnungsgemäßer Insolvenzantragsstellung auch geschehen wäre, also das Gebäude dann noch bestanden hätte. Ist hingegen etwa ein Unternehmenswagen in einen Verkehrsunfall verwickelt, haftet der Geschäftsleiter für diesen Schaden, weil der Wagen bei ordnungsgemäßer Insolvenzverfahrenseröffnung nicht mehr genutzt worden wäre. Aus dieser Argumentation ergibt sich auch, dass der Geschäftsleiter für Masseverkürzungen beispielsweise durch die Gesellschaft schädigende Delikte, (Aktien-)Kursschwankungen, Zwangsvollstreckungsmaßnahmen oder den Verlust von Vermögensgegenständen häufig haften

801 *Schulze-Osterloh*, in: FS Bezzenberger, S. 415, 422 f.; anders noch *ders.*, in: Baumbach/Hueck, GmbHG, 16. Aufl., 1996, § 64 Rn. 14.

802 *Altmeppen*, ZIP 2001, 2201, 2208.

803 *Altmeppen*, ZIP 2001, 2201, 2208; vgl. dazu, dass die Verletzung der Insolvenzantragspflicht kein Tätigkeitsdelikt und die Vorwerfbarkeit in der rechtswidrigen Fortführung des Unternehmens liegt *Karsten Schmidt*, in: FS Rebmann, S. 419, 434; *ders., in: Scholz*, GmbHG, § 64 Rn. 154; *Altmeppen*, in: Roth/Altmeppen, Vor § 64 Rn. 84; *ders.*, ZIP 2015, 949, 952.

804 Vgl. dazu nur *Ernst*, in: MüKo BGB, § 287 Rn. 1; *Wagner*, in: MüKo BGB, § 848 Rn. 2.

wird. Der Einwand, der Geschäftsleiter werde so zu Unrecht „zum Garanten des Gesellschaftsvermögens" gemacht,[805] verfängt angesichts der dezidierten und an das gesetzgeberische Modell der Haftung für Zufallsschäden angelehnten Haftungssystematik nicht.

Weiterhin wurde den Lösungen, die einen Gesamtschaden der Gläubigergemeinschaft, sei es auf Grundlage der Zahlungsverbote oder der Verschleppungshaftung, ersetzen lassen wollen, vorgehalten, dass dieser erst nach Abschluss des Insolvenzverfahrens festgestellt werden könne und dies auf eine Schonung des Geschäftsleiters hinauslaufen würde. Hierdurch werde zudem die Durchsetzung des Anspruchs erheblich erschwert und durch das Abstellen auf einen Gesamtschaden, anstatt auf jede einzelne Zahlung, würde gar noch ein Anreiz gesetzt, das Unternehmen ohne Aussicht auf eine Sanierung fortzuführen.[806] Vielmehr solle der Geschäftsleiter hinsichtlich jeder einzelnen Zahlung bereits vor Abschluss des Insolvenzverfahrens in Anspruch genommen werden können und etwaige Ansprüche der Masse sowie die Insolvenzquote des befriedigten Gläubigers seien ihm lediglich abzutreten. Die ungekürzte und umgehende Inanspruchnahme des Geschäftsleiters verwirkliche einen effektiven Schutz der Gläubiger und damit den Sinn und Zweck der Zahlungsverbote.[807] Dem wurde damit begegnet, dass ein Anspruch der Gesellschaft wegen der Verletzung der Zahlungsverbote kaum jemals vor dem Insolvenzverfahren verfolgt werden wird, weil dieser in engstem Zusammenhang mit dem Verfahren stehe; zudem müsse dem Geschäftsleiter auch bereits vor Eröffnung des Insolvenzverfahrens der Einwand zugstanden werden, die Masse habe sich durch die Zahlungen gar nicht oder nicht in voller Höhe der Zahlung

---

805 *Schulze-Osterloh*, in: FS Bezzenberger, S. 415, 422.

806 *Habersack/Foerster*, ZGR 2016, 153, 162; *Haas*, in: Baumbach/Hueck, GmbHG, § 64 Rn. 88; *Kolmann*, in: Saenger/Inhester, GmbHG, § 64 Rn. 56; *H.F. Müller*, DB 2015, 723, 724; *Casper*, ZIP 2016, 793, 803; vgl. auch *Fleischer*, in: Spindler/Stilz, AktG, § 92 Rn. 19; *Habersack/Foerster*, ZHR 178 (2014), 387, 408; *Goette*, in: FS Kreft, S. 53, 59 f.; *ders.*, ZInsO 2005, 1, 3 f.; *Gehrlein*, ZInsO 2015, 477, 479; anders hingegen *Brinkmann*, Die Bedeutung der §§ 92, 93 InsO für den Umfang der Insolvenz- und Sanierungsmasse, S. 15, der die erst nach Abschluss des Insolvenzverfahrens mögliche Berechnung des Gesamtschadens sogar für vorteilhaft hält, weil auch die Neugläubiger, die ihren Quotenschaden von ihrem Vertrauensschadensersatzanspruch abziehen müssen, diese Berechnung abwarten müssten und so eine Aufzehrung des Gesellschaftsvermögens durch die Neugläubiger verhindert werden könnte, ähnlich *Glozbach*, Die Haftung des GmbH-Geschäftsführers nach § 64 Abs. 2 GmbHG für Zahlungen nach Insolvenzreife, S. 91 ff.; *Thole*, Gläubigerschutz durch Insolvenzrecht, S. 101; vgl. zur Befürchtung eines Wettlaufs auch *Dauner-Lieb*, ZGR 1998, 617, 629, die deshalb anrät den Insolvenzverwalter auch die Ansprüche der Neugläubiger geltend machen zu lassen; vgl. auch *Poertzgen*, Organhaftung wegen Insolvenzverschleppung, S. 325 f.; *Uhlenbruck*, ZIP 1994, 1155 f.

807 Vgl. BGHZ 146, 264 = NJW 2001, 1280, 1283; *Haas*, in: Baumbach/Hueck, GmbHG, § 64 Rn. 88; *Kolmann*, in: Saenger/Inhester, GmbHG, § 64 Rn. 56; *Wagner*, in: FS Karsten Schmidt, S. 1665, 1686.

verkürzt,[808] und dies könnte ohnehin erst nach Abschluss des Insolvenzverfahrens festgestellt werden. Auch kommt es nach dem Konzept der herrschenden Meinung wohl kaum zu einer früheren Geltendmachung des Anspruchs wegen Verletzung der Massesicherungspflichten. Denn dieser setzt zwar nicht die Eröffnung des Insolvenzverfahrens voraus, wohl aber die Insolvenzreife der Gesellschaft. Ob und wann diese vorlag, wird vornehmlich in einem Insolvenzverfahren zu klären sein. Die Dauer bis der Anspruch anschließend durch den Insolvenzverwalter gegebenenfalls im Wege einer Klage geltend gemacht wird, wird sich kaum von der Dauer der Geltendmachung des Anspruchs auf Ersatz des Gesamtschadens unterscheiden. Sollte der Insolvenzverwalter bereits vor Abschluss des Insolvenzverfahrens eine Klage einreichen, birgt dies die Gefahr einer unterschiedlichen Beurteilung des Zeitpunkts der Insolvenzreife im Insolvenzverfahren einerseits und im Klageverfahren andererseits. Der Unterschied bei der Haftung auf den Gesamtschaden oder auf Ersatz jeder einzelnen Zahlung liegt freilich darin, dass dem Geschäftsleiter bei Erstattung des Gesamtschadens als Rechtsfolge von vornherein keine Gefahr der Inanspruchnahme vor dem Insolvenzverfahren droht. Lösbar wäre dieses Problem allerdings durch die Pflicht des Geschäftsleiters zur Leistung eines Vorschusses, der sich an einer vorläufigen Schätzung des Gesamtschadens zu orientieren hätte.[809]

Auch wurde gegen das Konzept einer reinen Innenhaftung vorgebracht, sein Mangel und damit der Vorteil einer Außenhaftung über § 823 Abs. 2 BGB zeige sich gerade in der masselosen Insolvenz. Bei einer Innenhaftung seien die Gläubiger auf die Pfändung des Anspruchs angewiesen, wohingegen sie bei einer Außenhaftung diesen selbst geltend machen könnten.[810] Zum einen kann diesem Problem mit der (für die GmbH und GmbH & Co. KG analogen) Anwendung der aktien- bzw. genossenschaftsrechtlichen Vorschriften zum Gläubigerverfolgungsrecht abgeholfen werden,[811] derer sich im Übrigen bereits der historische Gesetzgeber zur Umsetzung der Haftung bedient hat.[812] Zum anderen ist das Konzept der herrschenden Meinung auch in dieser Hinsicht nicht vorzugswürdig. Demnach sind verbotene Zahlungen, die oft einen wesentlichen Teil der Masseverkürzung in der Verschleppungsphase ausmachen werden, ebenso in das Gesellschaftsvermögen zu erstatten. Bei masseloser Insolvenz müssen sich die Gläubiger diesen Anspruch ebenfalls zur Pfändung

808 Zum Ganzen *Altmeppen*, ZIP 2016, 366, 368; *ders.*, NZG 2016, 521, 526.

809 *Casper*, ZIP 2016, 793, 803.

810 *Brinkmann*, Die Bedeutung der §§ 92, 93 InsO für den Umfang der Insolvenz- und Sanierungsmasse, S. 10.

811 Eingehend dazu *Altmeppen*, in: Roth/Altmeppen, GmbHG, § 64 Rn. 9, § 43 Rn. 94 ff.; *Grigoleit*, Gesellschafterhaftung für interne Einflussnahme im Recht der GmbH, S. 131, 455 f., jew. m.w.N.

812 Vgl. dazu bereits ausführlich in Kapitel 4, § 1, A.

überweisen lassen[813] bzw. auch in der GmbH und GmbH & Co.KG auf eine entsprechende Anwendung der Gläubigerverfolgungsrechte zurückgegriffen werden.[814]

Zuzugeben ist allerdings, dass die Zahlungsverbote nach ihrem jetzigen Wortlaut kaum als Grundlage für die vorgeschlagene Haftung dienen können. Vom Wortlaut erfasst sind neben „Zahlungen" keine weiteren Masseschmälerungen und eine Subsumtion weiterer masseverkürzender Handlungen ist mit dem Wortlaut schwerlich zu vereinbaren. Dieser müsste entsprechend abgeändert werden. Die momentanen gesetzlichen Gegebenheiten machen dieses Modell zu einem Lösungsvorschlag de lege ferenda.[815]

Nach aktueller gesetzlicher Lage umsetzbar und der herrschenden Meinung in jedem Fall vorzuziehen ist allein das von *Karsten Schmidt* vorgeschlagene auf § 823 Abs. 2 BGB i.V.m. § 15a InsO basierende Lösungsmodell,[816] wenngleich nach hier vertretener Ansicht insgesamt eine Gesetzesänderung die bessere Lösung wäre. Nur mit einer Revision des Wortlauts der Zahlungsverbote könnte die unschlüssige Qualifizierung der Insolvenzantragspflicht als Schutzgesetz umgangen werden.

IV. Unerwünschte Verkürzung der Zahlungsverbote durch beide Konzepte – Streichung der Insolvenzantragsfrist

Zu beachten ist allerdings, dass sowohl mit der Anwendung des Konzepts von *Karsten Schmidt* als auch desjenigen von *Altmeppen/Wilhelm* eine Verkürzung der aktuell geltenden Zahlungsverbote einhergeht.

Abgestellt werden soll nach beiden Ansichten auf die Masseschmälerung, die in der Verschleppungsphase durch die Leistung von Zahlungen aus dem Gesellschaftsvermögen oder anderweitige Ursachen entsteht. Entscheidender Zeitraum für die Ersatzhaftung soll die Phase sein, die mit dem Zeitpunkt beginnt, in dem die Eröffnung des Insolvenzverfahrens hätte beantragt werden müssen, und mit der Verfahrenseröffnung endet.

Nach herrschender Meinung und dem Wortlaut der Zahlungsverbote setzen diese allerdings bereits bei Überschuldung oder Zahlungsunfähigkeit der Gesellschaft ein. Die Insolvenzantragspflicht setzt zwar ebenfalls bei Insolvenzreife der Gesellschaft ein, dem Geschäftsleiter wird allerdings ein maximal dreiwöchiger Zeitraum zugestanden, in dem er etwaige Sanierungsaussichten der Gesellschaft prüfen kann.

---

813 Siehe dazu nur BGH, NJW 2001, 304; *Pape,* ZInsO 2001, 397, 403.

814 So auch *Glozbach,* Die Haftung des GmbH-Geschäftsführers nach § 64 Abs. 2 GmbHG für Zahlungen nach Insolvenzreife, S. 91 ff.; *Thole,* Gläubigerschutz durch Insolvenzrecht, S. 95.

815 So bereits *Altmeppen,* ZIP 2015, 949, 952 a.E.; *ders.,* NJW 2005, 1911, 1914; *ders.,* ZIP 2010, 1973, 1976; *ders.,* NZG 2016, 521, 526; siehe dazu auch *Wagner,* in: FS Karsten Schmidt, S. 1665, 1671 f.; *Biehl,* Geschäftsführer- und Gesellschafterhaftung wegen Insolvenzverschleppung bei der GmbH, S. 171 f.

816 Ähnlich auch *Altmeppen,* in: Roth/Altmeppen, GmbHG, § 64 Rn. 35 a.E.; *ders.,* NZG 2016, 521, 526; *ders.,* ZIP 2015, 949, 953 ff.; *ders.,* NJW 2005, 1911, 1914.

Zwar darf er diesen Zeitraum nur dann ausschöpfen, wenn einen Sanierung nicht von vornherein ausgeschlossen ist; die Ausnutzung dieses Zeitraums wird allerdings der Regelfall sein, weil eine Sanierung nur selten komplett aussichtslos sein wird. Praktisch setzt die Insolvenzantragspflicht damit drei Wochen nach dem Zahlungsverbot ein, so dass eine Haftung für ihre Verletzung erst nach Ablauf der Dreiwochenfrist in Frage kommt.[817] Wird aber im Rahmen der beiden Einheitsmodelle allein auf den Schaden abgestellt, der in der Verschleppungsphase, also ab Einsetzen der Insolvenzantragspflicht, am Gesellschaftsvermögen entsteht, wird das Zahlungsverbot und seine Wirkung faktisch um drei Wochen nach hinten verlagert. Sogar nach dem Gesetzestext umfasst die Haftung für verbotene Zahlungen aber bereits den dreiwöchigen Zeitraum bis zur Insolvenzantragsstellung. Nach der herrschenden Meinung, die die Zahlungsverbote ihrem Wortlaut nach anwendet, sind deshalb davon auch Zahlungen in diesem Zeitraum erfasst.[818] Im Vergleich laufen die Alternativmodelle, die eine auf einem Tatbestand basierende Verschleppungshaftung favorisieren, auf eine Verkürzung der aktuell geltenden Zahlungsverbote hinaus. Eine solche zeitliche Verkürzung des Zahlungsverbots ist aber nicht wünschenswert. Ist die Gesellschaft insolvenzreif, sollte die Sicherung der Haftungsmasse zu Gunsten der Gläubiger im Fokus der Geschäftsleiter stehen und unverantwortliche Zahlungen aus dem Gesellschaftsvermögen unterbunden werden.

Nach hier vertretener Auffassung ist aus diesem Grund nicht nur der Wortlaut der Zahlungsverbote zu ändern, sondern zusätzlich die dreiwöchige Frist zur Insolvenzantragsstellung ersatzlos zu streichen. Dann wäre im Rahmen der Einheitsmodelle die Masseschmälerung, die ab Überschuldung oder Zahlungsunfähigkeit der Gesellschaft eintritt, zu ersetzen. Letztlich also die Schmälerung, die ab dem Zeitpunkt eintritt, in dem nach heutiger Rechtslage die Zahlungsverbote einsetzen. Mit der Streichung der Antragsfrist würde zudem wieder der Zustand hergestellt, der vor dem Gesetz vom 25. März 1930[819] herrschte und den Vorstellungen des Gesetzgebers des ADHGB, HGB und GmbHG entsprach.

Ohnehin fraglich ist die Sinnhaftigkeit der Dreiwochenfrist, wenn nach Rechtsprechung und herrschender Meinung die Zahlungsverbote in diesem Zeitraum Anwendung finden. Sind alle Zahlungen, die nicht mit der Sorgfalt eines ordentlichen Geschäftsmannes vereinbar sind, in dieser Zeit verboten, kann das Unternehmen

817 Ähnlich *Poertzgen*, ZInsO 2008, 944, 952; weder in der zivil- noch der strafrechtlichen Judikatur ließen sich Fälle finden, in denen Gerichte die Ausnutzung des Dreiwochenzeitraum beanstandet haben. Dies wird offenbar im Nachhinein haftungsrechtlich geduldet. Haftungsbegründend ist nur die Verschleppung der Insolvenz bei Überschreitung der Drei-Wochen-Frist.

818 Siehe die Nachweise in Fn. 45.

819 RGBl. I S. 93, durch dieses Gesetz wurde erstmals eine Frist zur Konkursantragsstellung eingeführt. Zuvor musste die Konkurseröffnung im Einklang mit dem Zahlungsverbot ab Überschuldung oder Zahlungsunfähigkeit der Gesellschaft beantragt werden.

unmöglich sinnvoll saniert werden.[820] Eine Sanierung kann am ehesten durch den Abschluss günstiger Geschäfte gelingen, die die finanzielle Lage der Gesellschaft dauerhaft verbessern. Sind den Geschäftsleitern in dieser Zeit aber nur sorgfaltsgemäße Zahlungen erlaubt, das heißt solche Zahlungen, die der Aufrechterhaltung des Betriebs dienen, und die auch ein Insolvenzverwalter noch getätigt hätte,[821] kann eine Sanierung durch den Abschluss günstiger Geschäfte nicht erfolgen. Allenfalls kann der Geschäftsleiter eine Sanierung der Gesellschaft nach der aktuellen Rechtslage bewirken, indem er versucht, Stundungen mit Gläubigern herbeizuführen, ausstehende Forderungen einzutreiben oder anderweitig neue Mittel herbeizuschaffen.[822] Allein mit diesen Methoden wird eine Sanierung des Unternehmens in nur drei Wochen in den seltensten Fällen gelingen. Angesichts dessen darf an der Wirksamkeit der dreiwöchigen Sanierungsfrist, deren Effektivität durch die Einschränkungen der Zahlungsverbote stark geschwächt ist, gezweifelt werden. Mit ihrer Abschaffung würde der Praxis kaum ein eine echte Chance auf Abwendung des Insolvenzverfahrens genommen.

V. Schadensersatz als Rechtsfolge

1. Enthaftungsmöglichkeit bei Haftung auf Schadensersatz

Der Schadensersatzanspruch der Gesellschaft, der in den Zahlungsverboten verankert werden sollte, muss nach hier vertretener Ansicht ein „echter" Schadensersatz- und kein bloßer Verlustausgleichsanspruch sein. Die Ersetzung des Wortes „Zahlungen" durch „Verluste" scheint mithin irreleitend, obwohl es sich freilich auch bei diesem Verlustausgleichsanspruch um einen Schadensersatzanspruch, wenn auch keinen „gewöhnlichen",[823] handeln soll. Ein Verlustausgleichsanspruch wäre auf Ersatz des Verlusts gerichtet, der am Gesellschaftsvermögen in der Verschleppungsphase entsteht.[824] Er begründet sich weder mit einem schuldhaften

---

820 Ähnlich *Karsten Schmidt*, NZG 2015, 129, 131 und *Drescher*, Haftung des GmbH-Geschäftsführers, Rn. 1120; daher wird zum Teil angenommen, an Zahlungen vor Ablauf der Dreiwochenfrist seien niedrigere Anforderungen zu stellen als an solche, die nach Ablauf der Frist erfolgen: *Kleindiek*, in: Lutter/Hommelhoff, GmbHG, § 64 Rn. 12; *H.F. Müller*, DB 2015, 723, 725; *Habersack/Foerster*, ZHR 178 (2014), 387, 400 f.; *Kruth*, NZI 2014, 981, 986; *Knittel/Schwall*, NZI 2013, 782, 785 f.; *Strohn*, NZG 2011, 1161, 1166; vgl. auch *Biehl*, Geschäftsführer- und Gesellschafterhaftung wegen Insolvenzverschleppung bei der GmbH, S. 88 f.

821 Siehe Nachweise in Fn. 41.

822 Allein in diesem Sinn ist die Sorgfaltsausnahme zu verstehen, siehe dazu bereits Stenographische Berichte über die Verhandlungen des Reichstages, 4. Legislaturperiode, Session 1928/30, 16, Nr. 1469 – Entwurf und Begründung des Gesetzes vom 25. März 1930, S. 4; *Hachenburg*, in: Staub, GmbHG, 2. Aufl., 1906, § 64 Anm. 3 i.V.m. § 63 Anm. 3.

823 *Altmeppen*, in: Roth/Altmeppen, GmbHG, § 64 Rn. 43.

824 Vgl. dazu *Schulze-Osterloh*, in: FS Bezzenberger, S. 415, 421 und *Heitsch*, ZInsO 2009, 1571, 1574, die von einem bilanziellen Vergleich der Vermögenlagen bei

Fehlverhalten des Haftenden noch bestünden Enthaftungsmöglichkeiten.[825] Im Rahmen eines Anspruchs auf Schadensersatz i.S.d. §§ 249 ff. BGB wären hingegen hypothetische Kausalverläufe zu berücksichtigen.[826] Wäre etwa die Schmälerung des Gesellschaftsvermögens auch ohne die Verschleppungsphase eingetreten, kann dies den Geschäftsleiter unter Umständen entlasten. Zwar ist die Pflichtverletzung des Geschäftsleiters, nämlich die Unterlassung der Insolvenzverfahrenseröffnung und die anschließende Schmälerung des Gesellschaftsvermögens, schwerwiegend und der Verlauf der Verschleppungsphase den Gläubigern der Gesellschaft völlig entzogen, so dass es gerechtfertigt erscheint, den Geschäftsleiter §§ 287 S. 2, 848 BGB entsprechend auch für Zufallsschäden am Gesellschaftsvermögen haften zu lassen.[827] Dennoch muss er sich mit dem Einwand entlasten können, dass bestimmte Schäden auch ohne die Verschleppungsphase eingetreten wären, ihm der Schaden mithin nicht zuzurechnen[828] ist. Dies wird nur für die wenigsten Schäden schlüssig dargelegt werden können: Insbesondere Schadensposten, die im Rahmen geschäftlicher Tätigkeit entstanden sind, wären bei ordnungsgemäßer Insolvenzverfahrenseröffnung nicht angefallen; die Berufung darauf, dass der Schaden auch bei ordnungsgemäßer Verfahrenseröffnung eingetreten wäre, kann sich allenfalls auf solche Masseschmälerungen beziehen, die auch durch einen Insolvenzverwalter verursacht worden wären[829] oder solche, die durch äußere Einflüsse, etwa Delikte Dritter oder Natureinflüsse, an betrieblichen Einrichtungen entstanden sind. Mithin ist auch nicht zu befürchten, dass die Entlastungmöglichkeit des Geschäftsleiters zu einer schwer praktikablen und gerade nicht erwünschten Prüfung jeder einzelnen Masseschmälerung führen wird.

Im Rahmen eines Schadensersatzanspruchs wäre, anders als bei einem Verlustausgleichsanspruch, grundsätzlich auch ein gegebenenfalls entgangener Gewinn zu berücksichtigen (§ 252 BGB). Dies wird in der hiesigen Konstellation allerdings leer laufen, weil bei ordnungsgemäßem Verhalten des Geschäftsleiters gerade das Insolvenzverfahren über das Vermögen der Gesellschaft eröffnet worden wäre und Gewinne mithin gar nicht mehr denkbar gewesen wären.

Beginn und Ende der Verschleppungsphase durch die jeweilige Aufstellung eines Überschuldungstatus zur Berechnung des Verlustausgleichanspruchs ausgehen. *Altmeppen/Wilhelm*, NJW 1999, 673, 679 wollen hingegen „eine Zwischenbilanz für den Zeitraum der verbotenen Geschäftsführung" aufstellen.

825 Vgl. mit Bezug zum Verlustausgleichsanspruch nach § 302 AktG: *W. Müller*, in: FS Kropff, S. 517 ff.; *Karsten Schmidt*, ZIP 1986, 146, 147 ff.; *Ulmer*, AG 1986, 123 ff.

826 Siehe bereits der Wortlaut der §§ 249 Abs. 1, 252 S. 2 BGB; siehe eingehend dazu statt aller *Oetker*, in: MüKo BGB, § 249 Rn. 207 ff.

827 Dazu bereits oben (Kapitel 4, § 2, C., III.) mit Beispielen.

828 Die Berücksichtigung hypothetischer Kausalverläufe erfolgt nach herrschender Lehre im Rahmen der Zurechnung, nicht der Kausalität: BGHZ 104, 355 = NJW 1988, 3265, 3266; *Schiemann*, in: Staudinger, BGB, § 249 Rn. 93; *Oetker*, in: MüKo BGB, § 249 Rn. 208; *Grüneberg*, in: Palandt, BGB, Vor § 249 Rn. 55, jew. m.w.N.

829 Etwa Kosten für die Aufrechterhaltung des Betriebs.

2. *Berechnung des zu ersetzenden Schadens*

Nach hier vertretener Ansicht kann der durch den Geschäftsleiter zu ersetzende Schaden nicht pauschal im Sinne der Differenz des Vermögens bei Beginn der Verschleppungsphase und bei deren Ende berechnet werden. Vielmehr ist eine Exkulpation dahingehend möglich, bestimmte Schadensposten wären auch ohne die Verschleppungsphase eingetreten. Bereits bezüglich der Berechnung eines Gesamtschadens im Sinne einer Verlustberechnung wurden Zweifel geäußert, ob diese überhaupt effektiv und sinnvoll durchführbar wäre; zu befürchten wäre etwa eine betriebswirtschaftliche Prüfung, die „nur durch eine Heerschaar von gut bezahlten Wirtschaftsprüfern zu bewältigen" sei.[830] Dieser Einwand verfängt allerdings nicht. Die Ermittlung der Vermögenmasse bei Beginn der Verschleppungsphase und bei Eröffnung des Insolvenzverfahrens muss ebenfalls bei der Berechnung des Quotenverminderungsschadens aller Gläubiger erfolgen, die herrschende Meinung hat mithin zumindest kein praktikableres Konzept.[831] Der Beginn der Verschleppungsphase ist freilich schwer festzulegen und entsprechendes gilt für die genaue Ermittlung des Gesellschaftsvermögens zu diesem Zeitpunkt. Bei der Ermittlung von dessen Höhe kann aber mit einer Schätzung abgeholfen werden.[832] Die Berechnung der Höhe des Gesellschaftsvermögens bei Eröffnung des Insolvenzverfahrens kann angesichts des exakt bestimmbaren Zeitpunkts durch die Aufstellung einer Bilanz gewährleistet werden.

Die Haftung des Geschäftsleiters auf Ersatz des Gesamtschadens gegenüber der Gesellschaft ist dabei grundsätzlich unabhängig von den Anfechtungsmöglichkeiten des Insolvenzverwalters nach §§ 129 ff. InsO. Wird die Zahlung erfolgreich angefochten, kann sie im Rahmen des Gesamtschadensausgleichs nicht mehr berücksichtigt werden. Gelingt die Anfechtung nicht oder entscheidet sich der Insolvenzverwalter gegen eine Anfechtung, sind dem Geschäftsleiter die Ansprüche gegen die Zahlungsempfänger nach § 255 BGB analog abzutreten.[833]

VI. *Ausgleich von Individualschäden nach den Grundsätzen der Haftung für culpa in contrahendo*

Individuelle Schäden, die Gläubiger durch das Kontrahieren mit der insolventen Gesellschaft erleiden, sind im Rahmen der Verschleppungshaftung nach hier vertretener Ansicht gar nicht zu ersetzen. Sowohl Alt- als auch Neugläubiger können

---

830 *Casper*, ZIP 2016, 793, 803; vgl. auch *Haas*, NZG 2004, 737, 744 f.

831 Ähnlich *Biehl*, Geschäftsführer- und Gesellschafterhaftung wegen Insolvenzverschleppung bei der GmbH, S. 166 f.

832 Zu diesem Vorschlag *Casper*, ZIP 2016, 793, 803; *Bitter*, ZIP 2016, Beilage zu Heft 22, 6, 11; vgl. auch *Grigoleit*, Gesellschafterhaftung für interne Einflussnahme im Recht der GmbH, S. 134.

833 So auch die herrschende Meinung innerhalb des zweispurigen Haftungssystems, eingehend dazu mit Nachweisen in Fn. 13.

etwaige Kontrahierungsschäden gegebenenfalls über die Grundsätze der c.i.c.-Haftung ersetzt verlangen. Eine Unterscheidung zwischen Alt- und Neugläubigern ist dabei allerdings nicht vorzunehmen. Jedem Gläubiger, dessen Vertrauen in besonderem Maße in Anspruch genommen wurde, und der damit fahrlässig oder vorsätzlich über die schlechte finanzielle Lage der Gesellschaft getäuscht wurde, kann ein Anspruch aus c.i.c. zustehen. Eine weitergehende Repräsentantenhaftung, wie sie *Karsten Schmidt* befürwortet, ist nach hier vertretener Ansicht nicht angemessen. Sie käme im Ergebnis der Rechtsprechung zum pauschalen Ersatz des negativen Interesses aller Neugläubiger über die Verschleppungshaftung gleich und hätte mit einer Haftung nach den differenzierten Grundsätzen der Haftung für c.i.c. nichts mehr gemein.[834] Eine Haftung eines Gesellschafter-Geschäftsleiters, die sich allein aus seiner organschaftlichen Position und der Teilnahme an Vertragsverhandlungen für die Gesellschaft ergibt, widerspräche zudem der Haftungsbeschränkung in den Kapitalgesellschaften (§ 13 Abs. 2 GmbHG, § 1 Abs. 1 AktG) bzw. in der GmbH & Co. KG und Genossenschaft (§ 13 Abs. 2 GmbHG i.V.m. 171 Abs. 1 HGB, § 2 GenG). Der Geschäftsleiter kann vielmehr nur dann als Vertreter haften, wenn er zusätzlich besonderes Vertrauen für seine Person in Anspruch genommen hat.[835] Insofern ist auf die Grundsätze zurückzugreifen, die die Rechtsprechung bis 1994 entwickelt hat.[836]

Auf der Rechtsfolgenseite ist zudem zu beachten, dass der Gesellschaftsgläubiger auf Grundlage der c.i.c.-Haftung nur dann seinen Vertrauensschaden ersetzt verlangen kann, wenn er tatsächlich auf die Solvenz der Gesellschaft vertraut hat. Ein Gläubiger, der etwa um die finanzielle Lage der Gesellschaft wusste, und dessen Vertrauen der Geschäftsleiter dennoch durch seine Person zu gewinnen versucht hat, hat nach den Grundätzen der c.i.c. keinen Anspruch. Auch wenn ein Gläubiger die Situation schuldhaft verkennt, kann ein Mitverschulden i.S.d. § 254 BGB seinen Anspruch mindern.[837] Nach der herrschenden Meinung, die einen Anspruch auf Ersatz des negativen Interesses pauschal aus § 823 Abs. 2 BGB i.V.m. § 15a InsO ableitet, hätte ein Neugläubiger, der um die Insolvenz des Unternehmens wusste, dennoch

---

834 Dazu auch krit. *Poertzgen*, ZInsO 2010, 460, 463.

835 Den Ersatz des negativen Interesses eine Gesellschaftsgläubiger generell abl. hingegen *Glozbach*, Die Haftung des GmbH-Geschäftsführers nach § 64 Abs. 2 GmbHG für Zahlungen nach Insolvenzreife, S. 91 ff.; *Thole*, Gläubigerschutz durch Insolvenzrecht, S. 85 f., demnach könne auf die bloße Verletzung der gesetzlichen Insolvenzantragspflicht kein haftungsbegründender Vertrauenstatbestand gestützt werden, weil anderenfalls bei jeder Gesetzesverletzung eine Vertrauenshaftung einsetzen könnte. Dabei wird aber übersehen, dass sich die Haftung des Geschäftsleiters auf Grundlage der c.i.c. nicht auf die Verletzung der Insolvenzantragspflicht stützt, sondern allein darauf, dass dieser für seine Person besonderes Vertrauen in Anspruch genommen hat und so den Gläubiger in besonders verwerflicher Weise zum Vertragsschluss bewegt hat.

836 Siehe dazu soeben (Kapitel 4, § 2, A., V., 1.).

837 Zum Ganzen *Poertzgen*, ZInsO 2010, 460, 464.

einen Anspruch auf Ersatz seines „Vertrauensschadens“. Dies ist unschlüssig und deshalb abzulehnen.

In Fällen einer vorsätzlichen Täuschung über die Insolvenz der Gesellschaft kommt zudem eine Haftung des Geschäftsleiters nach § 823 Abs. 2 BGB i.V.m. § 263 StGB oder § 826 BGB in Betracht.

D. Fazit

Vorzugwürdig ist die von *Altmeppen/Wilhelm* begründete Ansicht, dogmatische Grundlage der Verschleppungshaftung seien die gesetzlich normierten Zahlungsverbote. Eine Qualifizierung der Insolvenzantragspflicht als Schutzgesetz ist hingegen abzulehnen. Gerichtet ist der Erstattungsanspruch der Gesellschaft aus § 64 S. 1 GmbHG, § 130a Abs. 2 S. 1 HGB, § 93 Abs. 3 Nr. 6 AktG bzw. § 34 Abs. 3 Nr. 4 GenG auf Ersatz des Schadens, der der Gläubigergesamtheit durch Verkürzung des Gesellschaftsvermögen in der Verschleppungsphase durch die Leistung verbotener Zahlungen oder anderweitige Ursachen entsteht.

Um zu diesem Ergebnis zu gelangen, ist nicht nur der Wortlaut der Zahlungsverbote dahingehend zu ändern, dass dieser nicht ausschließlich Masseschmälerungen durch die Leistung von Zahlungen erfasst, sondern auch Schäden, die in der Verschleppungsphase anderweitig verursacht wurden. Neben der Änderung des Wortlauts der Zahlungsverbote ist die Insolvenzantragsfrist ersatzlos zu streichen. Die Antragspflicht und mithin die Verschleppungsphase müssen gleichermaßen wie die Zahlungsverbote bei Überschuldung und Zahlungsunfähigkeit einsetzen, um die gesetzlichen Zahlungsverbote nicht zeitlich ihres Anwendungsbereichs zu beschneiden und einen effektiven und möglichst frühen Schutz der Gesellschaftsgläubiger durch Erhaltung der Haftungsmasse sicher zu stellen. Individualschäden sind nach allgemeinem Zivilrecht zu ersetzen.

§ 3 Gesetzgebungsvorschlag

Für das hier befürwortete Haftungskonzept sollte der Wortlaut der Zahlungsverbote geändert werden. Zum einen müsste er alle Masseschmälerungen in der Verschleppungsphase erfassen, zum anderen auf Ersatz des am Gesellschaftsvermögen entstandenen Schadens zielen. Daneben ist nach hier vertretener Ansicht die dreiwöchige Insolvenzantragsfrist zu streichen, was auch die aktuell geltende Sorgfaltsausnahme innerhalb der Zahlungsverbote obsolet macht. Diese wäre mithin ebenfalls zu streichen.

A. Änderungen in der InsO

§ 15 a Abs. 1 InsO sollte demnach lauten:

> *„Wird eine juristische Person zahlungsunfähig oder überschuldet, haben die Mitglieder des Vertretungsorgans oder die Abwickler einen Eröffnungsantrag zu stellen. Das Gleiche gilt für die organschaftlichen Vertreter der zur Vertretung der Gesellschaft ermächtigten*

Gesellschafter oder die Abwickler bei einer Gesellschaft ohne Rechtspersönlichkeit, bei der kein persönlich haftender Gesellschafter eine natürliche Person ist; dies gilt nicht, wenn zu den persönlich haftenden Gesellschaftern eine andere Gesellschaft gehört, bei der ein persönlich haftender Gesellschafter eine natürliche Person ist."

B. Änderungen im GmbHG

§ 64 GmbHG könnte lauten:

„Wird entgegen § 15a InsO die Eröffnung des Insolvenzverfahrens nicht oder nicht rechtzeitig beantragt, sind die organschaftlichen Vertreter der Gesellschaft oder deren Liquidatoren gegenüber der Gesellschaft zum Ersatz des Schadens verpflichtet, der ab Zahlungsunfähigkeit oder Überschuldung der Gesellschaft durch die Leistung von Zahlungen oder eine sonstige Verkürzung des Gesellschaftsvermögens entsteht. Die Geschäftsleiter haften zudem auf Ersatz von Zahlungen an Gesellschafter, soweit diese zur Zahlungsunfähigkeit der Gesellschaft führen mussten, es sei denn, dies war auch bei Anwendung der Sorgfalt eines ordentlichen Geschäftsmanns nicht erkennbar. Auf den Ersatzanspruch finden die Bestimmungen in § 43 Abs. 3 und 4 entsprechende Anwendung."

C. Änderungen im HGB

130a Abs. 1 und 2 HGB könnte lauten:

„(1) Nachdem bei einer Gesellschaft, bei der kein Gesellschafter eine natürliche Person ist, die Zahlungsunfähigkeit eingetreten ist oder sich ihre Überschuldung ergeben hat, dürfen die organschaftlichen Vertreter der zur Vertretung der Gesellschaft ermächtigten Gesellschafter und die Liquidatoren für die Gesellschaft keine Zahlungen leisten. Entsprechendes gilt für Zahlungen an Gesellschafter, soweit diese zur Zahlungsunfähigkeit der Gesellschaft führen mussten, es sei denn, dies war auch bei Anwendung der Sorgfalt eines ordentlichen Geschäftsmannes nicht erkennbar. Die Sätze 1 bis 3 gelten nicht, wenn zu den Gesellschaftern der offenen Handelsgesellschaft eine andere offene Handelsgesellschaft oder Kommanditgesellschaft gehört, bei der ein persönlich haftender Gesellschafter eine natürliche Person ist.

(2) Wird entgegen § 15a InsO die Eröffnung des Insolvenzverfahrens nicht oder nicht rechtzeitig beantragt, sind die organschaftlichen Vertreter der Gesellschaft oder deren Liquidatoren gegenüber der Gesellschaft zum Ersatz des Schadens verpflichtet, der ab Zahlungsunfähigkeit oder Überschuldung durch die Leistung von Zahlungen oder eine sonstige Verkürzung des Gesellschaftsvermögens entsteht. Die Ersatzpflicht kann durch Vereinbarung mit den Gesellschaftern weder eingeschränkt noch ausgeschlossen werden. Soweit der Ersatz zur Befriedigung der Gläubiger der Gesellschaft erforderlich ist, wird die Ersatzpflicht weder durch einen Verzicht oder Vergleich der Gesellschaft noch dadurch aufgehoben, dass die Handlung auf einem Beschluss der Gesellschafter beruht. Satz 4 gilt nicht, wenn der Ersatzpflichtige zahlungsunfähig ist und sich zur Abwendung des Insolvenzverfahrens mit seinen Gläubigern vergleicht oder wenn die Ersatzpflicht in einem Insolvenzplan geregelt wird. Die Ansprüche aus diesen Vorschriften verjähren in fünf Jahren."

D. Änderungen im AktG

§ 92 AktG handelt von den Pflichten des Vorstands und nicht dessen Haftung, welche erst in § 93 AktG umfassend geregelt ist. Diese Systematik des Gesetzes sollte beibehalten werden. § 92 Abs. 2 AktG könnte demnach wie folgt umformuliert werden:

> *„(2) Nachdem die Zahlungsunfähigkeit der Gesellschaft eingetreten ist oder sich deren Überschuldung ergeben hat, darf der Vorstand für die Gesellschaft keine Zahlungen leisten. Die gleiche Verpflichtung trifft den Vorstand für Zahlungen an Aktionäre, soweit diese zur Zahlungsunfähigkeit der Gesellschaft führen mussten, es sei denn, dies war auch bei Beachtung der in § 93 Abs. 1 Satz 1 bezeichneten Sorgfalt nicht erkennbar."*

Die Haftung für die Verletzung des Zahlungsverbots könnte am sinnvollsten in einem eigenen Absatz IIIa des § 93 AktG geregelt werden, weil ihre Rechtsfolge angesichts ihrer aktuellen Interpretation der herrschenden Meinung als schadensunabhängige Ersatzpflicht noch ausdrücklicher auf Ersatz des entstandenen Schadens gerichtet sein sollte. Streng genommen setzt dies bereits der jetzige Abs. 3 mit dem einleitenden Wort „namentlich" und damit dem Bezug zur Schadensersatzpflicht nach § 93 Abs. 2 AktG um. Dies schien die herrschende Meinung aber bis dato nicht von einer anderen Interpretation abzuhalten. § 93 Abs. 3 Nr. 6 AktG sollte gestrichen werden und ein neu einzufügender § 93 Abs. 3a AktG lauten:

> *„(3a) Wird entgegen § 15a InsO die Eröffnung des Insolvenzverfahrens nicht oder nicht rechtzeitig beantragt, sind die organschaftlichen Vertreter der Gesellschaft oder deren Liquidatoren gegenüber der Gesellschaft zum Ersatz des Schadens verpflichtet, der ab Zahlungsunfähigkeit oder Überschuldung durch die Leistung von Zahlungen oder eine sonstige Verkürzung des Gesellschaftsvermögens entsteht."*

E. Änderungen im GenG

Ähnlich den Normen im AktG könnten §§ 99, 34 Abs. 3 Nr. 4 GenG folgendermaßen geändert werden:

§ 99 GenG könnte lauten:

> *„Der Vorstand darf für die Genossenschaft keine Zahlung mehr leisten, sobald die Genossenschaft zahlungsunfähig geworden ist oder sich eine Überschuldung ergeben hat, die für die Genossenschaft nach § 98 Grund für die Eröffnung des Insolvenzverfahrens ist."*

§ 34 Abs. 3 Nr. 4 GenG sollte gestrichen und im Gegenzug folgender Abs. 3a angefügt werden:

> *„(3a) Wird entgegen § 15a InsO die Eröffnung des Insolvenzverfahrens nicht oder nicht rechtzeitig beantragt, sind die organschaftlichen Vertreter der Genossenschaft oder deren Liquidatoren gegenüber der Genossenschaft zum Ersatz des Schadens verpflichtet, der ab Zahlungsunfähigkeit oder Überschuldung durch die Leistung von Zahlungen oder eine sonstige Verkürzung des Gesellschaftsvermögens entsteht."*

Kapitel 5 Zusammenfassung der Ergebnisse

Ziel dieser Arbeit war, das Konzept der herrschenden Meinung, nach dem der Geschäftsleiter, der die Insolvenz der Gesellschaft verschleppt, auf Grundlage zweier separater Tatbestände haftet, zu widerlegen. Zudem sollte ein Alternativkonzept herausgearbeitet werden, das praktisch umsetzbar ist und eine sinn- und maßvolle Sanktion des pflichtwidrig handelnden Geschäftsleiters bewirkt. Um den Erfolg dieses Unterfangens beurteilen zu können, sollen im Folgenden die gewonnen Ergebnisse der Untersuchung zusammengefasst werden.

1. Die Haftung für die Verschleppung der Insolvenz betrifft eine Vielzahl von Personen und ist allein aus diesem Grund ein vor allem in praktischer Hinsicht höchst relevantes Thema. Zum einen ist die Zahl der Gesellschaftsinsolvenzen deutscher Unternehmen mit jährlich weit über 10.000 Fällen sehr hoch, zum anderen sind nicht nur Geschäftsführer, Vorstände, Aufsichtsräte, Gesellschafter etc. deutscher Gesellschaften betroffen, sondern seit dem „Kornhaas"-Urteil des EuGH auch entsprechende Funktionäre ausländischer Gesellschaften mit Sitz im Inland.
2. Die herrschende Meinung will insolvenzverschleppende Geschäftsleiter auf Grundlage eines zweispurigen Haftungssystems zur Verantwortung ziehen. Ein solches ist im Vergleich zur Rechtslage in England und Frankreich einzigartig. Anders als das englische und französische System führt es nicht zu einer Haftung auf Ersatz des kausal entstandenen Schadens, sondern zieht eine deutlich schwerwiegendere Haftungssanktion „eigener Art" nach sich. Die deutsche Haftung setzt zudem zu einem deutlich früheren Zeitpunkt ein und lässt den Gerichten keinen Spielraum bei der Festsetzung der Höhe des vom Geschäftsleiter zu erstattenden Betrags. Bereits die Überlegungen mehrerer Institutionen der EU, die die Einführung einer EU-weiten Regelung der Verschleppungshaftung ins Auge fassen, und dabei die deutsche Regelung, anders als die französische und englische, als Vorbild gänzlich außer Acht lassen, sollte dem deutschen Gesetzgeber zu denken geben.
3. Das Haftungssystem der herrschenden Meinung ist dabei nicht nur in seiner Gesamtheit in Zweifel zu ziehen, sondern bereits die einzelnen Haftungstatbestände geben für sich genommen Anlass zur Kritik.
4. Die Haftung für verbotene Zahlungen führt zur Ersatzhaftung des Geschäftsleiters in unangemessener Höhe. Während nach früherer Rechtsprechung der ungekürzte Betrag der Zahlung in das Gesellschaftsvermögen zu erstatten war, bemühte sich der BGH zwar in drei neueren Urteilen um eine Eindämmung der Haftung an sich und ihrer Höhe. Nicht nur sollen neuerdings etwaige in das Gesellschaftsvermögen gelangte Gegenleistungen in größerem Umfang haftungsmindernd berücksichtigt werden, sondern auch die Haftung für den Forderungseinzug auf debitorische Gesellschaftskonten wurde deutlich gemildert. Diese grundsätzlich begrüßenswerten Bemühungen lösen aber nicht die den Zahlungsverboten und ihrer Interpretation durch die herrschende Meinung innewohnende Problematik in Gänze.

Ungeklärt bleibt zum einen das Verhältnis der Haftung für verbotene Zahlungen zu den Insolvenzanfechtungstatbeständen und der Haftung für die Verschleppung der Insolvenz. Zum anderen führt die Haftung für verbotene Zahlungen in vielen Fällen weiterhin zu überzogenen Haftungsfolgen, weil der BGH die Berücksichtigung von in das Gesellschaftsvermögen gelangten Gegenleistungen nicht umfassend umsetzt, sondern nur dann eine Enthaftung des Geschäftsleiters bejaht, wenn ein unmittelbarer Zusammenhang zwischen Gegenleistung und Zahlung besteht. Zu Rechtsunsicherheit führt dabei vor allem die Tatsache, dass der BGH Detailfragen hierzu offen gelassen hat. Problematisch bleibt außerdem, dass die gläubigerschädigende Begründung neuer Verbindlichkeiten bei der Haftung unberücksichtigt bleibt und der BGH, praktisch nicht umsetzbar, jede Zahlung einzeln darauf untersuchen möchte, ob sie haftungsauslösend ist oder nicht. Vollends ins Chaos stürzen den Insolvenzverwalter bzw. die Gerichte aber die Grundsätze, die der BGH zur Haftung des Geschäftsleiters bei Zahlungen auf Debetkonten der Gesellschaft aufstellt. Demnach soll jede Zahlung bis ins allerletzte Detail auf ihre Eigenschaften untersucht werden, um die Haftung des Geschäftsleiters feststellen zu können – eine Aufgabe, die die Praxis unmöglich bewältigen kann.

5. Ebensowenig gelangt eine häufig vertretene Meinung aus dem Schrifttum, die die haftungsmildernde Berücksichtigung der Gegenleistung über die entsprechende Anwendung der Wertungen des Bargeschäftsprivilegs regeln möchte, zu überzeugenden Ergebnissen. Die auf die Eigenheiten des Insolvenzanfechtungsrechts zugeschnittene Norm wird den Anforderungen an die Ausgestaltung der Haftung eines Gesellschaftsorgans nicht gerecht. So käme man nur in wenigen Konstellationen und auf willkürlicher Basis zu einer Enthaftung. In den restlichen Fällen müsste eine Lösung gefunden werden, um eine Bereicherung des Gesellschaftsvermögens zu verhindern.
6. Auch die Haftung für die Verletzung der Insolvenzantragspflicht nach § 823 II BGB i.V.m. § 15a InsO leidet, selbst wenn man von der Schutzgesetzeigenschaft der Antragspflicht ausgeht, an praktischen und dogmatischen Schwächen. Zum einen ist der Quotenverminderungsschaden, den die herrschende Meinung nur noch den Altgläubigern zugestehen will, graue Theorie geblieben, weil er in der Praxis nicht nur schwer berechnet werden kann, sondern dessen Geltendmachung auch aus monetärer Sicht kaum von Interesse ist. Ebenfalls unschlüssig ist der Ausschluss der Neugläubiger von dem Anspruch auf Ersatz des Quotenverminderungsschadens, obwohl sie einen solchen Schaden gleichermaßen wie die Altgläubiger erleiden. Mit der grundsätzlichen Einbeziehung der Neugläubiger in den Schutzbereich der Insolvenzantragspflicht wird zudem deren Schutzzweck überdehnt, wenn man weiterhin von ihrer Schutzgesetzeigenschaft ausgehen möchte.
7. Ebenfalls unklar bleibt das konkrete Zusammenspiel der Haftung für die Verletzung der Zahlungsverbote und der Insolvenzverschleppungshaftung. Dessen eindeutige Klärung war offenbar bisher auch nicht von Nöten, weil auf die Verschleppungshaftung in der Praxis ausschließlich durch Neugläubiger für

den Ersatz ihres vollen Ausfallschadens rekurriert wurde und sich die Problematik hinsichtlich des Quotenschadens deshalb gar nicht stellte. Eine sinnvolle Abgrenzung beider Haftungen voneinander zu finden, fällt nicht nur schwer, sondern zeigt abermals die Komplexität des theoriebezogenen Konzepts der herrschenden Meinung, mit dem sich die Praxis konfrontiert sieht.

8. Die herrschende Meinung, inklusive dem BGH, hat sich in ein kompliziertes, auf jeweils unausgereiften Tatbeständen beruhendes Haftungssystem verrannt. Je mehr dabei an einzelnen Stellschrauben gedreht wird, um zu gerechten Ergebnissen zu kommen, umso komplexer und impraktikabler wird die Umsetzung dieses Systems. Dies stellt nicht nur den Insolvenzverwalter bzw. die Gerichte vor unlösbare Aufgaben. Es führt auch zu einer rechtspolitisch nicht mehr haltbaren Rechts- und damit Verhaltensunsicherheit zu Lasten der potentiell haftenden Geschäftsleiter, welche geeignet ist, die Sanierung rettbarer Unternehmen und damit letztlich die Wirtschaft zu lähmen. Es ist an der Zeit für eine gesetzgeberische Revision.
9. Die Haftung für die Verschleppung der Gesellschaftsinsolvenz muss praktisch umsetzbar sein und deshalb auf einem einheitlichen Tatbestand beruhen, dessen Rechtsfolge auf die Erstattung des Gläubigergesamtschadens in das Gesellschaftsvermögen gerichtet ist. Der Schaden der Gläubiger liegt in der Schmälerung des Gesellschaftsvermögens in der Verschleppungsphase, die dem Geschäftsleiter zuzurechnen ist. Diese Annahme bestätigt ein Blick auf die Historie der Zahlungsverbote. Auch der Gesetzgeber des ADHGB von 1862, der ADHGB-Novelle von 1884, des GmbHG von 1892 und des HGB von 1897 wollte durchweg eine Haftung des Geschäftsleiters normieren, die auf den Ersatz des der Gläubigergesamtheit entstandenen Schadens gerichtet ist. Die Normierung einer schadensunabhängigen Ersatzpflicht erstmals durch den Gesetzgeber der Aktienrechtsnovelle von 1884 war dem damaligen Verständnis der Zahlungsverbote geschuldet. Diese setzten zu einem derart späten Zeitpunkt ein, dass nur solche Zahlungen von ihnen erfasst waren, die der Geschäftsleiter noch kurz vor Schließung des Unternehmens bewusst leistete, um Vermögenswerte beiseite zu schaffen. Solchen Zahlungen steht in aller Regel keine Gegenleistung gegenüber und der Schaden entsteht automatisch in Höhe der Zahlung. Eine Haftung auf Ersatz eines Schadens ist damit hinfällig und konnte durch eine schadensunabhängige Erstattungspflicht ausgewechselt werden. Mit der zeitlichen Verlagerung der Pflicht zur Insolvenzantragsstellung im Jahr 1930 ging einher, dass die Zahlungsverbote nunmehr bereits zu einer Zeit eingriffen, in der das Unternehmen noch rechtmäßig am Geschäftsverkehr teilnahm. Mithin wurden auch Zahlungen erfasst, denen eine Gegenleistung gegenübersteht, welche haftungsmildernd berücksichtigt werden muss. Dementsprechend plädierte auch die Mehrheit des Schrifttums zum AktG von 1937 für eine Haftung des Geschäftsleiters auf Schadensersatz. Der heutige Gesetzgeber hat hingegen versäumt, den Wortlaut vor allem des § 64 S. 1 GmbHG entsprechend anzupassen und auch in § 93 Abs. 3 Nr. 6 AktG und § 34 Abs. 3 Nr. 4 GenG klarstellend eine Schadensersatzhaftung anzuordnen.

10. Letztlich verdient eine von *Altmeppen/Wilhelm* begründete Literaturansicht, die eine Haftung des Geschäftsleiters auf Ersatz des Gläubigergesamtschadens auf Grundlage der Zahlungsverbote vorschlägt, den Vorzug. Dem Alternativmodell von *Karsten Schmidt*, das auf Grundlage des § 823 II BGB i.V.m. § 15a InsO zu gleichen Ergebnissen hinsichtlich des Haftungsumfangs gelangt, ist hingegen nicht beizupflichten. Insbesondere stellt die Insolvenzantragspflicht nach hier vertretener Ansicht kein Schutzgesetz i.S.d. § 823 II BGB dar. Dies ergibt sich zum einen aus einer historischen Betrachtung der Insolvenzverschleppungshaftung. Sowohl der Gesetzgeber des ADHGB von 1862, der Aktienrechtsnovelle von 1884, des GmbHG von 1892 und des HGB von 1897 als auch das Reichsgericht lehnten eine Haftung des insolvenzverschleppenden Geschäftsleiters gegenüber den Gesellschaftsgläubigern ab. Vielmehr sollten die Zahlungsverbote mit dem Innenhaftungskonzept einzige Rechtsfolge der Verkürzung des Gesellschaftsvermögens in der Verschleppungsphase sein. Zum anderen sollte die Insolvenzantragspflicht, die laut der herrschenden Meinung den Schutz aller potentiellen Gläubiger und damit des gesamten Rechtsverkehrs bezweckt, nicht argumentativ in die Anforderungen des § 823 II BGB als individualschützendes Gesetz gezwängt werden.
11. Die Haftung auf Grundlage der Zahlungsverbote muss auf Ersatz des Schadens der Gläubiger am Gesellschaftsvermögen gerichtet sein, den diese durch dessen Schmälerung in der Verschleppungsphase erleiden. Vom Anspruch gegen den Geschäftsleiter sind dabei nur solche Schmälerungen erfasst, die ihm in Anlehnung an die §§ 287 S. 2, 848 BGB zugerechnet werden können. Eine Entlastung hinsichtlich einzelner Schadensposten kann er durch den Nachweis bewirken, dass der Schaden auch bei ordnungsgemäßer Insolvenzantragsstellung entstanden wäre. Daneben sollte die dreiwöchige Frist zur Insolvenzantragsstellung gestrichen werden, damit die momentan geltenden Zahlungsverbote, die nach dem hier befürworteten Einheitsmodell den Schaden in der Verschleppungsphase ersetzen sollen, nicht verkürzt werden. Der Zeitraum, in dem Masseschmälerungen haftungsbewehrt sind, würde mit Insolvenzreife der Gesellschaft einsetzen und die Zahlungsverbote eine frühzeitige und dem Gläubigerschutz gerecht werdende Sanktion darstellen. Der Wortlaut der Zahlungsverbote sollte durch den Gesetzgeber dahingehend geändert werden, dass von ihm sämtliche Masseschmälerungen in der Verschleppungsphase und nicht nur solche durch Zahlungen erfasst werden.

Literaturverzeichnis

Altmeppen, Holger, Änderungen der Kapitalersatz- und Insolvenzverschleppungshaftung aus deutsch-europäischer Sicht, NJW 2005, S. 1911–1915.

Altmeppen, Holger, Anmerkung zum Urteil des BGH vom 08.12.2015, II ZR 68/14, ZIP 2016, S. 366–368.

Altmeppen, Holger, Anmerkung zum Urteil des BGH vom 15.5.2007, II ZR 48/06, NJW 2007, S. 2121.

Altmeppen, Holger, Die zentralen Änderungen des GmbH-Rechts nach dem Referentenentwurf des MoMiG, in: *VGR* (Hrsg.), Gesellschaftsrecht in der Diskussion 2006, Bd. 12, Köln 2007, S. 93–113.

Altmeppen, Holger, Insolvenzverschleppungshaftung Stand 2001, ZIP 2001, S. 2201–2211.

Altmeppen, Holger, Konkurrenz zwischen Erstattungshaftung von Geschäftsleitern und Anfechtungsschuldnern bei verbotenen Zahlungen, ZIP Festheft zu Ehren von Dr. Katherine Knauth, Beilage zu ZIP 22/2016, S. 3–6.

Altmeppen, Holger, Masseschmälernde Zahlungen, NZG 2016, S. 521–527.

Altmeppen, Holger, Persönliche Haftung des Aufsichtsrats für die Verletzung der Massesicherungspflicht der Geschäftsleiter. Zugleich Besprechung BGH vom 20.9.2010, II ZR 78/09, ZIP 2010, 1988 – Doberlug, ZIP 2010, S. 1973–1979.

Altmeppen, Holger, Probleme der Konkursverschleppungshaftung, ZIP 1997, S. 1173–1185.

Altmeppen, Holger, Was bleibt von den masseschmälernden Zahlungen? Zugleich Besprechung BGH v. 18.11.2014 – II ZR 231/13, ZIP 2015, S. 949–956.

Altmeppen, Holger, Zur Frage, ob eigenkapitalersetzende Gesellschafterleistungen im Überschuldungsstatus zu passivieren sind und zur Haftung des Geschäftsführers einer GmbH, ZIP 2001, S. 240–242.

Altmeppen, Holger/Wilhelm, Jan, Gegen die Hysterie um die Niederlassungsfreiheit der Scheinauslandsgesellschaft, DB 2004, S. 1083–1089.

Altmeppen, Holger/Wilhelm, Jan, Quotenschaden, Individualschaden und Klagebefugnis bei der Verschleppung des Insolvenzverfahrens über das Vermögen der GmbH, NJW 1999, S. 673–681.

Andres, Dirk/Leithaus, Rolf/Dahl, Michael, Insolvenzordnung (InsO) Kommentar, 3. Auflage, München 2014 [zitiert als *Bearbeiter*, in: Andres/Leithaus, InsO].

Anschütz, August/von Völderndorff, Otto, Commentar zum allgemeinen deutschen Handelsgesetzbuch mit Ausschluss des Seerechts, Band II, Erlangen 1870 [zitiert als *Anschütz/von Völderndorff*, ADHGB].

Bähr, Biner, Zur Haftung eines Geschäftsführers einer GmbH gemäß GmbHG § 64 Abs 2 für die Einreichung eines Kundenschecks auf ein debitorisches Geschäftskonto nach Eintritt der Insolvenzreife, EWiR 1999, S. 463–464.

Bähr, Biner, Zur persönlichen Haftung des GmbH-Geschäftsführers aufgrund einer Woche vor Konkursantrag erfolgter Einreichung eines Kundenschecks zur Gutschrift auf dem Geschäftskonto, EWiR 1995, S. 587–588.

Bailey, S.H./Gunn, Michael/Ching, Jane/Taylor, Nick, Smith, Bailey and Gunn on the modern English legal system, 5. Auflage, London 2007 [zitiert als *Bearbeiter,* in: Smith, Bailey and Gunn on the modern English legal system].

Ballerstedt, Kurt, Zur Haftung für culpa in contrahendo bei Geschäftsabschluß durch Stellvertreter, AcP 151 (1950/1951), S. 501–531.

Bangha-Szabo, Attila, Keine Berücksichtigung von Insolvenzanfechtungsansprüchen im Rahmen der Masseschmälerungshaftung des Geschäftsleiters, KTS 2015, S. 165–177.

Barthel, Dirk, Deutsche Insolvenzantragspflicht und Insolvenzverschleppungshaftung in Scheinauslandsgesellschaften nach dem MoMiG. Europarechtliche Anforderungen an gläubigerschützende Normen des Aufnahmestaates, Baden-Baden 2009 (zugl. Diss. Düsseldorf 2009).

Basch, Julius, Allgemeines Deutsches Handelsgesetzbuch und Allgemeine Deutsche Wechselordnung nebst Einführungs- und Ergänzungsgesetzen, 4. Auflage, Berlin 1895 [zitiert als *Basch,* ADHGB].

Bauder, Wolfgang, Anmerkung zum Beschluss des BGH vom 20.9.1993, II ZR 292/91, BB 1993, S. 2472–2474.

Baumbach, Adolf, Beck'sche Kurz-Kommentare Aktiengesetz, 4. Auflage, München 1941 [zitiert als *Baumbach,* AktG, 4. Aufl., 1941].

Baumbach, Adolf, Beck´sche Kurz-Kommentare Aktiengesetz, 6. Auflage, München 1949 [zitiert als *Bearbeiter,* in: Baumbach, AktG, 6. Aufl., 1949].

Baumbach, Adolf/Hopt, Klaus/Kumpan, Christoph/Merkt, Hanno/Roth, Markus, Handelsgesetzbuch mit GmbH & Co., Handelsklauseln, Bank- und Börsenrecht, Transportrecht (ohne Seerecht), 36. Auflage, München 2014 [zitiert als *Bearbeiter,* in: Baumbach/Hopt, AktG].

Baumbach, Adolf/Hueck, Alfred, Beck´sche Kurz-Kommentare GmbHG, 16. Auflage, München 1996 [zitiert als *Bearbeiter,* in: Baumbach/Hueck, GmbHG, 16. Aufl., 1996].

Baumbach, Adolf/Hueck, Alfred, Beck´sche Kurz-Kommentare GmbHG, 17. Auflage, München 2000 [zitiert als *Bearbeiter,* in: Baumbach/Hueck, GmbHG, 17. Aufl., 2000].

Baumbach, Adolf/Hueck, Alfred, Beck´sche Kurz-Kommentare GmbHG, 18. Auflage, München 2006 [zitiert als *Bearbeiter,* in: Baumbach/Hueck, GmbHG, 18. Aufl., 2006].

Baumbach, Adolf/Hueck, Alfred, Beck'sche Kurz-Kommentare GmbHG, 20. Auflage, München 2013 [zitiert als *Bearbeiter,* in: Baumbach/Hueck, GmbHG].

Baumert, Andreas J., Zahlungseingang aus Erlösen des Verkaufs von Sicherungseigentum auf ein debitorisches Bankkonto: offene Fragen bei § 64 S. 1 GmbHG rund um Masseneutralität und Sanierungsprivileg, NZG 2016, S. 379–381.

Baums, Theodor, Neudrucke privatrechtlicher Kodifikationen und Entwürfe des 19. Jahrhunderts, Band 5, Gesetz über die Aktiengesellschaften für die Königlich Preussischen Staaten vom 9. November 1843, Aalen 1981.

Bayer, Walter/Lieder, Jan, Ersatz des Vertrauensschadens wegen Insolvenzverschleppung und Haftung des Teilnehmers, WM 2006, S. 1–12.

Bayer, Walter/Schmidt, Jessica, Erstattung verbotswidrig geleisteter Zahlungen – Übereinstimmungen zwischen HGB § 130a Abs 3, GmbHG § 64 Abs 2 und AktG § 93 Abs 2, Abs 3 Nr 6, WuB II G § 130a HGB 1.07.

Beck, Rainer, Die Haftung des Geschäftsführers nach § 64 Abs. 2 GmbHG, § 823 Abs. 2 BGB i.V.m. § 64 Abs. 1 GmbHG, ZInsO 2007, S. 1233–1240.

Benndorf, Bianca, Insolvenzverschleppungshaftung im deutschen und englischen Recht, Hamburg 2008 (zugl. Diss. Kiel 2008).

Berger, Christian, Insolvenzantragspflicht bei Führungslosigkeit der Gesellschaft nach § 15a Abs. 3 InsO, ZInsO 2009, S. 1977–1986.

Berner, Olaf/Klöhn, Lars, Insolvenzantragspflicht, Qualifikation und Niederlassungsfreiheit, ZIP 2007, S. 106–114.

Bezold, Ernst, Die Gesetzgebung des Deutschen Reichs mit Erläuterungen, Band II Erster Teil. Bürgerliches Recht, Erlangen 1879.

Biehl, Björn, Geschäftsführer- und Gesellschafterhaftung wegen Insolvenzverschleppung bei der GmbH, Frankfurt am Main 2014 (zugl. Diss. Düsseldorf 2013).

Biehl, Kristof, Wiederaufleben von Bürgschaften aufgrund Insolvenzanfechtung und Abtretung von Gesamtschadensansprüchen, ZInsO 2003, S. 932–934.

Birkenbihl, Ferdinand, Das Reichsgesetz betreffend die Gesellschaften mit beschränkter Haftung vom 20. April 1892, Berlin 1893 [zitiert als *Birkenbihl,* GmbHG].

Bitter, Georg, § 64 GmbH – Neustart durch den Gesetzgeber erforderlich!, ZIP Festheft zu Ehren von Dr. Katherine Knauth, Beilage zu ZIP 22/2016, S. 6–11.

Bitter, Georg, Haftung von Gesellschaftern und Geschäftsführern in der Insolvenz ihrer GmbH – Teil 1, ZInsO 2010, S. 1505–1524.

Bitter, Georg, Haftung von Gesellschaftern und Geschäftsführern in der Insolvenz ihrer GmbH – Teil 2, ZInsO 2010, S. 1561–1582.

Bitter, Georg, Zur Haftung des Geschäftsführers aus § 64 Abs. 2 GmbHG für „Zahlungen“ nach Insolvenzreife, WM 2001, S. 666–672.

Bitter, Georg, Zur Haftung des Geschäftsführers gemäß GmbHG § 64 Abs 2 auch ohne Masseschmälerung, WuB II C § 64 GmbHG 1.03.

Bitter, Georg/Redeker, Rouven, Zur Abgrenzung von Zahlungsstockung und Zahlungsunfähigkeit und zur Insolvenzantragspflicht nach GmbHG § 64 Abs 1, WuB VI A § 17 InsO 1.05.

Bitter, Georg/Schumacher, Florian, Zur Privilegierung des Geschäftsführers bei Zahlungen nach Insolvenzreife, WuB II C § 64 GmbHG 2.08.

Bittmann, Folker/Gruber, Urs Peter, Limited – Insolvenzantragspflicht gemäß § 15a InsO: Europarechtlich unwirksam?, GmbHR 2008, S. 867–873.

Blank, Michael J. W., Vorenthalten von Arbeitnehmeranteilen zur Sozialversicherung bei Insolvenzreife der GmbH – Zum Verhältnis von Zahlungsverbot (§ 64 Satz 1 GmbHG) und Zahlungsgebot (§ 266a Abs. 1 StGB), ZInsO 2013, S. 461–470.

Blöse Jochen, Zur Haftung des Geschäftsführers nach GmbHG § 64 Abs 2, EWiR 2003, S. 635–636.

Blöse, Jochen, Anmerkung zum Urteil des OLG Köln vom 15.12.2011 (18 U 188/11, GmbHR 2012, 1358) – Zur Frage der Haftung eines faktischen Geschäftsführers für Zahlungen nach Eintritt der Unternehmenskrise, GmbHR 2012, S. 1361–1363.

Blöse, Jochen, Zur Abgrenzung von vorübergehender Zahlungsstockung und Zahlungsunfähigkeit bei der GmbH, GmbHR 2005, S. 1122–1124.

Bloß, Henning, Die Unternehmensgruppe im englischen und deutschen Recht der Kapitalgesellschaften, Frankfurt am Main 1999 (zugl. Diss. Freiburg 1999).

Borges, Georg, Gläubigerschutz bei ausländischen Gesellschaften mit inländischem Sitz, ZIP 2004, S. 733–744.

Bork, Reinhard, Haftung des GmbH-Geschäftsführers wegen verspäteten Konkursantrags – Besprechung der Entscheidung BGHZ 126, 831, ZGR 1995, S. 505–528.

Bork, Reinhard, Zum Beginn des Zahlungsverbots gem § 92 II 1 AktG, NZG 2009, S. 775–776.

Bork, Reinhard/Schäfer, Carsten, Kommentar zum GmbH-Gesetz, 3. Auflage, Köln 2015 [zitiert als *Bearbeiter,* in: Bork/Schäfer, GmbHG].

Böttcher, Lars, Anmerkung zu einer Entscheidung des BGH, Urteil vom 23.06.2015 (II ZR 366/13) – Zur Einstufung des Einzugs sicherheitshalber abgetretener Forderungen als Masseschmälerung im Sinne des § 64 GmbHG, ZWH 2015, S. 321–322.

Brand, Christian, „Weißt du wie das wird?“ – Zum Verhältnis von § 266a StGB und § 64 S. 1 GmbHG, GmbHR 2010, S. 237–244.

Brand, Christian, Keine Haftung gemäß § 64 Satz 1 GmbHG bei Abführung rückständiger Sozialversicherungsbeiträge? Zugleich Anmerkung zu OLG Frankfurt a.M., Urt. v. 15.7.2009, WM 2010, S. 1783–1788.

Brandner, Hans Erich, Haftung des Gesellschafter/Geschäftsführers einer GmbH aus culpa in contrahendo, in: *Hadding, Walther/Immenga, Ulrich/Mertens, Hans-Joachim/Pleyer, Klemens/Schneider, Uwe H.* (Hrsg.), Festschrift für Winfried Werner zum 65. Geburtstag am 17. Oktober 1984: Handelsrecht und Wirtschaftsrecht in der Bankpraxis, Berlin 1984, S. 53–65.

Brettner, Ronald, Die Strafbarkeit wegen Insolvenzverschleppung gemäß § 15a InsO, Berlin 2013 (zugl. Diss. Greifswald 2011).

Brinkmann, Moritz, Die Bedeutung der §§ 92, 93 InsO für den Umfang der Insolvenz- und Sanierungsmasse, Köln 2001 (zugl. Diss. Berlin 2001).

Brodmann, Erich, Gewerbe- und Industrie-Kommentar (GIK.). Unter besonderer Berücksichtigung der Rechtsprechung des Reichsgerichts. Band I. Gesetz, betreffend die Gesellschaften mit beschränkter Haftung, 1. Auflage, Berlin/Leipzig 1924 [zitiert als *Brodmann*, GmbHG, 1. Aufl., 1924].

Brodmann, Erich, Gewerbe- und Industrie-Kommentar (GIK.). Unter besonderer Berücksichtigung der Rechtsprechung des Reichsgerichts. Band I. Gesetz, betreffend die Gesellschaften mit beschränkter Haftung, 2. Auflage, Berlin/Leipzig 1930 [zitiert als *Brodmann*, GmbHG, 2. Aufl., 1930].

Brodmann, Erich, Gewerbe- und Industrie-Kommentar (GIK.). Unter besonderer Berücksichtigung der Rechtsprechung des Reichsgerichts. Band IV. Aktienrecht, Berlin/Leipzig 1928 [zitiert als *Brodmann*, Aktienrecht].

Cadmus, Ferdinand, Zur anspruchsmindernden Berücksichtigung von Massezuflüssen bei der Haftung für Zahlungen auf das debitorische Gesellschaftskonto nach § 64 S. 1 GmbHG, zugleich eine Besprechung des BGH Urteils v. 3. Juni 2014 – II ZR 100/13, KTS 2015, S. 143–164.

Cahn, Andreas, Vergleichsverbote im Gesellschaftsrecht, Köln 1996 (zugl. Diss. Frankfurt 1994).

Canaris, Claus-Wilhelm, Die Haftung für fahrlässige Verletzungen der Konkursantragspflicht nach § 64 GmbHG. Eine Besprechung des Beschlusses des BGH vom 01.03.1993 – II ZR 292/91, JZ 1993, S. 649–652.

Canaris, Claus-Wilhelm/Habersack, Mathias/Schäfer, Carsten, Staub Handelsgesetzbuch Großkommentar, Band 3 §§ 105–160, 5. Auflage, Berlin 2009 [zitiert als *Bearbeiter*, in: Staub, HGB].

Canaris, Klaus-Wilhelm, Ansprüche wegen positiver Vertragsverletzung und Schutzwirkung für Dritte bei nichtigen Verträgen, JZ 1965, S. 475–482.

Canaris, Klaus-Wilhelm, Die Vertrauenshaftung im deutschen Privatrecht, München 1971 (zugl. Habil. München 1967).

Casper, Matthias, Die Haftung für masseschmälernde Zahlungen nach § 64 Satz 1 GmbHG: Hat der BGH den Stein der Weisen gefunden? Zugleich Besprechung BGH v. 18.11.2014 – II ZR 231/13, v. 23.6.2015 – II ZR 366/13 und v. 8.12.2015 – II ZR 68/14, ZIP 2016, S. 793–803.

Christ, Caroline, Englische Private Limited und französische Société à Responsabilité Limitée, Baden-Baden 2007 (zugl. Diss. Augsburg 2007).

Clemens, Philipp, Anmerkung zum Urteil des BGH vom 08.12.2015 (II ZR 68/14) – Zur Frage der Einordnung als masseschmälernden Zahlung, GmbHR 2016, S. 215–217.

Coing, Helmut (Hrsg.), Handbuch der Quellen und Literatur der neueren europäischen Privatrechtsgeschichte, Band II Teilband 2 (Neuere Zeit 1500–1800, Gesetzgebung und Rechtsprechung), München 1976.

Commandeur, Anja/Frings, Daniel, Zahlungen des GmbH-Geschäftsführers von debitorisch geführten Konten, NZG 2010, S. 613–614.

Cunio, Hermann, Streitfragen bei der Auslegung der §§ 226, 227a HGB, in: *Schultze, Alfred/Siber, Heinrich* (Hrsg.), Jherings Jahrbücher für die Dogmatik des bürgerlichen Rechts, Zweite Folge. 49. Band. 85. Band von „Jherings Jahrbücher für die Dogmatik des heutigen römischen und deutschen Privatrechts", Frankfurt am Main 1969, S. 345–380.

Czaplinski, Paul/Knodel, Oliver, EuGH: Internationale Zuständigkeit bei Klagen eines Insolvenzverwalters gegen den Geschäftsführer gem. § 64 S. 1 und 2 GmbHG, GWR 2015, S. 16.

Dahl, Michael, Die Änderung des Überschuldungsbegriffs durch Art. 5 des Finanzmarktstabilisierungsgesetzes (FMStG), NZI 2008, S. 719–721.

Dahl, Michael/Schmitz, Jan, Haftung des GmbH-Geschäftsführers aus § 64 II GmbHG bei Begleichung von Drittverbindlichkeiten mit zuvor von verbundenen Konzerngesellschaften zur Verfügung gestellten Mitteln, NZG 2008, S. 532–534.

Dahl, Michael/Schmitz, Jan, Probleme von Überschuldung und Zahlungsunfähigkeit nach FMStG und MoMiG, NZG 2009, S. 567–570.

Dauner-Lieb, Barbara, Die Berechnung des Quotenschadens – Besprechung des Urteils BGH ZIP 1997, 1542, ZGR 1998, S. 617–631.

Davies, Paul L., Gower's and Davie's Principles of Modern Company Law, 7. Auflage, London 2006.

Deutscher Handelstag (Hrsg.), Gutachten des Ausschusses des Deutschen Handelstages, abgedruckt in Stenographische Berichte über die Verhandlungen des Reichstages, 8. Legislaturperiode, Session 1890/92, 12, Aktenstück 660, Anlage A, S. 3760–3766, (abrufbar unter: http://www.reichstagsprotokolle.de/Blatt3_k8_bsb00018676_00460.html).

Drescher, Ingo, Die Haftung des GmbH-Geschäftsführers, 7. Auflage, Köln 2013.

Ebenroth, Carsten Thomas/Boujong, Karlheinz/Joost, Detlev/Strohn, Lutz, Handelsgesetzbuch, Band 1 (§§ 1–342e), 3. Auflage, München 2014 [zitiert als *Bearbeiter*, in: Ebenroth/Boujong/Joost/Strohn, HGB].

Ebenroth, Carsten Thomas/Kräutter, Thomas, Die Eigenhaftung des GmbH-Geschäftsführers bei der Anlagevermittlung, BB 1990, S. 569–575.

Eckhoff, Frank, Die Haftung der Geschäftsleiter gegenüber den Gläubigern der Gesellschaft wegen Insolenzverschleppung, Baden-Baden 2010 (zugl. Diss. Köln 2009).

Ehricke, Ulrich, Zur Teilnehmerhaftung von Gesellschaftern bei Verletzungen von Organpflichten mit Außenwirkung durch den Geschäftsführer einer GmbH, ZGR 2000, S. 351–383.

Eidenmüller, Horst, Geschäftsleiter- und Gesellschafterhaftung bei europäischen Auslandsgesellschaften mit tatsächlichem Inlandssitz, NJW 2005, S. 1618–1621.

Endemann, Wilhelm, Das deutsche Handelsrecht, systematisch dargestellt, 2. Auflage, Heidelberg 1868.

Erster Bericht der Kommission für Insolvenzrecht, herausgegeben vom Bundesminister der Justiz, Köln 1985.

Eyber, Klaus U., Aktivlegitimation des Konkursverwalters bei Wegfall des „Quotenschadens“, NJW 1994, S. 1622–1625.

Fichtelmann, Helmar, Die Rechtsstellung des Geschäftsführers der GmbH in der Insolvenz der Gesellschaft, GmbHR 2008, S. 76–84.

Fischer, Gero, Die Rechtsprechung des Bundesgerichtshofs zum Insolvenzrecht im Jahre 2002, NZI 2003, S. 281–291.

Flach, Dieter, Das Zwölftafelgesetz, Darmstadt 2004.

Fleck, Hans-Joachim, Zur Haftung aus culpa in contrahendo – hier – Bauherrenmodell, EWiR 1990, S. 1215–1216.

Fleck, Hans-Joachim, Zur Haftung des GmbH-Geschäftsführers, GmbHR 1974, S. 224–235.

Fleischer, Holger, Gläubigerschutz in der kleinen Kapitalgesellschaft – Deutsche GmbH versus englische private limited company, DStR 2000, S. 1015–1021.

Fleischer, Holger, Neue Entwicklungen im englischen Konzernrecht. Vergleichende Notizen im Lichte der Empfehlungen des Forum Europaeum Konzernrecht, AG 1999, S. 350–362.

Fleischer, Holger, Zur aktienrechtlichen Verantwortlichkeit faktischer Organe, AG 2004, S. 517–528.

Fleischer, Holger, Zur GmbH-rechtlichen Verantwortlichkeit des faktischen Geschäftsführers, GmbHR 2011, S. 337–346.

Fleischer, Holger/Goette, Wulf, Münchener Kommentar zum GmbHG, Band III (§§ 53–85), 2. Auflage, München 2016 [zitiert als *Bearbeiter*, in: MüKo GmbHG].

Fleischer, Holger/Körber, Thorsten/Pentz, Andreas/Thüsing, Gregor, Handbuch des Vorstandsrechts, München 2006 [zitiert als *Bearbeiter*, in: Fleischer, VorstandsR-HdB].

Fleischer, Horst, Erweiterte Außenhaftung der Organmitglieder im Europäischen Gesellschafts- und Kapitalmarktrecht. Insolvenzverschleppung, fehlerhafte Kapitalmarktinformation, Tätigkeitsverbote, ZGR 2004, S. 437–479.

Flöther, Lucas F./Korb, Anne-Cathrin, Das Verhältnis zwischen dem Erstattungsanspruch nach § 64 GmbHG und der Insolvenzanfechtung, ZIP 2012, S. 2333–2337.

Flume, Werner, Die Haftung des GmbH-Geschäftsführers bei Geschäften nach Konkursreife der GmbH, ZIP 1994, S. 337–342.

Fölsing, Philipp, Vorteilsausgleich in der Krise der Gesellschaft. Neue BGH-Rechtsprechung schränkt Geschäftsleiter-Haftung ein, KSI 2015, S. 70–74.

Frankenburger, Heinrich, Handelsgesetzbuch für das Deutsche Reich (mit Ausnahme des Seerechts) vom 10. Mai 1897 nebst dem Einführungsgesetze, 4. Auflage, München 1914 [zitiert als *Frankenburger*, HGB].

Freitag Robert, Insolvenzverschleppungshaftung als ausschließliche Außenhaftung. Zur Ökonomik der § 92 InsO, § 42 II 2 BGB, § 130a II 1 Var. 1 HGB, NZG 2014, S. 447–452.

Froehner, Jan, Deliktische Haftung für die Beihilfe zur Insolvenzverschleppung gegenüber dem Neugläubiger, ZInsO 2011, S. 1617–1626.

Gehrlein, Markus, Die Auslegung des § 64 GmbHG im Spannungsfeld zwischen Gesellschaftsrecht und Insolvenzanfechtungsrecht, ZInsO 2015, S. 477–483.

Gehrlein, Markus, Höchstrichterliche Rechtsprechung zur Haftung des Steuerberaters wegen fehlerhafter Insolvenzprüfung, NZG 2013, S. 961–967.

Gehrlein, Markus, Schadensbegrenzung bei Insolvenzverschleppung unter dem Gesichtspunkt des Schutzzweckgedankens, DB 2005, S. 2395–2397.

Geißler, Markus, Grenzlinien der Ersatzpflicht des Vorstands wegen verbotener Zahlungen in der Krise der AG, NZG 2007, S. 645–650.

Geißler, Markus, Strittige Restanten bei der Haftung des GmbH-Geschäftsführers aus culpa in contrahendo, ZIP 1997, S. 2184–2191.

Geißler, Markus, Verhaltensmaßnahmen und Rechtspflichten des Geschäftsführers in der Krise der GmbH, DZWiR 2011, S. 309–317.

Geißler, Markus, Verlängerung der Dreiwochenfrist des § 15a Abs. 1 InsO bei Insolvenz der GmbH?, ZInsO 2013, S. 167–170.

Geißler, Markus, Wertgedeckte und nicht wertgedeckte Zahlungen bei Insolvenzreife der GmbH, GmbHR 2011, S. 907–912.

Giedinghagen, Jan/ Göb, Marc Alexander, Anmerkung zum Urteil des BGH vom 25.1.2011, Az. II ZR 196/09 – Zur Haftung des Geschäftsführers bei Zahlung rückständiger Arbeitgeberanteile zur Sozialversicherung in der Krise der Gesellschaft, EWiR 2011, S. 257–258.

Gilles, Peter/Baumgart, Michael, Schadensersatzpflicht des GmbH-Geschäftsführers nach § 823 II BGB iVm § 64 I GmbHG, JuS 1974, S. 226–229.

Glaser, Uwe, Ersatzpflicht des Geschäftsführers für Einzug globalzedierter Forderungen nach Insolvenzreife. Zugleich Anmerkung zu BGH, Urt. v. 23.6.2015 – II ZR 366/13, ZInsO 2015, S. 2416–2418.

Glozbach, Pierre, Die Haftung des GmbH-Geschäftsführers nach § 64 Abs. 2 GmbHG für Zahlungen nach Insolvenzreife, Aachen 2004 (zugl. Diss. Bonn 2004).

Godin, Reinhard/Wilhelmi, Hans, Gesetz über Aktiengesellschaften und Kommanditgesellschaften auf Aktien (Aktiengesetz) vom 30. Januar 1937 (RGBl. I S, 107 ff.), 2. Auflage, Berlin 1950 [zitiert als *Godin/Wilhelmi*, AktG].

Goette, Wulf, Aktuelle Rechtsprechung zur GmbH – Kapitalschutz und Organhaftung, DStR 2003, S. 887–895.

Goette, Wulf, Anmerkung zum Urteil des BGH vom 14.5.2007, II ZR 48/06, DStR 2007, S. 1176–1177.

Goette, Wulf, Anmerkung zum Urteil des BGH vom 18.12.1995, II ZR 277/94, DStR 1996, S. 1177–1178.

Goette, Wulf, GmbH: Konkursverschleppungsschaden der Neugläubiger und Berechnung des Quotenschadens der Altgläubiger, DStR 1998, S. 654–655.

Goette, Wulf, Haftung des Geschäftsführers in Krise und Insolvenz der GmbH, ZInsO 2001, S. 529–537.

Goette, Wulf, Wo steht der BGH nach Centros und Inspire Art?, DStR 2005, S. 197–201.

Goette, Wulf, Zur persönlichen Haftung des Geschäftsführers einer GmbH gegenüber Dritten aus Geschäften, die nach Eintritt der Konkursreife mit ihnen geschlossen werden – Die Änderung der höchstrichterlichen Rechtsprechung durch das Urteil des II. Zivilsenats des BGH vom 6. 6. 1994, II ZR 292/91, DStR 1994, S. 1048–1053.

Goette, Wulf, Zur systematischen Einordnung des § 64 Abs. 2 GmbHG, ZInsO 2005, S. 1–5.

Goette, Wulf, Zur systematischen Einordnung des § 64 Abs. 2 GmbHG, in: *Haarmeyer, Hans/Hirte, Heribert/Kirchhof, Hans-Peter/Graf von Westphalen, Friedrich* (Hrsg.), Verschuldung Haftung Vollstreckung Insolvenz. Festschrift für Gerhart Kreft zum 65. Geburtstag, Recklinghausen 2004, S. 53–64.

Goette, Wulf/Habersack, Mathias/Kalss, Susanne, Münchener Kommentar zum Aktiengesetz, II. Band (§§ 76–117 MitbestG – DrittelbG), 4. Auflage, München 2014 [zitiert als *Bearbeiter*, in: MüKo AktG].

Goldschmidt, Levin, Handbuch des Handelsrechts, Band I, Geschichtlich-literarische Einleitung und die Grundlehren, 2. Auflage, Erlangen 1973 [zitiert als *Goldschmidt*, Handbuch des Handelsrechts, Bd. I].

Goode, Roy, Principles of Corporate Insolvency Law, 2. Auflage, London 1997.

Görden, Ludwig, Anmerkung zum Urteil des BGH vom 26.3.2007, II ZR 310/05, GmbH-StB 2007, S. 169–170.

Gottwald, Peter, Insolvenzrechts-Handbuch, 5. Auflage, München 2015 [zitiert als *Bearbeiter*, in: Gottwald, Insolvenzrechts-Handbuch].

Graf-Schlicker, Marie- Luise, Kommentar zur Insolvenzordnung, 4. Auflage, Köln 2014 [zitiert als *Bearbeiter*, in: Graf-Schlicker, InsO].

Grigoleit, Hans Christoph (Hrsg.), Aktiengesetz Kommentar, München 2013 [zitiert als *Bearbeiter,* in: Grigoleit, AktG].

Grigoleit, Hans Christoph, Gesellschafterhaftung für interne Einflussnahme im Recht der GmbH. Dezentrale Gewinnverfolgung als Leitprinzip des dynamischen Gläubigerschutzes, München 2006 (zugl. Habil. München 2003).

Großkommentar zum Aktiengesetz→ siehe unter *Hopt/Wiedemann* und *Hirte/Mülbert/Roth.*

Grunewald, Barbara, Die unbeschränkte Haftung beschränkt haftender Gesellschafter für die Verletzung von Aufklärungspflichten im vorvertraglichen Bereich, ZGR 1986, S. 580–602.

Grünewald, Eduard, Repertorium zum allgemeinen deutschen Handelsgesetzbuch, Bamberg 1871 [zitiert als *Grünewald,* Repertorium zum ADHGB].

Gundlach, Ulf/Frenzel, Volkhard, Anmerkung zum Urteil des BGH vom 8.6.2009, II ZR 147/08, NZI 2009, S. 569.

Gundlach, Ulf/Frenzel, Volkhard/Strandmann, Uwe, Die Zahlungen eines ordentlichen und gewissenhaften Geschäftsleiters nach Insolvenzreife. Ein Beitrag zur Haftung gemäß §§ 92 Abs. 2, 93 Abs. 3 Nr. 6 AktG, DZWiR 2009, S. 450–454.

Haas, Ulrich, Aktuelle Fragen zur Krisenhaftung des GmbH-Geschäftsführers nach § 64 GmbHG, GmbHR 2010, S. 1–8.

Haas, Ulrich, Aktuelle Rechtsprechung zur Insolvenzantragspflicht des GmbH-Geschäftsführers nach § 64 Abs. 1 GmbHG, DStR 2003, S. 423–433.

Haas, Ulrich, Anmerkung zum Urteil des BGH vom 25.7.2005, II ZR 390/03, NZI 2006, S. 61–62.

Haas, Ulrich, Der Erstattungsanspruch nach § 64 Abs. 2 GmbHG, NZG 2004, S. 737–745.

Haas, Ulrich, Die Berücksichtigung der Insolvenzquote im Rahmen des Haftungsanspruchs nach § 64 Abs. 2 GmbHG, in: *Ganter, Hans Gerhard/Gottwald, Peter/Lwowski, Hans-Jürgen* (Hrsg.), Haftung und Insolvenz: Festschrift für Gero Fischer zum 65. Geburtstag, München 2008, S. 209–222.

Haas, Ulrich, Flankierende Maßnahmen für eine Reform des Gläubigerschutzes in der GmbH, GmbHR 2006, S. 505–513.

Haas, Ulrich, Fragen zur Insolvenzverschleppungshaftung des GmbH-Geschäftsführers, NZG 1999, S. 373–381.

Haas, Ulrich, Insolvenzrechtliche Annexverfahren und internationale Zuständigkeit, ZIP 2013, S. 2381–2390.

Haas, Ulrich, Ist das Trihotel-Haftungsmodell Vorbild auch für andere dem Schutz der Gläubigergesamtheit dienende Haftungsansprüche?, ZIP 2009, S. 1257–1261.

Haas, Ulrich/Reiche, Stefanie, Zur Insolvenzverschleppungshaftung, EWiR 2007, S. 305–306.

Habersack, Mathias/Foerster, Max, Austauschgeschäfte der insolvenzreifen Gesellschaft – Zur Reichweite der Zahlungsverbote und zu den Folgen verbotener Zahlungen, ZHR 178 (2014), S. 387–418.

Habersack, Mathias/Foerster, Max, Debitorische Konten und Massezuflüsse im Recht der Zahlungsverbote. Besprechung der Entscheidungen BGH II ZR 100/13, BGH II ZR 231/13 und BGH II ZR 366/13, ZGR 2016, S. 153–184.

Habersack, Mathias/Verse, Dirk A., Wrongful Trading – Grundlage einer europäischen Insolvenzverschleppungshaftung?, ZHR 168 (2004), S. 174–215.

Habscheid, Walther, Prozessuale Probleme hinsichtlich der „Geltendmachung von Gläubigerrechten" durch den Konkursverwalter beim Konkurs einer Aktiengesellschaft (§ 93 Abs. 5 AktG), in: *Bökelmann, Erhard/Henckel, Wolfram/Jahr, Günther* (Hrsg.), Festschrift für Friedrich Weber zum 70. Geburtstag, Berlin/New York 1975, S. 197–214.

Hachenburg, Max, Gesetz betreffend die Gesellschaften mit beschränkter Haftung (GmbHG) Großkommentar, 8. Auflage, Dritter Band (§§ 53–85), Berlin 1997 [zitiert als *Bearbeiter*, in: Hachenburg, GmbHG].

Hahn, Carl/Mugdan, Benno, Die gesamten Materialien zu den Reichs-Justizgesetzen. Auf Veranlassung des kaiserlichen Reichs-Justizamtes herausgegeben, Band 6, Materialien zum Handelsgesetzbuch, Aalen 1897.

Hahn, Friedrich v., Commentar zum allgemeinen deutschen Handelsgesetzbuch, Band 1, Braunschweig 1863 [zitiert als *von Hahn*, ADHGB].

Hamburger Kommentar zum Insolvenzrecht⟶ siehe unter *Schmidt*

Haneke, Severin, Anmerkung zum BGH-Urteil vom 23.06.2015 (II ZR 366/13) – Zur Frage, ob der Einzug sicherungsabgetretener Forderungen auf einem debitorischen Konto keine vom GmbH-Geschäftsführer veranlasste masseschmälernde Zahlung sei, NZI 2015, S. 820–821.

Haneke, Severin, Ausgleichende Gegenleistungen im Rahmen von Organhaftungsansprüchen. Folgen des BGH-Urteils vom 18.11.2014 für die Anspruchsdurchsetzung im Insolvenzverfahren, NZI 2015, S. 499–503.

Hangebrauck, Ralf, Zur Haftung des Geschäftsführers wegen Zahlungen von einem debitorischen Bankkonto bei Insolvenzreife der GmbH, EWiR 2010, S. 357–358.

Hartmann, Beatrice Maria, Die Insolvenzantragspflicht des faktischen Organs. Im Vergleich zu den insolvenzrechtlichen Pflichten des de facto director und des shadow director im englischen Recht, Frankfurt am Main 2005 (zugl. Diss. Köln 2004).

Heidenhain, Martin, Geschäftsführerhaftung nach Einzug von Kundenschecks auf debitorisch geführtes Konto der konkursreifen GmbH, LM H. 5/2000 § 64 GmbHG Nr. 18 Bl. 957–959.

Heil, Michael, Insolvenzantragspflicht und Insolvenzverschleppungshaftung bei der Scheinauslandsgesellschaft in Deutschland. Am Beispiel der englischen Limited, Baden-Baden 2007 (zugl. Diss. Mannheim 2007).

Heinze, Harald, Zur Zahlung aus einem debitorischen Konto in der Krise der GmbH, DZWiR 2010, S. 258–260.

Heitsch, Joachim, Die Binnenhaftung wegen Insolvenzverschleppung gem. § 43 Abs. 2 GmbHG (steht nicht zur Disposition der Gesellschafter), ZInsO 2015, S. 1375–1381.

Heitsch, Joachim, Zur Außen- und Innenhaftung bei der verschleppten Insolvenz der Kapitalgesellschaft, ZInsO 2006, S. 568–576.

Heitsch, Joachim, Zur Haftung bei Insolvenzverschleppung: § 43 Abs. 2 GmbHG, § 93 Abs. 2 AktG als Anspruchsgrundlagen. Zugleich Anmerkung zu Haas (ZIP 2009, 1257 ff.) und zu Poertzgen (ZInsO 2009, 401 ff.), ZInsO 2009, S. 1571–1577.

Henssler, Martin/Dedek, Helge, Gesamtschaden wegen verspäteter Antragstellung, in: *Prütting, Hanns/Vallender, Heinz* (Hrsg.), Festschrift für Wilhelm Uhlenbruck, Köln 2000, S. 175–197.

Henssler, Martin/Strohn, Lutz, Beck'sche Kurz-Kommentare Gesellschaftsrecht, 3. Auflage, München 2016 [zitiert als *Bearbeiter,* in: Henssler/Strohn, GesR].

Hirte, Heribert, Abschied vom Quotenschaden – Erweiterte Haftung des GmbH-Geschäftsführers gegenüber Neugläubigern wegen Konkursverschleppung, NJW 1995, S. 1202–1203.

Hirte, Heribert, Insolvenzantragsrecht und -pflicht bei „Schein-Auslandsgesellschaften" – vom untauglichen Versuch einer Abwehr „böser Eindringlinge", in: *Moll, Wilhelm* (Hrsg.), Festschrift für Hans-Jochem Lüer zum 70. Geburtstag, München 2008, S. 387–394.

Hirte, Heribert, Insolvenzrecht und Gesellschaftsrecht. Zuständigkeitsabgrenzung, Kapitalmarktrecht, Insolvenzantragspflicht, in: *VGR* (Hrsg.), Gesellschaftsrecht in der Diskussion 2006, Bd. 12, Köln 2007, S. 147–191.

Hirte, Heribert, Stellungnahme zum RegE eines Gesetzes zur Modernisierung des GmbH-Rechts und zur Bekämpfung von Missbräuchen (MoMiG) für den Deutschen Bundestag. Sitzung des Rechtsausschusses am 23. Januar 2008, ZInsO 2008, S. 146–149.

Hirte, Heribert/Bücker, Thomas, Grenzüberschreitende Gesellschaften. Ein Praxishandbuch, 2. Auflage, Berlin 2006 [zitiert als *Bearbeiter,* in: Hirte/Bücker, Grenzüberschreitende Gesellschaften].

Hirte, Heribert/Mülbert, Peter O./Roth, Markus (Hrsg.), Großkommentar zum Aktiengesetz, 4. Band Teilband 2 (§§ 92–94), 5. Auflage, Berlin/München/Boston 2015 [zitiert als *Bearbeiter,* in: GroßKomm. AktG].

Hoffmann-Becking, Michael, Münchener Handbuch des Gesellschaftsrechts, Band 4 Aktiengesellschaft, 4. Auflage, München 2015 [zitiert als *Bearbeiter*, in: MünchHdb AG].

Höfling, Barbara Sabine, Das englische internationale Gesellschaftsrecht, Heidelberg 2002 (zugl. Diss. Nürnberg 2001/2002).

Hohloch, Gerhard, Vorvertragliche Haftung nach culpa-in-contrahendo-Grundsätzen auch zugunsten Dritter? – BGHZ 66, 51, JuS 1977, S. 302–306.

Hölzle, Gerrit, Gesellschafterfremdfinanzierung und Kapitalerhaltung im Regierungsentwurf des MoMiG, GmbHR 2007, S. 729–736.

Hommelhoff, Peter, Zur persönlichen Haftung des Gesellschafter-Geschäftsführers einer GmbH aus culpa in contrahendo wegen wirtschaftlichen Eigeninteresses, EWiR 1986, S. 165–166.

Hopt, Klaus J./Wiedemann, Herbert, Großkommentar Aktiengesetz, III. Band (§§ 76–94), 4. Auflage, Berlin 2008 [zitiert als *Bearbeiter*, in: GroßKomm. AktG, 4. Aufl., 2008].

Horn, Norbert (Hrsg.), Heymann-Handelsgesetzbuch (ohne Seerecht), Band 1 Erstes Buch. (Einleitung, §§ 1–104), 1. Auflage, Berlin 1995 [zitiert als *Bearbeiter*, in: Heymann, HGB].

Huber, Rudolf Ernst, Deutsche Verfassungsgeschichte seit 1789, Band I, Reform und Restauration 1789–1830, 2. Auflage, Stuttgart 1990.

Huber, Ulrich, Die Insolvenzantragspflicht der Geschäftsführer von Auslandsgesellschaften, in: *Lutter, Marcus* (Hrsg.), Europäische Auslandsgesellschaften in Deutschland, Köln 2005, S. 307–363.

Hüffer, Uwe, Beck'sche Kurz-Kommentare Aktiengesetz, 11. Auflage, München 2014 [zitiert als *Bearbeiter*, in: Hüffer, AktG].

Jacobi, Christoph Alexander, Anmerkung zum Urteil des BGH vom 18.11.2014 (II ZR 231/13) – Zur ausbleibenden Geschäftsführerhaftung beim Bestehen einer ausgleichenden Gegenleistung, NJ 2015, S. 127–128.

Jauernig Kommentar zum Bürgerleichen Gesetzbuch ⟶ siehe unter *Stürner*.

Jenal, Oliver/Jörg, Stephan, Aktuelle Rechtsprechung zur Krisen-, Sanierungs- und Insolvenzpraxis, KSI 2015, S. 38–44.

Jenal, Oliver/Jörg, Stephan, Aktuelle Rechtsprechung zur Krisen-, Sanierungs- und Insolvenzpraxis, KSI 2015, S. 85–90.

Kallmeyer, Harald, Vor- und Nachteile der englischen Limited im Vergleich zur GmbH oder GmbH & Co.KG, DB 2004, S. 636–639.

Karollus, Martin, Weitere Präzisierungen zur Konkursverschleppungshaftung. Zugleich eine Besprechung des Urteils des Bundesgerichtshofs vom 7. November 1994, ZIP 1995, S. 269–273.

Kaser, Max / Hackl, Karl, Handbuch der Altertumswissenschaft. Rechtsgeschichte des Altertums. Das römische Zivilprozeßrecht, 2. Auflage, München 1996 [zitiert als *Kaser/Hackl*, Das römische Zivilprozeßrecht].

Kiefner, Alexander/Langen, Markus, Massesicherungspflicht und Versagen des Überwachungsorgans. Zum Haftungsgefälle zwischen obligatorischem und fakultativem Aufsichtsrat, NJW 2011, S. 192–196.

Kiem, Roger/Giershausen, Karina, Zum maßgeblichen Zeitpunkt für das Zahlungsverbot des InsO § 92 Abs 2 S 1, EWiR 2009, S. 493–494.

Kindler, Peter, Anmerkung zu einem Urteil des EuGH vom 04.12.2014 (C-295/13) – Zur Frage der Zuständigkeit nach der EuInsVO für Klagen gegen den Geschäftsführer nach § 64 GmbHG, EuZW 2015, S. 143–144.

Kirchhof, Hans-Peter/Eidenmüller, Horst/Stürner, Rolf, Münchener Kommentar zur Insolvenzordnung, Band I (§§ 1–79), 3. Auflage, München 2013 [zitiert als *Bearbeiter*, in: MüKo InsO].

Kirchhof, Hans-Peter/Eidenmüller, Horst/Stürner, Rolf, Münchener Kommentar zur Insolvenzordnung, Band II (§§ 80–216), 3. Auflage, München 2013 [zitiert als *Bearbeiter*, in: MüKo InsO].

Kirchhof, Hans-Peter/Eidenmüller, Horst/Stürner, Rolf, Münchener Kommentar zur Insolvenzordnung, Band III (§§ 217–359 InsO, Internationales Insolvenzrecht, Insolvenzsteuerrecht), 2. Auflage, München 2008 [zitiert als *Bearbeiter*, in: MüKo InsO, 2. Aufl., 2008].

Kirchhof, Hans-Peter/Eidenmüller, Horst/Stürner, Rolf, Münchener Kommentar zur Insolvenzordnung, Band III (§§ 217–359 InsO, Art 103a-110 EGInsO, Konzerninsolvenzrecht, Insolvenzsteuerrecht), 3. Auflage, München 2014 [zitiert als *Bearbeiter*, in: MüKo InsO].

Klausing, Friedrich, Gesetz über Aktiengesellschaften und Kommanditgesellschaften auf Aktien (Aktien-Gesetz) nebst Einführungsgesetz und „Amtlicher Begründung", Berlin 1937 [zitiert als *Klausing*, AktG].

Kleindiek, Detlef, Geschäftsführerhaftung in der Krise, in: *Burgard, Ulrich/Hadding, Walther/Mülbert, Peter O./Nietsch, Michael/Welter, Reinhard* (Hrsg.), Festschrift für Uwe H. Schneider zum 70. Geburtstag, Köln 2011, S. 617–631.

Kleindiek, Detlev, Anmerkung zum Urteil des BGH vom 23.6.2015, Az. II ZR 366/13 – Zur Geschäftsführerhaftung nach § 64 GmbHG, EWiR 2015, S. 565–566.

Knittel, Christian/Schwall, Anne, Plädoyer für eine praktische Handhabung des § 64 S. 1 GmbHG, NZI 2013, S. 782–786.

Knof, Bela/Mock, Sebastian, Das MoMiG und die Auslandsinsolvenz haftungsbeschränkter Gesellschaften, Herausforderung oder Sisyphismus des modernen Gesetzgebers?, GmbHR 2007, S. 852–858.

Koch, Christian Friedrich, Allgemeines deutsches Handelsgesetzbuch herausgegeben mit Kommentar in Anmerkungen von Dr C. F. Koch, Berlin 1863 [zitiert als *Koch,* ADHGB].

Koller, Ingo/Kindler, Peter/Roth, Wulf-Henning/Morck, Winfried, Handelsgesetzbuch Kommentar, 8. Auflage, München 2015 [zitiert als *Bearbeiter,* in: Koller/Kindler/Roth/Morck, HGB].

Kölner Kommentar zum Aktiengesetz ⟶ siehe unter *Zöllner/Noack.*

Kölner Schrift zur Insolvenzordnung ⟶ siehe unter *Wrobel-Sachs.*

Kräwel, Rudolf, Das allgemeine deutsche Handels-Gesetzbuch außer dem fünften Buche vom Seehandel und das Preußische Einführungsgesetz, nebst den wesentlichsten Stellen der Vorarbeiten zu beiden Gesetzen und erläuternden Anmerkungen, Halle 1862 [zitiert als *Kräwel,* ADHGB].

Kreuzberg, Charlotte, Zur Geschäftsführerhaftung bei Einziehung von abgetretenen Forderungen auf ein debitorisches Konto, NZG 2016, S. 371–375.

Kreuzer, Karl F., Anmerkung zum Urteil des BGH vom 28.1.1976, VIII ZR 246/74, JZ 1976, S. 778–781.

Krumm, Marcel, Insolvenzrechtliches Zahlungsverbot und rechtmäßiges Alternativverhalten. Zur Massesicherungs- und -erhaltungspflicht bei debitorischen Bankkonten, WM 2010, S. 296–301.

Kruth, Claus-Peter, Anmerkung zu einer Entscheidung des BGH, Urteil vom 18.11.2014 (II ZR 231/13) – Zum Zahlungsverbot nach Insolvenzreife, NZI 2015, S. 135.

Kruth, Claus-Peter, Massebereicherung statt Massesicherung durch die Auslegung der insolvenzrechtlichen Zahlungsverbote in der BGH-Rechtsprechung? Die Rechtsprechung des II. Zivilsenats im Blickwinkel (un-)angemessener Haftungsfolgen, NZI 2014, S. 981–987.

Kübler, Bruno M., Die Konkursverschleppungshaftung des GmbH-Geschäftsführers nach der „Wende“ des Bundesgerichtshofes – Bedeutung für die Praxis – Besprechung der Entscheidung BGHZ 126, 181, ZGR 1995, S. 481–504.

Kübler, Bruno M., Überlegungen zur Eigenhaftung des Unternehmenssanierers aus culpa in contrahendo. Zugleich Besprechung des BGH-Urteils XI ZR 206/88 vom 3. April 1990, in: *Goerdeler, Reinhard/Hommelhoff, Peter/Lutter, Marcus/Odersky, Walter/Wiedemann, Herbert* (Hrsg.), Festschrift für Alfred Kellermann zum 70. Geburtstag am 29. November 1990 (Zeitschrift für Unternehmens- und Gesellschaftsrecht/ZGR – Sonderheft), Berlin 1991, S. 243–255.

Kübler, Bruno M./Prütting, Hanns/Bork, Reinhard, InsO. Kommentar zur Insolvenzordnung, Band I und II, Loseblatt, Stand: 66. Ergänzungslieferung November 2015, Köln [zitiert als *Bearbeiter,* in: Kübler/Prütting/Bork, InsO].

Kuntz, Thilo, Die Insolvenz der Limited mit deutschem Verwaltungssitz – EU-Kapitalgesellschaften in Deutschland nach Inspire Art, NZI 2005, S. 424–432.

Kurlbaum, Karl/Kurlbaum, Alfred/Kuehne, Walter, Deutsche Reichs-Konkursordnung erl. von Dr. G. v. Wilmowski, Geh. Justizrath, 6. Auflage, Berlin 1906 [zitiert als *Bearbeiter*, in: Kurlbaum, KO].

Lambsdorff, Hans-Georg/Gilles, Peter, Zur Haftung der GmbH-Geschäftsführer bei unterlassenem oder verzögertem Konkursantrag, NJW 1966, S. 1551- 1552.

Lappe, Thomas/Hartmann, Alexander, Zur Frage der Haftung des Aufsichtsrats wegen unterlassenen Hinwirkens auf Stellung eines Insolvenzantrags durch den Vorstand, BB 2009, S. 1209–1210.

Larenz, Karl, Bemerkungen zur Haftung für „culpa in contrahendo", in: *Flume, Werner/Raisch, Peter/Steindorff, Ernst* (Hrsg.), Beiträge zum Zivil- und Wirtschaftsrecht. Festschrift für Kurt Ballerstedt zum 70. Geburtstag am 24. Dezember 1975, Berlin 1975, S. 397–419.

Larenz, Karl, Methodenlehre der Rechtswissenschaft, 6. Auflage, Berlin 1991.

Liebs, Rüdiger, Die Nichtbeachtung des Zahlungsverbots in der Krise des Unternehmens – Zur Haftung der Geschäftsleitung und des Aufsichtsrats, in: *Löwisch, Manfred/Schmidt-Leithoff, Christian/Schmiedel, Burkhard* (Hrsg.), Beiträge zum Handels- und Wirtschaftsrecht. Festschrift für Fritz Rittner zum 70. Geburtstag, München 1991, S. 369–379.

Liebscher, Marc, Wider die Privilegierung von Abführungspflichten gegenüber der Massesicherungspflicht in der Insolvenz. Anmerkungen zum Urteil des BFH v. 23.9.2008 – VII R 27/07, ZInsO 2009, S. 1386–1391.

Lieder, Jan, Die Haftung der Geschäftsführer und Gesellschafter von EU-Auslandsgesellschaften mit tatsächlichem Verwaltungssitz in Deutschland. Zugleich Besprechung des BGH-Urteils vom 14-3-2005 – II ZR 5/03, DZWiR 2005, S. 399–410.

Liersch, Oliver, Deutsches Internationales Insolvenzrecht, NZI 2003, S. 302–311.

Lindacher, Walter, Direkte Haftung der AG-Vorstandsmitglieder und GmbH-Geschäftsführer gegenüber Gesellschaftsgläubigern bei unterlassenem oder verzögertem Konkursantrag, DB 1972, S. 1424–1425.

Löhr, Georg, Das allgemeine Deutsche Handelsgesetzbuch. Erläutert aus den Materialien, der Rechtslehre und den Entscheidungen der deutschen Gerichte. Unter genauer Berücksichtigung der Einführungsgesetze sämtlicher deutschen Staaten, Elberfeld 1868 [zitiert als *Löhr*, ADHGB].

Löser, Arne, Erstreckt sich die Insolvenzantragspflicht des GmbH-Gesellschafters bei Führungslosigkeit einer Komplementär-GmbH auf das Vermögen der GmbH & Co. KG?, ZInsO 2010, S. 799–802.

Lutter, Marcus, Gefahren persönlicher Haftung für Gesellschafter und Geschäftsführer einer GmbH, DB 1994, S. 129–135.

Lutter, Marcus/Hommelhoff, Peter, GmbH-Gesetz Kommentar, 18. Auflage, Köln 2012 [zitiert als *Bearbeiter*, in: Lutter/Hommelhoff, GmbHG].

Luttermann, Claus, Konkursantragspflicht, Schadensersatz und Beweislast, NZG 2000, S. 583–585.

Lutz, Johann v. (Hrsg.), Protokolle der Commission zur Berathung eines allgemeinen deutschen Handelsgesetz-Buches, Band 1–9, Beilagenband, Nürnberg 1857 [zitiert als *von Lutz,* Protokolle der Commission zur Berathung eines allgemeinen dt. HGB].

Mankowski, Peter, Anmerkung zum Urteil des EuGH vom 4.12.2014, Az. C-295/13 – Zur internationalen Zuständigkeit bei der auf § 64 GmbHG gestützten Klage des Insolvenzverwalters gegen den Geschäftsführer, EWiR 2015, S. 93–94.

Markus, Gehrlein/Jens, Ekkenga/Stefan, Simon, GmbHG Kommentar, 2. Auflage, Köln 2015 [zitiert als *Bearbeiter,* in: Gehrlein/Ekkenga/Simon, GmbHG].

Marquardt, Alexander/Hau, Wolfgang, Risiken für Muttergesellschaften nach französischem Insolvenz- und Haftungsrecht, RIW 1998, S. 441–445.

Maul, Silja, Vorschläge der Expertengruppe zur Reform des EU-Gesellschaftsrechts, DB 2003, S. 27–31.

Medicus, Dieter, Die Außenhaftung des GmbH-Geschäftsführers, zugleich Anmerkung zum BGH-Beschluß vom 1.3.1993, II ZR 292/91, GmbHR 1993, S. 533–540.

Medicus, Dieter, Haftung des GmbH-Geschäftsführers gegenüber Dritten aus Geschäften nach Konkursreife, DStR 1995, S. 1432–1435.

Medicus, Dieter, Zur Eigenhaftung des GmbH-Geschäftsführers aus Verschulden bei Vertragsverhandlungen, in: *Baur/Jürgen F./Hopt, Klaus J./Mailänder, Peter* (Hrsg.), Festschrift für Ernst Steindorff zum 70 Geburtstag am 13. März 1990, Berlin 1990, S. 725–741.

Mentzel, Franz, Kommentar zur Reichskonkursordnung, 2. Auflage, Leipzig 1926 [zitiert als *Mentzel,* KO].

Mertens, Hans-Joachim, Schadensfragen im Kapitalgesellschaftsrecht, in: *Medicus, Dieter/Mertens, Hans-Joachim/Nörr, Knut Wolfgang/Zöllner, Wolfgang* (Hrsg.), Festschrift für Hermann Lange zum 70. Geburtstag am 24. Januar 1992, Stuttgart 1992, S. 561–582.

Mertens, Joachim, Liquidationsvergleich über das Gesellschaftsvermögen und Ersatzansprüche nach § 93 Abs 5 AktG, AG 1977, S. 66–69.

Merzbacher, Sigmund, Reichsgesetz, betreffend die Gesellschaften mit beschränkter Haftung in der Fassung der Bekanntmachung vom 20. Mai 1898 erläutert und mit Entwurf eines Gesellschaftsvertrages, 2. Auflage, München 1904 [zitiert als *Merzbacher,* GmbHG].

Meyer-Landrut, Joachim, Die Vorstandshaftung gegenüber sog. Neugläubigern bei Verletzung der Konkursantragspflicht des § 92 Abs. 2 AktG, in: *Fischer, Robert/Möhrung, Philipp/Westermann, Harry* (Hrsg.), Wirtschaftsfragen der Gegenwart. Festschrift für Carl Hans Barz zum 65. Geburtstag am 6. Dezember 1974, Berlin 1974, S. 271–281.

Meyer-Löwy, Bernd/Poertzgen, Christoph/de Vries, Tillman, Einführung in das englische Insolvenzrecht, ZInsO 2005, S. 293–298.

Michalski, Lutz, Kommentar zum Gesetz betreffend die Gesellschaften mit beschränkter Haftung (GmbH-Gesetz), Band II (§§ 35–86 GmbHG), 1. Auflage, München 2002 [zitiert als *Bearbeiter*, in: Michalski, GmbHG, 1. Aufl., 2002]

Michalski, Lutz, Kommentar zum Gesetz betreffend die Gesellschaften mit beschränkter Haftung (GmbH-Gesetz), Band II (§§ 35–85 GmbHG, §§ 1–4 EGGmbHG), 2. Auflage, München 2010 [zitiert als *Bearbeiter*, in: Michalski, GmbHG].

Michalski, Lutz/Funke, Ilja, Anspruch des schadensersatzpflichtigen GmbH-Geschäftsführers gegenüber einem Neugläubiger (gemäß BGB § 823 Abs 2, GmbHG § 64 Abs 1) auf Abtretung der Insolvenzforderung des Neugläubigers, WuB II C § 64 GmbHG 3.07.

Miller, Fritz Georg, Zur persönlichen Haftung des GmbH-Geschäftsführers aus culpa in contrahendo, EWiR 1990, S. 265–266.

Mock, Sebastian/Schildt, Charlotte, Insolvenz ausländischer Kapitalgesellschaften mit Sitz in Deutschland, ZInsO 2003, S. 396–402.

Müller, Gerd, Die Haftung des GmbH-Geschäftsführers aus § 64 GmbHG bei unterlassener Konkursanfechtung. Eine Besprechung des Urteils des Bundesgerichtshofs vom 18 Dezember 1995, ZIP 1996, S. 1153–1157.

Müller, Gerd, Geschäftsführerhaftung für Neugläubigerschäden. Eine kritische Nachbetrachtung zur Änderung der Rechtsprechung des BGH bezüglich der Haftung aus § 64 GmbHG, GmbHR 1996, S. 393–400.

Müller, Gerd, Zum Schutz der Neugläubiger nach § 64 GmbHG, GmbHR 1994, S. 209–212.

Müller, Gerd, Zur Haftung des Gesellschafter-Geschäftsführers aus culpa in contrahendo aus § 64 Abs. 1 GmbHG, ZIP 1993, S. 1531–1538.

Müller, Hans-Friedrich, Anmerkung zum Beschluss des BGH vom 02.12.2014, Az. II ZR 119/14 – Zur Vereinbarkeit von § 64 GmbHG mit der Niederlassungsfreiheit, EWiR 2015, S. 99–100.

Müller, Hans-Friedrich, Ausgleich von Zahlungen nach Insolvenzreife, WuB II G § 130a HGB 1.15.

Müller, Hans-Friedrich, Beraterhaftung für Insolvenzverschleppungsschäden, ZInsO 2013, S. 2181–2188.

Müller, Hans-Friedrich, Geschäftsführerhaftung für Zahlungen auf debitorische Konten, NZG 2015, S. 1021–1023.

Müller, Hans-Friedrich, Geschäftsleiterhaftung wegen Insolvenzverschleppung und fachkundige Beratung, NZG 2012, S. 981–983.

Müller, Hans-Friedrich, Insolvenz ausländischer Kapitalgesellschaften mit inländischem Verwaltungssitz, NZG 2003, S. 414–418.

Müller, Hans-Friedrich, Massekürzung und Massezufluss im Regime der Zahlungsverbote, DB 2015, S. 723–728.

Müller, Welf, Bilanzierungsfragen bei der Beendigung von Unternehmensverträgen, in: *Forster, Karl-Heinz/Grunewald, Barbara/Lutter, Marcus/Semler, Johannes* (Hrsg.), Festschrift für Bruno Kropff. Aktien und Bilanzrecht, Düsseldorf 1997, S. 517–531.

Münchener Handbuch des Gesellschaftsrechts, Aktiengesellschaft → siehe unter *Hoffmann-Becking.*

Münchener Handbuch des Gesellschaftsrechts, Gesellschaft mit beschränkter Haftung → siehe unter *Priester.*

Münchener Kommentar zum Aktiengesetz → siehe unter *Goette/Habersack/Kalss.*

Münchener Kommentar zum BGB → siehe unter *Säcker/Rixecker/Oetker/Limperg.*

Münchener Kommentar zum GmbHG → siehe unter *Fleischer/Goette.*

Münchener Kommentar zum HGB → siehe unter *Schmidt, Karsten.*

Münchener Kommentar zur InsO → siehe unter *Kirchhof/Eidenmüller/Stürner.*

Müsgen, Thomas K., Die Konkursverschleppungshaftung des GmbH-Geschäftsführers – Zugleich eine Anmerkung zu den Entscheidungen des BGH vom 01-03-1993, 20-09-1993 und 06-06-1994 – II ZR 292/91, DZWiR 1994, S. 455–463.

Nentwig, Martin, Erstattungspflicht für während der Insolvenzantragspflicht geleistete Sozialversicherungsbeiträge?, GmbHR 2011, S. 346–350.

Nerlich, Jörg/Römermann, Volker, Insolvenzordnung (InsO) Kommentar, Loseblatt, Stand: 28. Ergänzungslieferung Januar 2016, München [zitiert als *Bearbeiter,* in: Nerlich/Römermann, InsO].

Neukamp, Ernst, Das Reichsgesetz betreffend die Gesellschaften mit beschränkter Haftung vom 10. April 1892 in der Fassung der Bekanntmachung vom 20. Mai 1898, 2. Auflage, Berlin 1901 [zitiert als *Neukamp,* GmbHG].

Neumaier, Markus, Wann wird eine Zahlungsstockung zur Zahlungsunfähigkeit?, NJW 2005, S. 3041–3043.

Noack, Ulrich, Zur Haftung des Aufsichtsrats für Zahlungen in der Insolvenzkrise der Gesellschaft, in: *Habersack, Mathias/Hommelhoff, Peter* (Hrsg.), Festschrift für Wulf Goette, München 2011, S. 345–354.

Otte, Sabine, Das Kapitalschutzsystem der englischen private limited company im Vergleich zur deutschen GmbH, Hamburg 2006 (zugl. Diss. Köln 2006).

Paefgen, Walter G., Wider die gesellschaftsrechtliche Ausländerphobie, ZIP 2004, S. 2253–2262.

Palandt, Otto, Bürgerliches Gesetzbuch, 75. Auflage, München 2016 [zitiert als *Bearbeiter,* in Palandt, BGB].

Pannen, Klaus, Europäische Insolvenzverordnung Kommentar, Berlin 2007 [zitiert als *Bearbeiter,* in: Pannen, EuInsVO].

Pannen, Klaus/Riedemann, Susanne, Checkliste: Die englische „Ltd." mit Verwaltungssitz in Deutschland in der Insolvenz, MDR 2005, S. 496–498.

Pannen, Klaus/Riedemann, Susanne, Zur Frage von Gläubigeransprüchen bei einer englischen Limited mit Geschäftstätigkeit in Deutschland, NZI 2005, S. 413–414.

Pape, Gerhard, BGH – Keine Subsidiarität der Geschäftsführerhaftung nach § 64 II GmbHG gegenüber Konkursanfechtungsrechten, WiB 1996, S. 383–385.

Pape, Gerhard, Persönliche Haftung des GmbH-Geschäftsführers für masseschädigende Auszahlungen nach Eintritt der Insolvenzreife – zugleich eine Anmerkung zu BGH, Urteil vom 8.1.2001, II ZR 88/99, ZInsO 2001, S. 397–404.

Parisius, Ludolf/Crüger, Hans, Das Reichsgesetz, betreffend die Gesellschaften mit beschränkter Haftung. Textausgabe mit Anmerkungen und Sachregister, 9. Auflage, Berlin 1907 [zitiert als *Bearbeiter,* in: Parisius/Crüger, GmbHG].

Passarge, Malte, Zum Begriff der Führungslosigkeit – scharfes Schwert gegen Missbrauch oder nur theoretischer Papiertiger?, GmbHR 2010, S. 295–300.

Paulus, Christoph G., Änderungen des deutschen Insolvenzrechts durch die Europäische Insolvenzverordnung, ZIP 2002, S. 729–737.

Paulus, Christoph G., Europäische Insolvenzverordnung Kommentar, 4. Auflage, Frankfurt am Main 2013 [zitiert als *Paulus,* EuInsVO].

Pentrice, D.D., Creditors's interests and director's duties, in: Oxford Journal of Legal Studies 1990, S. 265–277.

Pernice, Christina, Die Insolvenzverschleppung durch das Geschäftsführungsorgan der kleinen Kapitalgesellschaft im deutschen, französischen und englischen Recht. Eine rechtvergleichende Untersuchung zur Entwicklung eines europäischen Lösungsansatzes, Frankfurt am Main 2002 (zugl. Diss. Bonn 1994).

Peters, Oliver, Ressortverteilung zwischen GmbH-Geschäftsführern und ihre Folgen, GmbHR 2008, S. 682–687.

Piekenbrock, Andreas, Zur Geschäftsführerhaftung gegenüber der Bundesagentur für Arbeit, ZIP 2010, S. 2421–2429.

Poertzgen, Christoph, Anmerkung zu einem Urteil des EuGH vom 4.12.2014 (C-295/13) – Zur Zuständigkeit der EuInsVO für Klagen gegen Geschäftsführer nach § 64 GmbHG, NZI 2015, S. 91–92.

Poertzgen, Christoph, Anmerkung zum Urteil des BGH vom 15.03.2011 (II ZR 204/09, GmbHR 2011, 642) – Zur Frage der Verjährung des Anspruchs auf Ersatz eines Neugläubigerschadens bei der Haftung des Geschäftsführers, GmbHR 2011, S. 646–648.

Poertzgen, Christoph, Anmerkung zum Urteil des BGH vom 23.06.2015 (II ZR 366/13) – Zur Frage der Haftung des Geschäftsführers einer GmbH, GmbHR 2015, S. 929–931.

Poertzgen, Christoph, Der 3-Wochen-Zeitraum im Rahmen der Antragspflicht (§ 15a InsO), ZInsO 2008, S. 944–952.

Poertzgen, Christoph, Der einheitliche Quotenschaden bei Verstoß gegen § 64 Abs 1 GmbHG, DZWiR 2007, S. 101–107.

Poertzgen, Christoph, Die Geschäftsführerhaftung aus § 64 GmbHG de lege ferenda, ZInsO 2006, S. 561–568.

Poertzgen, Christoph, Die Haftung des Geschäftsführers gegenüber Neugläubigern (§ 15a InsO) – zugleich Anmerkung zu BGH, Urteil vom 27.4.2009, II ZR 253/07, ZInsO 2009, S. 1833–1839.

Poertzgen, Christoph, Die künftige Insolvenzverschleppungshaftung nach dem MoMiG, GmbHR 2007, S. 1258–1263.

Poertzgen, Christoph, Die rechtsformneutrale Insolvenzantragspflicht (§ 15a InsO), ZInsO 2007, S. 574–578.

Poertzgen, Christoph, Geschäftsführerhaftung aus § 64 Satz 1 GmbHG – Anwendungspraxis und rechtspolitische Kritik, ZInsO 2011, S. 305–313.

Poertzgen, Christoph, Gesetzliche Neuverbindlichkeiten im Verschleppungszeitraum, ZInsO 2007, S. 285–292.

Poertzgen, Christoph, Insolvenzverschleppungshaftung der Geschäftsführer c.i.c.? – Teil 1, ZInsO 2010, S. 416–422.

Poertzgen, Christoph, Insolvenzverschleppungshaftung der Geschäftsführer aus c.i.c.? Fortsetzung von ZInsO 2010, 416 ff., ZInsO 2010, S. 460–465.

Poertzgen, Christoph, Neues zur Insolvenzverschleppungshaftung – der Regierungsentwurf des MoMiG, NZI 2008, S. 9–12.

Poertzgen, Christoph, Organhaftung während des 3-Wochenzeitraums (§ 15a Abs. 1 InsO), ZInsO 2008, S. 1196–1199.

Poertzgen, Christoph, Organhaftung wegen Insolvenzverschleppung bei GmbH & Co. KG, GmbHR 2006, S. 1182–1187.

Poertzgen, Christoph, Organhaftung wegen Insolvenzverschleppung, Baden-Baden 2006 (zugl. Diss. Köln 2005).

Poertzgen, Christoph, Zur Frage der Haftung eines fakultativen Aufsichtsrats einer GmbH, NZI 2010, S. 915–917.

Poertzgen, Christoph, Zur Frage der zivilrechtlichen Insolvenzverschleppungshaftung bei Zahlungen von debitorischen Konten an einzelne Gesellschaftsgläubiger, NZI 2007, S. 420–421.

Poertzgen, Christoph/Adam, Dietmar, Die Bestimmung des centre of main interests gem. Art. 3 Abs. 1 EuInsVO. Anmerkung zum Urt. des EuGH (Parmalat) v. 2.5.2006 – C-341/04, ZInsO 2006, S. 505–510.

Poertzgen, Christoph/Meyer, Benedikt, Aktuelle Probleme des § 64 Satz 3 GmbHG, ZInsO 2012, S. 249–258.

Preußische Handelskammern, Auszug aus den von den preußischen Handelskammern und kaufmännischen Kooperationen erstatteten Gutachten, abgedruckt in Stenographische Berichte über die Verhandlungen des Reichstages, 8. Legislaturperiode, Session 1890/92, 12, Aktenstück 660, Anlage B, S. 3766–3770 (abrufbar unter: http://www.reichstagsprotokolle.de/Blatt3_k8_bsb00018676_ 00460.html).

Priester, Hans-Joachim/Mayer, Dietmar/Wicke, Hartmut, Münchener Handbuch des Gesellschaftsrechts, Band 3 Gesellschaft mit beschränkter Haftung, 4. Auflage, München 2012 [zitiert als *Bearbeiter*, in: MünchHdb GmbH].

Proske, Stefan, Haftung des Geschäftsführers wegen des Einzugs sicherungsabgetretener Forderungen auf debitorisches Konto einer insolvenzreifen GmbH, DB 2015, S. 2195–2196.

Protokolle der Commission zur Berathung eines allgemeinen deutschen Handelsgesetz-Buches → siehe unter *Lutz*.

Ransiek, Andreas/Hüls, Silke, Strafrecht zur Regulierung der Wirtschaft, ZGR 2009, S. 157–189.

Redeker, Rouven, Die Haftung für wrongful trading im englischen Recht. Eine rechtsvergleichende Betrachtung der deutschen und englischen Geschäftsleiterhaftung für Insolvenzverschleppung, Köln 2007 (zugl. Diss. Leipzig 2007).

Rehbinder, Eduard, Zehn Jahre Rechtsprechung zum Durchgriff im Gesellschaftsrecht, in: *Lutter, Marcus/Stimpel, Walter/Wiedemann, Herbert* (Hrsg.), Festschrift für Robert Fischer, Berlin 1979, S. 579–603.

Reiff, Peter/Arnold, Arnd, Unbeschränkte Konkursverschleppungshaftung des Geschäftsführers einer GmbH auch gegenüber gesetzlichen Neugläubigern?, ZIP 1998, S. 1893–1899.

Renaud, Achilles, Das Recht der Actiengesellschaften, Leipzig 1863.

Riedemann, Susanne, Das Auseinanderfallen von Gesellschafts- und Insolvenzstatut. Inspire Art und die Insolvenz über das Vermögen einer englischen limited in Deutschland, GmbHR 2004, S. 345–349.

Ringe, Wolf-Georg/Willemer, Charlotte, Zur Anwendung von § 64 GmbHG auf eine englische Limited, NZG 2010, S. 56–58.

Ritter, Carl/Ritter, Justus, Aktiengesetz mit Einführungsgesetz, Durchführungsverordnungen und Einführungsverordnungen für Österreich und die sudetendeutschen Gebiete. Erläutert von Carl Ritter, 2. Auflage, Berlin 1939 [zitiert als *Bearbeiter*, in: Ritter/Ritter, AktG].

Rodewald, Jörg, Alte und neue Haftungsrisiken für GmbH-Geschäftsführer vor und in der Krise oder Insolvenz, GmbHR 2009, S. 1301–1307.

Röhricht, Volker, Insolvenzrechtliche Aspekte im Gesellschaftsrecht, ZIP 2005, S. 505–516.

Röhricht, Volker/Graf von Westphalen, Friedrich/Haas, Ulrich, Handelsgesetzbuch. Kommentar zu Handelsstand, Handelsgesellschaften, Handelsgeschäften und besonderen Handelsverträgen (ohne Bilanz-, Transport- und Seerecht), 4. Auflage, Köln 2014 [zitiert als *Bearbeiter*, in: Röhricht/Graf von Westphalen/Haas, HGB].

Römermann, Volker, Anmerkung zu EuGH, Urteil vom 10.12.2015, Rs. C-594/14, GmbHR 2016, S. 24–29.

Römermann, Volker, Anmerkung zum BGH-Urteil vom 23.06.2015, II ZR 366/13 – Zur Frage der Haftung eines GmbH-Geschäftsführers bei Einzug von sicherungsabgetretenen Forderungen auf ein debitorisches Konto vor Insolvenzreife, BB 2015, S. 2132.

Römermann, Volker, Steuerberater: Geborene Mittäter bei Insolvenzverschleppung? Zugleich Anmerkungen zum BGH-Urteil vom 7.3.2013 – IX ZR 64/12, GmbHR 2013, S. 513–519.

Römermann, Volker, Wehe dem, der einen „nicht richtigen" Insolvenzantrag stellt! – Für eine Anwendung des vergessenen § 15a Abs. 4 InsO. Oder: Wie eine geeignete Informationsgrundlage für die Verwalterauswahl erreicht werden kann, ZInsO 2010, S. 353–358.

Rönnau, Thomas, Zum Vorrang der Massesicherung vor der Abführung von Sozialversicherungsbeiträgen und Steuern bei Insolvenzreife der Gesellschaft, JZ 2008, S. 46–50.

Rönnau, Thomas/Wegner, Kilian, Wann ist ein Eröffnungsantrag „nicht richtig" gestellt i.S.v. § 15a Abs. 4, 2. Var. InsO? – eine strafrechtliche Analyse nach dem ESUG, ZInsO 2014, S. 1025–1032.

Rossbrey, Nicolas, Abgabenzahlungspflicht und Zahlungsverbot bei Insolvenzreife der AG und GmbH, Frankfurt am Main 2015 (zugl. Diss. Passau 2014).

Roth, Günter H., Geschäftsführerpflichten und Gesellschafterhaftung bei Überschuldung der GmbH, GmbHR 1985, S. 137–142.

Roth, Günter H., Konkursverschleppung – Zur Haftung des Geschäftsführers der GmbH gegenüber dem Gläubiger einer nach Eintritt der Konkursreife erworbenen Forderung, EWiR 1993, S. 1095–1096.

Roth, Günter H., Unterkapitalisierung und persönliche Haftung, ZGR 1993, S. 170–209.

Roth, Günter H., Zur Eigenhaftung des – unternehmerischen – GmbH-Gesellschafters – BGH, NJW 1986, 586, JuS 1987, S. 196–199.

Roth, Günter, Geschäftsführerpflichten und Gesellschafterhaftung bei Überschuldung der GmbH, GmbHR 1985, S. 137–142.

Roth, Günter/Altmeppen, Holger, GmbHG Kommentar, 8. Auflage, München 2015 [zitiert als *Bearbeiter*, in: Roth/Altmeppen, GmbHG].

Roth, Markus, Unternehmerisches Ermessen und Haftung des Vorstands. Handlungsspielräume und Haftungsrisiken insbesondere in der wirtschaftlichen Krise, München 2001 (zugl. Diss. Hamburg 2000).

Rowedder, Heinz, Zur Außenhaftung des GmbH-Geschäftsführers, „Versuch einer Systematisierung", in: *Bierich, Markus/Hommelhoff, Peter/Kropff, Bruno* (Hrsg.), Festschrift für Johannes Semler zum 70. Geburtstag am 28. April 1993, Unternehmen und Unternehmensführung im Recht, Berlin 1993, S. 311–327.

Rowedder, Heinz/Schmidt-Leithoff, Christian, GmbHG Kommentar, 5. Auflage, München 2013 [zitiert als *Bearbeiter*, in: Rowedder/Schmidt-Leithoff, GmbHG].

Säcker, Franz Jürgen/Rixecker, Roland/Oetker, Hartmut/Limperg, Bettina, Münchener Kommentar zum Bürgerlichen Gesetzbuch, Band 1 (§§ 1–240, ProstG, AGG), 7. Auflage, München 2015 [zitiert als *Bearbeiter*, in: MüKo BGB].

Säcker, Franz Jürgen/Rixecker, Roland/Oetker, Hartmut/Limperg, Bettina, Münchener Kommentar zum Bürgerlichen Gesetzbuch, Band 2 (Schuldrecht – Allgemeiner Teil), 7. Auflage, München 2016 [zitiert als *Bearbeiter*, in: MüKo BGB].

Säcker, Franz Jürgen/Rixecker, Roland/Oetker, Hartmut/Limperg, Bettina, Münchener Kommentar zum Bürgerlichen Gesetzbuch, Band 5 (§§ 705–853), 6. Auflage, München 2013 [zitiert als *Bearbeiter*, in: MüKo BGB].

Säcker, Franz Jürgen/Rixecker, Roland/Oetker, Hartmut/Limperg, Bettina, Münchener Kommentar zum Bürgerlichen Gesetzbuch, Band 6 (§§ 854–1296, WEG, ErbbauRG, Partnergesellschaftsgesetz, Produkthaftungsgesetz), 6. Auflage, München 2013 [zitiert als *Bearbeiter*, in: MüKo BGB].

Säcker, Franz Jürgen/Rixecker, Roland/Oetker, Hartmut/Limperg, Bettina, Münchener Kommentar zum Bürgerlichen Gesetzbuch, Band 11 (Internationales Privatrecht I., Internationales Privatrecht II., Einführungsgesetz zum Bürgerlichen Gesetzbuche (Art 25–248)), 6. Auflage, München 2015 [zitiert als *Bearbeiter*, in: MüKo BGB].

Saenger, Ingo/Inhester, Michael, GmbHG Handkommentar, 2. Auflage, Baden-Baden 2013 [zitiert als *Bearbeiter*, in: Saenger/Inhester, GmbHG].

Savigny, Friedrich Carl v., Vom Beruf unsrer Zeit für Gesetzgebung und Rechtwissenschaft, Heidelberg 1814.

Schaaf, Rainer/Mushardt, Anne, Zur Hinweispflicht des Steuerberaters bezüglich einer insolvenzrechtlichen Überschuldung. Besprechung der Urteile des BGH vom 7.3.2013 – IX ZR 64/12 und vom 6.6.2013 – IX ZR 204/12, DB 2013, S. 1890–1894.

Schall, Alexander, Das Kornhaas-Urteil gibt grünes Licht für die Anwendung des § 64 GmbHG auf eine Limited mit Sitz in Deutschland – Alles klar dank EuGH! Zugleich Besprechung EuGH v. 10.12.2015 – Rs C-594/14, ZIP 2015, 2468 – Kornhaas, ZIP 2016, S. 289–295.

Schall, Alexander, Deutscher Gläubigerschutz und Europarecht. Lehren aus dem PIN-Fall des BGH, NJW 2011, S. 3745–3748.

Schall, Andreas, Englischer Gläubigerschutz bei der Limited in Deutschland, ZIP 2005, S. 965–975.

Schanze, Erich, Einmanngesellschaft und Durchgriffshaftung als Konzeptionalisierungsprobleme gesellschaftsrechtlicher Zurechnung, Frankfurt am Main 1975 (zugl. Diss. Frankfurt 1975).

Schanze, Erich, Haftung bei qualifiziert faktischer Konzernierung. Anmerkung zu BGH, Urteil vom 29.03.1993, II ZR 265/91, AG 1993, S. 376–380.

Schanze, Erich/Jüttner, Andreas, Die Entscheidung für Pluralität – Kollisionsrecht und Gesellschaftsrecht nach der EuGH-Entscheidung „Inspire Art", AG 2003, S. 661–671.

Schlegelberger, Franz/Quassowski, Leo/Herbig, Gustav/Geßler, Ernst/Hefermehl, Wolfgang, Aktiengesetz. Gesetz über Aktiengesellschaften und Kommanditgesellschaften auf Aktien vom 30. Januar 1937, 3. Auflage, Berlin 1939 [zitiert als *Schlegelberger*, AktG].

Schmahl, Hermann Josef, Subsidiäres Insolvenzantragsrecht bei führungslosen juristischen Personen nach dem Regierungsentwurf des MoMiG. Versuch einer rechtzeitigen begrifflichen und sachlichen Klärung, NZI 2008, S. 6–9.

Schmidt, Andreas, Hamburger Kommentar zum Insolvenzrecht. InsO – EuInsVO – EGInsO (Auszug) – InsVV – VbrInsVV – InsOBekV – Insolvenzstrafrecht, 5. Auflage, Köln 2015 [zitiert als *Bearbeiter*, in: Hamburger Komm. InsO].

Schmidt, Andreas/Poertzgen, Christoph, Geschäftsführerhaftung (§ 64 S. 1 GmbHG) in Zeiten des ESUG, NZI 2013, S. 369–377.

Schmidt, Karsten, Anmerkung zu BGH, Beschluss vom 20.9.1993, II ZR 292/91, NJW 1993, S. 2934–2935.

Schmidt, Karsten, Aufsichtsratshaftung bei Insolvenzverschleppung – Das „Doberlug"-Urteil des BGH vom 20.9.2010 als neues Zeugnis eines unausgereiften Haftungskonzepts, GmbHR 2010, S. 1319–1327.

Schmidt, Karsten, Beck´sche Kurz-Kommentare Insolvenzordnung, 19. Auflage, München 2016 [zitiert als *Bearbeiter*, in: Karsten Schmidt, InsO].

Schmidt, Karsten, Das Insolvenzrisiko der Banken zwischen ökonomischer Vernunft und Rechtssicherheit. Bemerkungen zu einem Zielkonflikt in der bankrechtlichen Judikatur, WM 1983, S. 490–495.

Schmidt, Karsten, Debitorisches Bankkonto und Insolvenzverschleppungshaftung – Ist Geben seliger denn Nehmen? Bemerkungen zum Urteil des BGH vom 26-3-2007 – II ZR 310/05, ZIP 2007, 1006, und zur Zukunft der § 64 GmbHG, § 130a HGB, ZIP 2008, S. 1401–1409.

Schmidt, Karsten, Die Strafbarkeit „faktischer Geschäftsführer" wegen Konkursverschleppung als Methodenproblem, in: *Eyrich, Heinz/Odersky, Walter/Säcker, Franz Jürgen* (Hrsg.), Festschrift für Kurt Rebmann zum 65. Geburtstag, München 1989, S. 419–441.

Schmidt, Karsten, Ersatzpflicht bei „verbotenen Zahlungen" aus insolventen Gesellschaften: Ist der haftungsrechtliche Kampfhund zähmbar? Bemerkungen zum Urteil des BGH vom 18.11.2014 – II ZR 231/13, NZG 2015, S. 129–133.

Schmidt, Karsten, Geschäftsführerhaftung gemäß § 64 Abs 2 GmbHG bei masseloser Insolvenz. Bemerkungen zum Urteil des Bundesgerichtshofs vom 11-9-2000 – II ZR 370/99, GmbHR 2000, S. 1225–1229.

Schmidt, Karsten, Gesellschaftsrecht, 2. Auflage, Köln 1991 [zitiert als *Karsten Schmidt,* Gesellschaftsrecht, 2. Aufl., 1991].

Schmidt, Karsten, Gesellschaftsrecht, 4. Auflage, Köln 2002 [zitiert als *Karsten Schmidt,* Gesellschaftsrecht].

Schmidt, Karsten, Gesetzlicher Handlungsbedarf im Insolvenzverschleppungsrecht – eine Depesche an das Bundesjustizministerium, ZIP 2009, S. 1551–1554.

Schmidt, Karsten, Haftungsrealisierung in der Gesellschaftsinsolvenz – Funktion und Aufgaben des Verwalters nach Gesellschafts- und Insolvenzrecht, KTS 2001, S. 373–394.

Schmidt, Karsten, Insolvenzordnung und Gesellschaftsrecht, ZGR 1998, S. 633–671.

Schmidt, Karsten, Kein Abschied vom Quotenschaden bei der Insolvenzverschleppungshaftung! Altgläubigerschutz, Neugläubigerschutz und § 92 InsO, NZI 1998, S. 9–14.

Schmidt, Karsten, Konkursantragspflichten bei der GmbH und bürgerliches Deliktsrecht, JZ 1978, S. 661–666.

Schmidt, Karsten, Konkursverschleppungshaftung und Konkursverursachungshaftung, ZIP 1988, S. 1497–1508.

Schmidt, Karsten, Konzernhaftung oder mitgliedschaftliche Haftung des privaten GmbH-Gesellschafters? Fragen und Thesen zu Priesters Analyse des BGH-Urteils vom 16-9-1985 – II ZR 275/84, ZIP 1986, S. 146–149.

Schmidt, Karsten, Labyrinthus creditorium – Gesellschaftsrechtliche Haftung im Insolvenzverfahren nach §§ 92, 93 InsO, ZGR 1996, S. 209–224.

Schmidt, Karsten, Mittelaufbringung und Mittelverwendung bei der GmbH & Co KG – Funktionelles oder formelles Denken im Recht der Unternehmensfinanzierung?, ZIP 2008, S. 481–491.

Schmidt, Karsten, Münchener Kommentar zum Handelsgesetzbuch, Band 2 (§§ 105–160), 3. Auflage, München 2011 [zitiert als *Bearbeiter,* in: MüKo HGB].

Schmidt, Karsten, Reform der Kapitalsicherung und Haftung in der Krise nach dem Regierungsentwurf des MoMiG, GmbHR 2007, S. 1072–1080.

Schmidt, Karsten, Übermäßige Geschäftsführerrisiken aus § 64 Abs 2 GmbHG, § 130a Abs 3 HGB? Eine Kritik der Praxis zu den Zahlungsverboten bei Insolvenz einer GmbH oder GmbH & Co KG, ZIP 2005, S. 2177–2185.

Schmidt, Karsten, Verbotene Zahlungen in der Krise von Handelsgesellschaften und die daraus resultierenden Ersatzpflichten – Insolvenzrechtliche Brotvermehrung durch Klagen nach § 64 Abs 2 GmbHG (§§ 92 AktG, 130a, 177a HGB, 99 GenG)?, ZHR 168 (2004), S. 637–672.

Schmidt, Karsten, Verlust der Mitte durch „Inspire Art"? – Verwerfungen im Unternehmensrecht durch Schreckreaktionen der Literatur, ZHR 168 (2004), S. 493–502.

Schmidt, Karsten, Weg mit den „Zahlungsverboten" in Insolvenzverschleppungsfällen!, ZHR 175 (2011), S. 433–443.

Schmidt, Karsten, Zur Haftung wegen Insolvenzverschleppung, ZIP 2003, S. 1715–1716

Schmidt, Karsten/Lutter, Marcus, Aktiengesetz Kommentar, I. Band (§§ 1–149), 3. Auflage, Köln 2015 [zitiert als *Bearbeiter*, in Karsten Schmidt/Lutter, AktG].

Schmidt, Karsten/Uhlenbruck, Wilhelm, Die GmbH in Krise, Sanierung und Insolvenz, 5. Auflage, Köln 2016 [zitiert als *Bearbeiter*, in: Karsten Schmidt/Uhlenbruck, GmbH in Krise, Sanierung und Insolvenz].

Schmitz, Erich, Dritthaftung aus culpa in contrahendo, Berlin 1980 (zugl. Diss. Köln 1979).

Schneider, Johan, Neugläubiger im Sinne der Insolvenzverschleppungshaftung ist auch, wer ohne Kenntnis der Insolvenzreife ungesicherte Vorleistungen erbringt, GWR 2010, S. 170.

Schneider, Uwe H./Brouwer, Tobias, Die straf- und zivilrechtliche Verantwortlichkeit des Geschäftsführers für die Abführung der Arbeitnehmeranteile zur Sozialversicherung. Eine Herausforderung für die höchstrichterliche Rechtsprechung, ZIP 2007, S. 1033–1042.

Scholz, Franz, Anmerkung zum Urteil des LG Kiel vom 24.3.1954, 9 O 205/33, NJW 1954, S. 1852.

Scholz, Franz, Kommentar zum GmbH-Gesetz in seiner neuesten Fassung, Köln 1928 [zitiert als *Scholz*, GmbHG, 1. Aufl., 1928].

Scholz, Franz, Kommentar zum GmbH-Gesetz, Band II (§§ 41–85, Umwandlung und Verschmelzung), 7. Auflage, Köln 1988 [zitiert als *Bearbeiter*, in: Scholz, GmbHG, 7. Aufl., 1988].

Scholz, Franz, Kommentar zum GmbH-Gesetz, Band II (§§ 45–87), 9. Auflage, Köln 2002 [zitiert als *Bearbeiter*, in: Scholz, GmbHG, 9. Aufl., 2002].

Scholz, Franz, Kommentar zum GmbH-Gesetz mit Anhang Konzernrecht, Band III (§§ 53–85), 11. Auflage, Köln 2015 [zitiert als *Bearbeiter*, in: Scholz, GmbHG].

Schubert, Werner, Das GmbH-Gesetz von 1892 – „eine Zierde unserer Reichsgesetzsammlung", in: *Lutter, Marcus/Ulmer, Peter/Zöllner, Wolfgang* (Hrsg.), Festschrift 100 Jahre GmbH-Gesetz, Köln 1992, S. 1–47.

Schubert, Werner, Entwurf eines Handelsgesetzbuches für die Preussischen Staaten. Nebst Motiven (1857), Frankfurt am Main 1986.

Schubert, Werner/Hommelhoff, Peter, Hundert Jahre modernes Aktienrecht. Eine Sammlung von Texten und Quellen zur Aktienrechtsreform 1884 mit zwei Einführungen, Berlin/NewYork 1985.

Schubert, Werner/Schmiedel, Burkhard/Krampe, Christoph, Quellen zum Handelsgesetzbuch von 1897, Band I (Gesetze und Entwürfe), Frankfurt am Main 1986.

Schubert, Werner/Schmiedel, Burkhard/Krampe, Christoph, Quellen zum Handelsgesetzbuch von 1897, Band II (Denkschriften, Beratungen, Berichte) Erster Halbband, Frankfurt am Main 1987.

Schubert, Werner/Schmiedel, Burkhard/Krampe, Christoph, Quellen zum Handelsgesetzbuch von 1897, Band II (Denkschriften, Beratungen, Berichte) Zweiter Halbband, Frankfurt am Main 1987.

Schulz, Patrick, Die Haftung wegen masseschädigender Zahlungen als EuInsVO-Annexverfahren. Zur Frage der internationalen Gerichtszuständigkeit bei Klage des Insolvenzverwalters gegen den Geschäftsführer wegen masseschmälernden Zahlungen nach § 64 Satz 1 GmbHG und zum räumlichen Anwendungsbereich der EuInsVO, NZG 2015, S. 146–148.

Schulze-Osterloh, Joachim, § 64 Abs. 1 GmbHG als Schutzgesetz i.S.d. § 823 Abs. 2 BGB, in: *Schneider, Uwe H./Hommelhoff, Peter/Schmidt, Karsten/Timm, Wolfram/Grunewald, Barbara/Drygala, Tim* (Hrsg.), Festschrift für Markus Lutter zum 70. Geburtstag. Deutsches und europäisches Gesellschafts-, Konzern- und Kapitalmarktrecht, Köln 2000, S. 707–720.

Schulze-Osterloh, Joachim, Grenzen des Gläubigerschutzes bei fahrlässiger Konkursverschleppung, AG 1984, S. 141–147.

Schulze-Osterloh, Joachim, Zahlungen nach Eintritt der Insolvenzreife (§ 64 Abs. 2 GmbHG, §§ 92 Abs. 3, 93 Abs. 3 Nr. 6 AktG), in: *Westermann, Harm Peter/Mock, Klaus* (Hrsg.), Festschrift für Gerold Bezzenberger zum 70. Geburtstag am 13. März 2000, Berlin 2000, S. 415–426.

Schulze-Osterloh, Joachim, Zum Umfang des Schadensersatzanspruchs gegen den Geschäftsführer einer GmbH über BGB § 823 Abs 2 mit GmbHG § 64 Abs 1 und zur Berechnung des Quotenschadens, WuB II C § 64 GmbHG 2.97.

Schumann, Alexander, Die englische Limited mit Verwaltungssitz in Deutschland: Kapitalaufbringung, Kapitalerhaltung und Haftung bei Insolvenz, DB 2004, S. 743–749.

Schuhmann, Helmut, Haftung des Geschäftsführers wegen Masseschmälerung bei Entrichtung von Steuern in der Krise der GmbH. Privilegierung des Fiskus durch die Rechtsprechung?, GmbHR 2008, S. 418–421.

Schüppen, Matthias, Aktuelle Fragen der Konkursverschleppung durch den GmbH-Geschäftsführer, DB 1994, S. 197–204.

Schürnbrand, Jan, Überwachung des insolvenzrechtlichen Zahlungsverbots durch den Aufsichtsrat, NZG 2010, S. 1207–1213.

Servatius, Wolfgang, Insolvenznahe Geschäftsleiterhaftung bei EU-Auslandsgesellschaften. Zugleich eine Besprechung von BGH, Vorlageschluss vom 02.12.2014 – II ZR 119/14, DB 2015, S. 1087–1094.

Sorensen, Anker, Directors' Liability in Case of Insolvency, London 1999.

Spindler, Gerald/Berner, Olaf, Der Gläubigerschutz im Gesellschaftsrecht nach Inspire Art, RIW 2004, S. 7–16.

Spindler, Gerald/Stilz, Eberhard (Hrsg.), Kommentar zum Aktiengesetz, I. Band (§§ 1–149), 3. Auflage, München 2015 [zitiert als *Bearbeiter,* in: Spindler/Stilz, AktG].

Spliedt, Jürgen D., Anmerkung zum Urteil des BGH vom 18.11.2014, Az. II ZR 231/13 – Zur Erstattungspflicht nach § 130a HGB, EWiR 2015, S. 69–70.

Stapelfeld, Ait, Die Haftung des GmbH-Geschäftsführers für Fehlverhalten in der Gesellschaftskrise, Köln 1990 (zugl. Diss. Bremen 1990).

Stapper, Florian/Schädlich, Jörg, Anmerkung zum Urteil des BGH vom 25.01.2010 (II ZR 258/08, NZI 2010, 313) – Gläubigertauch bei Zahlungen an Gesellschaftsgläubiger, NZI 2010, S. 314–316.

Staub Kommentar zum HGB ⟶ siehe unter *Canaris/Habersack/Schäfer.*

Staub, Hermann, Kommentar zum Allgemeinen Deutschen Handelsgesetzbuch – Ausgabe für Österreich, I. Band, 2. Auflage, Wien 1908 [zitiert als *Bearbeiter,* in: Staub, ADHGB].

Staub, Hermann, Staub's Kommentar zum Gesetz, betreffend die Gesellschaften mit beschränkter Haftung, 1. Auflage, Berlin 1903 [zitiert als *Bearbeiter,* in: Staub, GmbHG, 1. Aufl., 1903].

Staub, Hermann, Staub's Kommentar zum Gesetz, betreffend die Gesellschaften mit beschränkter Haftung, 2. Auflage, Berlin 1906 [zitiert als *Bearbeiter,* in: Staub, GmbHG, 2. Aufl., 1906].

Staudinger, Julius v./Martinek/Omlor, Sebastian, J. von Staudingers Kommentar zum Bürgerlichen Gesetzbuch: Staudinger BGB, Buch 2 (Recht der Schuldverhältnisse §§ 249–254 Schadensersatzrecht), 14. Auflage, Berlin 2005 [zitiert als *Bearbeiter,* in: Staudinger, BGB].

Steffek, Felix, Gläubigerschutz in: der Kapitalgesellschaft, Tübingen 2011 (zugl. Diss. Heidelberg 2007).

Steindorf, Ernst/Ulmer, Peter, Entwurf eines allgemeinen Handelsgesetzbuches für Deutschland (1848/49), Text und Materialien, Heidelberg 1982.

Steininger, Uwe H., Die Haftung des Geschäftsführers und/oder des Gesellschafter-Geschäftsführers aus culpa in contrahendo bei wirtschaftlicher Bedrängnis der Gesellschaft mbH, Frankfurt am Main 1986 (zugl. Diss. Heidelberg 1985).

Steininger, Uwe H., Haftung des GmbH-Gesellschafter-Geschäftsführers und wirtschaftliches Eigeninteresse, BB 1986, S. 1045–1047.

Stobbe, Michael, Die Durchsetzung gesellschaftsrechtlicher Ansprüche der GmbH in Insolvenz und masseloser Liquidation, Köln 2001 (zugl. Diss. Jena 1999).

Stöber, Michael, Die Insolvenzverschleppungshaftung in Europa, ZHR 176 (2012), S. 326–363.

Stölzel, Adolf F., Brandenburg-Preußens Rechtsverwaltung und Rechtsverfassung, dargestellt im Wirken seiner Landesfürsten und obersten Justizbeamten, II. Band, Berlin 1888.

Strohn, Lutz, Anmerkung zu der Entscheidung des BGH vom 18.11.2014 (II ZR 231/13) – Zur Ersatzpflicht des Geschäftsführers für Zahlungen nach Insolvenzreife, DB 2015, S. 57–58.

Strohn, Lutz, Beratung der Geschäftsleitung durch Spezialisten als Ausweg aus der Haftung?, ZHR 176 (2012), S. 137–143.

Strohn, Lutz, Faktische Organe – Rechte, Pflichten, Haftung, DB 2011, S. 158–167.

Strohn, Lutz, Organhaftung im Vorfeld der Insolvenz, NZG 2011, S. 1161–1169.

Strohn, Lutz, Pflichtenmaßstab und Verschulden bei der Haftung von Organen einer Kapitalgesellschaft, CCZ 2013, S. 177–184.

Stürner, Rolf, Jauernig Bürgerliches Gesetzbuch mit Rom-I-, Rom-II-, Rom-III-VO, EG-UntVO/HUntProt und EUErbVO, 16. Auflage, München 2015 [zitiert als *Bearbeiter,* in: Jauernig BGB].

Teichmann, Robert/Koehler, Walter, Aktiengesetz. Gesetz über Aktiengesellschaften und Kommanditgesellschaften auf Aktien vom 30. Januar 1937, 1. Auflage, Berlin 1937 [zitiert als *Teichmann/Koehler,* AktG, 1. Aufl., 1937].

Teichmann, Robert/Koehler, Walter, Aktiengesetz. Gesetz über Aktiengesellschaften und Kommanditgesellschaften auf Aktien vom 30. Januar 1937, 2. Auflage, Berlin 1939 [zitiert als *Teichmann/Koehler,* AktG, 2. Aufl., 1939].

Theiselmann, Rüdiger/Redeker, Rouven, Die Geschäftsführer-Haftung für Zahlungen nach Insolvenzreife. Analyse des BGH-Urteils vom 5.5.2008 – II ZR 38/07 und Empfehlungen für die Praxis, GmbHR 2008, S. 961–968.

Theiselmann, Rüdiger/Verhoeven, Alexander, Geschäftsführerhaftung für Zahlungen nach Insolvenzreife: Neue BGH-Rechtsprechung zur Berücksichtigung eines Vermögenszuflusses, DB 2015, S. 671–672.

Thiessen, Jan, Die Haftung von Geschäftsleitern für Zahlungen nach Insolvenzreife – eine unendliche (Rechts-)Geschichte?, in: *Schröder, Rainer/Kanzleiter, Rainer* (Hrsg.), 3 Jahre nach dem MoMiG, 6. Verleihung des Helmut-Schippel-Preises, Berlin 2012, S. 73–111.

Thiessen, Jan, Haftung des Aufsichtsrats für Zahlungen nach Insolvenzreife – Zugleich Besprechung der Entscheidung BGH ZIP 2010, 1988 (Doberlug), ZGR 2011, S. 275–292.

Thole, Christoph, Gläubigerschutz durch Insolvenzrecht. Anfechtung und verwandte Regelungsinstrumente in der Unternehmensinsolvenz, Tübingen 2010 (zugl. Habil. Bonn 2009).

Tischler, Marcus Georg/Loszynski, David, BGH: Vermeidung einer Masseschmälerung und Haftung durch wertmäßig ausgleichende Gegenleistung, GWR 2015, S. 17.

Trölitzsch, Thomas, Die Amtsniederlegung von Geschäftsführern in der Krise der GmbH, GmbHR 1995, S. 857–860.

Trunk, Alexander, Internationales Insolvenzrecht. Systematische Darstellung des deutschen Rechts mit rechtsvergleichenden Bezügen, Tübingen 1998 (zugl. Habil. München 1997).

Uhlenbruck, Wilhelm, Die GmbH & Co. KG in Krise, Konkurs und Vergleich. Die rechtlichen und betriebswirtschaftlichen Zusammenhänge bei Insolvenz der KG und der GmbH, 2. Auflage, Köln 1988 [zitiert als *Uhlenbruck*, GmbH & Co. KG in Krise, Konkurs und Vergleich].

Uhlenbruck, Wilhelm, Die Legitimation zur Geltendmachung von Neugläubigerschäden wegen Konkursverschleppung, ZIP 1994, S. 1153–1156.

Uhlenbruck, Wilhelm, Die Pflichten des Geschäftsführers einer GmbH oder GmbH & Co KG in der Krise des Unternehmens, BB 1985, S. 1277–1284.

Uhlenbruck, Wilhelm, Haftungstatbestände bei Konkursverursachung und -verschleppung, DStR 1991, S. 351–358.

Uhlenbruck, Wilhelm, Zur Geschichte des Konkurses, DZWiR 2007, S. 1–5.

Uhlenbruck, Wilhelm/Hirte, Heribert/Vallender, Heinz, Insolvenzordnung Kommentar, 14. Auflage, München 2015 [zitiert als *Bearbeiter*, in: Uhlenbruck, InsO].

Ulmer, Peter, Anmerkung zu BGH, Beschluss vom 1.3.1993, II ZR 292/91, ZIP 1993, S. 769–772.

Ulmer, Peter, Gläubigerschutz bei Scheinauslandsgesellschaften. Zum Verhältnis zwischen gläubigerschützendem nationalem Gesellschafts-, Delikts- und Insolvenzrecht und der EG-Niederlassungsfreiheit, NJW 2004, S. 1201–1210.

Ulmer, Peter, Insolvenzrechtlicher Gläubigerschutz gegenüber Scheinauslandsgesellschaften ohne hinreichende Kapitalausstattung? – Eine Skizze, KTS 2004, S. 291–304.

Ulmer, Peter, Konkursantragspflicht bei Überschuldung der GmbH und Haftungsrisiken bei Konkursverschleppung, KTS 1981, S. 469–492.

Ulmer, Peter, Verlustübernahmepflicht des herrschenden Unternehmens als konzernspezifischer Kapitalerhaltungsschutz. Zur analogen Anwendung der §§ 302, 303 AktG im qualifizierten faktischen GmbH-Konzern, AG 1986, S. 123–130.

Ulmer, Peter, Volle Haftung des Gesellschafter/Geschäftsführers einer GmbH für Gläubigerschäden aus fahrlässiger Konkursverschleppung?, NJW 1983, S. 1577–1582.

Ulmer, Peter/Habersack, Mathias/Winter, Martin, Gesetz betreffend die Gesellschaften mit beschränkter Haftung (GmbHG) Großkommentar, Band III (§§ 53–87), Tübingen 2008 [zitiert als *Bearbeiter,* in: Ulmer, GmbHG].

Ulmer, Peter/Habersack, Mathias/Winter, Martin, Gesetz betreffend die Gesellschaften mit beschränkter Haftung (GmbHG) Großkommentar, Ergänzungsband MoMiG, Tübingen 2010 [zitiert als *Bearbeiter,* in: Ulmer, GmbHG, Erg.-Bd. MoMiG].

Ulrich, Stephan/Poertzgen, Christoph/Pröm, Catherine, Einführung in das französische Insolvenzrecht, ZInsO 2006, S. 64–69.

Urbain-Parleani, Isabelle, Das Kapital der Aktiengesellschaft in Frankreich, in: *ZGR* (Hrsg.), Das Kapital der Aktiengesellschaft in Europa, Berlin 2006, S. 575–611.

Utsch, Guido/Utsch, Nadja, Die Haftung des Geschäftsführers nach § 64 GmbHG, ZInsO 2009, S. 2271–2276.

Vallender, Heinz, Die Insolvenz von Scheinauslandsgesellschaften, ZGR 2006, S. 425–460.

Vallender, Heinz/Fuchs, Katharina, Die Antragspflicht organschaftlicher Vertreter einer GmbH vor dem Hintergrund der Europäischen Insolvenzverordnung, ZIP 2004, S. 829–836.

Vogel, Frank, Haftung des Geschäftsführers aus GmbHG § 64 Abs 1 und Berechnung des Schadens der Neugläubiger und der Altgläubiger im Konkurs, WuB II C § 64 GmbHG 1.98.

Vogel, Hermann, Anmerkung zu BGH, Urteil vom 16.12.1958 – VI ZR 245/57, JZ 1959, S. 574–576.

Völderndorff, Otto v., Das Reichsgesetz betreffend die Kommanditgesellschaften auf Aktien und die Aktiengesellschaften vom 18. Juli 1884, Erlangen 1885 [zitiert als *von Völderndorff,* AktG].

Völzmann-Stickelbrock, Zur Insolvenzverschleppungshaftung, KTS 2007, S. 489–494.

Vuia, Mihai, Die Verantwortlichkeit von Banken in der Krise von Unternehmen, Berlin 2007 (zugl. Diss. Hamburg 2005).

Wachendorf, Nadine, „Wrongful Trading" als ein mögliches europäisches Haftungsmodell gegen die Insolvenzverschleppung, Frankfurt am Main 2008 (zugl. Diss. Frankfurt am Main 2007).

Wachter, Thomas, Kommentar zum Aktiengesetz, 2. Auflage, Köln 2014 [zitiert als *Bearbeiter,* in: Wachter, AktG].

Wagner, Gerhard, Deliktshaftung und Insolvenzrecht, in: *Schilken, Eberhard/ Kreft, Gerhart/Wagner, Gerhard/ Eckhardt, Diederich* (Hrsg.), Festschrift für Walter Gerhardt zum 70. Geburtstag am 18. Oktober 2004, Köln 2004, S. 1043–1075.

Wagner, Gerhard, Grundfragen der Insolvenzverschleppungshaftung nach der GmbH-Reform, in: *Bitter, Georg/Lutter, Marcus/Priester, Hans-Joachim/Schön, Wolfgang/ Ulmer, Peter* (Hrsg.), Festschrift für Karsten Schmidt zum 70. Geburtstag, Köln 2009, S. 1665–1692.

Wagner, Gerhard/Bronny, Carsten, Insolvenzverschleppungshaftung des Geschäftsführers für Insolvenzgeld, ZInsO 2009, S. 622–628.

Wagner, Magnus, Der Steuerberater in der Zwickmühle – Die Wahl zwischen Mandatsniederlegung oder Beihilfe zur Insolvenzverschleppung, ZInsO 2009, S. 449–458.

Wagner, Magnus/Zabel, Karsten, Insolvenzverschleppungshaftung nach § 64 II GmbHG wegen Überschuldung – Anreicherung der Masse durch Haftungsverlagerung auf den Steuerberater?, NZI 2008, S. 660–667.

Wälzholz, Eckhard, Die insolvenzrechtliche Behandlung haftungsbeschränkter Gesellschaften nach der Reform durch das MoMiG, DStR 2007, S. 1914–1921.

Wedemann, Frauke, EuGVVO oder EuInsVO bei gesellschaftsrechtlichen Haftungsklagen?, IPRax 2015, S. 505–509.

Weimar, Robert, Grundprobleme und offene Fragen um den faktischen GmbH-Geschäftsführer (I), GmbHR 1997, S. 473–480.

Weinhagen, Napoleon, Das Recht der Aktien-Gesellschaften nach dem Allgemeinen Deutschen Handelsgesetzbuche und dem Preußischen Gesetze vom 15. Februar 1864, Köln 1866 [zitiert als *Weinhagen*, Recht der Aktien-Gesellschaften].

Wellensiek, Tobias, Anmerkung zum Urteil des BGH vom 30.3.1998, II ZR 146/96, BB 1998, S. 1277–1279.

Wentzel, August/Klose, C., Preußische Konkursordnung und die Gesetze vom 8. und 9. Mai 1885 betreffend die Einführung derselben und die Befugniß der Gläubiger zur Anfechtung der Rechtshandlungen zahlungsunfähiger Schuldner außerhalb des Konkurses und die Verordnung vom 4. Juni 1855 betreffend die im Konkurse und erbschaftlichen Liquidationsprozesse zu erhebenden Gerichtskosten mit den Materialien, Berlin 1855 [zitiert als *Wentzel/Klose*, Preußische KO].

Wenzler, Mathias, Anmerkung zu zwei Entscheidungen des BGH (vom 18.11.2014 (II ZR 231/13) und vom 09.12.2014 (II ZR 360/13)) – Zu den Haftungsfragen der GmbH & Co KG, ZWH 2015, S. 162–163.

Werres, Rüdiger, Kontokorrent und Haftung nach § 64 Abs. 2 GmbHG. Zugleich Besprechung des Urteils des BGH vom 26.3.2007 – II ZR 310/05, ZInsO 2008, S. 1001–1010.

Weyand, Raimund, Strafbarkeit wegen „nicht richtiger" Insolvenzantragsstellung – strafrechtlicher Flankenschutz für Insolvenzgerichte und Verwalter?, ZInsO 2010, S. 359–365.

Wicke, Hartmut, Beck'sche Kompakt-Kommentare. Gesetz betreffend die Gesellschaften mit beschränkter Haftung (GmbHG), 3. Auflage, München 2016 [zitiert als *Wicke*, GmbHG].

Wiedemann, Herbert, Anmerkung zum BGH, Urteil vom 25-01-1984 – VIII ZR 227/82, NJW 1984, S. 2286–2287.

Wiedemann, Herbert, Zur Ausdehnung der Haftung eines GmbH-Geschäftsführers bei Konkursverschleppung, EWiR 1993, S. 583–584.

Wiener, Heinrich/Goldschmidt, Levin/Behrend, Jakob Friedrich, Zur Reform des Aktiengesellschaftswesens drei Gutachten auf Veranlassung der Eisenacher Versammlung zur Besprechung der socialen Frage, Leipzig 1873 [zitiert als *Bearbeiter*, in: Eisenacher Gutachten zur Reform des Aktiengesellschaftswesens].

Wiesner, Peter M., Corporate Governance und kein Ende. Zum Aktionsplan der EU-Kommission über die Modernisierung des Gesellschaftsrechts und Verbesserung der Corporate Governance, ZIP 2003, S. 977–980.

Wiesner, Peter M., Neue Brüsseler Impulse für Corporate Governance und Gesellschaftsrecht. Zum Endbericht der Hochrangigen Expertengruppe (Winter-Gruppe), BB 2003, S. 213–217.

Wilhelm, Jan, Konkursantragspflicht des GmbH-Geschäftsführers und Quotenschaden, ZIP 1993, S. 1833–1837.

Wilhelm, Jan, Verbot der Zahlung, aber Strafdrohung bei Nichtzahlung gegen den Geschäftsführer einer insolvenzreifen GmbH? Zugleich Besprechung BGH vom 14.5.2007, II ZR 48/06, ZIP 2007, S. 1781–1786.

Windel, Peter A., Zur persönlichen Haftung von Organträgern für Insolvenzverschleppungsschäden, KTS 1991, S. 477–520.

Winkler, Eberhard, § 64 Abs. 1 GmbHG als Schutzgesetz für die Gesellschaftsgläubiger, MDR 1958, S. 887–889.

Winkler, Eberhard, Zum Schutzumfang des § 64 Abs. I GmbH-Gesetz, MDR 1960, S. 185–187.

Woedtke, Niclas v., Geschäftsführer: Vorsicht (Haftungs-) Falle! – Aktuelle Rechtsprechung zur Haftung von GmbH-Geschäftsführern nach § 64 S. 1, GmbHR 2016, S. 280–284.

Wrobel-Sachs, Hildegard, Kölner Schrift zur Insolvenzordnung, 3. Auflage, Münster 2009 [zitiert als *Bearbeiter*, in: Kölner Schrift zur InsO].

Wübbelsmann, Stephan, Streitschrift gegen die Insolvenzverschleppungshaftung. Zugleich Erwiderung auf das Urteil des OLG Saarbrücken vom 6.5.2008 – 4 U 484/07–165, GmbHR 2008, S. 1303–1306.

Zahn, Philipp Johannes, Geschäftsleiterhaftung und Gläubigerschutz bei Kapitalgesellschaften in Frankreich. Eine rechtsvergleichende Untersuchung, Frankfurt am Main 1986 (zugl. Diss. Münster 1985).

Zeising, Jörg, Anmerkung zum Urteil des BGH vom 23.06.2015 (II ZR 366/13) – Zur Frage der persönlichen Haftung eines Geschäftsführers einer insolvenzreifen GmbH, NJ 2015, S. 521–523.

Zipperer, Helmut, Die Insolvenz – historische, literarische und philosophische Aspekte des wirtschaftlichen Scheiterns, NJW 2016, S. 750–755.

Zipperer, Helmut, Vorbild Rom – eine Studie, KTS 2007, S. 21–35.

Zöllner, Wolfgang/Noack, Ulrich (Hrsg.), Kölner Kommentar zum Aktiengesetz, Band 2 Teil 1 (§§ 76–94), 3. Auflage, Köln 2010 [zitiert als *Bearbeiter*, in: Kölner Komm. AktG].

zu Hohenlohe-Oehringen, Peter, Zur Klagebefugnis des Konkursverwalters bei der Geltendmachung von Quotenschäden eines Altgläubigers und eines Neugläubigers und zur Berechnung des Quotenschadens. Anmerkung zum Urteil des BGH vom 30.3.1998 – II ZR 146/96, NZG 1998, S. 426–427.

Zugehör, Horst, Haftung des Steuerberaters für Insolvenzverschleppungsschäden, NZI 2008, S. 652–660.

www.ingramcontent.com/pod-product-compliance
Ingram Content Group UK Ltd.
Pitfield, Milton Keynes, MK11 3LW, UK
UKHW021910290926
8980IPUK00015B/1173

9 783631 737187